允公允能

張伯苓題

著名书法家吴玉如先生手书南开校训

国际数学大师陈省身先生手书南开校训

南开大学1946至1948年在校部分校友捐资敬立的校训纪念碑

铭刻在南开大学校钟上的"允公允能,日新月异"八字校训

2014年8月9日,中央电视台《新闻联播》在"校训是什么"系列报道中介绍南开校训

2014年10月17日,南开大学举办"公能"校训与社会主义核心价值观研讨会

南开大学校史丛书
总主编　刘景泉

南开"公能"校训与社会主义核心价值观

南开大学党委宣传部
南开大学校史研究室　编

南开大学出版社
天　津

图书在版编目(CIP)数据

南开"公能"校训与社会主义核心价值观 / 南开大学党委宣传部,南开大学校史研究室编. —天津:南开大学出版社,2014.11
(南开大学校史丛书)
ISBN 978-7-310-04706-2

Ⅰ.①南… Ⅱ.①南… ②南… Ⅲ.①南开大学—校园文化—研究 Ⅳ.①G649.282.1

中国版本图书馆 CIP 数据核字(2014)第 267600 号

版权所有 侵权必究

南开大学出版社出版发行
出版人:孙克强
地址:天津市南开区卫津路 94 号 邮政编码:300071
营销部电话:(022)23508339 23500755
营销部传真:(022)23508542 邮购部电话:(022)23502200
*
天津市蓟县宏图印务有限公司印刷
全国各地新华书店经销
*
2014 年 11 月第 1 版 2014 年 11 月第 1 次印刷
230×170 毫米 16 开本 23 印张 4 插页 370 千字
定价:48.00 元

如遇图书印装质量问题,请与本社营销部联系调换,电话:(022)23507125

目 录

代序一　"公能"校训——社会主义核心价值观的南开表达…………薛进文　1
代序二　心怀大公，走在时代前列………………………………………龚　克　1

南开校训释义………………………………………………………………申泮文　1
南开"公能"校训的形成和特色…………………………………………崔国良　3
南开校训题字的由来………………………………………………………李世锐　11
从"尚公、尚武、尚实"到"允公允能"
　　——严修对教育宗旨的探索及其对南开校训的影响………………陈　鑫　16
公能——张伯苓教育思想的灵魂…………………………………………黄楠森　24
张伯苓及其南开精神论析…………………………………………………宋成剑　29
张伯苓德育思想的传统文化基因…………………………………………牛文利　36
从"越难越开"到"刚毅坚卓"——南开精神与联大校训………………张　健　40
论南开形象与南开精神……………………………………………………杨心恒　44
南开精神永远年轻…………………………………………………………赵启正　47
南开"公能"校训的继承创新……………………………………………梁吉生　49
南开"公能"校训与国内外著名大学校训的比较………………………刘妍伶　52
深刻把握南开"公能"校训的丰富内涵与特质…………………………王　森　57
试论南开校训的多元内涵…………………………………………………刘　振　61
"公能"校训的内涵及对当代公益的启示………………………………胡崇玄　66
论"允公"…………………………………………………………………宋成剑　80

"公·能·新"：南开大学校训的要义与精髓 ············· 张　鸿 84
南开校训对中国优秀传统文化的吸收 ················· 鲍震培 102
论中华优秀传统文化教育对"公能"育人方略时代内涵的
　　丰富和深化 ·································· 孟　杰 105
校训与社会主义核心价值观 ························· 武东生 113
弘扬大学精神是贯彻核心价值观的重要环节
　　——以南开大学校训为例 ····················· 杨永志 116
社会主义核心价值观的南开表达与传承践行 ··········· 张　健 121
社会主义核心价值观视野下"公能"校训育人模式研究
　　——基于南开大学学生思想政治教育现状的调查 ··· 刘小茵 124
"公能"校训的思想政治教育价值 ····················· 吕雪艳 132
秉承"公"、"能"精神　提升思想道德修养与法律基础课
　　育人效果 ······························ 张长虹　吴淑丽 138
"公能"校训与"公能"素质教育 ·················· 徐　曼　杜志惠 142
"公能"素质教育的内涵与践行途径 ··················· 李　营 155
"公能"素质教育的历史传统与时代新义 ··········· 李向阳　孟庆龙 163
围绕"公能"校训开展南开大学文化素质教育工作的回顾与思考 ··· 索海军 171
体育精神在"公能"素质教育中的作用 ················· 杨向东 180
"公能"校训的南开体育之践行
　　——以体育教学和激扬排球社团活动为例 ········· 游江波 186
论作为"公能"五项训练方针之首的体育 ··············· 曹红娟 193
学以致用——南开人践行"公能"校训的经世之道 ······· 徐　悦 198
"知中国，服务中国"——南开大学师生的"公能"实践 ···· 宋金宁 203
秉承南开"公能"校训　发展人文社科研究 ············· 陆　阳 213
坚持群众路线　深化"公能"教育 ····················· 何自力 217
建设"公能兼备"的高校师资队伍 ····················· 刘丽军 221
师者之"公"：欲栽大木拄长天 ······················· 刘一博 227

目录

杨敬年：一流大学　重在育人 .... 张　鸿 229
申泮文：能人办学　学以致用 .... 徐　悦 233
思想者的求索与执着——追记申葆嘉教授 ...... 陈　鑫　陆　阳 237
魏宏运：锲而不舍的拓荒者 .... 陈　鑫　陆　阳 242
高尔森的"公能"往事 .... 李炳通 248
吾师风范　励我前行 .... 刘运峰 251
"公能"校训铸就青春精神 .... 张丽平　扬冀宁 255
日新月异的"我爱南开"BBS .... 韩　诚 261
让"公能"情怀在生命中闪光 .... 马　超 265
"公"心永驻——我的校训情结 .... 杨丽雯 268
由感觉晦涩到为之景仰——我与"公能"校训 ...... 于博文 272
【新生看校训】铁血铸公能 .... 郑烁然 277
【新生看校训】心携"公能"以济世 .... 邵宇翱 278
【新生看校训】"公能"求新南开人 .... 杨纯叶 280
【新生看校训】关山重重　何时飞渡——致南开校训 ...... 林怡静 282
【新生看校训】"公能"校训励我行 .... 贾　淳 284
【新生看校训】随感摘录 .... 赵金文 等 287
【校长谈校训】在南开大学"公能"校训与社会主义核心价值观
　　研讨会上的讲话 .... 龚　克 293

附录：媒体相关报道

【中央电视台·新闻联播】南开大学：允公允能　日新月异 301
【中央电视台·朝闻天下】南开大学：允公允能　日新月异 304
【中央电视台·朝闻天下】"校训是什么"引发社会强烈反响 308
【中央电视台·新闻直播间】南开：以天下为己任担当社会责任 310
【人民日报】用社会主义核心价值观统领高校建设
　　——访南开大学党委书记薛进文 311

【光明日报】校训承载中华民族核心价值观 ………………………………… 315

【光明日报】校训是传播滋养核心价值观好载体 ……………………………… 317

【光明日报】为"校训的故事"点赞
　　　　　——"大学校训传播社会主义核心价值观"研讨会综述 ……… 319

【光明日报】"公能校训"的"济世情怀" …………………………………… 322

【经济日报】南开大学：允公允能　日新月异 ………………………………… 325

【中国教育报】"公能"基因在南开代代相承 ………………………………… 327

【南开大学报】以高校学雷锋志愿服务活动涵养核心价值观
　　　　　——南开大学党委书记薛进文在第十一届
　　　　　中国公民道德论坛上的发言 ……………………………………… 330

【南开大学报】育"公能"品格　担社会责任
　　　　　——南开大学校长龚克在2014级新生开学典礼上的讲话 … 333

【南开大学报】做"公能"南开人
　　　　　——南开大学举办新生入学教育系列活动 …………………… 336

【南开大学报】全国各大媒体聚焦南开——"公能"校训广受关注 ………… 341

【新华网】南开校训：80年不变的"公能"情怀 ……………………………… 344

【中国社会科学网】以传承校训为载体培育和践行社会主义核心价值观 …… 346

【南开新闻网】校庆日　南开大学研讨"公能"校训与社会主义核心价值观 … 349

后记 ……………………………………………………………………………… 352

代序一

"公能"校训
——社会主义核心价值观的南开表达

薛进文

培育和践行社会主义核心价值观,是高校落实立德树人根本任务的一项重要工作。社会主义核心价值观要得到高校师生的广泛认同和自觉践行,必须融入大学文化建设之中,使之贴近校史校情,引起师生共鸣,而校训就是其重要载体。

南开大学的校训,是在1934年纪念南开学校建校30周年时,由校长张伯苓宣布的,曰"允公允能",意在培养学生既有"爱国爱群之公德",又有"服务社会之能力"。后来又将1919年校歌中的"月异日新"补充进来,形成了"允公允能,日新月异"的八字校训,亦被南开人称为"公能"校训。

校训作为一所学校办学传统的积淀和价值追求的凝练,集中体现了学校的办学理念和师生的价值观念。诞生于五四运动时代大潮之中的南开大学,开办至今已九十五年。在长期办学实践中,南开形成了心系国家、服务社会的爱国道路,允公允能、日新月异的公能品格,充满朝气、面向未来的青春精神。这些都凝结于"允公允能,日新月异"的校训之中。老校长张伯苓指出:"允公,是大公,而不是什么小公,小公只不过是本位主义而已";"允能者,是要做到最能,要建设现代化国家,要有现代化的科学才能";"日新月异"则是"每个人不但要能接受新事物，而且还要能成为新事物的创造者；不但要赶上新时代，而且还要能走在时代的前列"。这个解读在现在看来也是非常具有现实意义的。即便如此，我们也应当看到，校训在提出时毕竟是当时那个时代的产物，要想获得持久的生命力，必须随着时代的发展被不断赋予新的时代内涵。例如，张伯苓之所以提出南开以"允公允能"为校训，主要是他认为当时中华民族普遍存在着愚、弱、贫、散、私"五病"，惟"公"才能化私、化散、爱护团体，惟"能"才能去贫、去弱、团结合作。因此，"公能"校训虽然在今天具有穿越时空的现实意义，但当时却是针对中华民族这"五病"提出来的。新中国成立后，经过六十多年的发展，中华民族的整体面貌已经焕然一新，"公能"校训的内涵解读也应当随着时代和社会的进步而不断与时俱进。

党的十八大提出在"三个倡导"基础上培育和践行社会主义核心价值观的任务要求后，我们便开始思考如何找到"公能"校训与社会主义核心价值观的契合点，如何将中央新提出的"三个倡导"融入早已深入南开师生内心的"公能"校训之中。中央《关于培育和践行社会主义核心价值观的意见》将"三个倡导"的 24 个字确定为社会主义核心价值观的基本内容之后，我们经过认真学习，提出：如果把"公"理解为致力富强、民主、文明、和谐的家国情怀，追求自由、平等、公正、法治的社会理想，涵养爱国、敬业、诚信、友善的人生操守，把"能"理解为修身报国、服务社会、践行"公"之价值观的能力，把"日新月异"理解为追求和践行"公能"过程中要与时俱进、开拓创新，那么"公能"校训便可谓社会主义核心价值观的"南开表达"。找到这个契合点，便可把校训的传承、发展与践行作为载体，将社会主义核心价值观融入新时期南开的办学实践和师生的校园生活，使之成为指导学校办学、规范师生品行的圭臬。

基于上述认识，南开积极挖掘自身办学传统与文化特质，以"公能"校训为载体，把社会主义核心价值观的培育和践行融入南开的教育改革发展、大学精神培育、校园文化建设之中，使之更加贴近本校实际。

在学校发展战略层面，我们把实施南开特色的"公能"素质教育确定为办学基本战略，制定了《南开大学素质教育实施纲要》，着力培养"以德为先、能力为重、全面发展、勇于创新"的栋梁之才，努力使在校生和毕业生成为模范践行社会主义核心价值观的表率。

在具体实施操作层面，我们按照习近平总书记提出的"在落细、落小、落实上下功夫"的要求，通过课堂教学、校园文化、社会实践"三位一体"的育人模式，通过讲校史、唱校歌、诵校训、戴校徽、鸣校钟、参观周恩来邓颖超纪念馆，以及评选"伯苓班"、"周恩来班"、"周恩来奖学金"等庄严仪式和重要活动，把"公能"校训所表达的社会主义核心价值观新内涵、新追求，渗透到全员、全方位、全过程的教书育人实践中，使之在"爱国、敬业、创新、乐群"的浓郁校园文化氛围中，内化为南开人面向新时代的精神追求，外化为师生们实现中国梦的自觉行动。

南开"公能"校训提出至今，整整八十个年头过去了。这个校训，既承载着百年前南开先贤教育救国的理想和追求，也体现着新世纪南开师生对民族复兴价值引领的理解和认同。习近平总书记曾指出："只要中华民族一代接着一代追求美好崇高的道德境界，我们的民族就永远充满希望。"为此，我坚信，一代又一代南开人对"公能"校训的传承、发展和践行，必将为早日实现中华民族伟大复兴的中国梦，交出不负前人的合格答卷。

（本文曾以人民日报记者专访形式刊载于《人民日报》2014年10月9日文教周刊"面对面·核心价值观·校训"专栏。）

代序二

心怀大公，走在时代前列

龚 克

南开的校训别具一格，曰："允公允能，日新月异。"

南开校训特别之处，显见于其原创性。此校训非出自古训，而是出自南开为救国而办学的实践，出自以爱国教育家张伯苓为代表的南开人对中国传统教育优秀思想的传承和对西方现代教育先进理念的吸纳。"允公允能"，其句式是传统的，如《诗经》之"允文允武"，但内容却是原创的。它既传承了"明明德于天下"的传统"大学之道"，又包含了强调经世致用、注重能力培养的现代教育理念，创造性地把"公"和"能"结合在一起，鲜明地写在自己的办学旗帜上，实属难能可贵。

南开校训特别之处，尤在于其社会性。它以"公"字当头，充分反映出南开人以救国兴国为己任的强烈社会责任感。张伯苓讲，"'公'字最最要紧，公是最高的道德"。他特别强调："允公，是大公，而不是什么小公。"什么是"大公"？就是天下兴亡！南开大学开办之初，设立文、理、商三科，理念即在"文以治国，理以强国，商以富国"，这明白无误地诠释了"公"的内涵。以周恩来为代表的一大批杰出校友，更是生动展现出南开人立志为公、振兴中华的社会理想和价值追求。

南开校训特别之处，又在于其实践性。"公能"校训不仅在价值层面宣示南开人要以国家民族利益为至高追求，而且在实践层面要求通过发展自身能力，将其付诸改造社会、振兴民族之实践。张伯苓指出，

"允能者，是要做到最能，要建设现代化国家，要有现代化的科学才能"。针对"愚、弱、贫、散、私"之民族大病，张伯苓制定实施五项训练方针——重视体育、提倡科学、团体组织、道德训练、培养救国力量，以"造建国之人才"。因此，"公能"校训是价值追求和实践力行的统一体，"爱国爱群之公德"必须通过"服务社会之能力"去实现。

南开校训特别之处，还在于其时新性，即与时俱进之品质。1934年以"允公允能"为校训，后来张伯苓又加上了"日新月异"，要求"每个人不但要能接受新事物，而且还要能成为新事物的创造者；不但要赶上新时代，而且还要能走在时代的前列"。在今日之世界，"公"就是要维护和弘扬国际公平正义，实现世界持久和平与人类持续发展。在今日之中国，"公"就是要实现中华民族伟大复兴，把祖国建设成为富强、民主、文明、和谐的社会主义现代化国家。在今日之南开，坚持和发展"允公允能，日新月异"的教育理念，就是要坚持德育为先、能力为重、全面发展，培养学生在民族复兴大业中实现个人价值的社会责任感，培养学生脚踏实地，将理想付诸行动的实践能力，培养学生在实践中自强不息，锐意进取的创新精神。为此，南开教师要从自身做起，率先践行"公能"校训。

我常常想，为什么南开人在80年前提出的校训，能与当下国家教育改革发展的要求如此之契合呢？这绝不是巧合，其奥妙就在于"公能"校训体现了教育的本体性，它抓住了"立德树人"这一教育的根本任务，适应了人的发展与社会需求相一致这一教育的本质要求。

当前，我们正大力推动"三个转变"，即在办学观念上，从"学科为本"转变为"学生为本"；在教育内容上，从"传授知识"转变为"发展素质"；在培养模式上，从"以教为主"转变为"以学为主、教学相长"，以构建新时期南开特色的公能素质教育体系，努力走在全面深化教育综合改革的前列，这是南开人应有的文化自觉和历史担当。

（本文曾刊载于《人民日报》2014年8月8日评论版"校长说校训"专栏。）

南开校训释义

申泮文

"允公允能,日新月异"作为南开系列学校的共同校训,是我国近代爱国教育家严范孙、张伯苓在办学实践基础上总结凝练出来的。在他们看来,办新教育的宗旨是要培养人才,为社会谋进步,为公众谋福利。1944年,张伯苓在总结南开学校办学40年历程时说:"……苓追随严范孙先生,倡导教育救国,创办南开学校。其消极目的,在矫正民族五病(作者注:即愚、弱、贫、散、私五病);其积极目的,为培养救国建国人才,以雪国耻,以图自强。"南开"允公允能,日新月异"的校训,就是为实现此目的而制定的教育方针。

"允公允能"的句式,源自《诗经·鲁颂·泮水》中的"允文允武"。"允"为文言语首助词,是"既"、"又"的意思。我们可将其解释为"承诺"、"要求"。"允公允能"就是既要有"爱国爱群之公德",又要有"服务社会之能力"。

"允公允能"的"公",从严、张二人的教育思想来看,其所指向的是国家、民众和与之相联系的事业,是针对"五病"中的"私"而言的。所以"允公"可解释为要求受教育者爱祖国、爱人民、爱事业,以大公之心在学习和工作中奉献智慧才干。

在中国当时各类学校的校训中,只有南开校训提出了"能"的要求。这也是张伯苓教育思想卓越超群、不同凡响之处。所谓"允能",就是要求受教育者学以致用,理论联系实际,培养锻炼救国自强的能力。1914年4月,张伯苓在修身课上对学生说:"教育一事,非独使学生读书习字而已,尤要造就完全人格,德智体不可偏废。"1916年1月,他又在修身课上指出:"办学之目的,在学以致用,学以医愚,学以救国、救世界。"在1917年的学生毕业典礼上,他勉励学生说:"今日正值诸生立志之时,无论各具何长,要皆能发扬昌大,以备国家干城之选……望各立尔志,急图自新。""学校正如一小试验场,场内人皆有信心,具改造社会之能力,将来进入社会改造国家,必有成效。"可见,张伯苓主张培养出来的人才，不是独善其身的白面书生，而是要有改造国家、改造社会、为民众谋福利的能力的"干才"。用今天的话说，就是要求受教育者有全心全意为人民服务的本领。这一点，正是张伯苓在教育思想上的独到之处。

至于"日新月异"，意思就更明显清楚了，即要求受教育者有强烈的进取精神。1916年9月，张伯苓为学生作题为《打破保守，努力进取，建设新中国》的演讲，说道："吾校与他校较，各校中有进取者焉，有保守者焉。吾校进取者也。即以各校各项竞争而论：吾校所得结果如何，汝等之所共知也。此即进取之效力也。推而至于国家亦何不莫然，故欲强中国，非打破保守、改持进取不可也。"他还指出："进取之说自古有之，《易经》曰：'天行健，君子以自强不息'，彼之所谓天行健者，乃指昼夜相承，春秋代继，无时或已，长此不怠而言也。"很显然，这就是提出"日新月异"的思想源头。用今天的话来解释，就是受教育者的时代使命，应当是立足中国、服务中国，面向世界、面向未来，不断进取、不断变革，自强不息、永攀高峰，奋力走在社会发展和时代潮流的前列。

依照"允公允能，日新月异"的校训及严、张二人的办学思想与实践，人们一般称南开的教育为"公能教育"，今天又称"公能素质教育"。它虽然形成于上世纪二三十年代，但其蕴涵的教育思想却超越了时空，与我们今天党的教育方针对受教育者的要求若合符契。但我们也不要忘记，严、张二位教育先行者是旧中国、旧时代的人，他们的教育思想与实践不可避免地带有社会历史的局限性，我们无法求全责备。在新社会、新时代，我们对待"公能"校训，既要尊重历史、反对虚无主义，又要在继承的基础上赋予其新的时代内涵，在践行中弘扬南开教育的优良传统。2012年初，南开大学制定了《素质教育实施纲要（2011-2015）》，明确"公能"素质教育的核心理念是"以德为先、能力为重、全面发展、勇于创新"，强调要以"公能"为主线，促进德、智、体、美的相互融合、协调发展。这就使"公能"校训落实到了教育改革的实践层面，每一名南开人都应当深入理解并自觉践行。

（本文初稿原题《南开校训注释》，发表于《南开周报》1994年11月11日第4版。2014年4月，病中的申泮文先生授权南开大学校史研究室在原稿基础上进行了修改补充。）

南开"公能"校训的形成和特色

崔国良

每个学校都有不同的校训。不同的学校订立校训的方式大体有两类：一类是建校之初就规定了校训。如厦门大学，在建校之初就由其创始人陈嘉庚采摘了传统经典著作《易经·乾卦》中的"自强不息"为创始时期的校训。如清华等校均采此种方式。一类是在办校过程中，不断积累自己的教育理念形成的。南开学校就属于后一类，并且形成了自己的特色。

张伯苓自办学起，即不断地阐发他的教育理念。初始他受严修教育思想的影响，尤其是他接触欧美教育后，吸收了古今中外先进的教育理念，同时还吸纳了其胞弟张彭春（字仲述）多次留美、访问欧美后回到南开不断地阐述西方教育理念，张伯苓才将南开学校校训订定为"允公允能，日新月异"，其后在1944年进行了全面地阐发。

一、"允公允能"的形成

张伯苓创办南开学校之初衷，目的就是救国。他看到我国国民性中存在着愚、弱、贫、散、私五大弱点，针对此情，他认为"训练方针，在实施'公''能'二义，藉以治民族大病"。

关于"允公"。他最早在1905年就吸纳了"爱国合群之论说"及被张伯苓尊为"校父"的严修所订清廷学部教育宗旨，在德育方面确立了"为公"的主张。[①]而"爱国合群"正是"允公"思想的核心。继而在《南开学校的教育宗旨和方法》一文中明确而具体地要求学生"第一当知爱国。今人莫知我国国民

---

① 张伯苓等：《敬告天津学界中同志诸君》，1905年6月10日《大公报》；严修：《为清廷学部拟教育宗旨》："中国民质之所最缺而亟宜箴砭以图振起者有三：曰尚公、尚武、尚实……中国之大病曰私、曰弱、曰虚，必因其病之所在而拔其根株，作其新机，则非尚公、尚武、尚实不可也。"见《东华续录·1906年3月25日》。

爱国心薄弱，欲他日爱国则现在宜爱校，既同处一校则相与关切至密，亦既言之矣！故须相爱，以相助相成"①，以培养学生的爱国心。同时，他还借鉴欧美道德观念，提出并倡导社会的公德的理念，他说：

> 欧美之道德多高尚，公德与私德并重，我国人素重私德而于公德多疏忽，近则于公德亦渐知讲求矣。②

接着他阐发道：

> 余尝曰：诸事可变，南开精神不可变，一致为公，始终不渝。常策欧尝问余曰：将来入社会作事，对于失望，有何补救？余应之曰：尽力而行，多为公，不为私，无所谓失望也。余固尝言：为己而谋，每多失望。凡作一事，第问其为己为人耳？苟其为人，何必容心于成败之间哉！余敢断言，将来作事能以南开精神成功者，即'为公'二字，为人须志其大，何患于冻馁，余见夫今日之青年多学今日外人之谋利，而不学昔日外人之牺牲。愿吾人皆学昔时有建设国家能力之外国人，如此而国家能亡者未之有也。③

这里张伯苓确立了"为公"的思想。并且，他强调：

> 凡人能于社会公共事业，尽力愈大者，其道德愈高。否则，无道德可言。易言之，即凡于社会有效劳之能力者，Social efficiency 则有道德，否则无道德。④

他进而提出学生应从身边爱护公物做起，他说：

> 以上言在学校对于人之爱，兹复言对于物之爱，爱物亦公德也。公德心之大者，为爱国家，为爱世界。⑤

此时，张伯苓的"允公"思想德育方针已经形成。

关于"允能"。张伯苓认为真正的教育应当培养学生具有"管驭物质世界"，使"世界变化之能力"。他说："中外交通以来，吾侪以不识西人更有管驭物质世界之妙策，故以此而失败者，指不胜数。今则深明非于实际上改良教育方针，实难并驾列强，立国于世。"⑥故此，张伯苓要创办培养能"管驭物质世界"，"并驾列强，立国于世"干才的学校。要创办这样的学校，必须针对国情，制定一个开放的、吸纳古今中外成功经验的智育教育方针。

---

① 张伯苓：《南开学校的教育宗旨与方法》，《校风》，第18期，1916年1月24日。
② 张伯苓：《中国人所最缺者为体育》，《校风》第30期，1916年5月15日。
③ 张伯苓：《留日南开同学欢迎会演说》，《校风》第74期，1917年10月15日。
④ 张伯苓：《以社会之进步为教育之目的》，《校风》第117期，1919年3月18日。
⑤ 张伯苓：《南开学校的教育宗旨与方法》，《校风》，第18期，1916年1月24日。
⑥ 张伯苓：《中国教育之两大需要》，《南开思潮》第2期，1918年6月。

南开学校在创办初期，张伯苓就摒弃了当时盛行传统私塾"死读书"的方法，而以"'自动'二字鼓励学生，冀人人可以自立，不劳教员之管理，浸久而成以完全独立之人格。"①

他认为培养学生自动精神使学生有"世界变化之能力"才是"真正之教育"。他说：

> 当此改革时代，正值醒狮之时，幸也何如？且我南开学生，有知之机会，有作之机会，有听之机会，故应练习自动，勿只信教员，勿尽依学长。其造就之人才，须世界变化之能力，乃为真正之教育。②

他在《南开学校的教育宗旨和方法》一文中，提出"本校教授管理……惟在引导学生之自动力而已"。也就是说张伯苓将培养学生的"自动力"，提升为学校管理规则。为此，他认为首先要使学生"理解"自动精神的极端重要性。他说：

> 一切事，不使学生专仗先生去推。当认清理解，自己去行，意在造出一班自动的人来。③

第二，要讲究方法，他说：

> 欲达此目的，须用何种方法，如使学生有机会在学生中及团体中作事，即练习社会自觉心；又如使学生自谋其前途事业，即练习自动心。④

于是，他提出"本校于课程外，组织各种学会团体，以为学生练习做事之资助"。⑤

他认为要做到这一点还必须循序渐进。他说：

> 言之非艰，行之维艰，是非具有一种能力以胜此阻力不可。余尝为汝等计划约有两法：一为先生之辅助；一为诸生之自治。夫然后先生之力渐减，学生之力日增，庶几人人皆具自治之精神而有做事之能力。⑥

张伯苓在第二次访美期间，命其刚刚回国的胞弟张彭春任南开代理校长。其间，张彭春在南开修身班上发表了发挥学生能动作用和培养学生能力的一系列西方教育思想的讲话，讲道：

> 《季刊》培养您对语言表达的兴趣。而这种兴趣又随着语言表达的运用

---

① 张伯苓：《自动》，《校风》第 16 期，1915 年 12 月 13 日。
② 张伯苓：《改造中国须去旧材料用新方法》，《校风》第 63 期，1917 年 5 月 2 日。
③ 张伯苓：《本校教育政策》，《校风》第 119 期，1919 年 3 月 31 日。
④ 张伯苓：《教育宗旨当本国情而定》，《校风》第 117 期，1919 年 3 月 18 日。
⑤ 张伯苓：《本学期之政策》，《校风》第 36 期，1916 年 9 月 4 日。
⑥ 张伯苓：《欲强中国 端赖新少年》，《校风》第 37 期，1916 年 9 月 11 日。

而不断滋长。①

欲改良世界，非有善法不可……二十世纪纯然一学术竞争之世界，而非有心无力者之所能为也。②

教育为一造道德能力思想之机关，能使人人格高峻，能力增长，思想清明……以发达作事之机会。③

课堂功课必需自动。而于道德品行识见上，尤宜注意自动功夫。此为造人格之大计，不仅知识之一小部分也。④两事：

教育的社会目的对于精神上所应注意者事一自治，二合作。所谓自治者乃不用他人管理之谓，练习自负责任……大众必须练习合作，不以与他人争荣为主动。⑤

谦之要点有二：（一）吾人最要之性质为合群。不谦抑自卑者，绝不能合群。（二）吾人所最可贵者，即时时长进，而不谦抑自卑者，更绝无长进之可言。⑥

张彭春还历数达到教育目的的多种课外教育形式：

报纸者，亦教育之一种……故报纸以新闻为教育，亦犹之历史科之以以往事实为教育也。⑦

南开校风绝非守规则所能包括，而最要者尤在于课程之余，闲暇之候，使此时光如何消遣，如何消遣方有利益？……此唯一"乐"字可确当不移。……按进化论言之，凡能乐之人种，其进化较他族为速。⑧

在课程外，所当做之事极多，皆为入社会前不可不练达者。而组织则其尤重要者也……组织之最大者，在人类中厥惟国家。⑨

比赛运动，有鼓舞人精神振发之效……比赛运动，能激发爱公心。是心发达之，即可成坚固之爱国心，来日成爱国之事业。⑩

学生之目的，则学成以我之能力救国；将来为中国之伟人，为世界之

---

① 张彭春：《办刊物可以培养对语言的兴趣》，《南开季刊》（英文），1916年10月。
② 张彭春：《当今学术竞争之世界端在注意学识》，《南开校风》，第45期，1916年12月13日。
③ 张彭春：《南开同志三信条》，《校风》第89期，1918年3月17日。
④ 张彭春：《南开学校修身班实一特别制度》，《校风》第90期，1918年3月23日。
⑤ 张彭春：《教育的社会目的》，《校风》第94期，1918年4月17日。
⑥ 张彭春：《学生之气质》，《校风》，第101期，1918年10月4日。
⑦ 张彭春：《报纸者亦教育之一种》，《南开校风》第70期，1917年9月4日。
⑧ 张彭春：《乐群乃教育之要者》，《校风》第71期，1917年9月13日。
⑨ 张彭春：《学校教育之一责在练习组织之能力》，《校风》第72期，1917年9月13日。
⑩ 张彭春：《体育运动在教育上的价值》，《校风》第97期，1918年5月。

英雄……吾校之乐群会试问何由而设？盖因校课中断，借此机会以锻炼正大之操行而已。①

这些论述都为张伯苓早期的"公能"教育思想做了补充。因此，张伯苓返校后说：

仲述先生告余以将改之事，余甚赞成。盖教育只知读书，有何用乎？②

此时，张伯苓在其胞弟张彭春的襄助之下，在南开学校的教育训练的实践中，为南开"公能"校训已经形成了初步的思想框架，可谓之"雏形期"。

张伯苓第二次访美时，更扩大了他的视野，他提出：

有此爱国心，吾国之人，无论南北东西，亦即可谓有一公共之绳索束之矣，吾校即教授以联合国民之能力，更进者欲中国青年不仅为中国之良民，且为世界之健全分子。以今日之国界甚狭，吾等应思教育青年，当以万国大同为志也。余信中国新教育最要之目的，即为训练青年人以社会服务心。③

此时张伯苓的"允公"思想已经放在世界视野，培养"以世界大同为志"的"世界之健全分子"为目的了。张伯苓在第二次访美（进修教育）后，畅谈了全面学习西方教育思想的六项措施。他说：

今后教育当（一）尚实（勿虚）；（二）尚理想（勿妄）；（三）按科学方法教之作事……（四）当利用物质，利用科学……（五）当学组织……（六）当学社会科学，打破旧家族制度，而成国家……如是则将来中国强……④

这些都对形成"公能教育思想"充实了科学的内容。

同时，其胞弟张彭春第二次留美取得教育学博士学位后，回国任南开大学教授，特别是在任南开中学主任期间，阐述了一系列西方教育思想，对张伯苓正式确定公能校训起了关键性的作用。首先，张彭春从方法论的层面上，深刻地阐述了学生的求学方法，他说：

现在的时代是动的时代，事事在那里继续变化，如果只记住些过去的事实，是没有大的用处的。我相信上面所提的三种方法——亲身到过，亲眼看过，亲手做过——是最重要而最有效力的求学方法。⑤

团体生活应当为个人造互助的社会，团体生活应当为社会造独创的个

---

① 张彭春：《愿诸君多注意于操行》，《校风》第108期，1918年10月4日。
② 张伯苓：《第三届远东运动会归来演说》，《校风》第69期，1917年6月15日。
③ 张伯苓：《中国教育之两大需要》，《南开思潮》第2期，1918年6月。
④ 张伯苓：《访美感想》，《校风》第116期，1919年3月11日。
⑤ 张彭春：《体验的求学法》，1923年4月11日。

人。①

尤其是在1927年暑期召开了"南开中学教育改革讨论会"。张彭春在会上做了一系列的报告,论述了现代教育的特点,提出了"开辟的教育"的教育理论和方法,奠定了南开中学公能教育的理论基础。他提出:

>求能力,便是教育的一个最明显最精当的界说。②

>方今世界,进步迅速,一日千里,第其进化之趋向则有一焉,斯即所谓"西方化"亦即所谓"现代化"……现代教育之目的,在养成每一国民之现代力。如何养成此种力?时则使学校内一切工作皆受此"开辟的经验"之贯串。故愚意学校工作,当以动作为主,学科为副。③

>团体生活的动作原则是,多数学生得到练习领导的机会。④

其中"求能力"、"动作为主,学科为副"是张彭春将西方教育思想,结合中国教育的实际对"教育"进行的最集中、最精炼的概括;也是南开"允能"校训最生动的解读。

张伯苓将张彭春提出的"开辟的经验"的教育理论和方法,列为南开中学的教学规范,并收入了1929年即南开刻世纪(25周年)出版的《南开中学一览》一书中。《南开中学一览》成为解放前南开教育经验的最集中的范本。

后来不久,张伯苓就厘定南开校训为"允公允能"。⑤

待到南开学校建校40周年时,张伯苓又进一步全面而概括地阐述了南开校

---

① 张彭春:《中学训育问题》,《教育丛刊》第4卷第4集,1923年12月。
② 张彭春:《南开教育的一个新方向》,《大公报》1927年9月15-17日。
③ 张彭春:《"开辟的经验"的教育》,《南中周刊·南开学校第23周年纪念专号》。
④ 张彭春:《本学期所要提倡的三种生活》,《南开双周》第1期,1928年3月19日。
⑤ 张伯苓厘定校训时间,有两说:一为"1930年说":喻传鉴1944年撰写的《七十年来之校长张伯苓先生》中:在"1930年"项下:"民国成立后,国内军阀割据,政治混乱,而国势凌夷,外侮迭至,先生深痛国人自私心太重,知识能力薄弱欲砭此弊乃揭橥'公''能'二字,为南开学校校训,训练学生有为公牺牲之精神,及为公服务之能力。"二为"1934年说"。此说最早见于:郑致光1987年主编的《张伯苓传》:"1934年,张伯苓在南开创办30周年的校庆纪念会上正式宣布'公'、'能'为南开校训。以后又在南开学校,用绿色的冬青植成'允公允能 日新月异'两行醒目标语。"该书阐述"公能校训"时,还引用了晏昇东的回忆:"在一次周会上他讲南开精神——'允公允能,日新月异'时说:'允公,是大公,而不是小公,小公只不过是本位主义而已,算不得什么公了。只有允公才能高瞻远瞩,正己矫人,发扬集体的爱国思想,消灭自私的本位主义。''允能,就是要做到最能。能建设现代化国家,要有现代化的科学才能。而南开学校的教育目的,就在于培养具有现代化才能的学生,不仅要求具备现代化的理论才能,而且要具有实际工作的能力。'他又说:'日新月异,就是每个人不但要能接受新事物,而且还要能成为新事物的创始者;不但要能赶上新时代,而且还要能走在时代的前列。'"(《天津文史资料》第8辑;晏昇东:《我爱南开 更爱南开精神》,《张伯苓纪念文集》,南开大学出版社,1986)以上二说,及其以后所沿袭的说法,如韩业铭1994年《矢志不忘"允公允能"》,梁吉生《张伯苓年谱长编》等,均未提供原始材料根据,均有待第一手原始材料佐证。

训，他说：

> 爱国可以出乎热情，救国必须依靠力量。学生在求学时代，必须充分准备救国能力，在服务时期，必须真切实行救国志愿，有爱国之心，兼有救国之力，然后始可实现救国之宏愿。①

因此，张伯苓在南开的教育实践中进行了五项训练，即：重视体育、提倡科学、团体组织（包括学术研究、讲演、出版、新剧、音乐研究会、体育、社团）、道德训练、培养救国力量。他阐释道：

> 五项训练，一以"公能"二字为依归，目的在培养学生爱国爱群之公德，与夫服务社会之能力。故本校成立之初，即揭橥"公能"二义，作为校训。惟公故能化私，化散，爱护团体，有为公牺牲之精神；惟"能"故能去愚，去弱，团结合作，有为公服务之能力。此五项基本训练，以"公能"校训为指导原则，而"公能"校训，必赖此基本训练，方得实现。分之为五项训练，合之则"公能"二义，允公允能，足以治民族之大病，造建国之人才。②

张伯苓在撰写《四十年南开学校之回顾》时写道："南开过去，无时不在奋斗中，亦无时不在发展中，日新月异，自强不息，为我南开师生特有之精神。"至此，张伯苓制订的"允公允能，日新月异"八个大字之校训，已经圆满定型。

后来，张伯苓说：

> 我们可以设一种公能奖——奖状、奖金、奖品都可以。要紧的是，能表现公能精神最显著的人，大家赞扬他、鼓励他，使他更加努力，使别人学他。假使有一天，公能奖有Nobel Prize那样的声望，那样南开公能教育的力量，岂不又加了十倍、百倍。这是舍弟彭春的意思，请各位考虑实行。"③

这可能是张伯苓最后对南开公能校训的期望。

二、南开校训之特色

南开校训，至少有三个特点。这就是：

一、在道德观念上吸收了欧美的"公德观"，批判了"自私"观念。在德育教育中没有提出一般的"厚德"，而是概括了一个"公"字，并且介绍了欧美的"公德与私德并重"观念，提倡"一心为公"思想，南开校训"允公"是以"爱国合群"为核心的，并且指出"公德心之大者，为爱国家，爱世界"，这是站在

---

① 张伯苓：《四十年南开学校之回顾》，《南开四十周年校庆特刊》，1944年10月。
② 张伯苓：《四十年南开学校之回顾》，《南开四十周年校庆特刊》，1944年10月。
③ 《张伯苓七旬晋三 南开校友贺校长寿》，《益世报》1948年5月24日。

世界的视野上培养人才,具有国际主义思想。

二、在学生智力培养方面概括为一个"能"字。张氏伯仲认为:清末民初的中国教育是在死记硬背、教条主义教育思想统治下,教育是"为'士'的预备""专为造就读书人的",①需将其转变为"管驭物质世界""有世界变化之能力"的人才。张伯苓还注意吸收我国古代教育思想,他说:"孔子心目中的好学,乃学行并重,而不是死捧书本的。"②张彭春进而提出与传统的"死读书"相对立的西方教育的精辟的思想:"求能力便是教育的一个最明显最精当的界说。"教育不仅让学生记住科学理论知识,更要有运用理论知识的能力。因此,张彭春提出明确的教学方针"动作为主,学科为副"。学生在弄懂了学科理论知识以后,不是到此为止,而是在于应用。特别是你所感兴趣的东西,在学中就要运用,真正弄懂变成自己的东西。

三、概念明了,易于践行。"公""能"二字,通俗明确,容易掌握,便于联系实际。南开校训是贯穿在教学和日常生活中的。凡是能将基本理论知识通过践行的,都不会局限于将书本上的某些方面的理论知识,简单重复,而必定扩展为这一领域里全面的、系统的、完整的能力。在南开学校就躬行"公能"教育实践并且崭露头角的周恩来、陈省身、曹禺为代表的一大批南开学子后来终成为著名的政治家、科学家和文学艺术家,就是明证。

---

① 张彭春:《教育工作的一个新方向》,《南开教学》第2卷第1期,1933年3月。
② 张伯苓:《学行合一》,《南开周刊》第1卷第16号,1925年12月28日。

南开校训题字的由来

李世锐

1979年改革开放后，首次在出版物上刊出张伯苓老校长题写的"允公允能"校训墨迹，是1989年7月出版的《南开大学概览》（南开大学校长办公室编印，共74页）。3个月后，正式公开出版发行的《南开大学校史资料选（1919—1949）》（王文俊等选编，南开大学出版社1989年10月出版），扉页刊出了落款为张伯苓的"允公允能"校训墨迹。

上述两个出版物刊出的张伯苓"允公允能"校训墨迹，为魏碑书体，工整刚道，均取自1943届重庆南开中学学生田心源一直珍藏在身边的日记本。这个日记本共计23页，都是当年南开师生的题词留言等真迹，首页便是老校长张伯苓题写的"允公允能"校训。田心源中学毕业后到美国留学，之后成为美国俄亥俄州立大学社会学系教授，一直在美国定居。

田心源先生珍藏的日记本

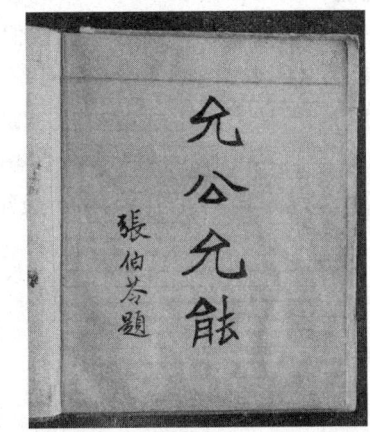

张伯苓1943年在田心源日记本上题写的"允公允能"校训

随着我国改革开放的深入进行，我校实行开放式办学方针，广泛开展国际间的学术交流和校际交流。1989年初，田心源教授应我校人口与发展研究所邀请来校讲学。田教授出于对南开的校友情谊，来校时特意随身携带了这个珍贵的日记本并展示给所里同志观看。这一信息传到刚刚成立不久的学校档案馆，当时为了配合校史研究和丰富馆藏，我们正在多方收集有关南开大学的历史资料。当得到这一信息后，时任校档案馆馆长王月华研究馆员前往人口所办公处与田教授会面，鉴赏了这一难得的老校长张伯苓亲笔题写的"公能"校训，并诚恳地征求田教授的意见，能否同意档案馆将日记本进行复制、拍照，使之在南开师生和校友间广为传播，从而更好地继承南开优良传统。田教授对此慨然应允。

日记本借来后，校档案馆请专业摄影人员重点对首页的校训进行了拍照。用过后，即刻归还。据王馆长讲，当时到专家楼归还时还扑了个空，当听外事处工作人员说田教授已前往北京大学讲学的消息后，王馆长立即乘火车赶到北京大学归还了日记本，并告诉田教授南开即将出版的《南开大学校史资料选（1919—1949）》选用了日记本中张伯苓老校长的"公能"校训题词。田教授听后很高兴，同时对南开大学工作人员言而有信的工作作风表示赞赏。时隔一年，当田教授1990年初再次应邀来南开讲学时，特地正式向学校方面表示，愿意向南开大学捐赠自己保存近50年的珍贵日记本。王馆长立刻将此事向学校有关部门作了汇报。学校对此高度重视，专门举行了由主管副校长翁心光、人口所所长李竞能、档案馆馆长王月华共同参加的田心源教授捐赠仪式。从此我校有了第一件，也是唯一一件由老校长张伯苓题写的"公能"校训原件。

除田心源教授捐赠的日记本上落款张伯苓的"允公允能"校训墨迹外，我们目前看到的还有两个版本：一个版本是《张伯苓教育思想研究》2009年第1期（总第5期）刊出的张伯苓为1946级毕业纪念题写的"允公允能"校训；另一个版本是《重庆南开中学1945级纪念册》上刊出的张伯苓题"允公允能"校训。

南开校训题字的由来

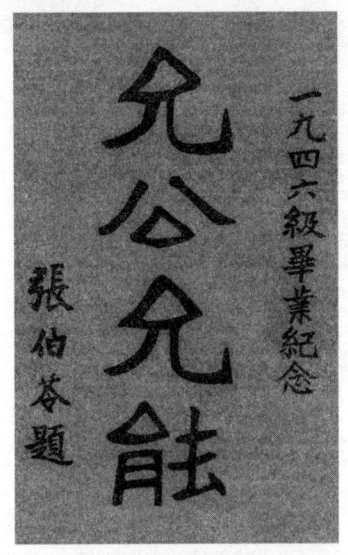
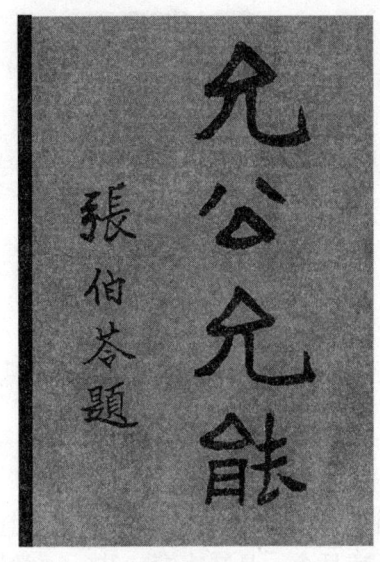

张伯苓为1946级毕业
纪念题写的"允公允能"校训

《重庆南开中学1945级纪念册》刊出的
张伯苓所题校训

  目前南开出版物上普遍采用以及学校正式公布的南开大学标识系统中的"允公允能，日新月异"八字校训字体，是从南开老校友、著名书法家吴玉如先生于1962年为张伯苓夫妇墓碑书写的墓志铭中摘取的。吴玉如早年毕业于南开中学，抗战前曾任教于南开大学文学院，其书法为世所称，真、草、隶、篆无不精能。该墓志铭是吴先生64岁时所书，竖式书写，为楷书字体，共9行185个字。

张伯苓夫妇墓碑拓片（碑阳）　　张伯苓夫妇墓碑拓片（碑阴）

　　1999年南开大学80周年校庆前夕，为筹备校史展览，档案馆负责收集部分展品，曾向老校长亲属瞿安贵女士借用张伯苓墓碑拓片。拓片是装裱好的两幅立轴，一幅为碑阳，一幅为碑阴，拓片属蝉翼拓。在征得瞿安贵女士的同意后，档案馆对拓片进行了拍照和复印。碑文中记有"作育人才，力崇实践，始终以允公允能，日新月异为校训"一句，其中有完整的八字校训全文，且书体规整，是难得一见的珍贵校史资料。于是档案馆决定将"允公允能，日新月异"校训字体复制并保留下来。因为整幅碑文为竖式书写，八字校训是在一竖行里，为方便使用，档案馆工作人员先把碑文拓片复印下来，按四字一行剪裁拼接后重新拍照制成模板。

从张伯苓夫妇墓碑拓片摘选的南开八字校训

2001年初，档案馆将校训模板先后提供给迎水道校区和化学学院，制成校训名牌悬挂在教学楼入口处上方。此后，档案馆又于2004年将包括八字"公能"校训、校徽、毛泽东主席1951年题写的校名在内的这些具有鲜明特征的南开校园文化元素，一并提供给学校办公室。校办邀请制作单位经过技术加工，设计制成规范性的南开大学"校标"手册，下发给学校各院、各单位、机关各部门使用。

从"尚公、尚武、尚实"到"允公允能"

——严修对教育宗旨的探索及其对南开校训的影响

陈 鑫

近代著名教育家严修(1860-1929)以天下为己任,发教育救国之宏愿,进行过丰富的教育实践。他曾主持全国教育改革,并创办了以南开为代表的一系列新式学校。他遍访东西诸国,思考中外教育,取长补短,自成一家。严修的教育思想渊博通达而又复杂深沉,本文仅以他对教育宗旨的探索为例,考察他对中国教育事业的贡献和对南开校训的影响。

一、制定中国首个法定教育宗旨

中国历史上第一个以国家法令颁布的教育宗旨,是由严修亲手制定的。这一宗旨在中国教育史上具有里程碑意义,其精华被后继者传承,在很长时间里指导着中国教育近代化进程。

20世纪初,晚清朝廷迫于内忧外患开始实行新政,教育改革是最重要的内容之一。1905年,清廷专门成立了学部,主管全国学务,严修被任命为学部侍郎(1905-1909年,先为右侍郎,后兼左侍郎,相当于副部长)。由于尚书(相当于部长)荣庆对西学、新学并不熟悉,学部成立最初两年,教育改革实际大多由严修主持、推动。[1]

上任不久,严修就做了一件大事——制定教育宗旨。教育宗旨问题是教育近代化的一个大问题,此时已受到关注。梁启超曾表示:"教育无宗旨,则寸毫不能有成。"他还认为,中国办新教育,第一当知宗旨,第二当择宗旨,第三当定宗旨。[2]但关于中国应确认什么样的教育宗旨,尚未形成共识。鉴于此,严

---

[1] 关晓红:《晚清学部研究》,广东教育出版社2000年版,第157-169页。
[2] 梁启超:《论教育当定宗旨》,《饮冰室合集》第2册,中华书局1989年版,第52页。

修结合各方意见，兼采中西教育思想，拟定了五项宗旨：忠君、尊孔、尚公、尚武、尚实。他起草了一份奏折①，由学部奏报朝廷，得到皇帝的认可，颁上谕宣示天下。

忠君与尊孔问题是当时保皇派、革命派、维新派、守旧派争论的焦点所在。忠君与尊孔体现了教育的意识形态性，在当时的历史情景中，由清朝教育主管部门提出，是可以理解的。同时，教育宗旨包含忠君、尊孔两项也是为了顾及守旧派和朝廷的情绪。五项宗旨中，特别值得注意的是后三项②，切中时弊。奏折提出："中国民质之所最缺而亟宜针砭以图振起者有三：曰尚公，曰尚武，曰尚实……中国之大病曰私，曰弱，曰虚，必因其病之所在而拔其根株，作其新机，则非尚公、尚武、尚实不可也。"③

奏折中比照外国经验和中国传统，针对教育现状进行分析，对各项宗旨均作了详细阐述。奏折认为，"尚公"是道德教育最紧要的内容。指出，立国需要依靠"全国之民之心力"，因此必须培育"爱国合义"的精神。"总以尚公为一定不移之标准，务使人人皆能视人犹己，爱国如家。""尚武"是在国家积弱、列强环伺的背景下提出的，要求国文、历史、地理、音乐、体操等各门课程都"必寓军国民主义"。比如通过体操，让学生"发育其身体、严整其纪律、造成完全之人格"，以期"人尽知兵义"。"尚实"借鉴了英人倍根（按：今通译培根）实验主义思想，要求修身、国文、算术等科目要"勖之以实行，课之以实用"，把格致、图画、手工视为重点科目，"以期发达实科学派"。在教学中强调实物标本、实地研究。奏折最后说："方今环球各国，实利竞尚，尤以求实业为要政，必人人有可农可工可商之才，斯下益民生，上裨国计，此尤富强之要图，而教育中最有实益者也。"

19世纪末，德、智、体三育并重的教育思想已经介绍到中国，受到教育界

---

① 《严氏手稿》中有该奏折的部分草稿。（天津图书馆编：《严修手稿》第22册，天津古籍出版社2012年版，第16965-16966页。）奏折于光绪三十二年（1906年）三月初一日递上，《严修日记》于本年二月记有严修与下属陈宝泉（小庄）、刘潜（芸生）商讨文稿，亲自修改文稿的情况。《日记》虽未明言，但所记的文稿必指此奏折无疑。（参见罗容海：《士与近代教育转型：以严修兴学为中心的考察》，北京师范大学博士论文，2012年，第231-232页。）

② 当时学部中也有新旧之争，部内约分三派：右侍郎严修代表维新派；左侍郎张仁黼（教育宗旨颁布不久调工部，严修兼任左侍郎）、参事罗振玉等代表守旧派；尚书荣庆介乎新旧之间，是折衷派。每议事，罗振玉常与严修相左。（参见罗继祖《我的祖父罗振玉》，百花文艺出版社2007年版，64-65页。《士与近代教育转型：以严修兴学为中心的考察》，第234页。）

③ 以下所引奏折内容见朱寿朋编：《光绪朝东华录》第五册，中华书局1958年版，第26-31页。

的重视①。严修任直隶学校司督办时,学务图书课编辑出版的《国民必读》中,就有《说体育》、《说智育》、《说德育》三篇②。"三尚"实际上就是针对德、体、智三育提出的,即要求在德育中重视公,在体育中重视武,在智育中重视实。

"三尚"思想并非无源之水,而是其来有自。如"尚实"是经世致用思想与洋务派、维新派提倡西学、实学(尤其是培根思想③)的结合;"尚武"提倡军国民主义,其大义见于蔡锷《军国民篇》、蒋百里《军国民之教育》、梁启超《论尚武》等篇;"尚公"则明显借鉴了梁启超的《论公德》。虽然"三尚"的内容都非严修原创,但他结合自己对中国问题的思考以及对中外教育的观察,从当时各类学说中择善而从,并推动"三尚"成为国家颁布的教育宗旨,确是功不可没,且影响深远④。

二、对教育宗旨的再思考

严修对教育宗旨的探索从未停止,可惜相关史料不多且至今尚未系统整理。据笔者所见,严修曾在 1912 年、1918 年两次谈到教育宗旨问题。材料虽少,却反映了严修教育思想的新进展。

(一)支持蔡元培五育并举教育宗旨

中华民国元年(1912 年),新政府组阁,教育总长蔡元培致信严修,邀他参加全国临时教育会议,严修婉言谢绝⑤。不过他虽屡拒出山,可对中国教育的关心丝毫不减。尽管严修本人未参会,但他的"搭档"张伯苓出席并被选为预备会议临时主席和大会副议长。

会议一项重要内容是讨论新的教育宗旨。帝制终结,民国建立,教育宗旨需作调整。起初,蔡元培拟了五项内容,即一道德主义教育,二军国民主义教育,三实利主义教育,四世界观教育,五美感教育⑥。会上对此进行审议,结

---

① 严复《原强》(1895 年),王栻主编:《严复集》,中华书局 1986 年版,第 5-15 页。
② 蔡振生、刘立德编:《陈宝泉教育论著选》,人民教育出版社 1996 年版,第 6-11 页。
③ 当时如王韬、李鸿章、梁启超、严复等都推崇培根思想的言论。
④ 按:当时梁启超尚流亡海外,他的文章在国内属禁书,将他的学说纳入国家教育宗旨中,是冒着风险的。
⑤ 参见《复教育部总长蔡鹤卿》信稿,《严修手稿》,第 3028 页。又见《严修日记》1912 年 6 月 11 日,《严修手稿》第 9 册,第 6708 页。
⑥ 蔡元培:《对于教育方针之意见》,《蔡元培选集》,中华书局 1959 年版,第 8-15 页。

果四、五两项没有通过①。

　　会后，严修专门找到张伯苓，谈了自己对教育宗旨的看法。作为旧宗旨的制定者，严修对新宗旨没有丝毫抵触，反而积极拥护蔡元培的全部主张。他不满教育会议将四、五两条取消，连呼"大奇大奇"！他还劝张伯苓力争完整保留蔡氏的五项宗旨，不要偏废②。

　　后来正式颁布的教育宗旨加上了美感教育。无论其中是否确有严修之功③，此事至少可以看出新宗旨与他的互动关系。一方面，新宗旨的前三项内容是在"三尚"基础上提出的。蔡元培在提出新宗旨时明确表示："尚武即军国民主义也。尚实即实利主义。尚公，与吾所谓公民道德，其范围或不免有广狭之异，其要为同意。"④（见表1）这三项也得到了全国临时教育会议的认可，没有争议。由此亦可见严修制定教育宗旨的价值和影响。

表1：晚清教育宗旨与蔡元培教育宗旨的关系

晚清教育宗旨	蔡元培教育宗旨
忠 君	×
尊 孔	×
尚 公	道德主义教育
尚 武	军国民主义教育
尚 实	实利主义教育
	世界观教育
	美感教育

---

① 大会指定12位议员进行审查包括蔡氏草案在内的四种关于教育方针的草案，开会后由黄炎培说明审查报告。决议是："注重道德，以国家为中心，而以实利教育与军国民主义辅之。"至美育一层，议加入中小学校、师范学校教则，俾知注意。议长以加入"世界观"三字付表决，赞成者少数。见《民立报》1912年7月26、27日，转引自高平叔：《蔡元培年谱长编》，人民教育出版社1999年版，第475页。

② 见《严修日记》1912年7月21日，《严修手稿》第9册，第6730页。录原文如下："访伯苓于南开中学，为教育宗旨事。初蔡总长拟教育宗旨五项……而教育会议竟将四、五两条取消，大奇大奇。余劝伯苓力争之。"

③ 后来正式颁布的教育宗旨为：注重道德教育，以实利教育、军国民教育辅之，更以美感教育完成其道德的教育宗旨。张伯苓如何为教育宗旨力争已不可考。不过，最后颁布的教育宗旨确比临时会议决定的多了美育一项。值得注意的是，新任教育总长范源濂（此时蔡元培已辞职）、临时教育会议长王邵廉均是与严修志同道合的亲旧故交（后来都曾为南开校董），可以想见，如果严、张"力争"应是有影响力的。

④ 蔡氏所言道德为法国革命标榜的自由、平等、亲爱（即博爱）与中国传统的义、恕、仁相结合。而尚公（"泛爱亲仁"）只略同于亲爱一项。不过，学部奏请宣示教育宗旨折也认为，尚公并非道德教育的全部，只是"道德教育莫切于此"。因此，蔡元培说道德教育与尚公"其要为同意"。

另一方面，对于取消忠君、尊孔两项，严修毫无怨艾；对于蔡元培新增的世界观教育和美感教育，严修真心赞成。这表明严修对于教育宗旨问题的认识是在前进的，绝非抱残守缺者。世界观教育和美感教育体现了蔡氏的独到之处，是他自己"尤所注重"的①。但这一先进理念并没被多数人接受。严修为其力争，可谓知音难得。这源自两位教育先行者相近的学养、相似的志趣和对教育、对国家、对人性的深刻体察。

（二）教育宗旨"当本其国情而定之"

1918年，严修、范源濂等赴美国考察教育，此时张伯苓正在哥伦比亚大学学习教育学。他们会合后，常常一起研究、辩论②。一次，张伯苓问道："先时吾国教育目的，为尊君、尊孔、尚公、尚武、尚实，而今又当如何增减？"并问究竟"何为教育宗旨"？③之所以有此问，是因为民国元年教育宗旨颁布以来，教育界对宗旨问题仍未形成共识，受到复古思潮、实用主义教育、新文化运动等来自不同方面的影响，几度废止，议论甚夥，莫衷一是。通过在美的考察学习，严、范、张等人对这个问题进行了更深入的思考。三人经过讨论，认为教育宗旨"当本其国情而定之"④。他们确信，无论采取哪种教育观点、学说，需经这一标准衡量之后，方可确定。

所谓"国情"，是指国家需要和国人现状，也可说是国家、民族存在的问题⑤，相当于上文晚清教育宗旨中所说的"中国之大病"。严修、张伯苓等认识到，此时的国家、民族生病了，医治手段是办新式教育。他们在不同场合都使用过"病"与"药"的比喻。比如严修称自己赴日考察教育为"两度瀛山采药归"、"归袋

---

① 《对于教育方针之意见》，《蔡元培选集》，第15页，浙江教育出版社，1993年版。
② 如《严修日记》1919年7月17日："夕听讲，晚与伯苓谈吾国教育，辩论许久。"又如，张伯苓《访美感想》："在美读书幸得范、严二先生常相讨论，下班后即将堂上所学之功课同二先生研究。"
③ 张伯苓《访美感想》，崔国良编：《张伯苓教育论著选》，人民教育出版社1997年版，第64-68页。本文为张伯苓1919年1月25日演讲的现场记录。
④ 同上。按：基于当时的国情，张伯苓提出今后教育当（一）尚实（勿虚）；（二）尚理想（勿妄）；（三）按科学法教之作事；（四）当利用物质，利用科学；（五）当学组织；（六）当学社会科学，即打破家族制度，而成国家。这体现了张伯苓、严修对教育的新思考，但此时尚未形成正式文件。这6项内容介乎严修所说的教育宗旨，与张伯苓所说的教育方针之间。参照下文张伯苓在《四十年南开学校之回顾》中提出的五项训练方针，比较其异同，可寻知南开先贤的思想脉络。
⑤ 张伯苓作《访美感想》演讲后不久，又做了一次演讲，对他所说的国情做了进一步解释，他指出，教育宗旨要根据本国政体（须造哪类人）和人民情形（当用何方法）而定。他举例对国情进行说明："世界文明国多活泼，吾人太死；世界文明国多进取，吾人好保守；吾人多知自己及家族，而思想眼光多不知社会之必要；国人好作消极的言论行动。"显然，这里说的国情，都是指国家、民族存在的问题。（《教育宗旨当本国情而定》，《张伯苓教育论著选》，第73页。）

满载长生药"①。不过,他们以往主要希望引外国教育模式作药,来治中国的病。②此时经过深入观察与思考,他们认识到教育宗旨不能仿造③,既需要学习先进,也需要依据本国国情实行变革,适合国人需要,解决中国问题。后来南开大学提出"知中国、服务中国"的发展方案,开展"土货化"运动,在此已可略见端倪。

三、南开校训是对严修教育思想的继承发扬

南开学校是严修为中国教育留下的最宝贵遗产,南开人尊他为"校父"。南开办学理念有着深深的严修印记。南开学校成立30年庆祝大会上,校长张伯苓明确表示:"(南开建校以来)惟严老先生功绩最大,现严先生虽已逝世,仍当秉承其意旨办理。"④南开"允公允能"校训虽是严修逝世后才提出的,但与他的教育思想是一脉相承的。

关于"公能"校训蕴含的教育思想,张伯苓在《四十年南开学校之回顾》一文中有较完整的阐述。文章中称,南开学校办学目的是"痛矫时弊,育才救国"。认为,"中华民族之大病"约有五端即:愚、弱、贫、散、私。而"允公允能,足以治民族之大病,造建国之人才"。要"培养学生爱国爱群之公德,与夫服务社会之能力","唯公故能化私、化散","唯能故能去愚、去弱"。公能二义又可分解为五项训练方针:(一)重视体育;(二)提倡科学;(三)团体组织;(四)道德训练;(五)培养救国力量⑤。

对照本文第一部分可知,严修制定的晚清教育宗旨和张伯苓所说的南开办学目的都着眼于治"中国之大病"或"中华民族之大病",都是本乎国情而定的。对大病的诊断,前者为私、弱、虚,后者进一步概括为愚、弱、

---

① 严修:《五十述怀》,《严范孙先生古近体诗存稿》卷一,民国刻本,第9页正面。
② 张伯苓曾明确表示,中国需要英法美的教育制度和日德的教育制度。南开教育即多半以是二者为圭臬。(《中国教育之两大需要》,《张伯苓教育论著选》,第62页。)
③ 《办学校须有宗旨》,《张伯苓教育论著选》,南开大学出版社,1986年版,第73页。
④ 《大公报》1934年10月18日。
⑤ 张伯苓《四十年南开学校之回顾》,《张伯苓教育论著选》,第304-320页。

贫、散、私①。"尚公、尚武、尚实"与"允公"、"允能"就是分别针对这几种"大病"对症下药。"允公允能"实际上与"三尚"同源,只是基于新判断的一种新提法。据前文所引,尚公是指崇尚"爱国合义之理",尚实是指崇尚"下益民生,上裨国计"实实在在的能力,这与南开培育"爱国爱群之公德"与"服务社会之能力"是完全对应的。而"尚武"一条在南开教育理念中亦不落空,蕴含在"允能"之内。因为"尚武"和"允能"都是为医治中国的"弱"病,而尚武精神实际上转化为重视体育,成为南开五大训练方针之一②(见表2)。

表2:"三尚"教育宗旨与南开"公能"校训的关系

严修		张伯苓	
中国之大病	教育宗旨	中华民族之大病	校训
私	尚公	散	允公
		私	
虚	尚实	愚	允能
弱	尚武	弱	
		贫	

  同时,南开校训也是对严修教育思想的发展。其创造性在于,公能宗旨更具概括性和普遍意义。尤其是"能"字包含的意蕴比"实"更广,不仅仅是实验主义、实利主义或实用主义。张伯苓将公能二义分解为若干训练方针,这样可将宗旨细化,同时引入了新时代的新要求。这种"宗旨加方针"的结构,也为南开教育理念预留了拓展空间。不过,尽管南开"公能"校训的创新意义不容忽视,但其与严修教育思想,与"尚公、尚武、尚实"宗旨之间的传承关系仍是十分明显的。

---

  ① 这一新判断当是采纳胡适的观点。胡适在《我们走那条路?》一文中提到的中国有"五个大仇敌":贫穷、疾病、愚昧、贪污、扰乱。(《胡适文集》第5册,北京大学出版社1998年版,第351页。)张伯苓曾在谈话中明确表示:"胡适之先生说,中国有五大恶魔,穷、乱、愚、弱、私"。(《团结与民族存亡》,《张伯苓教育论著选》,第237页。)

  ② 尚武没有体现在南开校训中另一个主要原因是,第一次世界大战结束后,"公理战胜强权"呼声高涨,全国教育联合会于1920年议决废弃"尚武"教育宗旨。(参见李华兴主编:《民国教育史》,上海教育出版社1997年版,第209页。)重视体育其实上是对"尚武"的改造。也可说是取其精华,去其糟粕,用体育精神、公平竞赛精神等取代军国民主义。

纵观严修对教育宗旨的探索，其生前贡献与身后余泽在中国教育史上都是不可替代的。正是由于严修、张伯苓等教育家对国情、对教育的深入思考与不懈实践，时至今日，他们的教育思想仍具有很强的现实价值和指导意义。

公能

——张伯苓教育思想的灵魂

黄楠森

张伯苓校长是我国 20 世纪的现代伟大教育家之一，他虽然生活和活动于 20 世纪上半叶的旧中国，但其思想和实践对于我国社会主义教育事业仍然具有重要的价值，继承他留给我们的这一份宝贵的精神财富，并加以发扬光大，是今天广大教育工作者不可推卸的责任。

张伯苓首先是一个教育实践家，南开系列学校从胚胎到创建、兴盛、被毁、再创建的过程几乎就是他的全部生活，但他并没有单纯从事实践，而是以当时的先进教育思想为指导，不断总结实践经验，提出自己的教育思想，逐渐形成了自己的教育思想体系。他与同时代的先进分子一样，认为中国社会必须现代化才能改变中国贫穷落后，备受欺凌的命运，而这个目的只有发展教育才能达到。他说："我之教育目的在于教育之力量，使我中国现代化，俾我中国民族能在世界上得到适当的地位，不致受淘汰。"他在青年时期就确定了毕生从事发展中国教育事业，实现中国教育现代化的目的，并为达到此目的而数十年如一日奋斗不止，终身不渝，鞠躬尽瘁，死而后已。

张伯苓的教育事业包括两大部分内容，一是他一手创建的包括从小学到大学的南开学校、重庆南渝（南开）中学、自贡市蜀光中学的南开系列学校及其培养出来的成千上万中国现代化人才；一是他系统的中国教育思想。前者是有声有色、生动具体的成果，看得见，摸得着，在张伯苓逝世后不但继续存在，而且在不断成长，愈来愈兴旺发达；但后者则不大为人所了解，有待挖掘、研究，并加以发扬光大，来推动今天的社会主义教育事业。

张伯苓虽然没有写过专著来系统介绍和论证他的教育思想，但他对一系列基本教育问题都提出了自己的观点，形成自己的从教育与人类社会、教育与时代、教育与中国现代化、现代教育的中国化、教育的功能、教育的内容、教育的方针、培养学生的标准到课程设置、训练计划的系统教育思想。在张伯苓的丰富的教育思想中，被作为南开系列学校校训的公能思想，受到全体师生和教育界的重视，2004 年蜀光中学建校 80 周年纪念活动中，我曾以校训公能为主题为《蜀光校史》作序，对中国传统文化中的公能思想，社会主义教育中的公能思想，公能校训在蜀光中学教学中所起的作用，作了理论上的分析，但对公能校训与张伯苓的关系没有作具体论述。为了纪念张伯苓接管蜀光中学 70 周年我翻阅和研读了他的部分资料，深感公能思想是张伯苓教育思想的灵魂，下面谈一谈我对张伯苓的公能思想的几点理解。

公能校训的提出

张伯苓是在 1934 年纪念南开建校 30 周年把"公能"作为校训提出来的。"公能"是习惯的简称，全文是"允公允能，日新月异"。张伯苓把"公能"作为校训提出来不是偶然的，是他投身教育事业数十年经验的总结，是他对中国优秀文化传统的继承与改造，是他长期探索思想的结果。

张伯苓原是一名海军下级军官，甲午海战中国惨败，战后备受欺凌，他目睹威海卫先被日军占领，在他国干涉下交还中国，后又移交给英军，后来他谈及他为什么弃武从教时说："当时说不出的悲愤交集，乃深深觉得，我国欲在现代世界求生存，全靠新式教育，创造一代新人。我乃决计献身于教育救国事业。""一代新人"的标准是什么呢？他最初直接动机是"教育救国"，新人的最主要的品质就是"爱国心"。后来，他把对学生的培养目标分解为"自创心"和"纪律心"。又提出过体育、科学、精神修养等要求。爱国心、纪律心、精神修养是对于一个新人的思想品德的要求，自创心、体育、科学是对于一个新人的知识才能的要求。显然，公与能两方面已蕴涵在其中了。

张伯苓是现代新式教育的倡导者，但毫不崇洋媚外，一贯主张从中国国情出发来发展中国现代教育事业，他把这种教育方针称做"土货化"，用今天的语言来说就是中国化或民族化。在他看来，教育"土货化"包含两方面的内容，一是根据中国的条件和需要来规定教育目的、教育内容、课程设置、训练方法等等；一是吸收中国优秀文化传统来培养中国学生。他特别重视中国传统文化中关于道德修养的论述，经常谈论和提倡那些有益于提高现代人的思想品德的观点，如"熏陶人格"、"学行合一"等等，他经常引用古圣先贤的一些名言警句。就是这样，到 1934 年，公能校训才逐渐形成的。

公能校训的含义

从字面讲,"允公允能"是对《诗经》中的"允文允武"的模仿。"允文允武"意为"既有文治,又有武功","允公允能"就应该意为"既有公德,又有能力"。张伯苓推陈出新,作出了自己的解释,他说:"允公,是大公,而不是小公。小公只不过是本位主义而已,算不得什么公了。""允能,就是要做到最能。能建设现代化国家,要有现代化的才能。"对于"日新月异",他也作了解释,他说:"日新月异,就是每个人不但要能接受新事物,而且还要能成为新事物的创造者;不但要赶上新时代,而且还要能走在时代的前列。"自从他明确提出公能校训以来,他随时随地根据当时具体条件给予新的解释和发挥。例如,他说:"'能'的意思,就是对于身体的锻炼与知识的培植。'公'的意思,就是为公众,根除自私自利。"又说:"公是最高的道德。"日新月异就是"与时俱进"。

综合这些以及其他论述,用现代语言来表述,张伯苓对于公能校训的理解大致是学校培养学生的第一个要务就是把学生培养成具有高尚品德的人,最高的品德是公德,即把公众利益摆在私利之上,而所谓公众的利益不是一个小团体的小公,而是社会、国家的利益,乃至全世界、全人类的利益。第二个要求就是把学生培养成有为社会、国家服务的能力的人,因此,学生首先要有强健的身体,其次要有现代科学知识,第三要会运用这些知识于实践。第三个要求就是要把学生培养成自强不息、与时俱进、善于创新的人才。此外还应指出,公能校训当然是为学生而设的,但在张伯苓看来,这个要求对教师也是完全适用的,这是十分正确的,如果教师都做不到"公能",他怎么可能培养学生的公能品质呢?以今天的眼光来看,"公能"实际是全面素质教育的最主要的两个方面,张伯苓的解释全面反映了素质教育的要求,是非常合理的。

以公能作为校训的理由

以"公能"作为校训的理由有正面的,也有反面的。正面的理由就是为了培养救国的人才,培养建设现代化国家的人才,这是与他从事教育的理由完全一致的。这一点他谈得很多,也为人们所熟悉。前面多所涉及,我想就不必多谈了。此外,他也谈了不少反面的理由,这就是针对中国人在品德上的一些缺点,这一点人们不大注意,我认为也是很重要的。那么,他针对什么呢?他提出公,是针对私。他赞同胡适的观点:"中国有五大恶魔,穷、乱、愚、弱、私。"但他认为"私是五大魔之首,因为私可以使人穷,使人乱,使人愚,使人弱。"因此,他对私作了不少分析,值得我们今天借鉴。他所说的"私"并不等于我们今天所说的个人利益,而是以个人利益为中心的自我中心主义,亦曰利己主义或个人主义。今天人们对于利己主义或个人主义也有不同理解和评价,但我们听听张伯苓对那种把个人利益摆在第一位而不顾公共利益的"私"是如何分析和评价的,总是有益的。

张伯苓认为私有两个来源,一个来源是心理,即思想根源,他又把思想根源分为四个方面,一是公私之辨不明;二是视损公利己为小节;三是虽有为公的思想,但行为跟不上;四是只顾自己,不顾团体。另一个来源是社会风气的影响,即社会根源,他把社会根源区分为反面的和正面的,反面的是指社会对自私自利、损公肥私行为缺乏监督制裁;正面的指社会上舍己为公、大公无私的模范行为太少。从今天我国的理论水平来看,张伯苓的分析不很深刻,然而问题的关键他是抓住了的,那就是公私关系问题(个人利益与社会利益、国家利益、全人类利益的关系问题)是青年学生成长时期的关键问题之一,这个问题解决好了,就为一个青年一生打好了科学的世界观、人生观、价值观的基础。另一个关键问题是能力的培养,二者结合,就为一个现代化人才的成长奠定了基础。张伯苓提出的公能校训,对今天培养社会主义现代化的建设者是完全适用的。

公能校训与公能训练

张伯苓提出的公能校训不是单纯的理论,它有一套把理论用于教学实践的训练方式和训练计划,这实际就是把培养学生的公能品质贯彻于整个学校生活之中,无论课程设置、教学方法、课外活动无不是为了提高学生的公能品质。

张伯苓说:"无论在学校与社会,必须德智体群四育并重,不可偏于求知的智育;而且更应注意'学'、'用'相长,不可再像科举时代那样只读死书。"他在纪念南开学校建校40周年的文章中专门有一节《训练方针》,较具体介绍了他把公能校训贯彻于整个学校生活的措施。一是重视教育;二是提倡科学;三是团体组织,谈的主要是课外活动和社团活动,他提到了学术研究、讲演、出版、新剧(话剧)、音乐研究会、体育、社团等活动;四是道德训练,包括矫正个人不良习惯、以学校纪律严格要求、注重仪表举止等;五是培养救国力量,指关心世界与国家大事、提高爱国心、参加救国运动等。

张伯苓总结这五项措施说:"上述五项训练,一以'公能'二字为依归。目的在培养学生爱国爱群之公德,与夫服务社会之能力……此五项基本训练,以'公能'校训为指导原则,而'公能'校训必赖此基本训练,方得实现。"这样,张伯苓的教育思想构成了一个从理论到教学方针、教学计划、教学方法的思想体系，而公能校训是其教育思想的灵魂，而张伯苓教育事业则成为旧中国从理论到实践的现代教育事业的重要组成部分。中华人民共和国的建立不是靠教育救国路线，但旧中国的现代教育，包括张伯苓的教育事业，却为新民主主义革命和社会主义改造、社会主义建设培养了无数人才，他们在现代教育事业上接受了马克思主义思想的指导，不仅对中国革命作出了巨大的贡献，也对社会主义建设作出了贡献，而且在继续作出不朽的业绩，今天，我们召开学术研讨会来深入研究张伯苓的思想和实践是完全必要的。

（本文系四川自贡蜀光中学1942届校友、著名哲学家、北京大学哲学系黄楠森教授2007年为纪念张伯苓接办蜀光中学70周年所写，2009年收录于蜀光中学、蜀光中学自贡校友会编《蜀光人物（第2集）——建校85周年暨张伯苓喻传鉴铜像揭幕纪念文集》，2011年收录于《南开校史研究丛书》编委会编《南开校史研究丛书（第2辑）》。因黄楠森教授不幸于2013年1月24日以92岁高龄病逝，现征得南开校友总会秘书处同意，将此文收录于本书，以示缅怀。）

张伯苓及其南开精神论析

宋成剑

以立德树人作为教育的根本任务,构建具有公能特色的南开素质教育体系,继承和发扬南开的优良教育传统,有必要深刻认识张伯苓先生所倡导阐发的南开精神。

一、南开精神的基本内涵

南开学校创办人张伯苓先生是南开精神的阐述者,他将南开精神高度概括为"允公允能,日新月异"八个大字,并作为南开学校的校训。张伯苓先生指出:"允公是大公,而不是小公,小公只不过是本位主义而已,算不得什么公了。惟其允公,才能高瞻远瞩,正己教人,发扬集体的爱国精神,消灭自私的本位主义。""允能者,是要做到最能,要建设现代化国家,要有现代化的科学才能,而南开学校的教育目的,就在于培养有现代化才能的学生,不仅要求具备现代化的理论才能,而且要具有实际工作的能力。""所谓日新月异,不但每个人要能接受新事物,而且要成为新事物的创始者;不但要能赶上新时代,而且要能走在时代的前列。"[1]

二、南开精神的哲学基础

南开精神是建立在一定的哲学基础之上的。张伯苓先生倡导阐述南开精神,是和他的哲学观点密不可分的。张伯苓先生没有系统的哲学论述,但他有一句著名的话显示了他的基本哲学观点:"有精神方有物质,欲造物质必先造精神。"[2]这是张伯苓先生对物质和精神关系的最简单明了的观点。

---

[1] 南开大学校长办公室:《张伯苓纪念文集》,南开大学出版社1986年版,第29、133页。
[2] 南开大学校长办公室:《张伯苓纪念文集》,南开大学出版社1986年版,第251页。

马克思主义哲学认为，物质和精神的关系问题是全部哲学的基本问题。这个问题有两个方面：一是物质和精神何者为本原，是物质还是精神？二是物质和精神是否具有同一性？即精神能否认识和把握物质？对前一个问题的回答涉及一种哲学是唯物主义还是唯心主义，对后一个问题的回答涉及一种哲学观点是可知论还是不可知论。张伯苓先生关于"有精神方有物质"的论断，显然是肯定了精神在前、物质在后，精神产生物质，物质是由精神产生这样一种关系，认为物质是精神派生的。张伯苓先生的这一观点在马克思主义哲学看来显然是唯心主义的。由于物质是由精神派生的，因而，精神和物质是具有同一性的。这样，"有精神方有物质"的论断就对哲学的基本问题做了全面的回答。其必然结论就是"欲造物质必先造精神"。"欲"是人的愿望、目的和追求，其目标、对象是"物质"，而这种"物质"不是现实存在的，是由精神产生的，是以"造"这一行为为中介产生的，因此"物质"的获得必须诉诸于"精神"，必须发挥精神的作用。人应当积极地发挥自己精神的能动作用，以改造物质，以改造世界。这样就强调和突出了精神的能动性。

哲学是世界观和方法论的统一。"有精神方有物质"是张伯苓先生对世界的总看法，是张伯苓先生的世界观。"欲造物质必造精神"是张伯苓先生由他的世界观必然引申出来的方法论，是他处理自己和周围世界关系问题的具有指导意义的总的方法。

"思维和存在、精神和物质的关系问题，是人们处理和驾驭自己同外部世界的关系的一切活动所必须解决的一个根本问题。只要有人和世界的关系存在，这个问题就始终存在，所以它具有永恒的意义。哲学要从总体上研究人和世界的关系，要给人以智慧，教导人们善于处理和驾驭自己同外部世界的关系，首先就必须考察思维和存在、精神和物质的关系问题，并对这个问题作出明确的回答。"[①]

张伯苓先生基于自己对物质和精神关系的这一认识，分析中国社会现实的问题，并指出解决中国社会现实问题的途径。他说："中国近来之巨患不在有形之物质问题，乃在无形之精神问题。精神聚，虽亡，非真亡；精神涣，不亡，亦必抵于亡。"为挽救中国的危亡，必须"振起国民新精神，以重续国家新命运耳！"[②]

张伯苓先生基于对精神的积极能动作用的高度重视，特别重视"干"。"干"

---

① 肖前：《马克思主义哲学原理》，中国人民大学出版社1994年版，第13-14页。
② 崔国良：《张伯苓教育论著选》，人民教育出版社1997年版，第34页。

就能取得成功。一方面,他"常以'干、干、干'三字训导学生"①,另一方面,他自己本身也特别重视"干"。他多次说:"我是学海军的,对教育本是外行,但我有志于办教育,所以才研究教育,办教育。我是干中再学,学了再干,尽毕生精力于干、干、干,今天我已经由一个外行,变成一个内行了。"②重视"干",用张伯苓先生的话说,"这正是我们南开的精神。不过还要弄清楚应当怎样干?"③"伯苓校长还常常口头上说两个字,是英文'do it',意思就是'干',凡事只要干,认真干,没有不成功的。"④

由于重视精神的积极能动作用,所以,即使面对困难,也要保持一种蓬勃的朝气。张伯苓先生常说:"咱们南开真是'难开',不管钱怎么困难,咱学校的房子一定要修好,该上油的地方一定要油饰好,永远看着有朝气。青年人不能萎靡不振。"⑤"物质是精神造的","只要精神专注,样样事都可以成功"⑥。

必须指出的是,我们说张伯苓先生是唯心主义者,是就他的基本哲学观点而言的,是就他对世界的总看法而言的。"有精神方有物质,欲造物质必先造精神"作为张伯苓先生的基本哲学观点,其思想的全部落脚点和着重点在于强调发挥人的精神作用,在于发挥人的主体性,使人充分发挥自身的积极能动性。

结合张伯苓先生的教育实践和有关教育论述来看,张伯苓先生所直接追求的"物质"是系列化的南开学校,而其追求的间接的最终的"物质"是富强的中国。正是基于对精神和物质的关系这一哲学基本问题的认识,张伯苓先生特别注重精神的作用,特别强调"干",特别倡导和阐述南开精神。兴办系列化的成功的南开学校,需要克服一系列的困难,需要一种苦干、硬干、拼命干的精神,需要公能精神;建设富强的中国更要有上述精神,南开学校培养的学生首先需要有上述精神。

"有精神方有物质,欲造物质必先造精神",是张伯苓先生阐述和倡导南开精神的哲学基础。今天,南开学校批判地继承和发扬南开精神,当然必须对张伯苓先生哲学观点中的唯心主义成分给予克服,而保留其中有积极意义的注重精神能动作用的成分,把南开精神植立于马克思主义哲学的基础之上。这样,南开精神的哲学基础就由唯心主义转变为马克思主义的辩证唯物主义和历史唯

---

① 南开大学校长办公室:《张伯苓纪念文集》,南开大学出版社1986年版,第21页。
② 南开大学校长办公室:《张伯苓纪念文集》,南开大学出版社1986年版,第21页。
③ 南开大学校长办公室:《张伯苓纪念文集》,南开大学出版社1986年版,第65页。
④ 南开大学校长办公室:《张伯苓纪念文集》,南开大学出版社1986年版,第131页。
⑤ 南开大学校长办公室:《张伯苓纪念文集》,南开大学出版社1986年版,第64页。
⑥ 崔国良:《张伯苓教育论著选》,人民教育出版社1997年版,第223页。

物主义。

三、南开精神是以爱国主义为核心的民族精神

党的十六大报告指出:"民族精神是一个民族赖以生存和发展的精神支撑。一个民族没有振奋的精神和高尚的品格,不可能自立于世界民族之林。在五千多年的发展中,中华民族形成了以爱国主义为核心的团结统一、爱好和平、勤劳勇敢、自强不息的伟大民族精神。"[①]

南开精神就是一具体的以爱国主义为核心的民族精神。

张伯苓先生说:"南开学校系因国难而产生,故其办学目的,旨在痛矫时弊,育才救国。窃以为我中华民族之大病,约有五端。"[②](这五端就是:愚、弱、贫、散、私。)张伯苓先生说:"上述五端,实为我民族衰弱招侮之主因。苓有见于此,深感国家缺乏积极奋发,振作有为之才,故追随严范孙先生,倡导教育救国,创办南开学校;其消极目的,在矫正上述民族五病,其积极目的,为培养救国建国人才,以雪国耻,以图自强。"[③]而"公"、"能"校训的提出,就是为实现上述目的。

张伯苓先生为培养学生的爱国主义情感,常向学生提出如下三个问题:"你是中国人吗?""你爱中国吗?""你愿意中国好吗"[④]以激发和培养学生的爱国主义情感。

南开学校杰出校友周恩来总理年轻时的名言"为中华之崛起而读书"所反映和表达的精神就是南开精神,就是以爱国主义为核心的民族精神。"为中华之崛起"是青年周恩来读书、奋斗的目标,这一目标的实现必须依赖于读书奋斗。"为中华之崛起而读书"显示了青年周恩来对自己两个方面的基本要求:"公"的品质和"能"的素质,热爱中华民族、希望民族强盛崛起,这就是"公";通过读书学习以培养振兴中华的素质才干,这就是"能"。因此,可以说"为中华之崛起而读书"是青年周恩来作为学子对南开精神的一种解读和诠释,更是对南开精神内涵的丰富。

"允公允能"就是要培育德才兼备的人才,培育具有热爱自己的民族、国家的道德品质和具有为自己的民族、国家服务的能力的人才。

党的十六大报告指出:"面对世界范围各种思想文化的相互激荡,必须把弘

[①]《十六大报告辅导读本》,人民出版社 2002 年版,第 35 页。
[②] 崔国良:《张伯苓教育论著选》,人民教育出版社 1997 年版,第 305 页。
[③] 崔国良:《张伯苓教育论著选》,人民教育出版社 1997 年版,第 306 页。
[④] 崔国良:《张伯苓教育论著选》,人民教育出版社 1997 年版,第 258 页。

扬和培育民族精神作为文化建设极为重要的任务，纳入国民教育全过程，纳入精神文明建设全过程，使全体人民始终保持昂扬向上的精神状态。"[1]弘扬和培育民族精神有各种途径和方式，就南开学校而言，弘扬和培育民族精神的一个现实有效的途径就是在学校教育中弘扬和培育南开精神。

四、南开精神是勇于创新、与时俱进的精神

"所谓日新月异，不但每个人要能接受新事物，而且要成为新事物的创始者；不但要能赶上新时代，而且要能走在时代的前列。"在这里，张伯苓先生对日新月异的解释和作为对南开人的要求具有如下一些方面的内容：一是南开人要能接受新事物、善于接受新事物；二是南开人要能并且善于创造新事物，做新事物的创始者，勇于和善于创新；三是南开人要能赶上新时代，不能落伍，不能落后于时代；四是南开人要能走在时代的前列，做时代前进的引路人。其中一、三两项是对南开人的基本要求，而二、四两项是对南开人的较高的要求。日新月异的中心意思是要南开人保持一种进取精神。这种进取精神源于我们的民族文化传统。张伯苓先生说："《易》曰：'天行健，君子以自强不息。'彼之所谓天行健者，乃指昼夜相承，春秋代继，无时或已，长此不息而言也。吾人读此，则进取精神自然得矣！"[2]

日新月异不仅是对南开学校及师生员工的要求，而且是对南开校友的要求。张伯苓先生说："南开学校，永远是随着时代进展的，以后对于学生之如何训练？课程之如何切实，当然更要与时俱进。可是我们南开的校友，也不能成为时代之落后者。"[3]

日新月异、勇于创新、与时俱进的精神，首先是对人的要求。人应当勇于创新、与时俱进，保持进取的精神。南开精神作为一种进取精神，必然自身也要保持不断的进取精神以丰富其自身的内容。

新中国成立后，南开学校成了社会主义国家的学校，社会主义新南开学校在对张伯苓先生所倡导的南开精神进行批判继承的同时，必然对南开精神进行社会主义的改造，使之增加新的成分。而这样做，也正是南开精神中日新月异这一要素的必然要求。在全面建成小康社会的新的历史时期，学习贯彻中国特色社会主义理论体系，必须赋予南开精神以新的内容，使"允公允能，日新月异"有鲜明的时代感和鲜明的时代特色，全面贯彻党的教育方针，坚持教育为

---

[1]《十六大报告辅导读本》，人民出版社2002年版，第35页。
[2] 崔国良：《张伯苓教育论著选》，人民教育出版社1997年版，第36页。
[3] 崔国良：《张伯苓教育论著选》，人民教育出版社1997年版，第247页。

社会主义现代化建设服务，为人民服务，把立德树人作为教育的根本任务，培养德智体美全面发展的社会主义建设者和接班人。解放思想，实事求是，与时俱进。坚持教育创新，深化教育改革，提高教育质量和管理水平，全面推进素质教育，造就高素质的劳动者、专门人才和拔尖创新人才。

五、南开精神是张伯苓先生和南开学校的教育理念，是南开学校教育实践的经验总结，是行之有效的教育思想

张伯苓先生总结四十年南开办学经验时说，南开学校为实现教育救国之目的，对于学生教育训练的方针，特别注意五点：一曰重视体育；二曰提倡科学；三曰团体组织（包括学术研究、讲演、出版、新剧、音乐研究会、体育、社团）；四曰道德训练；五曰培养救国力量。"上述五项训练，一以'公能'二字为依归，目的在培养学生爱国爱群之公德，与夫服务社会之能力。故本校成立之初，即揭橥'公能'二义，作为校训。惟'公'故能化私，化散，爱护团体，有为公牺牲之精神；惟'能'故能去愚，去弱，团结合作，有为公服务之能力。此五项训练，以'公能'校训为指导原则，而'公能'校训必赖此基本训练，方得实现。分之为五项训练，合之则'公能'二义，允公允能，足以治民族之大病，造建国之人才。四十年来，我南开学校之训练，目标一贯，方法一致，根据教育理想，制定训练方案，彻底实施，认真推行，深信必能实现预期之效果，收到良好之成绩也。"[①]张伯苓先生在上述南开学校办学四十年的经验总结中，进一步明确了南开学校"以'公能'二字为依归"的教育理念，简明扼要地概括了以"公能"统率"五项训练"、以"五项训练"来实现"公能"的教育思想。

六、南开精神是南开人工作、学习的精神动力

张伯苓先生所倡导阐述的南开精神，通过潜移默化的影响成为南开人精神世界的一部分，成为南开人学习、工作的精神动力，而南开人在各行各业所做出的业绩一方面证明了南开学校教育的成功，另一方面又弘扬和彰显了南开精神。同时，南开精神在为南开人所认识、体会、实践的过程中，其含义也不断地被南开人通过自己的理解而加以丰富。

中国科学院院士申泮文指出："张伯苓先生把他的教育思想和办学宗旨概括为一个抽象的概念，称为'南开精神'，把所有与南开事业发生过联系的人（教职员工和学生）统称为'南开人'。南开精神深深渗入了每个南开人的心中，成

[①] 崔国良：《张伯苓教育论著选》，人民教育出版社1997年版，第310页。

为他们团结奋斗为祖国的复兴和繁荣富强而献身的一种推动力量。""它在我们身上化为无穷无尽的力量，推动着我们随着时代的前进而自强不息。现在我虽然已经年近古稀，但当我想到校歌里这段名句'巍巍我南开精神'的时候，我就感到我仍然年轻，依然浑身充满了力量，要继续努力为祖国的四化建设事业贡献我的余生。"①

1983年，当时任地矿部副部长的温家宝同志在其《南开精神永放光芒》一文中指出："南开精神一直鼓舞着我在工作和生活的道路上不断前进。""南开精神首先是革命的精神。""南开精神是严谨的治学和刻苦的学习精神。""南开精神是朝气蓬勃的精神。""人是要有精神的，学校也是要有精神的。我的母校已经走过了八十年的历程。她不仅为国家培养了数以万计的各方面的人才，而且在办学中形成了一种精神——革命的、科学的、朝气蓬勃的精神。这是在党的领导下，新型的社会主义学校所应具有的精神。我愿这种精神在母校继续发扬光大。""'谁言寸草心，报得三春晖'。母校对我的培养教育是永远不能忘记的。然而报答母校的最好方法，就是要坚定不移地贯彻执行十一届三中全会以来党的路线、方针、政策，努力学习和工作，为建设具有中国特色的社会主义事业，为实现全党的宏伟战略目标而献出自己的一切力量。这是母校所期望的，也是她的学生的志向。"②

南开精神是联系所有南开人的纽带。"我是爱南开的"，周恩来总理的这一朴素话语表达了所有南开人的心声。由南开学校培养出来的周恩来总理、温家宝总理以及各行各业表现杰出的南开人，是南开精神的实践者、丰富者和发展者，是南开学校和南开人的骄傲，他们给予在校的南开学子以巨大的鼓舞和鞭策，在无形中对南开学校的发展以巨大的支持。

南开精神不仅是南开学校的宝贵精神财富，而且是中国教育事业的宝贵精神财富；南开精神不仅是南开学校教育发展的重要价值资源，而且是中国教育事业发展的重要价值资源。南开精神对南开学校教育发展的作用、价值和意义对中国其他学校教育的发展具有借鉴和启示意义。

（本文原载于《天津市教科院学报》2004年第4期，收入本书时作者又作了修改补充。）

---

① 南开大学校长办公室：《张伯苓纪念文集》，南开大学出版社1986年版，第85页。
② 杨志行、纪文郁、李信：《解放后南开中学的教育》，天津教育出版社1994年版，第17-18页。

张伯苓德育思想的传统文化基因

牛文利

张伯苓从事教育事业长达半个世纪,不仅在办学执教过程中形成了丰富的教育思想和治校理念,在立德育人方面也进行了独特的实践探索,获得了宝贵的经验。他笃信教育救国思想,在批判继承我国道德教育的优秀传统、吸收融化西方现代德育的先进理念基础上,形成了一系列既适应中国国情,又独具南开特色的德育思想,既博大精深,又具体可行,历经岁月的洗涤,至今仍具有勃勃生机与活力。张伯苓鲜明提出了"以德育为万事之本"的育人宗旨,把"培养学生爱国爱群之公德,与夫服务社会之能力"的公能精神教育作为努力方向,他一生倡导"爱国为公"的爱国教育,注重人格教育,提出"任教育者当注重人格感化。人格感化之功效,较课堂讲授之力,相去不可以道里计"[1]等等,都蕴含了独特的育人理念和思想内涵。这些思想理念,无不蕴含着中国传统文化的基因,既有儒家思想有关人生哲理和自身修养的思考,又有对古圣先贤崇高道德情操和行为规范的创新阐发。

德育思想在本质上作为一种精神文化现象,无疑是以一定的历史文化背景和经济社会发展状况为条件的。张伯苓所处的历史阶段正是一个思想文化巨变的时代,旧学与新学、中学与西学、中国传统文明、道德、价值取向与近代西方文明相互碰撞冲击。

张伯苓在青少年时代就接受了比较系统的传统文化教育。他在五岁时开始接受父亲的启蒙,从相对浅显易懂的《百家姓》、《千字文》学起。此后,又在族人张竹坡的家馆中学习了一段时间,张式家馆告停后又被送到一家刘姓义塾中继续求学。在晚清时代,无论是家馆还是义塾,都是私塾的具体形式,除了启蒙识字外,主要是学习"四书"、"五经"等传统儒家经典,朗读和背诵圣贤

---

[1] 崔国良:《张伯苓教育论著选》,人民教育出版社1997年版,第108页。

书是当时学习的主要方式。张伯苓13岁以优异的成绩考入天津北洋水师学堂学习驾驶，在北洋水师学堂的五年里，有四年是进行课程学习，这段求学经历，是他接受新式教育和西方思想的重要阶段，但从当时的入学要求和课程设置来看，虽然以英文、地域图说、算学等西学课程为主，但依然设有国文和读经课程，一周每七日中有两日学习汉文，使张伯苓打牢了传统文化的根基。

张伯苓在传统文化方面受影响最大的人莫过于严修。严修先生是科举出身的进士，历任清朝翰林院编修、贵州学政、学部侍郎等职位，卓有政绩。胡适在《教育家张伯苓》中提到：“严修是中国旧道德传统和学识渊博最可敬佩的代表人物。”当然，严先生并不是一个守旧的人，他积极革新封建教育，倡导西学等新式教育，并以上书光绪皇帝开设"经济特科"改革科举制度而闻名于时。严先生重视立志，并将立志的本源归根于道德，在当时国家内忧外患，国势衰落的时代，这一道德要求并不仅仅局限于人伦道德，更加强调国民道德。他在第一届中学学生毕业训词中明确表达了希望学生树立"匡时之志"，"勿志为达官贵人，而志为爱国志士"，忧国忧民的思想、允公爱国的情怀跃然而出。张伯苓22岁（1898年）到严修家馆执教，到两人共同致力于现代教育，建立起包括南开中学、南开大学、南开女子中学、南开小学等南开系列学校，直到1929年严先生去世，合作共事长达三十余年，得益于严修之处颇多。他经常对学生们说："真万幸，遇到严先生，严先生可以说今之圣人。"他的儿子张锡祚曾在《张伯苓先生传略》中写道："先生平素敬重严先生之为人，视严先生为师，严先生也待先生如友，宾主之间，志同道合。"

张伯苓重视利用传统文化和传统美德教育学生。张伯苓身上经常带着《论语》，深谙以儒家伦理为主体的中国传统文化和道德价值取向，重视人际关系，讲求和谐相处，特别强调通过修身完善个体内在品格的提升和道德情操的升华。他经常在每周三的修身课上，或者其他针对学生集会的演讲中，多次引用《大学》、《中庸》、《论语》、《孟子》、《易经》等儒家经典中的格言、警句、经典事例来教育学生行己处世之方，求学交友之道，并进行通俗易懂的解释和阐发，赋予合乎时代道德要求的新意。比如在1916年4月的一次修身课上，讲解"怎样改正过错"时，他不但向学生们介绍了设立"立志改过签"的思考与做法，还引用数则改过名言，如孔子所说的"过而不改，是为过矣"、"过则勿惮改"等，还引用"子路人告知以有过则喜"闻过则喜的故事，生动形象地介绍古人对待错误的态度及做法，鼓励启发学生勇于改过自新。在同年9月的一次修身演说中讲到虚心问题，引用《尚书》中"满招损，谦受益"和《大学》首章"在明明德，在止于至善"等名言，深刻阐释人若以至善自期，必时时自警而不敢存满足之念。选择交友是青年人关心的问题,张伯苓在 1924 年 4 月的一次高级修身班上专门论述了"择交之道",在引用春秋管仲和鲍叔牙、俞伯牙和钟子期以及三国刘关张等广为人知的交友故事后,再次引用孔子友直,友谅,友多闻的择友标准,除了正直、诚信、知识广博之外,还要求能够听得朋友的称赞安慰,更要明白朋友的规诫,强调了交友之道的深一层涵义。

南开校训也充分体现了传统文化的精神。校训是一所学校办学理念和价值追求的凝练表达,也是一所学校的师生共同践行的精神信仰。1934 年,在南开创办 30 周年校庆纪念会上,张伯苓先生正式宣布"公"和"能"为南开校训,使南开教育理念得到进一步凝练和升华。"允公允能"这种话语形式,据考证,语本《诗经·鲁颂·泮水》:"允文允武,昭假烈祖。"允,即文言语首助词。允公允能,意即既有公德,又有能力,德才兼备。张伯苓本意是使南开学生具有"爱国爱群之公德,与夫服务社会之能力"。这里的"公",与之相对应的当然是国家、人民大众和与之相联系的事业。另外"公"又是对矫正五病中的"私"而言的。他在谈及教育目的时有过生动的对比,认为以往教育目的在于造成个人为圣为贤,而当今教育的目的在于谋全社会的进步。所以"允公"应解释为要求受教育者爱祖国,爱人民、爱事业,而这与中国传统文化中强调大公无私、一心为公的奉献精神具有高度的一致性,如《礼记·礼运》篇中有"大道之行也,天下为公"。张伯苓一生多次讲到公,诠释公的道德内涵,比如 1916 年 5 月 10 日在学校运动会闭幕式上发表演讲时,说:"德智体三育之中,我中国人最缺者为体育。欧美之道德多高尚,公德与私德并重。我国人素重私德而于公德多疏忽,近则于公德亦渐知讲求矣",突出了公德的重要性。他把公与国家民族命运紧密联系,强调立大志做大事,曾指出:"学校正如一小试验场,场内人皆有信心,具改造社会之能力,将来进入社会改造国家,必有成效。"张伯苓主张培养出来的人才,不是独善其身,而是要培养有改造国家改造社会为人民谋福利的能力之"干才"。在校训中提出以"能"为目标,努力锻炼救国自强的能力和本领,也体现了张伯苓德育思想之卓越超群、不同凡响之处。

日新月异,语本《礼记·大学》:"汤之盘铭曰:'苟日新,日日新,又日新'。"意即与时俱进,每天每月都有新的变化,形容进步迅速,求受教育者有强烈之进取精神。张伯苓早在 1915 年南开学校始业式开会致辞时,就谈到"日新"一词,即"且生等宜自思,应发奋自励以日新乎,抑随流逐波以自弃乎?孜孜矻矻以进三育乎,抑优优游游以消光阴乎?"[①] 张伯苓在 1916 年 9 月在给学生

---

① 中共中央文献研究室、南开大学:《周恩来早期文集》(上卷),中央文献出版社 1998 年版,第 129 页。

所作的题为"打破保守,努力进取,建设新中国"演讲中说到:"吾校与他校较,各校中有进取者焉,有保守者焉。吾校进取者也。即以各校各项竞争而论:吾校所得结果如何,汝等之所共知也。此即进取之效力也。推而至于国家亦何不莫然,故欲强中国,非打破保守、改持进取不可也。"再次深刻表达了积极进取、时不我待的精神。他在演讲中还引用中国传统经典名言:"进取之说自古有之,《易经》曰:'天行健,君子以自强不息',彼之所谓天行健者,乃指昼夜相承,春秋代继,无时或已,长此不怠而言也。"很显然这就是"日新月异"其意的原始出处。就是受教育者的时代使命,是不断改革,不断前进,自强不息,永攀高峰,面向祖国,面向世界,面向未来,奋勇走在世界发展大潮的前沿。

习近平总书记在主持中央政治局第十三次集体学习时深刻指出,中华优秀传统文化积淀着中华民族最最深层的精神追求,中华传统美德是中华文化的精髓,蕴含着丰富的思想道德资源,是人们进行道德教育修养的"好教材"。我们通过研究总结张伯苓先生在实施德育过程中充分发挥中华民族传统美德和各种思想精华的经验和做法,发掘其传承优秀价值理念和道德规范的基因,对于我们提升大学校园文化自觉和文化自信,充分发挥文化育人的功能,滋养心灵,陶冶道德情操,促进学生树立正确的人生观和核心价值观具有重要的现实意义。

从"越难越开"到"刚毅坚卓"

——南开精神与联大校训

张　健

在南开大学近百年的发展历程中，与北京大学、清华大学合组国立西南联合大学的八年，时间虽然短暂，却书写了中国高等教育史上颇为辉煌的篇章。而三校共同遵奉的"刚毅坚卓"的联大校训，更是与南开"越难越开"的精神气质相互贯通，影响了几代南开人。

"南开，南开，越难越开。"这是南开老校长张伯苓经常说的一句话。南开的校名，源于建校之初学校所在的天津城南一片开阔的洼地，天津人称"南开洼"。张伯苓取"南开"的谐音，经常鼓励南开师生"越难越开"。

抗日战争爆发之前的南开大学，是一所不以营利为目的的私立学校，经费来源主要靠私人捐款、团体资助、政府补助，最有保障的学生缴费仅占学校收入的一小部分，校产与基金利息也为数不多。经费支绌，年度亏损，始终是办学的一大难题。但是，南开的创办者们从不气馁。张伯苓常说："南开是私立学校，全校总支出超出学费收入甚多。南开要长！长！长！日日新，必须扩充建筑及设备，所以南开之'南'，也许是困难之'难'字，不过我总是乐观的，不怕困难。缺乏经费，决不能阻止南开之发展。"所以张伯苓还有另一句口头禅："do it！"就是"干"——苦干，硬干，穷干，拼命干！带三分傻气地干！不投机取巧地干！咬定牙根努力地干！跌倒了爬起来，失败了不灰心、不气馁，知难而进，迎难而上！于是，"干"字就成为南开人语汇中最常用的一个字。

日本侵略者发动全面侵华战争后，南开大学因为爱国而成为中国第一所被日寇化为焦土的高等学府。1937年7月30日南开被炸毁后，张伯苓接受《中央日报》记者采访时说："敌人此次轰炸南开，被毁者南开之物质，而南开之精神将因此挫折而愈益奋励。"7月31日，蒋介石约见张伯苓等人。张伯苓第一个慷慨陈词，表示："南开已被日军烧掉了。我几十年的努力都完了。但是只要国家有办法，能打下去，我头一个举手赞成。只要国家有办法，南开算什么？打完了仗，再建一个南开。"蒋介石代表国民政府当场表态："南开为中国而牺牲，有中国即有南开！"

1937年9月10日，国民政府教育部发布第16696号令："以北京大学、清华大学、南开大学和中央研究院的师资设备为基干，成立长沙临时大学。"11月1日，师生开始上课。1938年4月，因战事吃紧，长沙临时大学又奉命迁至昆明，改称国立西南联合大学。西南联大在滇办学历时八年，三校融合"清华和南开的严谨教学的精神，及北大自由研究的传统"，紧密合作，谱写了中国高等教育史上的光辉篇章。冯友兰在《国立西南联合大学简史》中指出："文人相轻，自古而然"，且"三校有不同之历史，各异之学风"，却能"八年之久，合作无间。同无妨异，异不害同；五色交辉，相得益彰；八音合奏，终和且平"，实属难得。

1938年6月，国民政府教育部发出训令，令各国立大学呈报校歌校训。10月6日，西南联大常务委员会议定成立编制校歌校训委员会，聘请冯友兰、朱自清、罗常培、罗庸、闻一多为委员，并请冯友兰为主席。经过紧张工作，编制校歌校训委员会在11月24日的会议上，拟定校训为"刚健笃实"四字，并呈报常委会讨论。30日，西南联大第95次常委会开会经过讨论，最终确定校训为"刚毅坚卓"四字，并于12月2日向全校布告，同时上报教育部。

相较而言，"刚毅坚卓"四字校训比编制校歌校训委员会呈报的"刚健笃实"内涵更为丰富。从长沙到昆明这一年多时间里，西南联大师生在学习、工作、生活等各方面无不体现出刚强、果敢、坚忍不拔、卓尔不群的精神风貌。在此后的八年时间里，"刚毅坚卓"的校训更是进一步被西南联大师生所发扬光大，成为联大人的精神和风骨。可以说，"刚毅坚卓"就是在困难和逆境中对肩负责任使命的勇敢担当和执著坚守。

西南联大在颠沛流离中创建，在日寇轰炸中生存，办学条件相当困难，学校经费捉襟见肘，仪器设备极为简陋。物资匮乏，物价飞涨，师生生活也遇到了许多困难。算学系教授姜立夫患胃溃疡、十二指肠出血，只能把糙米磨成粉面充饥。化学系主任杨石先靠典当衣物勉强度日，还不时资助困难学生。边疆人文研究室主任陶云逵由于劳累和贫困而英年早逝，其夫人生活无着，竟投河自尽，幸被渔民救起。许多教师不得不做些兼职以补贴家用。学生们的生活更加艰苦。宿舍和教室多是夯土为墙的茅草屋，有些是破旧寺庙改修而成。杨石先教授回忆："当时还有一种铁皮顶的教室。夏天泥地上长草，雨天铁皮顶奏乐，讲课要大声喊叫才行。"学生们吃的是掺杂秕子、砂子、泥巴、老鼠屎的"八宝饭"。即使这样的饭菜,也不能吃饱。由于营养不良,有的学生晕倒在课堂上,一些学生因病休学。但是,师生们胸怀报国理想,茅茨土阶,箪食瓢饮,不改其志。

从1938年至1946年,先后在西南联大学习过的学生达八千余人,毕业的3886人,其中本科生3730人(联大学籍2440人,北大学籍369人,清华学籍726人,南开学籍195人),专科生75人,研究生81人。曾在西南联大任教或学习的著名学者和社会活动家不胜枚举。中国的三所著名大学,长途迁徙,联合建校,精诚合作,共济时艰,在极端困难的条件下,坚持为国家、为民族培养雪耻复兴之才,这在中国教育史上是罕见的。

更值得一提的是,西南联大投笔从戎、参加抗战的师生员工数以千计。在西南联大纪念碑碑阴,由校志委员会纂列的"国立西南联合大学抗战以来从军学生题名"就有832人(碑上列有834人,但曾仲端和王福振均列出两次,西南联合大学北京校友会编《国立西南联合大学校史》认为应属错列,实为832人),实际还不止这些数字。长沙临时大学时期,校方记录参加抗战工作离校学生有295人,绝大多数未列入题名。两者相加共一千一百多人,约占总人数的14%,即每100位同学中,就有14人曾经投笔从戎,有的还献出了宝贵生命。这一千一百多人,将个人命运与祖国命运紧紧联在了一起,虽然他们中的绝大多数是在默默无闻中度过的,但却永远值得我们铭记!

1946年4月,国民政府教育部电令北大、清华、南开三校恢复原校。5月4日,西南联大正式结束。10月17日,南开大学在天津八里台原址举行复校开学典礼。此时南开大学的办学规模比抗战前有了很大发展,学生总数达到一千二百多人。随着新中国的成立,南开大学的发展更是翻开了崭新的一页。

此后,南开大学虽然在发展中也遭受过人祸天灾和挫折困难,但却靠着"越难越开"、"刚毅坚卓"的精神而艰难挺立过来。所谓人祸天灾,是指"文革"期间,南开除受到政治运动的严重冲击外,还在空前的自然灾害中损失惨重。1976年7月28日波及天津的唐山大地震,使我校8名教工和23名学生蒙难,房屋震损2177间,面积77548平方米,精密贵重仪器设备损坏43件,价值56.6万元,直接经济损失总计500万元以上。人祸与天灾同时肆虐,使南开元气大伤。所谓挫折困难,是指随着计划经济的解体和国内高校群雄竞起局面的出现,南开大学在发展中遇到了诸如资金困难、排名下滑、空间受限等空前的挑战。

面对种种磨难,南开人靠着"越难越开"、"刚毅坚卓"的精神一路顽强走来,在没有得到特殊资助的情况下,主要依靠横向联合,建成了经济学院楼群、数学学院大楼、东方艺术大楼、蒙民伟楼、日本研究中心等。1995年，南开大学率先通过"211工程"预审，评审专家对南开"得到的比别人少，做的不比别人差"的实干精神给予了高度评价。2000年，教育部和天津市人民政府签署重点共建协议，南开大学跻身21世纪国家重点建设大学行列。

新世纪新阶段，南开大学站在新的历史起点，主动应对各种挑战，紧紧抓住高等教育内涵式发展和津南新校区建设这两大历史性机遇，注重质量特色，优化办学结构，改善办学条件，调整学校布局，迈开了向世界知名高水平大学奋进的步伐。

论南开形象与南开精神

杨心恒

2014年我校制定了《南开大学章程》，其中专门列有一章是"学校标识"，对校名、校徽、校歌、校旗、校色、建校纪念日作了规范表述，并在章程序言中提到了坚持和弘扬"公能"校训的问题。这项工作意义重大，对过去、现在和未来的南开学人都是功德无量的事。为什么？它可以使南开形象和精神更加鲜明，对内可以增强南开人的凝聚力和奋勇前进精神；对外可以提高南开的知名度，提升无形资产。

说实话，如果没有改革开放前将近30年的对个人与社团个性的压抑，也许今天我们用不着来寻找和论述南开精神了。因为所有的老学校原本就有自己的个性，北方的南开、北大、清华的个性特色尤为突出。只是经历30年的绝对统一，使它们的个性淡化了，乃至趋同了，所以今天我们需要找回和论证自己的个性特征。我虽然45年居南开，但不是老南开，因此我对南开形象和精神的寻找，有"猜"的成分在内。猜对了，算我能耐；猜不对，请诸君批评。

社团个性是每个社团独有的精神和形象。那么什么是南开大学的形象？它不仅是人们眼睛看到校园景色，也不只是它的建筑物的格局式样，更重要的是南开人的行为特征。积45年之观察经验，我对南开人行为特征可用十六个字来概括："脚踏实地，中规中矩；严于律己，宽以待人"。这个概括是就总体而言的，并不排除个体和个别时期的例外。正是因为有了这种行为特征，才会制作出现在的南开徽章。这个徽章看上去中间是个八角形，其实是两个正方形交错。中间正正方方，四角相等，两个篆书"南开"稳居其中，表示南开人脚踏实地，规规矩矩，不越雷池一步。在正方形的外面围以圆形，表示南开人对外没有直楞直角，柔韧有余，态度灵活。看着这内方外圆的徽章，我想起了两句俗话："立定脚根做人，大着肚皮容物"。这也许正是对南开人行为特征的真实写照。

形象是精神的外在表现，南开大学之所以会有这样的形象，至少有两个原因：一是校训的培养，二是社会环境的影响。校训是南开文化价值的核心。张伯苓校长提出"允公允能，日新月异"作为南开校训，反映了他办学的理念和价值取向。与北大的"兼容并包"和清华的"自强不息"相比，"允公允能"就是南开的精神特色。这个特色起源于学校的性质和建校时期的社会背景。上个世纪初，北大是个国学堂，清华是个洋学堂，南开是个民办学堂。国办学堂由国家出钱，校方和学生经济压力不大，因此他们可以在办学的众多价值取向中，选取学术自由，兼容并包。清华是利用庚子赔款创办的，虽然花的是中国的银子，但却算是洋人的善举。这极大地刺伤了中国人的感情，所以他们选取周易八卦中乾坤两卦的卦德作为校训："自强不息，厚德载物"。在那个特殊的历史条件下，清华大学把它作为校训，适足见其振兴中华的决心。南开是个私立学校，创办人张伯苓毕业于北洋水师学堂，经历了甲午战争失败的切肤之痛，因此他主张教育救国。他多方筹措，于1904年办起了敬业学堂（南开中学的前身），1919年创办了南开大学，很不容易。学生上学要交学费也不容易。因此来南开求学的人很珍惜这个来之不易的读书学习机会，于是用功读书，学到真才实学，将来报效祖国，才是他们最看重的事。"允公允能，日新月异"恰好反映了南开学人的这种价值取向。

"允公允能，日新月异"就其句型而言，是受《诗经·鲁颂》中"允文允武，昭假（音格）烈祖"的启发而题写的。孔颖达把这两句话注疏为"既有文德，又有武功"。依此注疏，"允公允能"应当是"既有道德品质，又有学识才能"的意思。就校训的"公、能"价值核心而言，是采取了儒学的"大学之道"。《大学》首章曰："大学之道，在明明德，在亲民，在止于至善。"什么是"至善"？就是兼有光明正大的道德与齐家治国的本领，就是"公"与"能"。"日新月异"也来自《大学》中的"苟日新，日日新，又日新"，"作新民"。

如此看来，南开校训既有儒学渊源，又是对南开学人价值观最平实的概括，也是对南开人最实际的要求。规规矩矩地做人，认认真真地求学做事，埋头苦干，不断进步，为齐家和治国出力。这就是南开精神。说白了，南开精神就是老百姓精神。老百姓做事最讲究实际，张伯苓既是中国的著名教育家，也是天津的老百姓，他成为名人之后，一口地道的天津话始终没改，这也许是他不改老百姓本色的一个佐证吧。

南开精神经过近百年的历史磨练有所变化。变化之一是中间有许多年不提校训，许多南开人不知道还有个校训，替代它的是不断更新的各种口号。变化之二是多次往南开大学里"掺沙子"，改变了南开大学传统的教学与管理模式。这种变化是由于把政治泛化的社会环境造成的。改革开放以来，实事求是精神得到恢复和发扬，南开也在逐步找回自己的精神特征。然而这个寻找南开精神的过程还有困难。困难不在于人去物非，而在于由泛政治化产生出来的一个错误观念尚未消失。这个错误观念以为，必须把党和国家的指导思想和基本原则，写进一个社团的理念和行为识别体系中来，否则就会犯政治性错误。于是我们看到，在南开大学的行为识别系统（草稿）中，写有马克思主义、毛泽东思想、邓小平理论和"三个代表"等。把这些属于中国特色的基本要点写进南开大学的行为识别系统中来，那就不是南开的识别系统，而是已经写进宪法的中国识别系统了。窃以为，制作南开大学的识别系统，只要把属于南开独有的个性特征写进去就行了，至于必须遵守党纪国法，那是不言自明的事。这样做不会犯政治错误。除非现在仍然坚持"以阶级斗争为纲"和坚持"政治挂帅"的人，他们也许会抓住这个"把柄"发难，其他任何头脑正常的人，都不会这样想和这样做的。所以我希望制作南开识别系统的同志们，要进一步解放思想，放心大胆地去寻找和恢复南开精神，把学校的识别系统做得更好。须知南开精神越是发扬光大，就越能为祖国建设培养出高质量的优秀人才，也就越有利于实现我们的远大理想。

（本文原载于杨心恒教授2008年出版的个人文集《岁月沧桑》，收入本书前作者做了部分修改。）

南开精神永远年轻

赵启正

听闻南开上海校友会要编一本名叫《南开人在上海》的书，作为一个曾在上海工作和生活多年的老南开人，我十分感动。邀我作序，我更是与有荣焉。

一转眼，数十年有如白驹过隙，回想起当年的青葱岁月，感慨良多。我的父母都在南开大学教书，自小我便在南开校园里生活，后来又在南开中学度过了人生中非常重要的一段时光，对南开园里的一草一木、一砖一瓦都有着深厚的感情。1958年，我离开天津，但是南开中学和大学的点点滴滴都被我珍藏在心底。这些都是我宝贵的财富，伴随着我在北京上大学、在上海工作。毕业后，我时常会想，南开给了我什么？或者说，南开是怎样一种"精神的DNA"留在了我们身上？

我想，这个南开精神的"DNA"就是老校长张伯苓先生提出的校训——"允公允能，日新月异"这八个大字。这个校训是20世纪30年代前后形成的，与今天我们大多数校友的年龄相比，虽然是古老了，但随着时代、社会的进步，它的内涵也在发展。南开精神具体的形象就是周恩来总理，想到他，想到他的人格、他的贡献和他的伟大，就会知道，拥有这样"精神的DNA"，将使我们无往而不胜，就能够为国家、为人类做更多的事情，这就是我们"南开人"属性的关键所在。本月初，中央电视台的新闻联播节目播放中国著名大学的校训时说，以"公"字列入校训的唯有南开一家。

公能校训告诉我们：要学好知识，练好本领，尽自己的能力，以大公之心为社会多做贡献。这与今天我们为建设社会主义的祖国而服务，是完全相符合的。所以，南开校友在各地，各个岗位上表现都很优秀。在校时，以南开学生感到光荣，离校后，以南开校友仍旧自我激励。这就是南开精神永远不会老！我们心里永远年轻！

大学毕业后，我在上海工作了很多年，在这里我看到了很多优秀的南开人，他们在各自的岗位上发光发热、表现优异，他们是南开的骄傲，也是南开上海校友会日益壮大的生力军。而这些年来，我也可以说是见证了南开上海校友会一步步地成长。这次，《南开人在上海》这本书的成功编印让我十分高兴。这是南开校友会发展过程中一份里程碑性质的书稿，也是紧密联系在沪南开人的一条丝带。从这本书里，我看到了老南开人的荣耀和年轻人的奋斗不息，深感欣慰。

最后，希望在上海的南开人能薪火相传，携手并进，用言行向世人诠释南开精神、南开情结。也希望南开上海校友会继续践行为广大在沪校友服务的宗旨，越飞越高、越走越好！

（本文系南开中学1958届校友、国务院新闻办公室原主任、南开大学滨海开发研究院院长赵启正2014年8月为《南开人在上海》一书所写的序言。）

南开"公能"校训的继承创新

梁吉生

今年是南开"公能"校训颁行80周年。

80年前,即1934年10月17日,南开学校举行建校30周年和南开大学建校15周年盛大庆祝会。校长张伯苓宣布南开以"允公允能"为校训,其意即培养学生"爱国爱群之公德"以及"服务社会之能力"。

"允公允能"是南开办校理念的凝结,治校传统的升华,显示了南开人独特的价值取向和精神品质。正如著名中等教育专家喻传鉴所说:"'公能'二字,为全校精神之所寄,先生之所施教,本此二字,学生之所努力,也本此二字。"

"允公允能"这种话语形式,语本《诗经·鲁颂·泮水》:"允文允武,昭假烈祖。"允,是文言语首助词。"允公允能"意即"又公又能",或"既公又能",通俗地说,就是既有公德,又有能力,德才兼备,立德树人。南开校训特别强调道德和能力,在当时有着极强的针对性和现实意义。将道德诉求侧重于公德,是针对当时社会普遍存在的重私德而轻视公共道德提出的。张伯苓多次说过:"有的中国人太自私自利,常为自己一点小利,就能做出不顾大体,祸国害民的事。"公德集中表现为爱祖国、爱集体的优秀品质。他还指出,允公,是大公,小公只是本位主义,只有允公,才能高瞻远瞩,正己教人,发扬集体的爱国思想,消灭自私的本位主义。惟"公",才能化私,化散,爱护集体,有为公牺牲的精神。他说,允能,是指能力。惟"能",才能去愚,去弱,团结合作,有为公服务社会之能力。南开校训对"公"和"能"的界定,为学生树立起明确的人生坐标,为学校培育人才指出明确定位,形成鲜明的办学特色。

"公能"校训的颁行,是张伯苓长期探索教育改革的一次生动实践。中国教育近代化是在一个与西方不同的社会条件和文化传统的基础上展开的。因此,不仅需要有足够的勇气虚心向西方教育学习,还需要有足够的清醒立足自身实践,适应本国国情,开辟出一条独特的道路,并将其以民族形式表现出来。南开教育即在20世纪20年代末30年代初经历了这么一个"化蛹成蝶"的变化。1928年2月,《南开大学发展方案》明确提出,大学学术不再以"西洋历史和西洋社会为背景";全校精神,不再"以解决西洋问题为目标","吾人为新南开所抱之志愿,不外'知中国'、'服务中国'二语","即以中国历史、中国社会为学术背景,以解决中国问题为教育目标的大学"。南开大学这一"土货化"方针,是教育上中国本位思潮的一种反映,与20世纪二三十年代的历史虚无主义——"全盘西化论"形成的鲜明对峙。

1933年,张伯苓还以"公"、"能"为内容改订了南开中学的教育宗旨。1934年1月24日,他在一次讲话中说:我在一年前,已经把南开中学的教育宗旨改订一下。我们新改订的教育宗旨是两个字,一曰"公",一曰"能"。

"公能"校训是铭刻了张伯苓解读教育真谛的不朽徽记。

"公能"校训的提出,反映出南开在发展进程中,客观上有了一种内在的对基本价值一致性的要求,这既是增进一个共同体凝聚力的需要,也是共同体建立价值秩序实现和谐共进的要求。

"公能"校训一经确立,不仅定格了南开前30年的追求和坚守,而且成为南开发展的历史依据,一种精神共识和南开文化自信的支点。

"公能"校训以其厚重的文化底蕴和独特的文化张力,深刻陶冶和孕育了一大批南开优秀人才。

历史和实践表明,"公能"校训高度凝练和集中体现了南开在育人观念上的主体意识,在包容并统领不同时期的教育使命中,为不同时期的学生树立起共同的人生目标。

"公能"校训是南开精神的经典表达,是教育真谛的"南开诠释"。

只要校训在,南开精神就绝不会磨损、堕落。

我们有过忽略校训的年代,并且受到过这种"忽略"的惩罚。当历史的对错,不是由历史本身决定,而是由一种现行权力来决定时,校训就理所当然地被人们所忽略,南开精神也会遭遇失去支撑力的危机。

改革开放后,校训的重新回归,标志着南开教育理性发展新时代的到来。

英国学者特里尔·卡弗说,"历史"并不仅仅意味着"过去",而是意味着"作为过去结果的现在",意味着"站在现在来回顾过去和展望将来"。

我们不仅对校训更加充满温情和敬意,也更加需要把校训作为南开的价值和文化符号意义放进一个大的坐标进行审视。新时代,我们肩负着继承"公能"校训的历史责任,更重要的是担当着创新"公能"校训的时代使命。我们的任务是,挖掘校训的价值内涵和文化底蕴,注入时代精神,焕发新的生命力。

校训是时代的产物，往往跟时代背景，跟教育的发展阶段同步。毋庸讳言，"公能"校训打着历史的胎印，不可避免地有其历史局限性。就校训的"公"定位于"公德"而言，其历史合理性不言而喻。但是，普遍性的公德风气，不可能完全由个人道德所承载，还有个良好的制度安排问题。再者，校训将"能"定位于"服务社会之能力"，亦是以受教育者为中心的。现代大学的社会功能规定性，特别是90年代后"全球化"语境和社会现实格局的变化，以及我们面临的"两个一百年"奋斗目标的宏大使命，"服务社会之能力"已经远远不能容纳大学的广阔胸襟。

21世纪的南开大学，培养和造就的人才，不仅要有服务社会的能力，而且还要拥有治理国家的能力与引领文化的本领，拥有创新知识的底气和创造财富的魄力，在实现中华民族伟大复兴的中国梦中发挥生力军作用，成为社会改革发展的弄潮儿。

因此，我们必须有足够的智慧，推进校训与当代核心价值观相融合，用创新教育思维为校训注入现代元素，成为新时代南开精神的动力源，支撑南开大学可持续性发展。

无疑，给予"公能"校训新的诠释，不仅必要，也是当务之急。

南开"公能"校训与国内外著名大学校训的比较

刘妍伶

校训作为大学精神的象征,是学校历史和文化的结晶,是一所学校办学理念和价值追求的凝练表达,既沉淀着长期形成的校风、教风和学风,又标注着鲜明的时代气质。

一、校训是什么

《现代汉语词典》将校训定义为"学校规定的对学生有指导意义的词语"。1999年中华书局出版的《辞海》将校训解释为:"学校为训育之便利,选若干德目制成匾额,悬之校中公见之地,是为校训。"教育部部长袁贵仁在《加强大学文化研究 推进大学文化建设》中提出:"所谓校训,不过是一个大学对其文化传统、文化精神的理性认同。"[①]校训,是学校文化建设的重要内容,它凝聚了学校的办学宗旨、办学理念,是从校风、学风中提炼出来的。它反映了全校师生的意志和追求,指导着学校的办学方向和师生的行为。[②]不同学者对大学校训的阐释都包含了校训是大学的历史见证、文化沉淀、大学精神、大学理念、大学发展方向、全校师生价值理念的深厚内涵。

二、国内外著名大学校训

说到校训,我们不得不提及创造知识和追求真理的勇敢开拓者——哈佛大学。从诞生之日起,哈佛大学就把追求真理作为自己的神圣使命。从哈佛学院时代(1639-1780)沿用至今的哈佛大学校徽上面,用拉丁文写着 VERITAS 字样,

---

① 袁贵仁:《加强大学文化研究 推进大学文化建设》,《中国大学教学》2002年第10期。
② 顾明远:《校训关键在实践》,《光明日报》2005年7月3日。

汉语意即"真理"。哈佛"让真理与你为友"的校训源自哲言"让柏拉图与你为友，让亚里士多德与你为友，但是，最重要的是，让真理与你为友。"[①]反映了哈佛大学追求真知、勤于探索、敢于创新的精神内涵。西方大学校训由于受到较强的宗教文化与古希腊文化的影响，较多出自《圣经》，并且多用拉丁文写成。因此，西方大学的校训中蕴涵着基督教追求光明和真理的信仰，如表1所示。

表1 国外部分著名大学校训

国外部分著名大学	校训
牛津大学	Dominus illuminatio mea 主照亮我
剑桥大学	Hinc lucem et pocula sacra 求知学习的理想之地
哈佛大学	Veritas 真理
耶鲁大学	Lux et Veritas 光明和真理
普林斯顿大学	Dei sub numine viget 因为上帝的力量，学校欣欣向荣
麻省理工学院	Mens et Manus 既学会动脑，也学会动手
斯坦福大学	Die Luft der Freiheit weht 让学术自由之风劲吹
哥伦比亚大学	In lumine Tuo videbimus lumen 借汝之光，得见光明
加利福尼亚大学伯克利分校	Fiat Lux 愿知识之光普照大地
芝加哥大学	Crescat scientia；vita excolatur 让知识充实你的人生
宾夕法尼亚大学	Leges sine Moribus vanae 毫无特性的学习将一事无成
密歇根大学	Artes, Scientia, Veritas 艺术、科学、真理
多伦多大学	Velut arbor aevo 像大树一样茁壮成长
悉尼大学	Sidere mens eadem mutato 繁星纵变、智慧永恒

---

① 王恩铭：《美国名校风采》，上海外语教育出版社2000年版，第22页。

与美国大学追求"真理"不同，中国大学大多强调"明德"。据统计，中国的100所大学中，校训中含有"德"字的大学有24所，含有"学"字的大学有26所，此外，中国大学校训中同时强调"德"与"学"的大学有11所。①可见，"明德"、"博学"被中国大学视为核心内涵。表2中列举了国内部分著名大学校训，如清华大学的自强不息、厚德载物，南开大学的允公允能，浙江大学的求是精神，南京大学的诚朴雄伟……无一不传递着中国大学的大学精神，也正是这种精神成就了中国教育的精神内涵。

表2 国内部分著名大学校训

国内部分著名大学	校训
北京大学	博学，审问，慎思，明辨
清华大学	自强不息，厚德载物
中国人民大学、天津大学	实事求是
复旦大学	博学而笃志，切问而近思
同济大学	严谨，求实，团结，创新
厦门大学	自强不息，止于至善
中山大学	博学、审问、慎思、明辨、笃行
浙江大学	求是、创新
南京大学	诚朴雄伟，励学敦行
吉林大学	求实，创新，励志，图强
四川大学	海纳百川，有容乃大
上海交通大学	饮水思源，爱国荣校
西安交通大学	精勤求学，敦笃励志，果毅力行，忠恕任事
武汉大学	自强、弘毅、求是、拓新

比较中外著名大学校训，发现有以下的不同：

1. 内涵不同。中国大学强调"明德"，西方大学追求"真理"和"自由"。

2. 出处不同。有着悠久办学历史的大学，其校训的文字多来源于中国文化古籍或经典的名言警句。如，清华大学的校训"自强不息、厚德载物"来源于《周易》；复旦大学的校训"博学而笃志、切问而近思"来源于《论语·子张》。而西方大学的校训一般为拉丁文，多出自《圣经》，蕴涵着基督教探寻真理、追

---

① 郭彬：《中美大学校训比较研究》，《黑龙江教育（高教研究与评估）》2011年第11期。

求光明的理想。例如，约翰·霍普金斯大学的校训"Veritas vosLiberabi（真理必叫你们得以自由）"来源于《圣经·约翰福音》；哥伦比亚大学的校训"In lumine tuo videbimus（umen）（借汝之光，得见光明）"米源于《旧约·诗篇》。①

3. 句式不同。中国大学校训的句式较为工整，或对偶或排比，词语精练，词义明快。以两言八字和四言八字居多，辅以四言十六字和四字校训。美国大学校训则显得活泼、自由，没有体现对工整、字数的限制。

究其原因，中西方传统文化的差异使得中西方大学校训的差异显著。两千多年的封建社会，中国逐步形成了以儒家经典为核心的传统文化。中国大学的校训深受儒家文化影响，继承和发扬了儒家文化中"求德"、"博学"的思想。西方大学受宗教科学的影响，校训中蕴涵着基督教追求光明和真理的信仰。

三、南开"公能"校训较国内外著名大学校训的独特表达

南开大学创建于1919年，创办人是近代著名爱国教育家严修和张伯苓。在南开初创，被张伯苓称作"校父"的严修提出了"尚公"、"尚能"的主张，并在办学过程中一直践行"公能"二义。1934年，在总结办学经验的基础上，老校长张伯苓化《诗经·鲁颂》中"允文允武"为"允公允能"作为南开校训。他明确表示，"允公"是大公，要发扬集体主义的爱国思想；"允能"是做到最能，要具备现代化的理论才能和实际工作能力。也就是说，南开的学生要同时具备爱国爱群之公德与服务社会之能力。1944年，张伯苓在"允公允能"的后面又加上"日新月异"，要求"每个人不但要能接受新事物，而且还要能成为新事物的创造者；不但要赶上新时代，而且还要能走在时代的前列"，由此形成了南开大学的完整校训。

南开大学"公能"校训较西方著名大学校训，体现了中国传统文化与西方文化背景的差异。中国与西方著名大学校训所体现的大学核心精神与相应时期的社会政治和国家制度是密不可分的。②南开"公能"校训继承和发扬了中国优秀的传统儒家文化，在思想内容上主要体现了中国传统文化中的道德思想、科学精神、革新理念和仁爱思想，强调人的道德和内心修养。无论是南开"公能"校训，或是直接援引古训的清华大学校训"自强不息，厚德载物"，或是复旦大学校训"博学而笃志，切问而近思"，或是运用语体文加以改造的浙江大学校训"务求实学，存是去非"，都根植于深厚的传统文化，承接着中华优秀传统

---

① 郭彬：《中美大学校训比较研究》，《黑龙江教育（高教研究与评估）》2011年第11期。
② 刘欣：《中美著名大学校训精神内涵比较研究》，《观察》2010年2月。

文化的真脉,从传统中走来,拥有丰富的历史底蕴和文化内涵。

  随着时代发展,南开"公能"校训被不断赋予新的内涵。社会主义核心价值观,其目的和根本是立德树人,"公能"校训亦是如此。允公的"公"所蕴含的公德心、公益心、公平心和正义感,以及维护公共利益、公共秩序、公共卫生,维护大局、维护集体、做事公道等等价值追求,就是社会主义核心价值观中的"公正"的体现或者延伸。而允能的"能",所蕴含的有能力、有作为、善创新等价值追求,则是社会主义核心价值观中"富强、民主、文明、和谐"的实现前提。[①]用现任校长龚克的话说,就是培养学生的"社会责任感、实践能力和创新精神"。以人为本,关注做人育人,才能承载起中华民族最重要的核心价值观。

---

① 杨永志:《弘扬大学精神是贯彻核心价值观的重要环节——以南开大学校训为例》,光明网理论频道,2014年6月25日。

深刻把握南开"公能"校训的丰富内涵与特质

王 淼

"百年南开两总理，十秩春秋万栋梁"。百余年来，南开系列学校作为中国教育界的重镇，秉承"知中国，服务中国"的优秀传统，培育了数以万计的公能兼济、德才兼备的优秀人才。南开大学始终把立德树人作为根本任务，坚持"以文化人，育人兴文"，而学校育人的一个重要特色就是"允公允能，日新月异"的南开校训。深入理解和自觉践行"公能"校训，是继续落实好立德树人根本任务的基础，是深化南开大学综合改革的前提，更是实现学校百年发展目标的关键。

一、"公能"校训的历史内涵与特质

要深入理解和自觉践行"公能"校训，就要从"公能"校训提出的历史背景中去寻找，坚持南开道路。

什么是"允公允能，日新月异"？1931年，张伯苓先生曾在《南开双周》第七卷第一期中谈到："我之教育目的在以教育之力量使我中国现代化，俾我中国民族能在世界上得到适当的地位，不致受淘汰。"[①] 1934年，在南开系列学校创办30周年校庆纪念会上，张伯苓先生集30年的办学经验，正式提出"公"和"能"为南开校训，"公"便是无私无我，"能"便是实干苦干。他认为，允公，是大公，而不是小公，是"爱国爱群之德"；允能，就是要做到最能，要建设现代化国家，要有现代化的科学才能，是"服务社会之能力"。"日新月异"，就是不但每个人要接受新事物，而且还要能成为新事物的创造者；不但能赶上新时代，而且还要能走在时代的前列。在那个动荡的年代，能有如此高瞻远瞩，实属不易。可以说，"公能"校训植根于中华优秀传统文化，发轫于中国新民主

---

① 《张伯苓教育言论选集》，南开大学出版社1984年版，第181页。

主义革命年代，体现了南开人天下为公的爱国情怀和与时俱进的奋斗精神，是张伯苓教育思想的灵魂所在。

喻传鉴先生曾说："'公，能'二字，为全校精神之所寄，先生之所施教，本此二字，学生之所努力，也本此二字。"著名哲学家黄楠森先生曾指出："以今天的眼光来看，公能实际是全面素质教育的最主要的两个方面，张伯苓的解释全面反映了素质教育的要求，是非常合理的。"2013年初，时任国务院总理温家宝在写给我校梁吉生老师的信中谈到："研究张伯苓思想和南开教育必须同中国教育改革实践相结合，解放思想，大胆探索，真正做到在继承中得以发扬光大。"[①]

"公能"校训的形成是张伯苓先生从当时中国的国情和教育现代化的目标出发，将孔子为代表的儒家教育思想同杜威（John Dewey）为代表的美国现代教育思想，融合贯通到南开的办学实践中，独树一帜。可以说，"公能"校训是南开特色的优秀传统文化，承载了南开系列学校的光辉历史和文化底蕴，体现了南开的办学理念和治学精神，是南开之"魂"。

这是南开历史的根基，是南开道路的起步。

二、"公能"校训的发展内涵与特质

要深入理解和自觉践行"公能"校训，就要从百年南开的发展历程中去探究，发扬南开品格。

南开系列学校肇始于1904年，其前身是由严馆、王馆合并组建的"私立中学堂"。南开中学、南开大学、重庆南开中学、自贡蜀光中学等相继建立，以"公能"校训为指导思想的南开教育体系逐步形成。

南开的发展根植于国家、社会和高等教育的发展。"公能"校训是包括南开大学在内的南开系列学校长期以来持续稳定且行之有效的办学思想，得到了一代代南开人的继承和弘扬，叫响了南开品牌，形成了南开优势，铸就了南开情怀。在曲折的发展历程中，"知中国，服务中国"、"土货化"、"愈难愈开"等成为了南开人共同的基因，也深刻影响了一代代为中华之崛起而奋斗的国人。一方面，"公能"校训初步回答了什么是南开的办学思想、育人理念等问题；另一方面，"公能"校训将爱国爱群、为公牺牲、服务社会、团结合作等精神贯穿于南开办学的全过程，倡导"化私、化散"、"去愚、去弱"，以期"治民族之大病，造建国之人才"。如果说"允公允能"体现的是对南开师生在德育、智育上的要

[①] 南开大学新闻网 http://news.nankai.edu.cn/nkyw/system/2013/02/28/000111996.shtml。

求，那么"日新月异"则显示了南开师生的创新和奋斗精神，体现了马克思主义哲学的发展观点，展示了与时俱进的优秀品质，在新世纪新阶段仍将具有重要且积极的意义。

在长期办学和发展过程中，南开育人始终坚持德育为先、能力为重。早在办学初期，张伯苓先生就曾指出：教育一事，非独使学生读书习字而已，尤要造就完全人格，德智体美四育并进而不偏废。① 在今天来看，就是要把立德树人作为南开大学办学的根本任务，弘扬中华优秀传统文化，发扬南开优秀传统，践行社会主义核心价值观，努力培养德智体美全面发展、公能兼备的优秀人才。

为此，南开人要有为公的志向，实现个人价值与人民利益的统一；要有奉公的操守，维护正义、诚实守信；要有大公的襟怀，光明磊落、勇于担当。

这是南开发展的源泉，是南开品格的凝练。

三、"公能"校训的时代内涵与特质

要深入理解和自觉践行"公能"校训，就要从国家新一轮改革建设中去展望，光大南开精神。

张伯苓先生提倡"公能"教育，一方面是培养青年"公而忘私"、"舍己为人"的道德观念；另一方面则是训练青年"文武双全"、"智勇兼备"，为国效劳的能力。"公能"校训是在积贫积弱的旧中国提出的，饱含着那个时代爱国志士救亡图存、发愤图强的强烈渴望，带着深深的时代烙印，体现了百余年来南开服务国家和社会的时代担当。

党和国家高度重视高等教育的发展，党的十八大、十八届三中全会、《国家中长期教育改革和发展规划纲要（2010—2020 年）》等都对高等教育提出了新标准、新要求。长期以来，南开大学以优良校风著称，不断探索、不断奋进、不断积淀，重视学生德智体美全面发展，走出了一条"坚持育人为本，强化质量特色"的南开之路，而南开毕业生也以基础扎实、素质全面、富于开拓精神和实践能力而受到社会各界青睐。近年来，学校坚定落实第八次党代会精神和《南开大学"十二五"事业发展规划纲要》，创造性地提出全面构建南开特色的"公能"素质教育体系，并在国内高校率先制定实施《南开大学素质教育实施纲要》，明确提出要全面实施素质教育，并始终坚持"允公允能，日新月异"的育人特色，全面贯彻党和国家的新要求。这是对"公能"校训的进一步传承和发展，是日新月异的南开人对中国高等教育事业的又一次创新和突出贡献。

---

① 《张伯苓图传》，湖北人民出版社 2007 年版，第 27 页。

同时,"公能"校训所集中体现的价值和标准,是南开人所认同的价值观念的表现形式,是社会主义核心价值观和南开事业发展的有机结合。要让"公能"校训成为涵养社会主义核心价值观的载体,以"公能"精神滋养南开师生的心灵,使之内化于心、外化于行。

伴随着高等教育领域综合改革的推进,南开大学的发展也将迎来新的机遇期。可以说,改革将是南开大学实现百年发展目标的基础所在,也是跻身世界一流大学行列的关键一招。在当前国民经济增长、产业结构调整、机遇与挑战并存的背景下,培养"公能"兼济人才无疑是增强人才的核心竞争力和适应未来竞争环境所必需的,也是实现中华民族伟大复兴的重要人才和智力支撑。

南开人要深入挖掘和领会张伯苓先生的"公能"教育理念,允公允能、崇公尚能、立公增能、秉公尽能,要以建设国家、服务社会为己任,秉承"公能"校训,践行"公能"精神。

这是时代赋予南开的使命,是南开精神的升华。

"南开精神一直鼓舞着我在工作和生活的道路上不断前进",1960年毕业于天津南开中学的温家宝如是说。

试论南开校训的多元内涵

刘 振

一

校训是一个学校的灵魂，体现了一所学校的办学传统，代表着校园文化和育人理念。大学校训是大学精神的集中体现，也是一所大学的教育宗旨、人文精神、办学特色等全部内涵的集要和概括——这是对大学校训的价值很准确、但也很感性的描述。

如果要回归到校训概念的逻辑与内涵本身，则根据《汉语大词典》中的权威解释，校训是"学校为了进行道德教育的方便，选择若干符合本校办学宗旨的醒目词语，作为学校全体人员的奋斗目标"。[①]也就是说，大学校训从内涵上来讲是"广大师生共同遵守的基本行为准则与道德规范"，是一所大学教风、学风、校风的集中表现。

南开的校训是"允公允能，日新月异"。——这个答案似乎如此确定，以至于今天当人们问起南开校训是什么的时候，回答总是这样异口同声——如果仅仅是从校训概念的外延表现形式而言，这的确没有任何疑义，但如果站在校训概念内涵的角度，则也未必尽然。

因为，南开学校早在1904年就已建立，而"公能"校训却是在1934年南开创办30周年校庆纪念会上才由张伯苓校长正式宣布的。难道，在公能校训提出前的30年里，南开就没有"师生共同遵守的基本行为准则与道德规范"、就没有独特的"教风、学风、校风"吗？

---

① 汉语大词典编辑委员会：《汉语大词典》，汉语大词典出版社1989年版。

二

　　这个答案当然是否定的。作为中国近现代史上最成功的办学实体之一，南开学校早在建校之初，就有明确而共同的行为准则与道德规范。1904年10月17日，南开学校刚刚成立之时，南开校父严范孙先生就亲笔写下著名的"容止格言"："面必净，发必理，衣必整，纽必结。头容正，肩容平，胸容宽，背容直。气象：勿傲，勿暴，勿怠。颜色：宜和，宜静，宜庄"。从此，四十字容止格言源远流长，成为了南开人代代相传的传家宝。

　　2003年教师节，南开校友、时任国务院总理温家宝到北京一所中学看望教师时，回忆说："南开中学楼里有一面大镜子，学生每次进去都要先照一下镜子，意思是'面必净，发必理，衣必整'；'肩容平，胸容宽，背容直'，这是要求学生站有站相，坐有坐相；'勿傲，勿暴，勿怠'是对品德的要求；看起来是小事，要求却十分严格。"[①] 2004年10月，南开中学百年校庆时，年近八旬的老校友、我国火箭专家梁思礼院士来到南开中学东楼整容镜前，流畅地背诵了四十字"容止格言"，一字不差。[②] 这两个例子可从侧面证明，容止格言符合了"为进行道德教育的方便，选择若干符合本校办学宗旨的醒目词语，作为学校全体人员的奋斗目标"的校训内涵的实质，早已作为校训表现形式之一，浸润到南开人的骨髓深处。

三

　　同样的情况也体现在南开校歌之中。南开的校歌创制于五四运动前夕，这比"公能"校训确定的时间早了16年。1917年5月16日，在东京的部分南开学生举行茶话会，留日南开学生张蓬仙提出，"为了增强凝聚力，巩固团体精神，应该编写一首让每一个南开人传唱的校歌"，张伯苓对此深表赞同。1918年末，张伯苓从美国哥伦比亚大学留学回校后，即请音乐教员孙润生审定一歌，为"于聚会之时，千人合唱，以期神会而铸就南开真精神"。

　　经过一番斟酌，校歌于1919年春天正式确定下来。曲谱虽然借鉴了在西方广为流传的圣诞歌《oh Christmas tree》，歌词却独具南开特色。其中，"汲汲骎骎，月异日新，发煌我前途无垠"之句与后来"公能"校训中的"日新月异"

---

① 李溥：《南开的"容止格言"》，《今晚报》2010年4月13日，第21版。
② 沈卫星：《重读张伯苓》，光明日报出版社2006年版，第398页。

有异曲同工之妙,而"美哉大仁,智勇真纯,以铸以陶,文质彬彬"一句则是对南开人理想人格的描述和赞颂,树立了一个素质全面、为人正直、坚韧不拔、温逊谨慎的谦谦君子形象。"三个南开人相聚,则必唱南开校歌",在优美动听的旋律传唱百年并深深内化为南开人血液中的文化基因后,有谁能说"美哉大仁,智勇真纯,以铸以陶,文质彬彬"的南开校歌,在南开人心中的影响力就一定不如"公能"校训?

四

与此相类似的,还有南开的两大光荣传统:"爱国、敬业、创新、乐群"和"知中国,服务中国"。其中,"爱国、敬业、创新、乐群"是南开育人理念的重要内核,无论是在南开学校的官方宣传中,还是在广大南开人的心里,都有着不下于"公能"校训的地位。早在1914年3月,在南开就读的周恩来就与同学一起创办了"敬业乐群会"并主编会刊。张伯苓对这一举动非常支持,亲自参加成立大会并给予高度评价,还为"敬业乐群会"提供了丰厚的经费支持。[①]在周恩来等的带动下,敬业乐群会"以智育为主体,而归宿于道德,联同学之感情,辅教科之不及",并逐步庚续成为"爱国、敬业、创新、乐群"的光荣传统。整整一百年来,一代代南开学子以此作为指引成才的核心价值标准,成长为国家和社会的栋梁。

至于"知中国,服务中国"的传统,与南开的教育理念同样不可分割。张伯苓说过:"南开学校系因国难而产生,故其办学目的,旨在痛矫时弊,育才救国。"[②]为了让育人工作与国家命运更紧密地连接,张伯苓还进一步提出"文以治国、理以强国、商以富国"的教育方针,句句话不离一个"国"字。就是在这样的爱国思想熏陶下,南开师生在国难当头之际冒着炮火挺身而出,在国家需要之时贡献全部青春智慧……最有说服力的一个例子是,抗战结束后清查出来数以万计的汉奸,其中却没有一个南开学生![③]"知中国,服务中国"的爱国情操,难道不是南开人"共同遵守的基本行为准则与道德规范"吗?!

---

① 李勤:《敬业乐群会纪念章和敬业乐群会》,《周恩来邓颖超研究通讯》2012年第2期。
② 张伯苓:《四十年南开学校之回顾》,1944年10月17日。
③ 张国:《南开永远年轻》,《中国青年报》2009年10月15日,第1版。

五

由此可见，在南开学校长达110年、且极具开创性和实践性的办学历程中，呈现出一个与许多新办学校不尽相同的一个基本特点：即许多新办学校的校训，往往是在学校办学之初，就通过顶层设计的方式构思并确定下来的；而南开的校训，却是在办学思路和育人理念不断坚持、调整乃至蜕变的漫长过程中，逐步发展和成熟起来的。

也因此，南开校训的内涵体现出历史性、实践性、层次性和多元性的特点。实际上，正是在容止格言、校歌、学校光荣传统等这诸多南开校训的"前身"和"渊源"的基础上，张伯苓经过30年的深思熟虑，最终才确立了"允公允能，日新月异"为南开的校训——这种关联性，能从张伯苓对"公能"校训的解释中窥见一斑。

——"允公，是大公，而不是什么小公，小公只不过是本位主义而已，算不得什么公了。惟其允公才能高瞻远瞩，正己教人，发扬集体主义的爱国思想，消灭自私的本位主义。"[①]张伯苓对"公"的解释，高度概括了"爱国、敬业、创新、乐群"光荣传统的要旨。

——"允能者，是要做到最能。要建设现代化国家，要有现代化的科学才能。而南开学校的教育目的，就在于培养具有现代化才能的学生，不仅要求具备现代化的理论才能，并且要具有实际工作的能力。"张伯苓对"能"的解释，也能看成是对在"知中国，服务中国"的过程中培养实践能力的教育主张。

——而"所谓的日新月异，不但每个人要接受新事物，而且还要能成为新事物的创始者；不但能赶上新时代，而且还要能走在时代的前列"。张伯苓对"新"的解释，不仅阐发了"公能"校训蕴含的青春精神，也是对校歌歌词中"汲汲骎骎、月异日新、发煌我前途无垠"的最好解读。

可以说，短短的"公能"校训八个字中，凝聚了容止格言、南开校歌、"爱国、敬业、创新、乐群"和"知中国，服务中国"光荣传统中的核心要义。也因此，"公能"校训自正式提出来之后，便成为了南开校训最完整、最权威、最准确的外延表现形式，得到了全体南开人的高度认可。

---

① 张伯苓先生于1934年南开创办30周年校庆纪念会上正式宣布。

六

　　但是，需要指出的是，"公能"校训虽然凝聚和概括了南开最核心的办学理念，但是，却依然无法完全取代容止格言、南开校歌以及育人传统的作用。

　　——四十字容止格言既是理念的高度概括，也是具象化的教育形式。它既可以映照在南开人心中让他们引以为鉴，也可以作为镜箴的形式摆放在南开校园中，让南开师生对镜自箴，并侧重于从礼仪风范的角度自外而内地描画南开人应有的精神气质。

　　——校歌歌词"美哉大仁，智勇真纯，以铸以陶，文质彬彬"所形容的君子品格，与南开马蹄湖中"中通外直、不蔓不枝、香远益清、亭亭净植"的满池荷花所寓意的"正直廉洁"的作风，共同铸就了全体南开人孜孜以求的道德准则。

　　——"爱国、敬业、创新、乐群"和"知中国，服务中国"的传统，则作为南开人的核心价值取向，与国家积极倡导的公民层面社会主义核心价值准则"爱国、敬业、诚信、友善"遥相呼应，成为了当前社会主义核心价值观教育的现实载体和南开表达。

　　这些精神内涵，与"公能"校训血脉相通，却更加具体、更加丰富、更加完整，与"公能"校训一道构成了南开人一日不可或缺的完整的共同精神家园。在南开建设世界一流大学、培养公能兼备的高素质人才的生动实践中，要注重挖掘南开校训中的文化精髓和多元内涵，释放更多源源不断、生生不息的强大正能量，为南开的改革发展事业注入绵绵不竭的精神动力。

"公能"校训的内涵及对当代公益的启示

胡崇玄

南开系列学校的校训是"允公允能,日新月异",通称"公能"校训。"公能"校训具有深刻的内涵,体现着学校的办学理念和精神品质,对学校的发展和师生品格的形成有着深远的影响。

和其他许多高校校训重点着眼个人修身治学不同,"公能"校训的社会属性相当突出,特别重视服务社会,不仅强调个人的提升,更强调群体和社会的进步。"公能"校训不仅是学校教育理念,也是社会教育理念,还是社会建设理念。服务社会,也即是服务"公共利益",因此"公能"校训的宗旨和公益事业的宗旨是一致的。着重群体和社会的进步,这和公益事业的建设目标也是一致的。"公能"校训的基本理念完全适用于公益事业,所蕴含的智慧对公益事业也可以提供全方位的启示。

以下从公益研究的角度,主要结合南开创校校长张伯苓先生的有关论述,对"公能"校训加以解读。

一、"公能"校训的诠释

(一) "公能"校训的立意

公能校训是张伯苓于1934年拟定的。"允"字是个语助词,大体相当于"既"、"又",允公允能就是"又公又能"的意思。"公能"是南开教育思想的核心,南开精神也即"公能精神"。公能校训根植于我国传统文化,受儒家影响尤深,同时也借鉴了日、德、英、美等国的教育理念。公能教育思想的提出其实远早于1934年,早在南开初创之时,校父严修便提出了"尚公"、"尚能"的主张,并在办学过程中一直践行"公能"二义。

关于公能校训的立意,张伯苓在1944年所作的《四十年南开学校之回顾》一文中有详细说明,乃是为了对治国人"愚"、"弱"、"贫"、"散"、"私"等五病。

在文中他谈到了南开的五项训练,"一以'公'、'能'二字为依归,目的在培养学生爱国爱群之公德,与夫服务社会之能力。故本校成立之初,即揭橥'公'、'能'二义,作为校训。惟'公'故能化私,化散,爱护团体,有为公牺牲之精神;惟'能'故能去愚,去弱,团结合作,有为公服务之能力。此五项基本训练,以'公'、'能'校训为指导原则,而'公'、'能'校训,必赖此基本训练,方得实现。分之为五项训练,合之则'公'、'能'二义,允公允能,足以治民族之大病,造建国之人才。"①

(二)释"公"

公,从八从厶(私)。八者背也。《说文解字》说:"背厶谓之公,或说,分其厶以与人为公。"公字有很多具体的含义,如公正无私、共同的、大众的、公共的等等。

公能校训的核心是"公"、"能"二字,"公"、"能"二字的核心是"公"。能是能力,增能以为公为依归。张伯苓在其文章和演讲中,很多地方都对公字的内涵作了解读。

公指社会和国家。这方面张伯苓的论述很多。他还寄望青年"以万国大同为志",可见公也指世界。

公指大公无私、勇于奉献的精神。"所以我们现在一方面是要使人民……负责任肯牺牲,没有名利之思,不做意气之事,什么事都以国家为前提。"②

公强调服务公共事业的实际行动。"若不骂人、不偷、不怒、不谎、不得罪于人等事,先时多谓此为道德很高,然而此为消极的,于今不能谓此为道德。盖彼者,不过无疵而已,于社会虽有若无。今因于社会进步上着想,吾等当另定道德标准,谓:'凡人能于社会公共事业,尽力愈大者,其道德愈高。否则,无道德可言。'"③

公,强调要了解公。张伯苓倡导"知中国,服务中国",为了更好地为社会服务,当然首先要了解国情社情,了解基层和民众的现实需求。

公指团体观念。"我看我们中国人最需要的就是一个'公'字。我们都应当读'公经'。因为中国人没有团体观念,没有国家观念,就是没有认识清楚这一

---

① 张伯苓:《四十年南开学校之回顾》,《张伯苓自述》,时代出版传媒股份有限公司及安徽文艺出版社2013年版,第142页。
② 张伯苓:《今后南开的新使命》,《张伯苓自述》,第69页。
③ 张伯苓:《以社会之进步为教育之目的》,《张伯苓自述》,第185—186页。

个'公'字。"①

公指群体、集体。南开教育的目的之一便是要"培养学生爱国爱群之公德"。

公指共同生活的能力。"到学校当学生活之方,当学共同生活。"②

公指组织合作及团结的能力。"觉中国至深之病,实不在个人之没有能力,而在个人之缺乏合作精神。……现在列强之所以能致富致强,实在是靠他们人民团结的能力。"③

公指自我管理、自治的能力。"南开的教育宗旨在使学生'自动'、'自觉',自负责任以求上进。"④

公,指政治和社会治理的公共参与。"依我看,凡是有能力的都应该出来参政,我们要大家一齐来。办事的人多了,做起来,就容易'公',人少了,就容易'私'。"⑤

公,指知识分子与国民的联合。"吾校即教授以联合国民之能力"。⑥

公指公共团体。"要有团体组织。诸位校友如果每人能以余暇的工夫,十分之一或二十分之一联合起来,成为一整个健全的单位,共同努力于有益团体及国家的事业,一定能有充分的力量与显著的成效。近来多'结党营私',我们南开校友要'结党营公'。"⑦

我们总结张伯苓对公字的阐述,可以得出结论,他指的公主要有三个方面:一是为公之心,即为公服务的意识和去私存公的个人修养。二是利公之行,为公要付出实际行动,要有实际成效。三是培养公共生活的能力,建立公共团体。第三点值得重点谈谈。

张伯苓特别重视公共意识的养成和公共生活能力、组织合作能力的训练。为了达到这几个目标,则需要广泛建立公共团体。张伯苓说:"国人团结力薄弱,精神涣散,原因在不能合作,与无组织能力。因此学校对于学生课外组织,团体活动,无不协力赞助,切实倡导,使学生多有练习做事参加活动之机会。"⑧

民国时期的南开学校,有学术研究、讲演、出版、新剧、音乐研究会、同

---

① 张伯苓:《吾人应有之知识与努力》,《张伯苓自述》,第249-250页。
② 张伯苓:《在南开乐贤会上对学生家长的演说》,《张伯苓自述》,第38页。
③ 张伯苓:《今后南开的新使命》,《张伯苓自述》,第68页。
④ 张伯苓:《学生应以德智体三事为自立基础》,《张伯苓自述》,第93页。
⑤ 张伯苓:《在公能学会第一次讲演会致词》,《张伯苓自述》,第161-162页。
⑥ 选自段茂澜翻译的张伯苓在美国哥伦比亚大学进修时发表的英文演说,转载自"冯竺2012"博客文章《<南开思潮>第二期介绍》。
⑦ 张伯苓:《对于南开校友的展望——燃起了复兴民族之火》,《张伯苓自述》,第104页。
⑧ 张伯苓:《四十年南开学校之回顾》,《张伯苓自述》,第139页。

乡会等很多社团，毕业校友组建的社会性社团也非常活跃。当年的南开校友会被称为民国第一校友会。如上所述，张伯苓还勉励南开校友广泛建立公益性社会组织，为国家贡献力量。

（三）释"能"

张伯苓特别强调"能"的重要。他说公能教育"目的在培养学生爱国爱群之公德，与夫服务社会之能力"，可见"能"指的是服务社会的能力。我们综合张伯苓的不同论述，可以看出这个能字有很多涵义。可以指体能、智能、学术能力、办事能力、应用能力、创新能力、管理能力、合作能力、自我管理能力、公共生活能力以及经济能力等。在张伯苓看来，仅仅有为公之心还不够，还要有为公服务的具体能力，要能解决实际问题。他所讲的能，也不仅指个人能力，他还特别重视"社会的或合群的长进"。①

（四）释"日新月异"

"日新月异"是常用成语，语本《礼记·大学》："汤之《盘铭》曰：苟日新，日日新，又日新。"张伯苓在演讲中对日新月异的内涵有多处阐释。

首先，日新月异是进步的意思。指个人的进步，也指"社会的或合群的长进"。

日新月异也指不断学习，不断提升。"所以我盼望南开的校友，都能随时求学，'日新月异'。"② "人的生活能够永新，他的精神也就永新。"③

日新月异代表着创新精神。"中国教育之两大需要：一为发达学生之自创心；一为强学生之遵从纪律心。"④我们不妨说发达学生之自创心，就是"日新月异"和"允能"；强学生之遵从纪律心，就是"允公"。张伯苓总结南开办学成功的原因主要有三点，一为信，二为永变，三为专⑤，永变就是不断调整、不断创新。值得注意的是，张伯苓虽然强调创新，但他说的创新不是除旧布新，而是推陈出新。公能校训的基本理念本就是根植于我国的传统文化的。

日新月异，要求有积极进取、自强不息之精神。"各校中有进取者焉，有保守者焉。吾校进取者也。即以各校各项竞争而论，吾校所得之结果如何？汝等之所共知也。此即进取之效力也。推而至于国家亦何莫不然。故欲强中国，非

---

① 张伯苓：《以社会之进步为教育之目的》，《张伯苓自述》，第184页。
② 张伯苓：《对于南开校友的展望——燃起了复兴民族之火》，《张伯苓自述》，第103页。
③ 张伯苓：《奋斗即是生活的方法》，《张伯苓自述》，第198页。
④ 张伯苓：《中国教育之两大需要》，《张伯苓自述》，第264页。
⑤ 张伯苓：《教育为改造中国之根本办法》，《张伯苓自述》，第59页。

打破保守，改持进取不可也！"① "日新月异，自强不息，为我南开师生特有之精神。"②

日新月异，强调的是持续努力，积累渐变。"《易》曰：'天行健，君子以自强不息。'彼之所谓天行健者，乃指昼夜相承，春秋代继，无时或已，长此不息而言也。"③

关于"日新月异"和"允公允能"的关系，我们可作如是观："日新月异"是"允公允能"的结果和成效，也是实现"公"、"能"进步的必要条件。因为只有社会成员"允公允能"，才能推动社会的进步，实现社会的"日新月异"；而为了达成"公"也就是社会的进步，为了提升个人、群体和社会大众的"能"，又需要有"日新月异"的精神，也就是积极进取、持续努力、不断创新的精神。

二、"公能"校训的现代公益读解

回顾了张伯苓对公能校训基本立意和具体内涵的论述，我们不难发现公能校训和现代公益事业是相当契合的。公能校训重视服务社会，这和公益事业的宗旨是一致的。公能校训着眼国民的提升，以期能"治民族之大病"，这和公益事业社会教育的目标也是相当接近的。所谓"公能精神"，其内涵和义工精神、志愿者精神也是比较接近的。胡锦涛同志总结的"奉献、友爱、互助、进步"的青年志愿者精神，奉献、友爱、互助，可以说就是"允公"，进步就是"日新月异"，包括"能"的"日新月异"以及民众、社会的"日新月异"。公能校训社会属性突出，适用于知识精英，也适用于草根群体；强调修身治学，也强调社会实践；适用于个人，也适用于团队，并且特别重视公共团体的建设和国民公共生活能力的训练。这些和公益事业、和义工也都特别契合，值得深入探究。公能校训可以为现代公益事业发展和公益组织建设（以下主要指义工队伍建设）提供全方位的启示，公益组织成功的秘诀，也在这个校训中揭示无遗。

（一）"公"与公益

1. "公"与现代公益的基本理念

公益首先是一个名词，指服务"公共利益"的行为和事业。公益事业的核心建设力量是义工和社工。公益有慈善、社会服务、环保、教育、文化遗产、生活方式建设等很多的领域。

公益也是一个形容词，作"对公有益"解。从这个角度讲，公益包含的概

---

① 张伯苓：《吾之救国药》，《张伯苓自述》，第214页。
② 张伯苓：《四十年南开学校之回顾》，《张伯苓自述》，第153页。
③ 张伯苓：《吾之救国药》，《张伯苓自述》，第215页。

念可以很宽泛。行为本身不全是一般意义上的公益，并不纯粹，但是带有一定的公益性，这样的行为也可以划入广义的公益范畴。个人修养良好，业余爱好、生活方式、人生态度健康、向上，能树立身教的好榜样，传递正能量，影响其他人，那么这也和公益相关。

公益是一种文化精神，应贯注到社会生活的方方面面。带有公益性的思维方式、价值观、经营模式、发展模式、社会关系、社会机制、文化体系，也属于广义的公益范畴。中国文化特别强调去私存公。中国文化的四大家，如儒家的民胞物与、天下为公，墨家的兼相爱、交相利，道家的和合共生、损有余而补不足，佛家的无我利他、普度众生，其基本价值观都是公益性的，和近代西方曾流行强调的丛林法则、强调斗争的价值观形成显著反差。

公益不仅是单方面奉献，做公益利人也利己。从哲学层面讲是如此，从实践层面来讲也是如此。把公益二字拆开，公作副词，益作动词，公可以作"共"或"互"讲，益作"受益"、"利益"讲，那么公益就是共益、互益，共同受益，互相利益。进而言之，公益就是人我共益，天人共益。是以参与公益不能看作道德问题，而应该看作义务和责任，甚至是一种自救。

公益重在公众参与。益字可以作"增加"理解，公益事业需要社会大众添砖加瓦，需要各界有效协作。另一方面，是不是参与公益要尊重公众的主观意愿，现在社会上的某些做法，如行政摊派、逼捐，都是和现代公益理念背道而驰的。

现代公益提倡公不废私。私也是公的一部分，集众私就是公，大公就是成就众人之私。因此为"公"未必要牺牲"私"，做公益当量力而行，可持续发展，不提倡过于无私的奉献，义工和社工的基本生活和权益应该得到保障。

公益和道德不同，公益重视发心——"公"，但更着眼实际成效——"益"。公益要求有技术含量，大多不是个人行为而是团体行为，不仅强调个人的道德进步，更强调群体和社会的进步，因此和个人积德行善存在很大差别。

公益是一个社会概念，某些事情是否合于公益，应站在社会的全局考量，而不是就事论事。就事论事，有的事情本身是好事，但越俎代庖了，或者转移了社会矛盾，这就是不"公益"的了。

公益事业离不开公共团体建设。公共团体建设不仅利于公益本身的发展，对国民公共意识的养成和公共生活能力的训练意义也极为重大。

公益事业从本质上来讲是社会教育事业。"公"字当公众解，"益"字当进益、进步讲，那么公益可以说就是公众一起进步的意思。公益的核心在改变人、提升人。改变人从改变自己开始。改变的人多了，就是在改变社会。这是公益发展的基本思路。

公益的意义不仅在公益事业和项目本身。公益对改善社会风气，转变大众观念，训练国民的公共生活能力，弥合阶层和行业、社群隔阂，促进文化重建和社会进步，都有着极大的现实意义。

天下公益人是一家。未来公益界各领域的行动者，应该有一个公共的名字——义工。社会上共同关注一个大事业——公益事业。应该形成共同的思维——公益思维。最终达到全民公益，建设公益性的文化，公益性的社会，各国义工携手共建和合共生的公益世界。

2. "公"和义工修养

"公能校训"的"公"字蕴含着丰富的修身理念。现任南开大学校长龚克先生说："不仅要有为'公'之志向，还要有'公'之操守，和'公'之襟怀。这就是克己奉公、诚实守信、维护公益、做事公允。"①

公，就要着眼大局，温和理性，为维护社会稳定和谐尽到一己之力。

公，就要把公放大，把自己放小，要谦虚待人。无论自己在现实生活中是什么身份，在义工群体中一定要和众人平等相待。义工团队里人人平等，交流互助，将对阶层沟通、社群融合起到巨大的作用。

公，就要包容大度。对不同意见和做法要包容，对能力不够的人要包容，对社会的质疑要包容。不同身份、地位、民族、宗教信仰、生活背景的人士，只要他们参与公益，都应该欢迎。

公，要树立团队观念，要有精诚合作的精神。要遵守行规和纪律，时时着眼大局着眼团队，不自以为是，不炫耀个人才干，不搞个人英雄主义，功劳归公，不自矜伐。

义工处理内部矛盾一定要公字当先，开诚布公。要从大局出发，自觉维护团队的团结和社会形象，即使批评也应是和风细雨式的，人身攻击应完全杜绝。

公益人的"公益"，体现在方方面面，可以落实在每一个生活细节中。行为说话，接人待物，生活习惯，生活方式，都可以思考如何对公有益，对人有益，能传递正能量，能给他人和社会树立好的榜样。

3. "公"与公益运作及团队建设

公，对公益运作也有不少启示。

公，开展公益项目要尊重公众的现实需求。有些知识分子认为应该做教育、

---

① 龚克:《立公增能，止于至善——校长龚克在2013级新生开学典礼上的讲话》，南开大学新闻网2013年9月8日。

文化等深层公益，不愿参与慈善，但现在公益组织大多数都是做慈善的，参与深层公益渠道不多，他们不容易找到用武之地。基层民众中许多人对深层公益的价值也不了解，还是认为物质救助比较实在。在这种情况下不妨先多参与慈善，经过一定积累，再逐渐影响公益组织转向，过渡到较深层的领域。台湾慈济功德会是世界上最有影响力的公益组织之一，业务范围涵盖慈善、环保、医疗、教育、文化等领域，他们最早也是从物质捐赠做起的。

公，公益运作应该公开透明。对于公益组织来说，捐款来自公众，必须主动接受公众监督。私立时期的南开每年的账目放在学校图书馆里，任何人都可以查阅。今天的公益组织能做到这样透明，自然也就能获取公众的信任和支持。

公，强调公益的公众参与。对义工团队来说，要发挥义工成员各自的主动性和积极性，让不同的人才能各展所长。

公，在团队决策和管理上要遵循民主程序，不能搞个别人一言堂。

建设团体对义工来说至关重要。现代公益多半是团体操作的。在团体中可以分工协作，可以办到个人不可能办到的事情。有了团体，也才谈得上公益的正规化和专业化建设，才方便做深度公益项目。团体在社会上的话语权也超过个人。

建设义工团体的价值远不仅在做公益本身。优秀的义工团体是友爱、互助、共学、共进的团体，为义工提供了交流学习的平台，也在良好的群体生活和和谐人际关系上为社会作了示范。义工的群体提升，将带动更多国民的提升，带动时代风气和社会的转变。

古人讲修身齐家，今天的义工应该把齐家理解为齐自己所在的义工团体。义工团体是社会性团体，建设好这样的团体本身就是公益。

4. "公"对义工团体处理外部关系的启示

公益是全国性的大事业，不同的公益组织是一荣俱荣的关系，需要互相支持和配合，经验要与人共享。义工团体处理外部关系的基本原则是和而不同。和而不同、互敬、互惠、协作、共进。这可以说就是一种公益性的关系。

兄弟义工团体之间的交流合作非常重要。不仅要和本地团体交流合作，也需要和外地外省同仁建立联系。陕西汉中学者张俊杰先生提出"东西连手，城乡互助"的公益发展思路，东部地区的公益人士和公益团体给西部地区提供物质支援，西部地区的义工为他们提供一线调查、走访、善款物资发放等方便，为东部高校大学生提供实习和社会调查基地，双方互利共赢，社会效益良好。

和其他公益领域的义工团体交流合作也很重要。不同领域的义工各有优势，在交流中特别容易碰撞出思想火花，人脉、传媒、募捐渠道等资源也可以共享。

将不同公益项目交融穿插,效益可能成倍增加。为慈善项目赋予文化主题,往往有画龙点睛之效。再如敬老结合口述史,助贫针对濒危非遗传人,以及国学义工参与慈善,都有很大的前景。

公益事业和其他社会事业是互相联系的,义工当有大格局大视野,关注点完全可以放到公益以外,积极和其他界别的人士配合合作。这样取得的社会效益将更加巨大和多元。如助学义工熟悉大山区,倘能介绍专家为当地建设献计献策,宣传当地的旅游、农业、物产资源,引入适合的产业项目,潜在的效益可能远远超过物质捐赠本身。

公益也是全球性的大事业。当今时代许多社会问题都是全球性的,治理危机要求各国各界普遍参与。现在我国义工关注重点基本在国内,未来更需要有国际性的大视野,加强跨国交流合作。

5. "公"与公益的公众参与

公益是一项社会事业,有赖于社会各界和大众的广泛参与。有些公益领域如环保和生活方式建设,没有最广泛的社会参与,不可能取得根本成效。在西方发达国家以及我国港台等地,全民参与公益、全民做义工大体已经成为现实。

公益远不仅是捐款捐物,参与公益的方式是多种多样的。我们换个思维可以发现,我们可以"捐赠"的东西是非常之多的。捐时间,捐劳动,捐创意,捐方法,捐专业技术,捐思想,这也都是公益。能对公益行动者多加称赞,让他们受到鼓舞增加信心,这也是在为公益做贡献。

公益不一定脱离正常生活,完全可以将公益和自己的正常生活结合起来。如网友安猪倡导"多背一公斤",将助学融入旅游,就是一种很好的尝试。有的企业和社区号召员工和居民参与"地球熄灯一小时活动",简单易行,影响广泛。再如近年自行车运动成为热门运动,倘能将长途骑游和公益筹款、社会调查、文化考察、宣传旅游资源、传递公益理念等结合起来,倡导带公益性的旅行,其意义将不可估量。

参与公益,并不一定要直接帮扶救助对象,为公益组织提供支持也很有价值。如可以搭建公益交流平台,为不同领域的公益行动者和学者、企业家、政府官员、媒体人士等进行交流提供方便。再如公益信息传播,普通网民都可以发挥作用。媒体在这方面能扮演的角色就更加关键了。

公益理念和经验的传播至关重要。高校学者应广泛参与到公益学研究中来,学校也应对社会公益组织敞开大门,积极与他们开展项目和学术合作,让义工领袖较多地到高校接受培训。近年来主流媒体许多都开办了公益版或公益专题节目,但多数以宣传人物和具体活动为主,还很少有传播公益理念的专栏,未来这方面的工作需要大力加强。

知识分子的参与对公益发展至关重要。知识分子并非专责立言,也应能立功。为社会服务,不一定在学术领域,也不一定参政议政,在基层社会领域大有用武之地。现在许多知识分子将公益等同于好人好事,以为可有可无。他们没有了解到公益对文化重建和社会进步的重大意义,也没有认识到公益事业是知识分子实现人生价值的社会大舞台。这种认识必须得到改变。

就公益界而言,要吸引社会人士普遍参与公益,必须广泛传播公益理念,必须降低做义工的门槛,公益项目应多元化,应设计灵活多样的参与方式。这就涉及公益组织"能"的建设问题了。

(二)"能"与现代公益

1. "能"对公益界的启示

要做好公益,只有公心是远远不够的,必须有多方面的能力和专业素养。能不仅是技术层面的,也是思想意识、观念、智慧层面的。公益思想和发展策略的研究特别重要。

令人惋惜的是,长期以来,社会上对公益的认识存在很大偏差,将公益等同于献爱心,等同于道德,这是重大的误会。这种偏差认识在公益界本身也非常普遍。过分强调爱心和道德,会导致专业能力建设、团队文化建设以及思想理念建设被忽视,影响到公益行动的深度、广度和可持续发展,限制公益的社会参与度。

公益发展现在最大的问题,不是缺资金和好的制度环境,而是缺乏知识分子的广泛参与。知识分子以思想力见长,以他们的思想力结合广大草根义工的行动力,公益才有健康发展的可能。

2. "公能"与公益

"公"、"能"连用,也有多方面的含义。

公能,就是不光自己能,也要让别人能。要教会别人能,带动别人能,影响别人能。

公能,不仅要个人能,还要团队能。团队建设非常重要,义工培训工作也非常重要。

公能,不仅要团队能,还要社会能。要带动广泛的社会参与,促进公众的普遍提升。

公能,还要善用公众之能。就义工团体内部而言,当善用不同人之能而成就团体之能,让各类人才扬长避短,各就其位,有效配合。就社会层面而言,当巧妙处理各种社会关系,让各种社会资源都能为我所用,达成各方共赢。

（三）"日新月异"与现代公益

1. "日新月异"对义工的启示

"日新月异"对义工也有多方面的启示。日新月异，义工的道德要日新，修养要日新，"能"也要日新，知识日新，领悟日新，专业能力日新，学术和实践上要有创新。不仅个人要日新，"公"也要日新。义工团体要日新，公益事业要日新，以众人点滴的努力促成家乡的日新、社会的日新以及国家的日新。

义工群体特别需要加强学习，不断创新。要向西方发达国家和港台地区学习，也需要学习本国的公益传统，推陈出新，与时俱进。值得注意的是，当前公益界从名词概念、基本理念到具体做法许多都直接取法于西方。西方国家有他们的具体国情，西方 NGO 有他们自己的发展脉络，其基本理念也存在重大缺陷，我们断不可以一例照搬，引进时需要去粗存精，需要经过本土化的改造。

建设公益事业、促进社会进步不可能一步登天，需要积累渐变。要像张伯苓说的那样，"傻不唧唧地干"，争取每一厘米的进步。知行合一，实实在在做事，实实在在做人，将公益精神贯注进生活日用，天天公益，人人公益，三十年后，且看如何。

2. 创新能力决定着公益组织的生命力

对公益组织来说，创新能力至关重要，决定着组织未来的生命力。那些发展较好的公益组织，可以说都是比较善于创新的。可惜的是，这样的组织不是很多，当下公益界特别缺乏的就是创新意识和创新能力。

就公益项目而言，全国各地的义工绝大多数是做慈善和社会服务的，活动内容大同小异。义工的话语表达也普遍缺乏创新，风格和官方媒体差别不大。义工应逐渐建立自己的话语模式，从点滴入手影响社会思维的转变。思想理念的创新对义工应是重中之重，但这方面的欠缺也是特别明显的。此外在管理模式、筹款方式、形象设计、社会交往、信息传播等方面的创新，义工群体总体而言都做得相当不够。

这里举一个创新不足的例子，义工清明祭扫的问题。于此问题可见义工在公益项目、活动内容、话语表达等多个方面都普遍缺乏创新。

清明祭扫，全国各地的义工几乎不约而同地去著名烈士陵园，而对祭奠对象的事迹和精神又少有具体介绍，一概以"烈士"笼统名之。新闻报道一般也缺乏新意，可以说换个地名，各地的报道文稿可以通用，甚至不同年份的也可以通用。

清明节祭扫可以创新的方面太多了。在祭奠对象上，除了现当代烈士以外，如古代的英烈，文化名人，行谊突出的乡贤，重大历史事件或自然灾害的牺牲者、受难者，家族的开山远祖以及历史上的公益先驱等，都可以祭奠。在纪念方式上，可以恢复传统礼俗，对人物生平作专题研究，倡导对重要人物和重大历史事件的关注，将清明祭扫活动和乡土教育结合起来，和传承文化、转变社会观念结合起来，甚至可以和地方发展结合起来。以这种思路开展活动，有望产生巨大的多方面的综合效益。

（四）"公能"校训揭示了公益组织成功的秘诀

学校校训和公益事业、和公益组织契合并不奇怪。学校是教育机构，公益的核心在改变人，公益组织、义工团体就其本质而言也是教育机构，做的是社会教育和成人教育，着重在公益实践中提升人。

公能校训和公益组织契合就更加自然了。首先，南开是个重淑世的学校，南开教育的根本着眼点在不在教育本身而在社会，培养人才的目的不是单纯为学术研究，而是为了直接服务社会、改进社会。张伯苓论述公能的内涵，开宗明义地指出要"治民族之大病"，要唤起国民的社会责任意识，增进国人的公共精神，提升国人公共生活的能力。这都和公益组织的建设目标若合符契。

其次，南开当年是民办私立学校，可以说就是一个教育 NGO，是一个教育类公益组织，严、张二公就是义工领袖，南开的行政教学团队就是"南开义工"团队。"允公允能"是南开的教育理念，也是严、张二公以及"南开义工"精神风貌和素养的真实写照。公能校训是南开建校三十年后才确定的，所以也应是张伯苓对自己办 NGO 经验的总结。我们可以说，公、能二字揭示了公益组织成功的秘诀。对于公益组织来说，想要生存发展，必须"允公允能"。

先言公。公益组织的经费主要来自公众捐款，如果不能心存大公为公众谋福利，是不可能取得社会的认可和支持的。这方面严、张二公和当年的南开就是最好的例子。张伯苓以为学校"私立非私有"，办学是为了培养"知中国，服务中国"的人才。严修将自己的财产和藏书大量捐赠给学校办学，张伯苓一生极为简朴，工资只有某些教授的三分之一，去世的时候只留下了七元钱。张伯苓一生致力南开办学，但他的关注点远远超出了南开一校，担任过多所其他高校的董事长和董事，曾派出得力助手支持过清华大学和东北大学的创建，还积极组织和参与赈灾、抚养孤幼等慈善活动。严、张二公及其团队的大公无私让他们获得了很高的社会公信力，也为南开广泛争取社会资源办学奠定了基础。

次言能。一个公益组织要想发展壮大，要想获得社会的认可和支持，光有公心没有能力也是不行的。民国时期私立学校很多，但能像南开那样有成就有影响的为数不多。南开办学之所以能成功，当然首先是因为严、张二公思想深邃、能力超卓。也正因为南开成就斐然，培养出的杰出人才车载斗量，人们才会觉得捐钱给南开物有所值，南开才可能得到上至国家元首、社会贤达下至普通民众的广泛支持。张伯苓找人募捐的时候常说"我给你一个机会"，假如他本人没有超卓的才干和尊崇的社会地位，假如南开没有响当当的教育品牌，他是不可能给人多少"机会"的，别人自然也是不会给他很多"机会"的。

三、结语

一、公能校训润身淑世并重，在全国高校校训中独树一帜，其内涵既深且广。

公能校训和南开早期的办学经验至今仍有极大的研究和借鉴价值。

在理论层面研究公能校训，最基本的依据资料还是张伯苓的文集。公能的内涵在他的文集中有明确而全面的论述。当下弘扬公能精神，最基本的还是普及张伯苓本人的著述。

二、公能思想在很多社会领域都适用，当站在整个社会的层面来研究公能思想，而不是仅仅局限在教育领域。严、张二公对教育的理解本来就没有局限在教育和学术领域，他们办教育的宗旨落实在为社会服务。张伯苓以"公"、"能"对治国人五病，如今除"贫"外其他四病仍在，有的方面甚至比当年更为严重。是以当今社会特别需要公能精神。公能精神当不仅属于南开校友，也有理由成为整个知识分子群体和全社会的文化自觉。

从社会层面考量公能校训，可以认为它的特色是：润身淑世并重，特别重视淑世，将高等教育的意义拓展到学术研究和学术传承以外；强调人的群体属性和社会属性，强调公民责任和社会担当，并指示了公民参与社会治理和建设的具体路径。和其他许多高校校训相比，公能校训摆脱了精英主义，强调结合民众和基层实践，而且有体有用，虚实兼长。

三、公益事业未来在和谐社会、和谐世界建设中必将发挥不可替代的重要作用，全民公益必将成为全社会的共识。公能精神和公益精神、义工精神非常接近，公能校训完全可以作为公益事业的核心理念和义工团体的基本宗旨。

南开的教育理念强调公能，强调"知中国，服务中国"，今天的南开校友理应在公益事业中有更多担当并发挥重要作用，在公共团体建设上为社会树立典范。

四、义工概念虽然来自西方，公益一词出现也不到百年，但我国实有深厚的公益传统。中国文化的公益理念极为高明，前人无论是在理论上还是在实践上都给我们留下了值得挖掘的宝贵文化遗产。当下学界关于公益的研究大多沿袭自西方，对本国的公益传统重视不够，未来需要大力加强。以民国而言，除了南开之外，优秀的私立学校（包括教会学校）和其他公益组织还有很多，他们的理念和经验也都非常值得研究。期待有识之士早日注意于此。

（本文作者系南开大学1991级校友。）

论"允公"

宋成剑

张伯苓先生曾就南开校训"允公允能日新月异"的含义指出:"允公是大公,而不是小公,小公只不过是本位主义而已,算不得什么公了。唯其允公,才能高瞻远瞩,正己教人,发扬集体的爱国思想,消灭自私的本位主义。""允能者,是要做到最能,要建设现代化国家,要有现代化的科学才能,而南开学校的教育目的,就在于培养有现代化才能的学生,不仅要求具备现代化的理论才能,而且要具有实际工作的能力。""所谓日新月异,不但每个人要能接受新事物,而且要成为新事物的创始者;不但要能赶上新时代,而且要能走在时代的前列。"构建具有"公能"特色的南开素质教育体系,完成立德树人这一教育的根本任务,有必要深刻理解"公能"二字深刻而丰富的内涵。而"公能"的内涵,特别是"公"的内涵随着日新月异的时代发展而日益增添着新的内容。这里,主要对"允公"作一粗浅论述。

"允公"是育人为本德育为先的教育思想

从张伯苓先生对"允公允能"的解释中,我们可以充分地认识到,"允公允能"是对南开学生德、才两方面的要求,南开大学就是要培养学生具有"允公"的道德品质,培养学生具有"允能"的能力。因而,"允公允能"是对学生德才兼备的要求。张伯苓先生把"允公"放在"允能"之前,体现了张伯苓先生在育人上"育人为本、德育为先"的思想。而就学生自身来说,那就是要树立德才兼备、以德为先的成才思想,用德来统帅才,保证才的正当发挥;以才支撑德,保证才能真正用于服务国家和人民。

在今天,进一步构建以"公能"为特色的南开素质教育体系,应当自觉地按照胡锦涛同志七一讲话中"以德修身、以德服众、以德领才、以德润才、德才兼备"的精神加强学生的品德教育和品德养成,按照"关注青年、关心青年、关爱青年"的要求关注学生、关心学生、关爱学生。

"允公"是以爱国主义为核心的民族精神

在五千多年的发展中，中华民族形成了以爱国主义为核心的团结统一、爱好和平、勤劳勇敢、自强不息的伟大民族精神。中华民族的伟大精神博大精深，其核心就是爱国主义。张伯苓先生对"允公"简明扼要的解释中，就有"发扬集体的爱国思想"这样的内容。因而可以说，"允公"精神的核心是爱国主义，是伟大的中华民族精神在南开大学的具体体现，是一种具体而微的民族精神。因此，在南开大学构建具有"公能"特色的南开素质教育体系，就必须特别注重对学生进行以爱国主义为核心的民族精神教育。

"允公"是对中华民族优良道德传统的继承和弘扬

中华民族在长达数千年的历史发展中，形成了源远流长的优良道德传统，这些优良道德传统是中华民族生命机体中不可分割的组成部分，其中最突出最重要的传统就是注重"公"，主要表现为：注重整体利益、国家利益和民族利益，强调对社会、民族、国家的责任意识和奉献精神。

一个人一旦具有了对整体利益、国家利益和民族利益的关注，一旦有了对社会、民族、国家的责任意识和奉献精神，那么，这个人就具有了"公"的道德品质。公私之辩始终是一条贯穿中华民族优良道德传统的主线，"公义胜私欲"是中华民族优良道德传统的根本要求。在中华民族优良道德传统中，有许多关于"公"的格言警句，如《诗经》中的"夙夜在公"、《尚书》中的"以公灭私，民其允怀"，贾谊《治安策》中的"国而忘家，公而忘私"，范仲淹《岳阳楼记》中的"先天下之忧而忧，后天下之乐而乐"。

因此，可以说，张伯苓先生所提出和阐发的"允公"思想是对中华民族优良道德传统的继承和弘扬。构建"公能"特色的南开素质教育体系，就要进一步继承和弘扬中华民族优良道德传统。

"允公"是为人民服务的人生观和以奉献为自身追求的价值观

人生观是世界观的重要组成部分，是人们在实践中形成的对于人生目的和意义的根本看法。人生观主要是通过人生目的、人生态度、人生价值三个方面体现出来。人生目的，回答人为什么活着；人生态度，表明人应当怎样对待生活；人生价值，判别什么样的人生才有意义。这当中，人生目的是人生观的核心，有什么样的人生目的就会有什么样的人生态度，就会追求什么样的人生价值。

"允公"是大公,而不是小公,小公只不过是本位主义。惟其允公,才能高瞻远瞩,正己教人,发扬集体的爱国思想,消灭自私的本位主义。因而,把允公的要求转化为内心的精神需要,就必然形成为人民、为国家、为集体服务的人生目的,一个人一旦有了这样的人生目的,其人生态度必然是认真的、务实的、乐观的、进取的,在其价值取向上,则必然是以奉献为其人生追求的价值观。

因此,构建"公能"特色的南开素质教育体系,就必须特别注意对学生进行以为人民服务为人生目的、以奉献社会为自身价值追求的人生观和价值观教育。

"允公"是社会主义道德建设的要求

我国社会主义道德建设以为人民服务为核心,以集体主义为原则。道德建设的核心,即道德建设的灵魂,它决定着社会道德建设的根本性质和发展方向,规定并制约着道德领域中的种种道德现象。道德建设核心的问题,实质上是"为什么人服务"的问题。在社会主义道德体系中,集体主义是指导人们行为选择的主导性原则,这是社会主义经济、政治、文化、社会建设的必然要求。社会主义集体主义强调集体利益和个人利益的辩证统一,强调集体利益高于个人利益,强调重视和保障个人的正当利益。在社会主义的今天,"允公"的内在意蕴就是要求南开学生树立为人民服务的意识,按照集体主义原则正确处理国家、集体与个人的关系。因此,可以说"允公"是社会主义道德建设的核心和原则在南开大学道德建设中的具体体现和具体要求。构建"公能"特色的南开素质教育体系,就必须注重对学生进行以为人民服务为核心、以集体主义为原则的社会主义道德教育。

社会主义荣辱观是社会主义核心价值体系的重要组成部分,体现了社会主义道德建设的客观要求。构建"公能"特色的南开素质教育体系,必须注重对学生的社会主义荣辱观教育,教育广大学生"以热爱祖国为荣、以危害祖国为耻,以服务人民为荣、以背离人民为耻,以崇尚科学为荣、以愚昧无知为耻,以辛勤劳动为荣、以好逸恶劳为耻,以团结互助为荣、以损人利己为耻,以诚实守信为荣、以见利忘义为耻,以遵纪守法为荣、以违法乱纪为耻,以艰苦奋斗为荣、以骄奢淫逸为耻。"

"允公"是建设社会主义核心价值体系的举措

党的十七届六中全会提出了建设社会主义文化强国的奋斗目标。全会指出:"社会主义核心价值体系是兴国之魂,是社会主义先进文化的精髓,决定着中国特色社会主义发展方向。必须强化教育引导,增进社会共识,创新方式方法,把社会主义核心价值体系融入国民教育、精神文明建设和党的建设的全过程，贯彻到改革开放和社会主义现代化建设各领域，体现到精神文化产品创作生产传播各方面，坚持用社会主义核心体系引领社会思潮，在全党全社会形成统一指导思想、共同理想信念、强大精神动力、基本道德规范。""允公"的实质是"爱国、兴国、强国"。因此，构建"公能"特色的南开素质教育体系，培养学生"允公"的品质，必须着力于向学生灌输社会主义核心价值体系，让学生牢固树立马克思主义指导思想、中国特色社会主义共同理想、以爱国主义为核心的民族精神和以改革创新为核心的时代精神、社会主义荣辱观，以理想信念为核心，以爱国主义为重点，以公民基本道德规范和遵纪守法观念为基础，以全面发展为目标，自觉接受社会主义思想道德教育和法制教育，促进思想道德素质、科学文化素质和健康素质的协调发展。

"允公"要求致力于培育和践行社会主义核心价值观

党的十八大报告提出："倡导富强、民主、文明、和谐，倡导自由、平等、公正、法治，倡导爱国、敬业、诚信、友善，积极培育和践行社会主义核心价值观。"其中，"富强、民主、文明、和谐"可以说是从国家层面对社会主义核心价值观基本理念的凝练，是我国社会主义现代化的奋斗目标；"自由、平等、公正、法治"可以说是从社会层面对社会主义核心价值观基本理念的凝练，反映了社会主义社会的基本要求，是我们党矢志不渝、长期实践的价值理念；"爱国、敬业、诚信、友善"可以说是从个人行为层面对社会主义核心价值观基本理念的凝练，是每一个公民都必须恪守的根本道德准则。这三个层次的理念相互联系、相互贯通，实现了政治理想、社会导向、行为准则的统一，实现了国家、集体、个人在价值目标上的统一，兼顾了国家、社会、个人三者的价值愿望和追求。因此，构建具有"公能"特色的南开素质教育体系，在培养学生"公能"素质的基础上，必须引导学生将"公能"素质外化为实际的行动，在个人与国家的关系层面，致力于国家的"富强、民主、文明、和谐"；在个人与社会的关系层面，致力于社会的"自由、平等、公正、法治"，在个人立身处世中，致力于"爱国、敬业、诚信、友善"。

（本文原载于《南开大学报》2012年3月16日第3版。）

"公·能·新"：南开大学校训的要义与精髓

张　鸿

"允公允能，日新月异"是南开大学独创的校训和南开精神重要的载体。人们通常将其简称为"公能"校训，而更准确的提法应当是"公·能·新"校训。"公·能·新"共同构成南开校训的要义，而"日新月异"是南开校训的精髓。

一、"允公允能，日新月异"可以浓缩为"公·能·新"

"允公允能"的提法为南开人首创，堪称前无古人；其句式采自古典文献，可谓语有所本。"允"字是理解"公·能·新"校训的关键词语之一。因此，有必要首先从句式设定、文字训诂、校训用途、校训阐释等诸多角度，考察"允公允能，日新月异"的句式、意蕴和用法，进而体会并揭示其要义和精髓。

从"允"字句式看，"允公允能，日新月异"旨在提出一个一般性的准则，即"既公，又能，且新"，亦即"亦公亦能亦新"，"公·能·新"三位一体，相依相成。

"允公允能"采用了源远流长的"允某允某"句式。在现存文献中，"允某允某"句式最早出现在《诗经》。春秋时期的鲁僖公整修泮宫（鲁国国学），征伐淮夷，《诗经·鲁颂·泮水》称颂他的文治武功，使用了"允文允武"的提法和句式。与"允文允武"句式相同的有"允圣允神"、"允威允德"、"允德允功"、"允武允成"、"允忠允孝"、"允孝允悌"、"允廉允孝"，等等。属于同类句式的还有"允仁且刚"、"允孝且友"、"允仁而信"。古代人常常以"允文允武"歌功颂德，诸如"克明克哲，允文允武"、"允文允武，多艺多才"、"允文允武，乃圣乃神"、"大圣大仁，允文允武"、"本仁祖义，允文允武"、"克明克哲，允武允文"、"允文允武，克明义"、"允文允武，克宽克仁"、"允文允武，克长克君"、"允文允武，作君作师"，等等。

与"允某允某"类似的句式有"克某克某"、"大某大某"、"有某有某"、"乃某乃某"、"曰某曰某"、"惟某惟某"等。例如，《尚书·尧典》的"乃武乃文"、《诗经·齐风·南山》毛亨传的"有文有武"、《晋书·夏侯湛传》的"曰文曰武"、《魏书·裴延儁传》的"克文克武"、庾信《周上柱国齐王宪神道碑》的"惟文惟武"与《诗经·泮水》的"允文允武"是同义词。这几种句式虽略有差异，却都旨在标示文武兼备。"允公允能"显然属于这一类的句式。

上述句式又可大体分为三类。第一类有"克某"、"大某"等，其句式首字为实字实义。"克"字的本义是以肩任物，其主要义项有肩、任、胜、能、可等。在经典训诂中，"克，能也"的提法最为常见。"克某"句式之"克"是指能够做到，故"克文克武"的意思是"既能文，又能武"。"大"与"小"相对，"大"字可以用于表示程度达到极点，故"大圣大仁"即"圣仁兼备，达到极致"。

第二类有"乃某"、"曰某"等，其句式首字为虚字虚义。"乃"字可以用作代词、副词、连词、助词，而"乃某"句式之"乃"是无义的助词。如《尚书·大禹谟》："乃圣乃神，乃武乃文。"这里的"乃"字属于古人所说的"言之助"、"语之助"，不必强求实义解。"曰"字本义为言说，又常常用作发语词，或置于句首，或置于句中。如《尚书·尧典》："曰若稽古帝尧。"此句之"曰"是一个助词，不必作实义解。这就是说，"乃武乃文"、"曰文曰武"的意思都是"既武且文，文武兼备"。

第三类有"允某"、"有某"、"惟某"等，其句式首字既可以理解为实字实义，又可理解为虚字虚义。"有"与"无"相对，其本义为拥有，故"有文有武"可以解读为"既有文，又有武"。"有"字又往往用作名词、动词、形容词的词头。如《尚书·君陈》"克施有政"之"有政"，即政事，这里的"有"字属于无义的助词。对同一"有某"句式的解读往往因人因时而异，如《诗经·大雅·大明》"天监在下，有命既集"的"有命"，有人或有时被解读为"天命"，有人或有时被解读为"有天命"，因个人的理解或语境的不同而有所不同。这就是说，"有文有武"既可以解读为"既有文，又有武"，又可以解读为"既文，又武"。《玉篇·心部》："惟，有也。"《说文解字·心部》段玉裁注："惟，经传多用为发语之词。""惟"字既有"有"之义，又可用作助词，而置于"惟某"句式之首的"惟"字往往属于"发语之词"。因此，"惟文惟武"与"有文有武"一样，既可以视同"克文克武"，又可以视同"乃文乃武"。"允某"与"有某"、"惟某"有相似之处。这就是说，"允某"、"有某"、"惟某"句式的首字均可视为发语词，不必强求实义解。

许多经学家将《诗经》中的某些"允"字视为"发语词"（"语词"），即语气助词。例如，王引之《经传释词》卷一："允，发语词也。《诗·时迈》曰：

'允王惟后'。言王惟后也。允,语词耳。"王引之《经义述闻·通说下·语词误解以实义》:"《大雅·大明》曰:'聿怀多福。'《春秋繁露·郊祭篇》作'允怀多福'。是'允'为语词也。"陈奂《诗毛氏传疏》也将《小雅·采芑》"显允方叔"、《周颂·小毖》"肇允彼桃虫"和《周颂·般》"允犹翕河"中的"允"字视为"语词"[①]。如果将"允公允能"的"允"字也视为发语词,那么应作虚字解,不作实义解,其句式为"既……,又……"。《诗经·鲁颂·泮水》孔颖达疏用"既有文德,又有武功"解读"允文允武"[②],这是符合古汉语语法的。然而"允文允武"之"允"亦可作实字实义解。孔颖达就同时采用了实字与虚字两种训诂方式。实际上,"克文克武"、"有文有武"、"乃文乃武"、"曰文曰武"、"惟文惟武"等都是同义词;"克某克某"、"大某大某"、"有某有某"、"乃某乃某"、"曰某曰某"、"惟某惟某"句式也往往用在同一段话中,并颂扬同一个人的功德。这就是说,无论将"允"视为语气助词,还是将"允"视为实字实义,"允文允武"都属于典型的"既……,又……"句式,其一般意义是指古语所说的"既文且武"或"亦文亦武",亦即"允文允武,斯其兼之"。依此类推,"允公允能"的一般性解读是"既公且能"或"亦公亦能",亦即又公又能,公能兼备。

"日新月异"是一个自古就有的成语,旨在表达一种与时俱进的精神、行为或态势。从《四库全书》保存的诸多用例看,古人往往以"日新月异"形容生生之机、时势之变,评说风俗演化、制度更革,赞扬功德日兴、学问日长,描述事物增华、技艺进步,诸如客观存在的"时势之变,日新月异"[③]和主观努力的"奋志进修,日新月异"[④]。

"日新月异"的意义之源可以追溯到有关商周君道的记述。据《礼记·大学》记述,"汤之盘铭曰:'苟日新,日日新,又日新。'《康诰》曰:'作新民。'《诗》曰:'周虽旧邦,其命惟新。'"[⑤]这一类含有"新"字的帝王戒铭和政治命题均旨在规范治国为君之道,敦促执政者爱民勤政,励精图治,因应大势,趋时通变,谋求革新,积小成大,乃至每日每月都取得新的进展,使人民生生不已,国家日益强盛。在"日新月异"一词中,"新"与"异"是同义词,"日"与"月"

[①] 以上引文均转引自宗福邦、陈世铙、萧海波主编:《故训汇纂》"允"字条,商务印书馆2003年版,第173页。
[②] 《毛诗正义》卷二十《鲁颂·泮水》。
[③] 《陶庵全集》卷三《科举论后语》。
[④] 《陶庵全集》卷二《陆翼王思诚录序》。
[⑤] 《礼记·大学》。

旨在渲染"新"与"异"的速率。因此,"日新月异"可以概括为一个"新"字。

显而易见,"允公允能,日新月异"以"既公,又能,且新"句式,将"公"、"能"、"新"相提并论,联袂一体,其最具一般性的意义是"亦公亦能亦新"。"公"、"能"、"新"虽各有功用,并列为三,却相依相成,缺一不可,故以"公•能•新"标示更为准确,也更为允当。

从"允"字本义看,"允公允能,日新月异"可以用于评价一种实然状态,即令人信服地达到了既"公"又"能"且"新",切切实实地做到了"亦公亦能亦新",堪称"实公实能实新"。

"允"字的本义是"信"。《尔雅•训诂》:"允、孚、亶、展、谌、诚、亮、询,信也。"又:"展、谌、允、慎、亶,诚也。"邢昺疏:"皆谓诚实不欺也。"又疏:"皆谓至诚,转相训也。"① 《说文解字•儿部》:"允,信也。从儿,㠯声。"段玉裁注:"《释诂》、《毛传》皆曰:'允,信也。'……大徐作'从儿,㠯声'。㠯非声也。今依《韵会》所据小徐本。㠯,用也。任贤勿贰是曰允。此会意字。"② 在语言实践中,"允"字最常见的词义是信实、诚然、果真、确能、令人信服。在文献训诂中,以"信"、"诚"、"实"、"至诚"解释"允"字之义及"允某"词汇和"允某允某"句式的例证不胜枚举。

古代著名经学家多有用"信"来解释"允文允武"之"允"。例如,《诗经•鲁颂•泮水》:"允文允武,昭假烈祖。"毛亨传:"假,至也。"郑玄笺:"僖公信文矣,为修泮宫也;信武矣,为伐淮夷也。其聪明乃至于美祖之德,谓遵伯禽之法。"孔颖达疏:"信有文矣,信有武矣,文则能修泮宫,武则能伐淮夷。既有文德,又有武功,其明道乃至于功烈美祖,谓遵伯禽之法,其道同于伯禽也。"③ 所谓"伯禽之法"亦即周公姬旦设定及其子鲁公伯禽恪守的治国为君之道。在毛亨、郑玄、孔颖达看来,鲁僖公切实做到了文德与武功兼备,堪称践履周公之道、恪守伯禽之法的典范,故《泮水》称颂他"允文允武,昭假烈祖"。苏辙称鲁僖公"信文且武"④。吕祖谦则用"信文信武"解释"允文允武"⑤。朱公迁亦称:"鲁侯信有文武之德。"⑥ 在其他文献的训诂中,这样解读"允文允武"的也很常见。例如,张衡《东京赋》:"好乐无荒,允文允武。"薛综注:"允,

---

① 《尔雅注疏》卷一《释诂第一》。
② 《说文解字注》八篇下《儿部》,上海古籍出版社1981年版,第405页。
③ 《毛诗正义》卷二十《鲁颂•泮水》。
④ 《诗集传》卷一九《鲁颂》。
⑤ 《吕氏家塾读诗记》卷三一《鲁颂》。
⑥ 《诗经疏义会通》卷二十《鲁颂四之四》。

信也。无荒，言不好荒淫之乐。信，与文王武王等其功德也。"刘良注："言好游乐而不荒淫，信文武之道。"①这里所说的"信"亦即"信实"，旨在评价一种诚然、确实、果真的实然境域。

在古代文献中，以"信实"训诂"允"字句式和词语的例证还有很多。例如，《尚书·尧典》："允恭克让，光被四表，格于上下。"孔安国传："允，信。克，能。光，充。格，至也。"孔颖达疏："恭言信，让言克，交互其文耳，皆言信实能为也。"②"允恭克让"亦即确实能够做到"恭"与"让"，在这里"允"与"克"是同义词，均可描述一种实然的境域。又如，《尚书·太甲上》："克终允德。"孔安国传："言能思念其祖，终其信德。"③《孔子家语·弟子行》："孝恭慈仁，允德图义。"王肃注："允，信也。图，谋也。"④"允迪厥德"、"功允德孚"谓之"允德"，故"允德，信有德也"。⑤又如，《诗经·周颂·时迈》称颂周武王之德，有"允王惟后"和"允王保之"之句，有的论诗者认为"允"是语气助词，而有的论诗者则称："王能尽为君之道也，故曰允。"⑥在"信实能为"的意义上，"允"与"克"可以相互替换，"克公克谨"、"克公克勤"亦属于同类句式，而"允文允武"与"克文克武"则是同义词。于是"允文允武"、"克文克武"、"乃文乃武"等，既可以解读为"既文又武"、"又文又武"，又可以解读为"信文信武"、"能文能武"、"实文实武"。"非苟言之，亦允蹈之"，知与行合一，言与行一致，不仅知道了，说到了，而且诚心诚意地遵循了，切切实实地恪守了，令人信服地做到了，故堪称"允蹈"，亦可谓"允迪"。由此可见，"允公允能，日新月异"可以理解为切实步入"公·能·新"的境域，堪称践履"公·能·新"的楷模。

从校训用途看，"允公允能，日新月异"通常用于指示一种应然状态，即理应既"公"又"能"且"新"，亦即"应公应能应新"，惟有做到"亦公亦能亦新"才符合既定标准。

任何一种评价光辉楷模、优秀素质、高尚人格的话语都会被人们转而用于指示应然状态和设定理想境域，古今中外，概莫能外。典型例证莫过于古人用"允文允武"、"克明克哲"、"乃圣乃神"歌功颂德，奉之为王者楷模、哲人素质、

---

① 《六臣注文选》卷三，张衡《东京赋》薛综注、刘良注。
② 《尚书正义》卷一《尧典》。
③ 《尚书正义》卷八《太甲上》。
④ 《孔子家语·弟子行》。
⑤ 参见《书传》卷七《商书·太甲中》、《尚书全解》卷一六《太甲中》、《尚书详解》卷一二《太甲中》。
⑥ 《毛诗李黄集解》卷三七《三颂·时迈》。

圣贤人格，进而将其转用为道德标尺，要求为政者及社会大众都向"圣贤"看齐，乃至步入"圣域"。正是由于类似的缘由，自创生之日起，"允公允能，日新月异"就被南开人用于指示一种应然状态。

实际上，"允"字本身就蕴含应然之义，可以用于指示应然状态和理想境域。"允"字有当、合之义，如适当、符合称之为"允合"或"允当"，符合标准称之为"允嘉"，勇于承当称之为"允膺"。《玉篇·儿部》："允，当也。"古人往往用"允"字表达应当、合该之义。例如，《尚书·皋陶谟》："允迪厥德，谟明弼谐。"孔安国传："言人君当信蹈行古人之德，谋广聪明以辅谐其政。"[①]这里所说的"允迪"是指应当践履，合该遵循。又如，《周易·升卦》初六爻辞："允升，大吉。"王弼注："允，当也。……当升之时，升必大得，是以'大吉'也。"这里所说的"允升"意为应当升，合该升，升则合乎道理，符合标准，取得成效，达到理想，故《象》曰："'允升大吉'，上合志也。"[②]这一类用法往往旨在表述一种应然的准则、必要的规范和理想的境域。因此，"允公允能，日新月异"亦蕴含理应"公·能·新"、合该"公·能·新"、必须"公·能·新"之义，并将"公·能·新"设定为应当积极追求并逐步实现的理想境域。

校训是学校制定的办学目标和师生准则，大多以箴言、警句的形式表述，既是学校办学的理念、法则和取向，又是教诲学生的训诫、典则和规范，并主要用于师长训育，还往往成为许多师生的座右铭。指示应然目标，提出明确规范，设定理想境域，激励师生奋进，也是校训的主要功能。"允公允能，日新月异"是作为校训使用的，这就对全体师生提出了应然的标准、恪守的规范、遵循的准则、践履的途径、发展的方向，涉及学校事业、科学研究和人才培养等各方面。在南开校训的实际运用中，无论一般性的"亦公亦能亦新"，还是评价性的"实公实能实新"和倡导性的"应公应能应新"，其用例都很常见。这样的校训必然将"至公至能至新"设定为最高理想。

从校训诠释看，"允公允能，日新月异"还用于标示一种最高理想，即倡导大"公"大"能"大"新"，追求最高道德，养成最佳能力，创造最新境域，达到"至公至能至新"。

张伯苓校长强调："允公，是大公，而不是什么小公，小公只不过是本位主义而已，算不得什么公了。惟其允公，才能高瞻远瞩，正己教人，发扬集体的爱国思想，消灭自私的本位主义。"这就是说，"允公"旨在追求作为道德的最

---

① 《尚书正义》卷四《皋陶谟》。
② 《周易正义》卷五《升卦》。

高境域的"大公"。这种"公"不是维护小山头、小团体、小圈圈的"公",更不是规范私德、效忠个人的"忠孝节义"、"礼义廉耻",而是担当天下兴亡、捍卫国家利益、维护社会正义、追求人类理想的"大公"。简言之,"公"是"德"之大者,"允公"是"公"之极致。张伯苓校长又强调:"允能者,是要做到最能,要建设现代化国家,要有现代化的科学才能,而南开大学的教育目的,就在于培养具有现代化才能的学生,不仅要具备现代化的理论才能,而且具有实际工作能力。"这就是说,"允能"旨在追求堪称智慧与才干的最高境域的"最能"。这种"能"不仅是解决小问题的知识和技能,而且是在现代条件下敢做大事、能做大事、做好大事的知识储备、理论水平和实践能力。张伯苓校长还强调:"所谓日新月异,不但每个人要能接受新事物,而且要能成为新事物的创造者;不但要能赶上新时代,而且要走在时代的前列。"① 这就是说,"日新月异"旨在追求作为与时俱进的最高境域的"走在时代的前列",亦即"最新"、"全新"、"至新"。这就意味着倡导"大公"、"最能"、"至新"的"公·能·新"亦可解读为"至公至能至新"。

"允"字本无"大"、"最"之训。如果拘泥于字义,那么"允公"不能径直解读为"大公","允能"不能径直解读为"最能"。但是,"允"字蕴含"大"、"至"之义。《尔雅·训诂》:"允,诚也。"邢昺疏:"允,谓至诚。"② 允是诚信之极致,乃大诚大信,至诚至信。与此相应,以"允"字构成的句式和词语,往往蕴含"大"、"至"之义。例如,在相提并论时,"大圣大仁"与"允文允武"属于同类句式,"大圣大仁"亦即"允圣允仁",反之,"允文允武"亦即"大文大武"。这就意味着,当人们用"大圣大仁,允文允武"称颂楷模时,"允"字有"至大"、"至极"的意蕴。这一类的例证还有不少,如"允合"、"允当"、"允嘉"有"完全符合"的意蕴;"允蹈"、"允迪"有"践履之极致"的意蕴;"功允德孚"有"功大德大"的意蕴,等等。类似的语言现象还有"乃圣乃神"与"大圣大神"。一般说来,"乃"与"允"是"语之助",不必强求实义解,而"乃圣乃神"显然是"大圣大神"的同义词,于是这一类用法的"乃"也有"大"、"至"的语感。在经典训诂中,不难找到其他相关佐证。《尚书·大禹谟》:"帝德广运,乃圣乃神,乃武乃文。"孔安国传:"'广'谓所覆者大,'运'谓所及者远。圣无所不通,神妙无方,文经天地,武定祸乱。"这里的"乃圣乃神,乃武乃文"旨在颂扬"圣"、"神"、"武"、"文"的最高境域,有极其完美、不可

---

① 中国人民政治协商会议天津市委员会文史资料工作委员会:《天津文史资料选辑》(第八辑),天津人民出版社 1980 年版,第 97 页。

② 《尔雅注疏》卷一《释诂第一》。

言喻、无与伦比的意蕴。"允文允武"、"乃武乃文"的句式和意蕴类似于"大圣大神"、"大仁大义"、"大智大勇"。实际上，"允某允某"、"乃某乃某"、"克某克某"、"大某大某"之类的句式都蕴含"至"、"大"、"最"、"极"之义，旨在称颂某种功德或某种素质符合最高标准，达到极致，堪称完美。这一类语言现象正是汉语之魅力所在。由此可见，张伯苓校长以"大公"诠释"允公"，以"最能"诠释"允能"，将"至公至能至新"设定为最高理想，不仅可以避免误解误读，也符合汉语的习惯。这样的诠释是颇有道理的。

二、"公·能·新"是南开校训相依相成的意义之源

用"允公允能，日新月异"句式，将"公""能""新"联袂，使"公·能·新"一体，这也是南开人的首创。这个校训慎择约举，言简意赅，以独特的形式，将优秀传统与现代精神结合在一起。这里主要从以下三个层面考察"公·能·新"的要义。

首先，"公""能""新"为南开校训的三大要义。

"公""能""新"是南开校训相对独立、并列为三的意义之源。其中，"公"侧重思想境界和道德品质，倡导以天下为己任、为人民服务的社会责任感，涉及志存高远、高瞻远瞩、以德为先、以德树人、公而忘私、顾全大局、弘扬公理、维护正义、勇于任事、敢于担当、爱国乐群、服务社会、敬业勤勉、忠诚团结、奉公守法、处事公正、振兴中华、造福人类，等等；

"能"侧重学业与事业，倡导"博涉多能"、"集千古之智"、德智体美劳全面发展，具备适应社会发展需要的知识水平、理论能力和实践能力，涉及好学上进、博学多才、会通百家、学贯中西、好学力行、知行合一、脚踏实地、尊重规律、一丝不苟、精益求精，等等；

"新"侧重务实、求是、进取、创新的精神素质，倡导与时俱进、主动求变、敢为人先，涉及解放思想、实事求是、独立思考、追求真理、脚踏实地、自强不息、积极探索、锐意进取、勇于变革、善于创新、奋发图强、谋求发展，等等。

其次，"公""能""新"三大要义相依相成，不可或缺。

在"公·能·新"校训中，三大要义彼此相通，故可以相互补充。"允公"主要是指担当社会责任的志向；"允能"主要是指履行社会责任的能力；"日新月异"主要是指担当和履行社会责任所必须具备的一种极其重要的素质。显而易见，爱国乐群、造福人类的"大公"，富民强国、振兴中华的"最能"，改造社会、创新文明的"全新"，三者之间具有内在的一致性，这就要求必须兼备为

公的志向和品德、实践为公的才干和能力及拓展大公和最能的取向和素质。因此，"公"不只是德性，还强调公而有能、公而敢新；"能"不只是才能，还强调为公之能、敢新之能；"新"不只是求新，还强调德性之新、能力之新，涉及人格之新、事业之新，乃至社会之新、国家之新、世界之新。"允公"必须靠"允能"和"日新月异"落到实处，"允能"和"日新月异"旨在切实落实"允公"。惟有"公·能·新"兼备，才完全符合校训的要求。

正是由于三大要义联袂一体，彼此相通，所以"公""能""新"又是相互规定、相互制导的关系。这一点又集中体现为"新"对"公"和"能"的规定和制导。在"公·能·新"校训中，"公"特指"新公"；"能"特指"新能"；"允公允能"特指与新时代、新社会相匹配的"大公"和"最能"。

"公"与"能"都属于历史范畴，不同时代的"公"与"能"，不仅在内容上和尺度上有明显的差异，而且往往会有本质上的区别。以"公"为例，即使在中国古代，这个概念的内涵与外延也发生过历史性的演变。《尔雅·释诂》："公，君也。"《广雅·释亲》："公，父也。"这个字原本多用于称谓"君父"并逐渐演化为诸侯国君的尊称，如齐桓公、晋文公、秦穆公。《诗经》有"公田"、"私田"之分。"公"是"君父"，"君父"是"公"，因而国事、家事是一回事，君利、国利有一致性，"公家之利"既可以用于指称国家利益，又可以用于指称君主利益。但是，自从有了旨在标示属于国家及国君的"公家"、"公室"、"公门"、"公事"、"公田"之类的用法，并用以区别属于私家个人的"私家"、"私室"、"私门"、"私事"、"私田"，"公"与"私"逐渐演化为两个相互对立的抽象概念。《管子》有"废私立公"之论，这一类的用法大约在春秋战国逐渐普及。在变法思潮及变法运动中，许多"法术之士"提出贵公论，打出"公天下"的旗帜，主张"天下公平"，于是天地大公无私、立君为天下公众、国家立法以维护公义、执政者必须维护国家及公众利益和君主必须尊重法制之公等政治观念日益深入人心，"公"也成为一个可以表述国家利益、公众利益、社会正义的概念，颇有"公德"的意味。但是，中国古代主流文化的"公"没有也不可能彻底摆脱君主制度、宗法制度、等级制度的核心价值的桎梏，始终与君主、纲常、礼教、忠孝纠结在一起。宋明理学旨在论证"三纲五常"及申说"天理人欲之辨"的"公私之辨"便是典型例证，这一类的"公私之辨"将"天理"亦即规范纲常伦理的"礼"作为判定"公"与"私"的尺度，理学家们所说的"公"及"公忠"的本质属性与现代价值观截然相反，与社会主义核心价值观更是格格不入。

张伯苓校长对传统道德体系的弊端深恶痛绝，主张取其精华，去其糟粕，进行根本性的改造。因此，他不仅选择了"公"，强调"'公'字是最要紧的，公是最高的道德"，而且明确指出"允公"特指"大公"，不是一个效忠个人和维护小团体利益的道德范畴。在"日新月异"的规范和制导之下，"允公允能"之"公"是一个契合现代中国核心价值的道德范畴，与宋明理学"存天理，灭人欲"之"公"有天壤之别。显而易见，"允公"的设定充分体现了"日新月异"的精神及能力，是继承传统、改造传统、扬弃传统、创新传统的产物。

第三，"新"的含义最丰富也最完整。

"公·能·新"校训之"新"不仅制导"公"与"能"，而且涵盖"公"与"能"，因而含义最丰富也最完整。这种现象是汉语之魅力所注定的。

汤之盘铭曰："苟日新，日日新，又日新。"这个帝王戒铭说来说去，只是一个"新"字。然而，这个"新"字包含向往"新"的志向、追求"新"的品德、践履"新"的方法、实现"新"的途径、创造"新"的能力，等等，涵盖与此相关的各种精神意志的、道德品质的、知识才能的素质，涉及为君之道的一切要素。在经典注疏中，不难找到这一类的论说。例如，《易传》以"天行健"论"君德"，儒者往往将为君之道概括为"刚健"二字，并据此评说汤之盘铭的要义和精髓。例如，杨简判定汤之盘铭的要旨，一言以蔽之，"刚健足矣"[①]。王宗传认为汤之盘铭"非圣人不足以尽之"[②]。许多儒者还指出：汤之盘铭涉及德与行的方方面面，要达到"苟日新，日日新，又日新"的境域，必须敬始慎终，不遗余力，将其贯彻于每时每刻和一言一行，"允迪厥德不已"[③]。程颐甚至用"君子无所不用其极"来论说践履汤之盘铭的"大学之道"[④]。

与汤之盘铭的"新"类似，"公·能·新"校训之"新"的涵义也堪称宏富。这个"新"字要求每个人不仅"能接受新事物"，"能成为新事物的创造者"，"能赶上新时代"，而且"要走在时代的前列"。不能兼备"公·能·新"的素质并始终践履"公·能·新"的准则是无法永远走在时代前列的。"允公允能"是"日新月异"所必须具备的素质。因此，将"走在时代的前列"设定为奋斗目标的"日新月异"，不仅要求人们具备以天下为己任的抱负及品德、担负起天下兴亡的智慧及本领和创新知识、发展学术、改造社会、创建文明所必须的各种精神素质及能力资质，而且期待人们不断提升这些精神素质及能力资质，使自己永远做到与时俱进。由此可见，"日新月异"涵盖走在时代前列所必须具备的各种

[①] 《杨氏易传》卷十《大畜》。
[②] 《童溪易传》卷一四《恒卦》。
[③] 《尚书精义》卷七。
[④] 《程氏经说》卷六《明道先生改正大学》。

精神的及能力的素质，而"允公允能"则明确具体地标示了这些素质的基本构成和主要特征，因而"日新月异"是"公·能·新"校训的精髓之所在。

三、"日新月异"是南开校训的精髓、真谛和灵魂

南开大学的"公·能·新"校训既是继往开来，弘扬中华优秀传统的产物，又是与时俱进，改造陈旧文化传统的产物。其难能可贵之处恰恰在于张扬"日新月异"。如果去掉了"日新月异"，南开校训不仅会失去半壁，折损要义，而且会华彩锐减，平淡无奇。这就是说，"新"堪称为文之魂魄，点睛之妙笔，涵义之精要。甚至可以说，正是对"日新月异"的体认与践履，推出了独具慧眼、别具一格的南开校训。将"新"判定为南开校训的精髓、真谛和灵魂的理据主要有以下几个：

第一，总体设计，令人叹服。没有新思想、新观念，便不会创造"公·能·新"校训。

中国古代的"大学之道"旨在培养各级统治者及恪守尊卑法则的社会角色，亦即"大人"、"君子"之类的圣君贤臣、忠孝节义。在"家国同构"和"家国一体"的历史背景下，为了灌输君主制度、宗法制度、等级制度的核心价值观，这一类的"大学之道"必然夸大伦理教育和道德教化的作用，甚至将智慧、知识和才能也归入伦理道德的范畴，其主要特征是：倡导普遍适用于宗法家国的"修、齐、治、平"，夸饰"明明德"和"止于至善"，传授规范君臣、父子、夫妇、昆弟、朋友的"天下之达道"及与之匹配的知、仁、勇等"天下之达德"，灌输"以孝为本"的"忠孝节义"和"仁义礼智"，讲究"天行健"与"地势坤"之类论证及设定"君德"与"臣道"的"天地之道"、"大人之道"和"君子之道"。

南开校训设定者们的思想成就及历史贡献就在于，他们在缔造中华新文明，开创中华新教育的历史背景下，跳出中国古代主流教育理念及学校文化的窠臼，摒弃"学而优则仕"的教育目的，扬弃"厚德载物"的"君子之道"，超越"止于至善"的"大学之道"，改造"修身为本"的"学问之道"，革除传统的伦理型教育方针和培养目标的弊端，提出了与现代学校教育相匹配的新的大学理念。这一点又集中体现于"公"的拣择、"能"的凸显和"新"的张扬以及将"公·能·新"联袂一体。

第二，"公"的拣择，令人感佩。没有新思想、新观念，便不会拣择这个"公"字。

南开校训继承中国学校以德为先的传统，重视以德树人。但是，南开校训

的设定者们没有套用儒典，剿袭旧说，也没有像许多校训一样罗列诸多德目，而是在中华传统文化中拣择了与现代道德体系建设和现代大学精神契合度最高的"公"字，将倡导公德和养成公德摆在大学教育及学生的思想品德教育的首要位置。

中国传统教育观念极度重视道德教育，尤为讲究"以孝为本"及"忠孝节义"，将完善个人的、君主的及全社会的德性作为治学与教育的最终目的。典型例证莫过于《大学》的"大学之道"和朱熹为岳麓书院题写的"忠孝廉义"学规。宋元以来，"四书"，即《大学》、《中庸》、《论语》、《孟子》被帝制朝廷奉为经中之经，修习纲常伦理在政治及教育中的地位与作用被夸大到无以复加的地步，导致"以理杀人"、"假道学"和"空言心性"成为相当普遍的社会现象和学术现象。《三字经》、《弟子规》之类的蒙学读本也是这一类教育思想的产物。这种极度重视灌输伦理道德的教育方法，导致效忠君父、光宗耀祖成为全社会的道德信条，乃至人们普遍将私德凌驾于公德之上，从而迟滞了中国古代社会的发展，注定了中国古代文明的衰亡。令人感叹的是，这种极度重视伦理道德的道德学说及教育思想，不仅无法有效地解决现实中的道德问题，反而造成了道德的沦丧、学风的颓废、国家的衰落和帝制的覆灭。近代以来，中国革命的先驱者们首先把批判的矛头对准了吃人的礼教，并大力提倡新文化、新道德、新学术、新教育，这是势在必然、理所当然的。

"以德为先"、"以德树人"是教育的一般法则，其普遍意义，毋庸置疑。问题的关键是以什么样的"德"为先和以什么样的"德"树人。中华现代文明的缔造有赖于与之相匹配的现代道德体系的形成，这是历史法则所注定的。南开校训的设定者们之所以将"允公"置于首位，正是源于对历史教训的深刻反思、对社会现实的深入思考和对历史法则的深切体悟。1934年12月4日，张伯苓校长在四川宜宾应邀向各校学生作了题为《吾人应有之认识与努力》的演讲。他明确指出：读"孝经"不如读"公经"。在他看来，"'自私'，实在是中国民族最大的劣根性"。造成这种劣根性的主要原因是"先王以孝治天下"，利用"忠"、"孝"观念维系人民，改良国政。由此而造成的群体性的自私自利是导致国家积弱、国难当头的重要文化原因。要想救亡图存，富民强国，"第一件最要紧的事情，就是先养成大家'为公'的精神，使全国的风气，都由'私'转到'公'，先公而后私。"他明确提出："我看我们中国人最需要一个'公'字。我们都应当读'公经'。"①由此可见，倡导"允公"的现实意义之一就是革除传统道德体系的弊端，矫正传统学校教育的偏弊，将公德置于私德之上，以爱国乐群的"公"取代效忠君父的"孝"，通过造就一大批崇尚"为公"精神的现代精英，改变中国的道德观念和社会风气，从根本上铲除民族的劣根性。在那个时代，惟有具备"日新月异"精神的人，才有可能旗帜鲜明地提出这样的教育理念。

传统势力是极其强韧的，这就决定了现代道德体系及教育理念的确立任重道远。在帝制寿终正寝之后，一些人依然张扬旧的道德观念及教育思想，他们一再请求定孔教为国教，提议尊孔读经。这一类主张也见诸政府行为，复辟帝制的袁世凯、叛国投敌的伪满洲国皇帝及蒋介石统治集团都大搞尊孔祀圣，推行中小学恢复读经。将三民主义儒学化的蒋介石统治集团甚至将"忠孝"设定为全国学校统一的校训，还美其名曰"新生活运动"。在中国现代化进程中，这一类打着"新"的旗号而乞灵于"古时方"的政客及学者亦可谓司空见惯。

南开人的"允公"校训与蒋介石的"忠孝"校训产生于同一时代。南开校训正式形成于1934年。当时的国民政府正在试图统一全国校训。蒋介石主张将孙中山提出的"忠孝、仁爱、信义、和平"八德及国民党党员守则"订为青年守则一致信守"，"以'礼、义、廉、耻'四字为共通的校训"②。1931年7月，教育部通令全国学校悬挂"忠孝、仁爱、信义、和平"蓝底白字匾额。1938年9月，教育部训令全国学校一律以"忠孝、仁爱、信义、和平"为校训。同年，蒋介石正式下令统一全国校训为"礼义廉耻"。"千校一词"的"国定校训"至此正式形成。但是，许多学校并未执行蒋介石及教育部的训令，依然沿用原有的校训或创制自己的校训，南开大学便是其中之一。秉持"日新月异"信念并崇尚"公经"的教育家决不会盲从沿袭陈旧思想并崇尚"孝经"的政府训令。在"新"与"旧"的较量中，南开人的精神及做法值得大书特书。即使在今天，这种精神及做法依然有重大的现实意义。

"允公"的精彩之处还在于与现代大学精神高度契合。诞生于19世纪的德国洪堡大学被誉为"现代大学之母"。这所大学颠覆中世纪大学只注重传授知识的传统模式，倡导"学术自由"和"教学与科研相统一"，并以马克思的名言"哲学家不仅要解释世界，更重要的是要改造世界"为校训。这种办学理念引导学生钻研学问、改进学术、创造知识、学以致用，将改造世界作为治学的最终目的。随着社会的发展，创新知识、服务社会、改造世界的现代大学精神广泛传

---

① 张伯苓：《吾人应有之认识与努力》，载《南开校友》第一卷第8期、第9期。转引自王文俊等编：《张伯苓教育言论选集》，南开大学出版社1984年版，第195-196页。

② 《第二次中国教育年鉴》第六编第四章，第55页。

播，日益普及，演化成为一种时代精神。一些知名大学还将"为公众服务"和"创新知识"的意思写入校训，强调大学应通过原创性的研究服务于社会大众。南开校训不仅以"允公"将社会责任摆在第一位，还以"允能"和"日新月异"与"允公"相匹配，从而将社会责任、实践能力和创新精神有机地结合在一起。"公·能·新"校训恰恰是现代大学精神的一种中国表达方式。它既是中国的，又是世界的。在南开校训提出之时，能做到这一点的大学校训并不多见。

第三，"能"的凸显，值得称道。没有新思想、新观念，便不会凸显这个"能"字。

中国古代占主流地位的"大学之道"、"学问之道"专注于道德人格的设定和培育，将修习和践履纲常礼教置于学校教育的中心及重心，就连"经世之学"也必须从属于或落脚于道德信条，因而不可能将追求真理、增益智慧、获得客观知识和培养实践能力置于应有的地位。《大学》、《中庸》、《孟子》甚至认为求知的最终目的也是为了更好地体认和践履伦理道德。由于《大学》、《中庸》、《孟子》长期被奉为"儒经"和"帝典"，求实、求真、求是、求知在中国传统学校文化的大语境中被日益德性化，受教育者普遍缺乏求实精神、科学素养、客观知识和实践能力。这一类偏弊是导致中国古代社会发展迟滞并终至落伍衰亡的主要原因之一。

步入20世纪以来，受传统文化影响，中国的学校大多以德性词汇设定校训，就连许多知名大学校训也套用儒典，未脱窠臼。但是，也有一些校训重视能力培养，如两江优级师范学堂（南京大学前身）的校训为"嚼得菜根，做得大事"，北洋大学（天津大学前身）的校训为"实事求是"。这在当时可谓别具一格，相当精彩。

与众多知名大学校训不同，南开大学校训没有沿袭一味夸饰德性的传统，更没有抄袭或套用儒典，而是矫正中国传统学校文化的偏弊，兼采古今中外教育理念的优长，创造性地将"允能"与"允公"并列，以注重全面发展和能力培养为教育宗旨，凸显培养社会实践能力在现代大学教育中的地位。在中国教育思想史上，这是值得大书一笔的。

第四，"新"的张扬，难能可贵。高瞻远瞩、先见之明恰恰是思想新、观念新的集中体现。

一谈到育人与人才，人们都会想到品学兼优、德才兼备、德艺双馨、有德有才、又红又专之类的词汇。"允公允能"是德才兼备的一种具体表述形式。如果仅仅讲"允公允能"，并无大的特异之处，也就不足为奇了。南开校训的特异之处恰恰体现在"日新月异"这四个字上。"日新月异"旨在激励师生勇于改革，善于创新，积小成大，永不停步，并把培养具备"日新月异"的精神及能力的高素质人才列为办学的主要目标。在中国社会大变革的历史背景下，继承与时俱进的优秀传统，弘扬追求变革的时代精神，这种办学理念既能贯通古今，又可历久弥新。这正是南开校训设定者们的过人之处。

创新始终是人类社会发展的核心动力。在演化速率越来越快的现代社会，创新能力直接关系到一个个体、一个单位、一个族群、一个社会、一个国家的竞争力及生存与发展能力。在各行各业，创新能力也是衡量人才特别是高素质人才的主要标准。新中国之所以能够迅速发展到今天这个程度，也是因为涌现出许多具有革命精神并脚踏实地改造中国的领导人，各行各业都拥有一大批富于革新精神及创新能力的骨干人才，还得益于人民大众创造性的劳动。无论当年救亡图存，还是如今实现民族复兴大业，中国必须缔造中华新文明，必须走创新大国之路。这就要求中国大学必须肩负起"造建国之才"的历史使命，大规模地向国家和社会输送具有创新能力的毕业生，包括成批量的拔尖创新人才。创新能力的核心要素是创新精神，创新精神是创新能力的思想基础。因此，创新精神及创新能力的培养是大学的主要教育目标之一。南开大学的创办者们很早便将"新"字写入校训，他们不仅明确地将创新精神及创新能力的培养列入教育目标，而且为国家培养了以周恩来为代表的一大批杰出人才，为振兴中华做出了重大贡献。这种思想及做法可以用独具慧眼、难能可贵来评价，其重大历史价值及现实意义也是不言而喻的。

在南开校训提出之时，将倡导"新"的话语写入大学校训的可谓绝无仅有。其匠心独具，别具一格，由此可见一斑。近年来，许多大学的校训增加了与"新"相关的内容，如重组后的武汉大学以"自强、弘毅、求是、拓新"校训替代原来的"自强、求是"校训，重组的上海大学以"自强不息，求实创新"为校训，扬州大学确立了"求是、求实、求新、求精"的校训，广西师范大学采用了"团结、勤奋、求实、创新"的校训。在中小学校训中，采用"新"及"新"的派生词、同义词的现象更为常见。在各种有关教育的谈话、著述及文章中，"创新"也是出现频率最高的词汇之一。这种现象从一个侧面证明了南开校训设定者们的高瞻远瞩。先见之明本身就是"日新月异"精神的产物和体现。

第五，"公·能·新"校训高度契合现代教育理念及现代大学精神的真谛。

真、善、美的统一是人类教育永恒的目标。然而，历史上形形色色的教育思想往往有所偏失。许多学者指出：中国古代教育思想"主德"、"求善"，而西方古代教育思想"主知"、"求真"。这一类的评说虽不够准确，有将复杂的历史现象简单化之嫌，却也不无道理，揭示了中西方学校文化的优势倾向。中国与西方大学校训的差异也为优势倾向有所不同提供了证据。一般说来，中国大学校训大多偏爱修德箴言，许多校训甚至只涉及德性；西方大学校训大多偏爱求知理念，许多校训将"真理"、"知识"写入其中。夸大主观德性的作用与夸大客观知识的作用，都会导致偏弊，而中国古代"大学之道"及"学问之道"的弊端及恶果便是典型例证。

正如众多有识之士所指出的：甲午战争之败，并非海军之败，也非陆军之败，而是国家之败。国家之败又败于制度，败于文化，败于教育，而当时的制度、文化、教育又可以归结为"帝制"、"礼教"与"儒学"这三个关键词。以严修、张伯苓为代表的一批仁人志士，目睹甲午之败，积极救亡图存，深感"自强之道，端在教育"，于是确立"通矫国弊，育才救国"的理念，积极兴办新型学校。正是由于深切地感知到国弊之所在，致力于"治民族之大病"，他们倡导将社会责任、社会实践和社会变革结合在一起，将求真、求善、求美统一在一起，培养一代符合现代社会需要的新人，实现民富国强，进而缔造中华新文明。他们后来又设定了"公·能·新"校训，并切实予以贯彻。这一办学方针及教育理念高度契合现代教育理念及现代大学精神的真谛。在现代中国大学的校训中，能做到这一点的并没有应然的那么多。

南开校训还有一个令人称道之处，即尤为适用于现代大学的教学科研。现代大学以追求并传播真理、创新并传授知识、培育并造就服务社会的人才为核心任务。因此，在以德树人的前提下，现代大学的教育工作尤为注重能力的培养，特别是独立人格、批判思维、创新意识和实践能力的培养。现代大学的科研工作旨在分析、甄别、批判、修正、改造、完善、发展现有知识体系，以保持对经济、政治、社会、文化的前瞻性和引领性，因而必须积极探索新的领域，研究新的事物，发现新的知识，寻求新的方法，提出新的理论，解决新的问题，为推动社会进步提供优良的学术资源。正如许多学者所指出的：大学之所以称之为大学，在于崇尚独立精神，倡导批判思维，追求知识创新。大学的教师和学生都应具备这样的志向、素质和能力。显而易见，"公·能·新"校训可以涵盖现代大学精神的各个层面，全面指导和规范现代大学的教学、科研及事业发展。能够做到这一点的大学校训并不多见。

第六，"公·能·新"校训要求办学理念及教育目标必须与时俱进。

办学理念及教育目标必须与时俱进，这是"公·能·新"校训的题中之意。南开大学的历代办学者都在践履校训方面有所作为，他们因应时势，诠释校训，注入新的理念，提出新的目标，使之常用常新。这里仅列举一个最新的事例。

龚克校长最近在《人民日报》发表题为《心怀大公，走在时代前列》的文章，对"公"做出新的诠释。他指出："在今日之世界，'公'就是维护和弘扬国际公平正义。在今日中国，'公'就是要实现中华民族伟大复兴。在今日之南开，坚持'允公允能，日新月异'，就是要培养学生实现民族复兴大业的社会责任感、实践能力、创新精神。"①在挽救民族危亡的时代，南开人的"允公"侧重强调救亡图存，富民强国；在实现民族复兴的时代，南开人的"允公"开始注重维护和弘扬国际公平正义。这样的诠释不仅符合"日新月异"的校训，也是"公·能·新"校训的"日新月异"。

最值得称道的莫过于"公·能·新"校训意味着也为自身设定了"日新月异"的要求。别具一格的"公·能·新"校训开创了南开大学的优秀传统，同时又为南开大学及南开人继承传统、超越传统提出了要求，指明了路径，即创新是最好的继承，就连具有原创性的"允公允能"及其最初的诠释也不能奉为教条，在继承其具有普遍意义的一般法则的同时，必须根据具体情况，予以重新诠释，因应新的条件，注入新的内容，以符合新时代的要求，走在时代前列。创造性地把联袂一体的"公·能·新"写在自己的办学旗帜上，以不断提示自己要"日新月异"，这恰恰是对中华优秀传统的继承和发扬。

近年来，"弘扬传统"成为备受关注的话题。但是，人们往往忘记甚至不知道"传统的质变（亦即文化基因的质变）及传统之不传（含无法传承、很难传承和不应传承）"乃是一种司空见惯的重大历史现象，也是一种势在必然的重大历史法则，更没有注意到扬弃传统、改造传统、超越传统、创新传统才是中华民族的优秀传统。中华文明之所以生生不已，从未中断，其根本原因就在于每到面临生死存亡的重大历史时刻，炎黄子孙中都能涌现出一大批充分发扬这种优秀传统的卓越人才并引领和驱动时代潮流。中华民族的伟大复兴正是革命与改革，亦即革除旧传统、开创新传统的产物。"公·能·新"校训也是扬弃传统、改造传统、超越传统、创新传统的产物和典范。有了"允公允能"，便不易导致偏弊；有了"日新月异"，便永远不会落伍。由此可见，"日新月异"是南开大学校训的精髓、真谛、灵魂。

通观华夏五千年文明史，就会发现："公·能·新"不仅是南开大学校训的缩写，还是中华优秀传统的概括。这就意味着"公·能·新"研究既是南开大学校史研究的重要课题，又是中国思想史研究的重要课题，还是中华文化研究的重要课题，而将南开校史研究、中国思想研究和中华文化研究联结为一体的是一种具有普遍意义的历久弥新的历史经验、思想精华和文化传统。这种历史

---

① 龚克：《心怀大公，走在时代前列》，《人民日报》2014年8月8日第五版。

经验、思想精华和文化传统的涵义极其宏富，惟有概括为"公·能·新"三位一体才能客观、全面、准确地予以表述。因此，我们应当把对"公·能·新"的研究视为对中国历史上一种重大思想现象及中华优秀传统的研究，综合运用历史研究、教育研究、思想研究、文化研究及校史研究的方法、视角及成果，把中华优秀传统研究与南开大学校训研究有机地结合在一起。具体做法之一便是在通观各种相关历史现象的同时，优先采用与南开大学密切相关的各种史料，深入考察南开校训的历史渊源及形成原因，着重展示南开精神的核心要素及主要表现，并借助这一个案研究，积极探索弘扬中华优秀传统的正确方法与有效途径。

（本文系天津市哲学社会科学规划项目"南开大学校训与优秀传统文化教育研究"阶段性成果，项目号：TJJX13-004，在构思、写作及反复修改过程中，南开大学历史学院张分田教授给予了具体指导。）

南开校训对中国优秀传统文化的吸收

鲍震培

南开"公能"校训是 1934 年由老校长张伯苓在南开学校建校 30 周年庆祝会上正式宣布的。它的文化内涵十分厚重，吸收了中西文化中的优秀传统，80 年来，烛照了一代又一代南开人的成长。

"允公允能"语本《诗经·鲁颂·泮水》："允文允武，昭假烈祖。"①允即文言语首助词。此训首推"公"字，应作两解。首先，"公"为"天下为公"之意，众所周知是资产阶级革命先驱者孙中山先生推崇的社会理想，最早见于《礼记·礼运》："大道之行也，天下为公，选贤与能，讲信修睦。"②此句是说当行大道时，天下为人民所共有，选拔品德高尚的人、能干的人，讲求诚信，培养和睦的气氛，因而人人亲亲，人人出于公心不谋私利，社会太平而天下大同。以天下为公，我们南开人就要胸怀修身治国平天下的理想，笃行兴国安邦、爱国爱民之情怀，做敢于担当、为公奉献的大写之人。

第二层意思，这个"公"指的是公德意识。公德，是一个国家、一个民族或者一个群体，在历史长河中，在社会实践活动中积淀下来的公共道德准则、文化观念和思想传统。关于德或道德，中国文化有重伦理的特色，《论语》曰："不学礼，无以立。"③说得就是一个人为人处事的根本，礼为君子之道，道德即君子。但公德与道德略有不同，公德具有更现代的意味，更符合近代以来社会政治法律文化发展的需要。"公民"作为一个西方文化中发育成熟的理念，赋予"人"这个生物体明确规定的社会属性，公德要求每个社会公民在履行社会义务或涉及社会公众利益的活动中应当遵循的道德准则。南开校训更多地借鉴了西方文化最先进的公民道德说，以弥补我国传统文化由于等级观念和封建专

---

① 程俊英：《诗经译注》，上海古籍出版社 2010 年版，第 550 页。
② 陈成国：《礼记校注》，岳麓书社 2004 年版，第 154 页。
③ 张燕婴译注：《论语·尧曰》，中华书局 2006 年版，第 301 页。

制而造成的君子道德说的缺陷，使跳出传统道德说教的窠臼而富有生机，这是非常有远见卓识的。

说到"能"，即能力、才能。早在《礼记》中即出现"选贤与能"的理想，在古人贤与能是紧密联系在一起的，"才能"必须是在"贤德"的前提下才能存在。而且中国人对于具有卓越才能的人的心态比较纠结，一边是刘备三顾茅庐"求贤若渴"，另一边"嫉贤妒能"的小人比比皆是。在中国文化经典中的表述中更多是用"才"、"智"来指一个人的能力，但是对"露才"颇有微词，更遑论培养和发现"人才"，以致"伯乐相马"成为自古以来大多数怀才不遇者的梦想。原因之一就在于中国古人有"重德不重才"的传统，《论语》云："有德者必有言，有言者不必有德。"①宋代大儒司马光就说过"德胜才谓之君子，才胜德谓之小人。"②明代吕坤也说过"露才"乃是"士君子大病痛"③，对于女性更有"女子无才便是德"④的片面之论。这种"重道德轻才能"的人才观严重压制人的发展，所谓"木秀于林，风必摧之"。不敢为天下先，甘居平庸以自保，这些都属于传统文化中的糟粕，应该摒弃。

南开校训反其道而用之，彰明"允公允能"，意即既有公德，又有能力，德才兼备。这样把"公能并重"作为培养人才的目标，就是要使南开学生具有"爱国爱群之公德，与夫服务社会之能力"⑤，成为我们国家优秀的栋梁之才。南开校训把能力培养作为高等教育的目标和标准，"能"从何处来？"能"从教师中来，广大教师以身作则，不断提升科研素质，创新科技成果服务社会，学生从教师的言传身教中获得教益；"能"从实践中来，强调理论联系实际，广大师生携手百项创新计划，做到知行合一，学以致用，南开毕业生走向社会后赢得扎实、务实、能干的良好声誉。

与上句的"允公允能"有所借鉴西方优秀文化不同，下句"日新月异"更多是秉承了中华优秀传统文化的主流精神。"日新月异"语本《大学》："汤之盘铭曰，'苟日新，日日新，又日新'。"⑥成汤是商朝的开国君主，盘铭乃刻在器皿上用来警戒自己的箴言，这里的器皿是指商汤的洗澡盆。"日新"从动态角度来强调不断革新。其所引申出来的，是精神上的洗礼，品德上的修炼，如《庄

---

① 张燕婴译注：《论语·宪问》，中华书局2006年版，第205页。
② （宋）司马光：《资治通鉴》第一卷周纪一，岳麓书社2009年版，第4页。
③ （明）吕坤撰，王国轩、王秀梅译注：《呻吟语译注》，北京燕山出版社1998年版，第254页。
④ 此语始出于明陈继儒《安得长者言》。
⑤ 崔国良：《张伯苓教育论著选》，人民教育出版社1997年版，第310页。
⑥ 王文锦：《大学中庸译注》，中华书局2013年版，第5页。

子·知北游》所说的"澡雪而精神"①,《礼记·儒行》所说的"澡身而浴德"②。所以"苟日新,日日新,又日新"展示的是一种革新的姿态,驱动人们弃旧图新,做新民。西方有一句名言:"人不可能两次站在同一条河流里。"今日之我已非昨日之我,今日之河亦不是昨日之河。究竟该主动还是被动地接受这种"日新",那就是一种对人生或积极或消极的态度。"日新"精神表明事物是发展变化的,体现出"变"的原则,所谓"日新之谓盛德,生生之谓易"。如孔子在川上曰:"逝者如斯夫!不舍昼夜。"以大河奔流不息来形容人不断变化的新生活,求新,求易,求变,这是我们传统文化中可贵的革命性基因。《易经》中说:"天行健,君子以自强不息。"③以天体运行的无休无止要求人们积极有为,勇于进取。两千多年来,刚健有为、自强不息的精神一直作为中国传统文化的主导精神鼓舞着中华民族战胜苦难,兴旺发达。与时俱进的挑战自我,不断进取的创新精神,同样也是南开的灵魂。南开杰出校友周恩来"为中华之崛起而读书"、"面壁十年图破壁"正是校训精神的伟大写照,激励一代又一代南开人发奋学习,探索真理,勤于思考,百炼成钢。

"公能"教育为南开学子的成才之路树立了标杆,"日新"精神激励南开学子勇于挑战自己,立志改造社会,造福国家和人民。南开校训所依托的中西先进优秀的文化传统,博大精深又融会贯通,透过南开教育先驱者的深邃目光,昭示了宏大的文化自信和文化自觉,值得我们深思,更值得我们用一生去践行。

---

① (清)郭庆藩:《庄子集释·知北游第二十二》,中华书局 2012 年版,第 737 页。
② 陈戍国:《礼记校注》,岳麓书社 2004 年版,第 483 页。
③ 郭彧:《周易·易经上·乾·象》,中华书局 2006 年版,第 4 页。

论中华优秀传统文化教育对"公能"育人方略时代内涵的丰富和深化

孟 杰

如果把物质发展水平比作国家的脸面，治理能力比作国家的神经系统，那么隐形的社会或个人的价值观就是国家的灵魂。七十多年前，张伯苓提出，南开大学物质被毁，南开精神愈挫愈奋励，南开这种永生且绵延的精气神，就是始终在价值观层面秉持的"公能"育人方略。张伯苓认为，中国的落后主要在于中华民族的"愚、弱、贫、散、私"五病，因此南开的教育方针都以医治"五病"作为出发点，并将"允公允能"作为南开的校训。他指出："惟'公'能化私，化散，爱护团体，有为公牺牲之精神；惟'能'故能去愚，去弱，团结合作，有为公服务之能力。"① "允公允能，足以治民族之大病，造建国之人才。"最终达到"为社会谋进步，为公共谋幸福"的目的。

在多年办学中，南开大学向中华优秀传统文化寻求治学济世的良方，通过整合资源、分层设计、系统推进、强化保障，探索出了一条"古为今用，中体西用，学以致用"三位一体的南开特色传统文化教育道路。中华传统文化流淌于五千年历史文明的长河，积淀着华夏民族最深层的价值追求，代表着炎黄儿女独特的精神标识，是先人文明史册中最为雄浑壮丽的乐章。南开大学认真萃取和深入阐发中华"文化瑰宝"中讲仁爱、重民本、守诚信、崇正义、尚和合、求大同的时代价值，在广大青年学生中大力弘扬以爱国主义为核心的民族精神和以改革创新为核心的时代精神，引导南开学子更加全面准确地认识中华文化的历史渊源、发展脉络、基本走向，辨析传统文化的独特创造、价值理念、鲜明特色，增强文化自信和价值观自信，坚定实现中华民族伟大复兴中国梦的理

---

① 崔国良：《张伯苓教育论著选》，人民教育出版社 1997 年版，第 310 页。

想信念。

一、中华优秀传统文化涵养南开气派

南开大学中华优秀传统文化教育有着深厚的"家学"渊源。南开校父严修任清朝学部左侍郎，掌管全国的教育，饱读经史子集，是近代著名的中华传统教育大家。校长张伯苓服膺儒家伦理哲学，重视运用中国传统道德来教育学生，提出"德育为万事之本"的重要论断。他注重引导学生改善人格，要具有五种善行："立志"、"敦品"、"勤勉"、"虚心"、"诚意"。

九十五年书香悠远、儒风雅韵代际承传。南开校史的诸多要素深深地烙印着中华优秀传统文化的精神气质：心系国家、服务社会的爱国道路；允公允能、日新月异的公能品格；充满朝气、面向未来的青春精神；"文以治国、理以强国、商以富国"的价值取向，"文质彬彬、智勇真纯"的理想诉求，都能在中华优秀传统文化中找到经典话语、内在依据和有力支撑。作为凝魂聚气、强基固本的传家宝，中华传统文化濡养和塑造一代代南开学子的灵魂和人格。悲天悯人、舍生取义、向善好礼、敏而好学、守信图报等国粹精髓熔铸于心，形成了中国教育史上特有的南开气派。

在继承汲取中华优秀传统文化宝贵资源的基础上，南开不断发掘传统文化蕴涵的现代性力量，赋予其新的时代内涵。无论在亡国灭种的忧愤中，还是在国运昌盛的奋进中，一代又一代的南开人始终把自身的命运同国家民族的命运紧密联系在一起，伫立坚守在时代变革和社会进步的前列，将"爱国不怕进狱门"的高贵信仰，"为中华之崛起而读书"的宏伟抱负，"方舟负任一何重"的担当精神，"邃密群科济世穷"的忧患意识，"愈挫愈益奋励"的坚强意志，"知中国、服务中国"的家国情怀等中华传统文化精华进行了南开特色的注解与抒发，树立了永远的精神丰碑。

周恩来是南开人传习中华传统文化的典范。在他的身上，集中体现了健康积极、美善合一的理想人格，中庸平和、忠贞笃实的道德修养，清廉节俭、厚德载物的思想情怀，勤谨治国、鞠躬尽瘁的政治理念。他的一生，凝铸着中华民族的传统美德。他的风范，一直成为全党和全国人民的楷模。周恩来精神基因潜移默化地融化在当代南开学子的血脉中，以春风化雨、润物无声的方式内化学生的行为，激励学生成长为公能相济、德才兼备的优秀人才。

二、建构"三位一体"的南开特色传统文化传承体系

（一）古为今用，文化传承与思想引领统一

南开素有文化推陈出新的传统。校父严修并非守旧的老学究，而是革新封建教育、推进教育现代化的先驱，曾以奏请光绪帝改革科举制度而传名于世。南开倡导建设富有生命力的中华优秀传统文化基因库，将思想精华和道德精髓在现代语境下激活，达到以文化人、以文育人的良好效果。

学校努力拓宽优秀传统文化宣传教育渠道。打造了"中国传统文化教室博物馆"，以中华饮食文化、中华武术、中华琴棋书画艺术和中华医药等主题布展，面向全校师生开放。组建"教室博物馆义务导游团"，选聘中外学生担任导游，开展多国语言讲解。邀请"泥人张"等非物质文化遗产传承人开展文化漫谈，进行泥塑、篆刻、剪纸、中国结、风筝等艺术的欣赏与指导。举办"中华传统节日文化庆典"，以清明、端午、中秋、重阳等传统节日为契机，通过祭扫先烈、手包粽子、制作月饼、登高赏菊等活动，将"爱国"、"感恩"、"团圆"、"孝行"等传统美德教育融入其中，引导学生内化于心，外化于行。

积极创新优秀传统文化宣传教育载体。开通"南开好人网"，举办雷锋事迹图片展、志愿服务经验谈，加强中华传统美德教育，开展核心价值观引导，以崇德向善的浓厚氛围陶冶学生、感召学生。依托微信公共平台，持续开展"怡情养雅志·立德树新风"中国传统文化养心育行系列活动。努力发挥新媒体优势，定期向学生推送微信消息，通过精美的图文搭配，对"信"、"孝"、"勤"等主题字进行诗文释义，同时辅之以互动环节，提升学生参与度。如在"信"篇中推广诚信方面的古今楷模，在"孝"篇中征集"回家的礼物"，在"勤"篇中推出"晒晒我的时间表"的展示，通过上传、评论和激励，有效推动中华优秀传统文化网络传播，强化学生对传统文化"讲诚信、重孝道"的具象化认知和践行。

（二）中体西用，民族襟怀与世界眼光并重

诞生于五四运动中的南开大学，对于中国传统文化有着特殊的阐释，主张有鉴别地加以对待，有扬弃地予以继承，在动态平衡中寻求多元一体。严修认为"不通中学则体不立，不兼西学则用不周。"张伯苓在南开发展方案中强调"土货化"，即"以中国历史、中国社会为学术背景，以解决中国问题为教育目标的大学"。[①]南开保证了对中华传统道德的恪守，高度重视培育学生的民族自信心、

---

① 南开大学校史编写组：《南开大学校史（1919—1949）》，南开大学出版社1989年版，第100页。

自豪感，努力保持本民族的文化特质。

在长期的办学中，南开强调对西方科学文化进行借鉴性吸收和创造性转化，在融会贯通的基础上触类旁通、取舍扬弃，引导学生理解民族性与世界性的辩证关系，自觉树立全球视野，博采众长，主动吸收全人类的精神财富。学校与世界知名的290多所大学和国际学术机构建立了合作与交流关系，选拔优秀学生赴英国牛津、美国伯克利、新加坡国立等海外名校辅修课程，获得全球大学认可的正规学分，仅2013年一年，便输送772人出国深造，本科生占比达52.7%。诺贝尔奖获得者杨振宁、李政道、丁肇中、蒙代尔、杜赫提、夏普莱斯、美国前国务卿基辛格、韩国前总统金大中、欧盟委员会前主席普罗迪、法国外长法比尤斯、世界经济论坛主席施瓦布等一批海内外知名学者、著名政治家被聘为名誉教授，定期为学生带来高端水准的学术报告。

南开非常重视人文素养与科学精神的融合。比如面向全校学生开设"数学文化"、"天文学概论"等精品公共选修课，把中国传统文化的魅力渗入教材、到达课堂、溶入教学，使枯燥的理科知识变得血肉丰满、亲切可感，让学生创新探索精神和人格气质修养在文化融合中提升，人文教育和科学教育实现了内在统一，形成了多层次的素质教育体系。

（三）学以致用，公德品格与实践能力相济

南开注重从"实"字入手，保障学生学有所成。指导学生成立传统文化宣讲团，遴选国学爱好者组成实践队，赴高校、中小学、社区、农村进行主题教育、理论研讨、志愿服务、文艺体育等形式多样、丰富多彩的教育活动，采集不同时代、地域、民族特色的文化风尚，了解中华民族丰富的文化遗产。与此同时，支持学生自主开展传统文化主题教育活动，通过"中华诵"经典诗歌朗诵会、"南开之光"文学艺术节、历史文化节、哲学文化周、"汉唐风韵"诗词背诵比赛、繁体字识读比赛、现场书法比赛、穆旦诗歌节、"国乐"相声演出、成语大赛、汉字听写大赛，科技热词听写大赛等途径，将传统文化传承教育与校园文化建设紧密结合。

学校以特色活动为重点，确保传统文化教育精品化。一是开展"高雅艺术进校园"活动，坚持13年，举办400余场"南开文化周末"，努力"用艺术力量弘扬南开精神，以文化气质培育大学品格"。国家京剧团、国家话剧院、中国爱乐乐团以及著名表演艺术家唐国强、歌唱家耿莲凤、相声表演艺术家姜昆先后登台南开，观看师生达20余万人。二是打造"南开名人讲座"、"公能讲坛"、"周恩来论坛"等文化品牌，邀请叶嘉莹、范曾等知名学者，为学生奉献诗词赏析、书画品鉴等传统文化的巅峰盛宴。三是建设传统文化育人堂，包括"中国传统文化学习、实践"两个层面,"美育课堂、宿舍传统文化长廊、新媒体"三个平台,"传统工艺、文学经典、民族音乐、书法绘画"四个模块的"234"文化美育常规活动。

联系天津文化机构共建传统文化教育格局,构筑优秀传统文化教育长效机制。与天津戏剧博物馆、文庙博物馆、鼓楼博物馆、霍元甲文武学校等故居旧址、名胜古迹、文化遗产、历史风貌街区签订"中国文化体验中心学生实践基地"协议,组织学生进行实地考察和现场教学,为加强中华优秀传统文化教育提供丰富、生动的教育资源。通过举办"中国武术体验课堂",参加春季祭孔大典,加深学生对中国传统文化的理解。南开还培养专门人才,为中国文化走出去做出了应有贡献。南开大学建立了跨文化交流研究院,为国家汉办举办了20期不同层次的汉语国际教育与传播师资人才培训项目,受训人数超过2500人。同时,南开大学还承办了美国马里兰大学、葡萄牙米尼奥大学、日本爱知大学、哥伦比亚安第斯大学等7所大学的孔子学院,成为传播中华传统文化的重要力量。

三、中华传统文化与社会主义核心价值观深度融合的南开表达

中国传统文化博大精深,其中闪耀的思想精华和道德精髓是社会主义核心价值观的丰厚土壤。南开大学不断丰富传统文化教育的内涵,推进"仁义礼智信"传统价值观和社会主义核心价值观深度融合,相得益彰,让中华优秀传统文化彰显魅力、社会主义核心价值观体现活力,成为南开园弘扬共同理想、构筑精神支柱、建设道德风尚的力量源泉,取得了良好的育人效果。

(一)传习"仁"德,凝聚爱国友善的精神信仰

仁是中华传统价值观的核心,是孔子毕生追求的最高道德目标。"仁者爱人"成为炎黄子孙共同理念,仁学思想培育了中华民族团结友爱、忠诚国家和事业的优良品德,形成了中华民族的集体主义和爱国主义的优良传统。"泛爱众而亲仁"上升到"爱国主义"的崇高境界,成为中华传统文化的核心和基石。培养以实现中国梦为理想追求的社会主义事业建设者和接班人是高校的重要责任。

南开大学着力找准仁学思想、志愿服务精神与核心价值观的"公约数",坚持在课堂教学中宣讲雷锋精神,在校园文化中讴歌时代楷模,在社会实践中倡导奉献服务,使课堂教学、校园文化、社会实践各环节贯通衔接起来,全方位全过程地融入核心价值观教育。南开着力引导学生善待他人,推己及人,1994年领先全国高校成立青年志愿者协会,20年间,累计2万多人次的南开学生向社会提供了超过600万小时的志愿服务,年人均服务时间达到160小时;在社

区、街道、乡镇和中小学建立了190个志愿服务站，被评为"全国优秀志愿服务组织"。

（二）传习"义"德，培育正义襄助的价值追求

义是儒家学派的重要范畴，是人生的立身之本。古代国士追求人间道义，提倡"行义以达其道"、"君子喻于义"、"重义轻利"、"舍生取义"的精神。历史上，中华民族先贤留下了数不胜数壮怀激烈、感人肺腑的典故和诗篇。在当前，赋予"义"以新的时代精神，培育急公好义、见义勇为的良好风气，有助于引导学生树立正确的义利观，深刻理解核心价值观在社会层面的价值取向，消除道德滑坡的负能量，增加道德向上的正能量，唱响浩然正气之歌。

南开坚持大处着眼，让学生树立为中华崛起而读书的豪迈气概，涌现出了一大批胸怀天下的优秀分子：如单骑深入可可西里、用青春热血保护藏羚羊的张海桥，放弃出国留学、自愿到新疆策勒支教的汪泽波，割舍都市繁华、效法文成公主扎根西藏的历史学院女研究生王小凤……都是南开学生自觉践行核心价值观的优秀代表。同时，南开又从小处入手，激励学生从日常学习生活中发掘助人为乐的契机，通过"让我和你一起劳动"、"敬老孝亲，爱感南开"、"给脑瘫儿童送祝福"、为"爱心超市"募捐、开展寒暑假"微公益"等一系列活动，在点滴小事、举手之劳中传递真情。特别是近几年，涌现出了不怕牺牲勇跳冰湖救人的陈永刚，大学四年默默照顾素不相识瘫痪病人的邓健，多次义务献血和捐献造血干细胞救助他人的邓朝晖……他们以凡人善举激发践行核心价值观的巨大能量。

（三）传习"礼"德，涵养文明和谐的思想意识

礼是立国的根本，所谓"礼，国之干也"，"礼"德在个人层面表现为礼仪和文明修养。中国传统道德认为"内仁外礼"，"克己复礼，天下归仁"，就可以"礼达而分定"，国家便可以长治久安；反之，弃礼而不用，或不遵守符合自己身份和地位的行为规范，便会出现"礼不行则上下昏"，国家就不可得而治之。《礼记》认为，正心诚意的自我修养，个人道德的自我完善，才是治家、治国、稳固天下的根本。这成为古代读书人奋斗一生的最高境界。这种对人生严肃负责的精神和态度，对当代大学生健全人格的形成也有很强的借鉴意义，能使大学生认识到养成文明的仪态举止，既是礼仪之邦的中国人应当遵循的精神风貌，也是社会和谐有序的必由之路。

南开在学生中倡导"知书达礼"，以具象化、实效化的方式践行核心价值观。为学生宿舍安装了穿衣镜，提醒学生时刻谨记张伯苓倡导的《容止格言》："面必净，发必理，衣必整，纽必结。头容正，肩容平，胸容宽，背容直。气象：

勿傲、勿暴、勿怠。颜色：宜和、宜静、宜庄。"要求南开学子保持整洁合适、积极向上的仪容仪表，养成平和、宽仁的处世态度，更要在此基础上注意修身养性，提高自身的道德情操，焕发精神，形成百年传承的"吾校学生之气质"。92 岁的校友罗明琦经常教育学生，"南开人"不仅指学籍在南开，更意味着要把南开精神融入到生命中，在日常生活中把容止格言落到实处。

（四）传习"智"德，确立敬业求真的理想抱负

"智"是认识事物、明辨是非的一种能力，孟子认为，"是非之心，智之端也"。智是个人认识世界、安身立命的基础，古人非常重视"智"对人生的意义和功用，主张"博学、审问、慎思、笃行"。随着当下信息网络技术突飞猛进，文化舆论环境发生深刻变化，学生面临着多元价值观的挑战，需要具备良好的思辨能力。站在维护国家长治久安、推动社会发展进步的高度，高校要不断加强和改进思想政治教育，引导学生不断提高运用马克思主义立场观点方法分析和解决问题的能力，在大是大非面前站得住立场，稳得住心神，自觉抵制不良信息，做良好社会风气的传播者和引领者，成长为对国家、对人民、对社会有贡献的人。

南开坚持用马克思主义中国化的最新成果武装师生，保证社会主义核心价值观的学习教育贯穿于从新生入学到毕业离校、从新教师入职到晋升培训教育的全过程。2005 年以来，学校每年投入 50 万元专项经费，保障思想政治理论课新课程建设，设立近百万元理论创新专项基金，推进社会主义核心价值观进教材、进课堂、进头脑。开通德育主题网站"觉悟网"，以家国情怀教育、社会关爱教育和人格修养教育为重点，设立 15 个图文并茂、新颖亲切的精品栏目，积极健康的主流文化深得学生喜爱，累计访问量超过 1020 万人次。此外，支持学生成立马克思主义研究会、科学发展观研习会、十八大精神研究会、《红旗谱》青年读书会、新觉悟社等一批学生理论社团，牵头举办 8 届全国大学生课外理论研讨活动，首创大学生课外理论学习奖励金、大学生课外理论研究立项资助金、课外理论学习导师制、学生理论学习研讨会四项机制，形成了十分活跃的"南开学生理论圈"，奏响了"增强国家认同，培养爱国情感，树立民族自信"的文化主旋律。

（五）传习"信"德，践行诚实守信的观念素养

"信"是个人形象和声誉的标志，儒家称之为"进德修业之本"、"立人之道"和"立政之基"。在传统道德中，信的内涵包括：内诚于己、正心诚意，外信于人、言行一致，言而有信，一诺千金。所谓"民无信不立"，诚信是贤者应有的美德，是社会文明的重要基础。高校的一言一行与全社会的诚信建设紧密相连，

对即将步入社会生活的大学生进行诚信教育更为紧迫。无论是资深教授、青年学者，还是机关干部、后勤职员，都应该结合自己所从事的工作，教书育人、管理育人、服务育人，用爱岗敬业、竭诚奉献、为人师表的实际行动为学生做出榜样，带动他们把诚信作为立人处世的内心向往。

南开把诚信教育摆在学生学习和生活中最突出的位置，要求学生追求学问和学位的统一、为人和为学的统一、科学精神和人文精神的统一。学校不断强化学风建设效果，开展了科研道德宣讲报告会、学生学风建设主题活动月、学术不端案例展等活动，主办"985 工程"高校研究生科研诚信研讨会，发布国内首份《中国研究生科研诚信公约》，开通了学风建设专题网站，推出"学术规范学习测试系统"，成立了学生科研道德与学风建设自律促进委员会，引导学生加强学术诚信素养，为自主创新营造良好的科研环境。南开在第二课堂着力打造经得起"时间磨砺"的品牌工作。为了留守儿童的幸福微笑，法学院学生坚持 11 年风雨无阻为天津市嘉陵北里社区进行义务家教，化学院师生持续 10 年在山西省繁峙县开展文化下乡……老一届学生毕业了，新一届学生接过爱心接力棒。类似的信守承诺故事在南开不胜枚举。从跨越 12 载走进新疆支教、被誉为阿勒泰地区一面旗帜的大学生支教团，到连续 12 年举办医学公益开放日活动的学生医疗队，一大批诚信教育的鲜活教材，产生了感动人心的强大道德力量。

南开大学在弘扬中华优秀传统文化方面取得了卓越的成绩。文史哲等相关学科承担了许多中国传统文化研究课题，涌现出大量的科研成果，特别是叶嘉莹先生领衔"中华吟诵的抢救、整理与研究"中标国家社科基金重大项目，在国家文化创新体系中发挥出不可替代的作用。孙立群教授登上央视"百家讲坛"主讲中国历史人物，成为南开推广普及传统文化的重要阵地。2014 年，《科研方法论》、《数学文化》、《疾病与用药》、《中华国学》、《天文学概论》5 门课程入选全国"大学素质教育精品通选课"，《中华传统艺术》、《医学与人类健康》、《民俗学导论》3 门课程获选"优秀通选课"。学生合唱团深挖中国传统文化，演绎《霸王别姬》勇摘拉脱维亚第八届世界合唱比赛三项金奖，为民族文化走向世界，提升文化软实力做出了积极的贡献。

校训与社会主义核心价值观

武东生

校训是学校师生对所认同价值观念和所遵循言行准则的概括表述。如同一个人选取有自励、警醒的话语以为座右铭,使它能够起到励志修身、鞭策警省的作用,学校制订校训,把自己办学的理念、崇尚的精神、追求的理想归纳为简明扼要的嘉言懿行,目的是为全体师生确立一个普遍遵循的行为法则、共同践行的道德规范。相对来说,大学校训并不是一般具有激励和教导作用的格言警句,它有自己的鲜明特征。

首先,大学是培养高级专门人才和研究高深学问的机构,大学在完成社会所交付使命的同时,总是寄托着一个社会传承和发展文明、探求和型塑美好未来的希望,所以,代表着高等教育基本精神和核心价值的校训,总是和一个社会所认同的价值观念有着高度的一致性。中国古人用"修身、齐家、治国、平天下"概括"大学"的宗旨,倡导士大夫读书做学问应做到"风声雨声读书声,声声入耳;家事国事天下事,事事关心",今天的人们则以"自强不息、厚德载物"(清华大学校训)、"允公允能、日新月异"(南开大学校训),"实事求是"(中国人民大学和天津大学校训),作为大学师生共同遵守的言行准则和追求的道德理想。这些言辞话语就是以校训这种特有的形式,表达了社会在一定时代所崇尚的精神追求和核心价值。

其次,高等学校以承担培养人才、研究科学、服务社会的职能而区别于其他的教育部门,每一所大学都有自己的历史传统、实际条件和发展目标,因而,大学的校训既显示了高等教育特有的文化形象,如"博学而笃志、切问而近思"(复旦大学校训),"学无止境、气有浩然"(山东大学校训),"自强、弘毅、求是、拓新"(武汉大学校训),又是不同学校个性的标识,如"学为人师、行为世范"（北京师范大学校训），"海纳百川、至人至德"（中国海洋大学校训），"规格严格，功夫到家"（哈尔滨工业大学校训），"厚德博学，强军兴国"（国防科学技术大学校训），凸显了不同学校在培养目标、学科和专业设置上的特点。大学校训是具有普遍意义的社会核心价值与高等教育这一特殊部门的实际相结合的产物，是社会共有理想和准则在大学的具体表现。

每个社会都有自己的道德追求，每个时代都有自己的时代精神，核心价值观就是一个社会的理想和准则的集中体现。当代中国所倡导的社会主义核心价值观，传承着中国优秀传统文化的基因，寄托着近代以来中国人民上下求索、历经千辛万苦确立的理想和信念，也承载着我们每个人的美好愿景。它把涉及国家、社会、公民的价值要求融为一体，把包括工、农、商、学、兵在内全体社会成员的道德理想作集中概括，它的确立反映了各族人民、各行各业共同认同的价值观的"最大公约数"。古代哲学家曾用"月印万川"的比喻说明一般和特殊关系，意思是天空中一月映现在众多江海湖泊中可以看到无数月，无数月终归来源于天空中一月。借此来看社会主义核心价值观和大学校训，社会主义核心价值观是天空中的月，大学校训就是天空中的月在高等学校这个特殊教育机构的映现。

"大学"，如其字面意思，就是探求真善美、培育德才兼备人才的大学问，高等学校所承担特殊的社会功能要求大学的师生修养特殊的精神和气质。启功先生在阐释"学为人师、行为世范"时说，它最基本的含义就是"所学要为世人之师，所行应为世人之范"。学是指每位师生应具有的学问、知识和技能，学为人师，就是要使"学"能成为后学的师表；行是指每位师生应具有的品行，行为世范，就是要方方面面，时时刻刻，都光明正大，能够成为社会中的模范。[①] "学为人师、行为世范"，是北京师范大学的校训，其实也是所有高等学校师生共同的理想和追求。大学校训显然不单是诉诸文字、镌刻于碑石的言辞口号，订立与时代进步的精神高度契合、充分体现高等教育特点的大学校训，意味着全体师生对自己所承担责任和担当使命的自觉，同时对形成全社会共同认可的核心价值观有着积极的作用。在当前全国各族人民积极培育和践行社会主义核心价值观的过程中，高等学校确立与我们这个社会追求的先进价值观相一致、又体现自身特点的校训，全体师生认知、认同自己的校训，自觉将其作为言行

---

① 北京师范大学中文主页，http://news.bnu.edu.cn/mtsd/12503.htm。

准则和价值标准，就是在培育人才、研究科学、服务社会的具体实践中学习和践行社会主义核心价值观，并且，这样的学习和践行对全社会而言，还有着"模范"的意义。

（本文系作者 2014 年 6 月 24 日在光明日报社、上海市教卫系统思想政治工作研究会、上海理工大学联合举办的"大学校训与社会主义核心价值观"研讨会上的发言全文，《光明日报》2014 年 6 月 28 日第 6 版刊发了摘要。）

弘扬大学精神是贯彻核心价值观的重要环节

——以南开大学校训为例

杨永志

校训是大学精神的主要载体,承载着办学理想与价值追求的经典校训,不仅为一代代高校学人树立了矢志奋斗的标杆,也为社会主义核心价值观的培育提供了新的载体。

1. 大学精神与校训是什么关系?

大学精神就是大学自身存在和发展过程中形成的具有独特气质的精神形式。从其内涵来看,大学精神是大学治理者根据本校历史传统、科学和文明发展趋势,对自身建设目标提出的最高要求。从其外延来看,大学精神限于高等教育范畴,是人类文明进步的一种体现。从本质来说,大学精神是一种价值追求,是创造精神、批判精神以及人类情怀的凝聚。

现在,世界上许多知名大学,都有自己的校训,如美国哈佛大学的校训是"与柏拉图为友,与亚里士多德为友,更要与真理为友";耶鲁大学的校训是"光明与真理";斯坦福大学的校训是"愿学术自由之风劲吹";日本早稻田大学的校训是"学问独立,培养模范国民"。在国内,像北京大学的"爱国、进步、民主、科学";清华大学的"自强不息、厚德载物";南京大学的"诚朴雄伟、励学敦行";北京师范大学的"学为人师、行为世范";武汉大学的"自强弘毅、求是拓新";复旦大学的"博学而笃志、切问而近思";浙江大学的"求是、创新";中国人民大学的"实事求是",以及南开大学的"允公允能,日新月异"等等。

一般来说,校训是大学精神的集中体现,也是一个学校的教育宗旨、人文精神、办学特色等全部内涵的集要和概括,通常使用民族传统哲理语言的形式表现出来。因而它言简意赅，目标明确，读之发人深省、看罢催人奋进。

以凝聚南开精神的南开大学校训"允公允能，日新月异"为例，成立于1919年新文化运动中的南开大学，当时创立校训的校长张伯苓，他解释"允公允能"时说，"要有服务社会的责任和服务社会的能力，你有责任心没有能力不行，你有能力但没有责任感也不行"。用现任校长龚克的话说，就是培养学生的"社会责任感、实践能力和创新精神"。南开大学要培养允公允能的人，就是对公共利益要敬畏，要维护公共利益，维护多数人的利益；同时要有公心，对社会有责任感，包括对国家、对民族、对家人、对朋友都有责任感。而"日新月异"，则是学生、教师和学校不断进步，志存高远，开拓创新。南开精神有着丰富的内涵和意蕴，可以从不同角度进行理解和阐发，随着时代发展，南开精神在发扬光大中被不断注入新的内涵，但其精神实质，总是离不开"公、能、新"三个字。

2. 社会主义核心价值观与大学精神是什么关系？

在广泛进行社会主义核心价值观教育和践行过程中，人们难免提出这样的问题。面对知识经济的机遇和挑战，彰显大学精神不仅是高等教育自身发展的需要，同时也是贯彻社会主义核心价值观的需要。

那么，社会主义核心价值观与大学精神究竟是什么关系。我认为：首先二者是一种社会核心价值观与部门核心价值观的关系。社会主义核心价值观是我们今天社会的最高价值追求，而大学精神是不同学校确定的自身最高价值追求，二者的相同点是都属于最高价值追求，不同点是追求不在一个层次之上。其次，二者具有高度的一致性。在我国，社会主义核心价值观作为最高价值追求，统领一切价值取向；而大学精神作为具体价值追求，体现着社会主义核心价值观的精神和意蕴。所以从总体上说，二者之间是相辅相成的关系，即社会主义核心价值观离不开各种具体价值观，包括大学精神为其营造的生存环境，否则将会被"架空"而成为"花架子"；大学精神体现着社会主义核心价值观，是其延伸、具体化和专门化。

同样以体现南开大学的大学精神——校训为例。允公的"公"所蕴含的公德心、公益心、公平心和正义感，以及维护公共利益、公共秩序、公共卫生、维护大局、维护集体、做事公道等等价值追求，就是社会主义核心价值观中的"公正"的体现或者延伸。而允能的"能"，所蕴含的有能力、有作为、善创新等等价值追求，则是社会主义核心价值观中"富强、民主、文明、和谐"的实现前提。如果大学不能培养既有科学文化知识，又能够施展才华的一代又一代合格人才，那么中华民族伟大复兴和中国梦的实现就是一句空话。正是在这个意义上，大学精神是社会主义核心价值观具体的、深入的体现。

人有没有正确的价值追求，是人的现代化的重要标志。而人的现代化，就是人性、人格、人品等实现从传统到现代的转变过程和状态。当我们回眸并检视中国人的现代化历程就会发现：国民在物质上达到了一定程度的富有，精神上却没有相应"富起来"，尤其是作为青年群体的优秀代表——大学生的价值追求方面状况堪忧，一些人虽"学富五车"，却"眼神茫然"。改革开放以来，中国社会从封闭保守、缺少流动的静态社会向开放创新、充满活力的流动社会急剧转型，在这个时期出现普遍性的精神迷茫现象不足为怪，尤其是以独生子女为主体的新一代大学生，受各种条件和环境影响，价值追求暂处一种无根、无魂、无序、无力的状态尚属正常，只要我们能充分认识到核心价值观引导作用，并积极弘扬大学精神，必将有助于大学生们树立正确的价值观。

人类社会发展的历史表明，对一个民族、一个国家来说，最持久、最深层的力量是全社会共同认可的核心价值观。核心价值观，承载着一个民族、一个国家的精神追求，体现着一个社会评判是非曲直的价值标准。弘扬大学精神，就是弘扬正确的价值观，青年的价值取向决定了未来整个社会的价值取向，而青年又处在价值观形成和确立的时期，抓好这一时期的价值观养成十分重要。

可见，如同核心价值观与城市精神、行业精神的一致一样，弘扬大学精神是在社会主义大学中贯彻社会主义核心价值观的重要环节。

3. 如何让弘扬大学精神与贯彻社会主义核心价值观相辅相成？

贯彻社会主义核心价值观和弘扬大学精神，在现实中路径很多。

首先，要通过大学思想政治理论课正面宣传大学精神。不管是中国传统文化中"算命"说，还是西方流行的"星座"说，大多把人性作为先天注定的东西。实际上，人性中先天的成分微乎其微，所以没必要追究人之初"性本善"还是"性本恶"，而应找到后天影响人性的"秘钥"。我认为，核心价值观就是影响人性的"秘钥"，要打开塑造人性之门，非核心价值观莫属。因为人性总是要通过人的态度、情感和各种行为来流露，而人的态度、情感和各种行为又是他所选择核心的价值观的反映，所以涵养或者改变人性，根本上要从核心价值观教育开始，具体包括从弘扬大学精神入手。

大学精神不是自为的，需要我们在实践中认真落实。在南开大学2013年应届的3077名本科毕业生中，有118人没能如期获得学位，其中不乏高考成绩佼佼者，甚至还有极少数人因为作弊而受到校纪处分。在这年新学期开学典礼上，当着全校刚刚入学的3308名本科生、3146名硕士生、843名博士生和来自世界各地的551名留学生，现任校长龚克自曝"家丑"，希望借此警告新生珍惜大学生活，守住学风底线，发扬南开精神，做具有"公能"素质的南开人。

其次，要借助网络平台开展社会主义核心价值观的宣传活动。宣传要旗帜鲜明、底气十足、内容明确。要不惧诋毁、不怕批评、不断培育。在大学校园中，如何应对网络平台上各种错误价值观的挑战，有人认为应采取"堵疏结合"的防御策略，构筑社会主义价值观的坚固防线。从实际来看，这是一种消极的斗争方式，价值观的"防火墙"很难构筑，由于价值观的载体形式多种多样，在网络平台上很容易被"翻墙"。所以不应采取像对待"打黄扫非"那样实行"堵"的治理方式，而应该采取以"疏"为主的斗争策略，仿照文学领域中"文艺批评"专业形式，创建以社会主义核心价值观为支撑的"网络批评"。即以一种专业化的视角，根据网络技术的发展和网民日益增多的现实，尤其是各种错误价值观充斥网络、鱼龙混杂、难辨真假的状况，形成专业化的"网络批评"及其队伍，负责在网络中对各种错误价值观展开积极的批判和斗争。这种"网络批评"，既有别于一般意义的"网络监管"，也不同于文学领域中的"文艺批评"，而是根据网络发展过程中各种错误价值观滥觞状况而形成的一种思想战线新业态。

再次，采用能够吸引人的各种文化内容和形式。对于大学生来说，阅读什么内容是可以自由选择的，所以必须让社会主义核心价值观融入到校园文化之中，而不仅仅是精英文化之中，以切合实际，大学生乐于接受和易于接受并彰显人文关怀的内容，多借助群众喜闻乐见的、轻松幽默的、贴近生活的各种文化艺术形式，才能抓住大学生的眼球，使社会主义核心价值观内化于心。同时，根据网络平台的技术特点发展和利用微文化。微文化作为新兴的文化形态，起源于微博的风靡流行，成熟于微信、微小说、微电影、微公益的汇聚融合，与网络平台的不断拓展息息相关。目前，微文化正以其"微言大义"的内涵和"无微不至"的外延，潜移默化地从细微之处影响着人们的思维轨迹和人生方向。深入挖掘微文化的资源并发挥其价值观引导作用，同样有助于利用网络平台向大学生传播社会主义核心价值观。

从西方国家资产阶级价值观已经深入人心的经验来看，早在资产阶级登上历史舞台的300多年前，自由、平等、博爱等价值观就被提出，后来经过英法等轰轰烈烈的资产阶级大革命实践，以及西方主要宗教力量的共同作用下，逐步为人们所了解和接受。我们如何能让亿万人民凝聚在社会主义核心价值观的旗帜下，产生"唤起工农千百万"的力量，不可能采取政治运动和宗教参与的方式。而必须根据当前我国实际，增强文化软实力的作用，用文化来"化"大学生。

总之，在今天的社会语境中，价值观念千帆竞发，观点表达百舸争流，这是"网络时代"和"开放时代"的鲜明特点，所以我们更要把弘扬大学精神与贯彻社会主义核心价值观有机结合起来，使之成为高校教育体制改革的重要内容和中心环节。

（本文原载光明网理论频道，为光明网记者宋雅娟对作者的专题采访 http://theory.gmw.cn/2014-06/25/content_11728548.htm。）

社会主义核心价值观的南开表达与传承践行

张 健

校训，是一所学校办学传统的积淀和价值追求的凝练。1904年南开学校创办之初，校父严修便在办学活动中，积极倡导"尚公"、"尚武"、"尚实"的精神以及践行的能力。1934年，在30年的办学实践基础上，校长张伯苓宣布南开以"允公允能"为校训，培养学生"爱国爱群之公德"、"服务社会之能力"。后来张伯苓又将校歌（1919年）中的"月异日新"补充进来，形成了南开"允公允能，日新月异"的八字校训。

如何把校训传承与社会主义核心价值观的培育践行结合起来？南开大学的做法可以归纳为三个方面：

一是以校训为载体，赋予社会主义核心价值观以南开的特色表达与解读。南开大学开办95年来，在长期办学实践中形成了心系国家、服务社会的爱国道路，允公允能、日新月异的公能品格，充满朝气、面向未来的青春精神。这些都凝练于"允公允能，日新月异"的校训之中。老校长张伯苓指出："允公，是大公，而不是什么小公，小公只不过是本位主义而已"；"允能者，是要做到最能，要建设现代化国家，要有现代化的科学才能"；"日新月异"则是"每个人不但要能接受新事物，而且还要能成为新事物的创造者；不但要赶上新时代，而且还要能走在时代的前列"。这个解读在现在看来也是非常具有现实意义的。即便如此，我们也必须随着时代发展不断赋予"公能"校训新的时代内涵。今天，如果把"公"理解为致力富强、民主、文明、和谐的家国情怀，追求自由、平等、公正、法治的社会理想，涵养爱国、敬业、诚信、友善的人生操守，把"能"理解为修身报国、服务社会、践行"公"之价值观的能力，把"日新月异"理解为追求和践行"公能"过程中要与时俱进、开拓创新，那么"公能"校训便可谓社会主义核心价值观的"南开表达"。为此，南开注重挖掘自身办学传统和文化特质，以校训为载体，把社会主义核心价值观与南开的教育理念凝练、大学精神培育、校园文化建设有机融合，使社会主义核心价值观的理解践行更加贴近本校实际。

二是以践行为抓手，实施南开特色的"公能"素质教育，培养公能兼备、全面发展的栋梁之才。凝结着南开历史传统与办学经验的"公能"校训，传承到今天，给我们的一个重要启示就是，必须紧紧围绕"立德树人"这一教育的根本任务，认真实施"公能"素质教育。南开历来注重对学生的品行要求，强调科学精神与人文素养的结合；历来重视基础知识的传授和创新能力的培养，聘请优秀教师承担基础课的教学；历来重视"知中国，服务中国"，强调学以致用和理论联系实际；历来重视体育和美育，鼓励学生要有"坚强之体魄、健全之精神"。为了继承和弘扬这一办学传统，我们把实施"公能"素质教育确定为办学基本战略，制定了《南开大学素质教育实施纲要（2011-2015）》，努力培养以周恩来为楷模的"爱国、敬业、创新、乐群"的栋梁之材。为了实施"公能"素质教育，我们提出要推动实现"三个转变"：在办学观念上，从"学科为本"转变为"学生为本"，一切以学生成长为出发点和落脚点；在教育内容上，从"传授知识"转变为"发展素质"，超越知识教育，德智体美全面发展；在培养模式上，从"以教为主"转变为"以学为主、教学相长"，促进学生主动学习和师生良性互动。

三是以评价为导向，通过"公能"素质考评，引导学生深入理解、自觉践行校训所凝结的社会主义核心价值观。为了全面推进南开特色的"公能"素质教育，引导学生"以德为先、能力为重、全面发展、勇于创新"，德智体美全面协调发展，南开制订了体现"公能"要求、符合学生成长规律的指标体系和考评办法，把"公"细化为公之志向、公之操守、公之襟怀三个方面，把"能"细化为生活能力、学习能力、创新能力、协作能力、审美能力五个方面，开展学生自评、同学互评、辅导员点评。目前这一工作正在实践中不断改进和完善，以期发挥"公能"素质考评的激励导向作用。

总之，南开的体会是：社会主义核心价值观要得到高校师生的广泛认同和自觉践行，必须融入大学文化建设之中，而校训是其重要载体。以校训为载体传播社会主义核心价值观，必须处理好传承与创新、形式与内容、认知与践行的关系，将"24字"社会主义核心价值观融入抽象校训的内涵解读之中，形成贴近各校校史校情、易为师生理解认同的"校训表达"，进而细化到学校发展战略及配套规划之中,使之成为指导学校办学、规范师生品行的圭臬。

(本文系作者 2014 年 7 月 28 日代表南开大学在中共中央宣传部、教育部、光明日报社联合主办的"大学校训传播社会主义核心价值观"研讨会上的发言,后摘要刊登于《光明日报》2014 年 8 月 26 日第 9 版。收入本书前,作者对全文又作了补充修改。特别感谢龚克校长在《光明日报》上看到此文后,在北京开会间隙致信本文作者,对如何使"公"的内涵解读更加全面,以及如何使"能"落实到个人品行层面,提出了很好的商榷意见,使本文更趋完善。)

社会主义核心价值观视野下"公能"校训育人模式研究

——基于南开大学学生思想政治教育现状的调查

刘小茵

一、社会主义核心价值观、校训、大学生思想政治教育

（一）校训与社会主义核心价值观

建设社会主义核心价值体系，是我们党深刻总结历史经验、科学分析当前形势提出的一项重大任务。十八大报告在已有的核心价值体系的基础上对社会主义核心价值观进行凝练，将过去较长的表述精简为24个字，即倡导"富强、民主、文明、和谐"，倡导"自由、平等、公正、法治"，倡导"爱国、敬业、诚信、友善"。这三个"倡导"是对社会主义核心价值观的最新概括。

一所大学的校训，往往是这所大学的"育人之纲"与"精神之气"。优秀的校训具有很强的传承性、针对性和引领性，能让学生领略到强烈的崇高感，能让一所学校屹立于高校之林而毫无愧色。大学校训的文化蕴涵与薪火传承、大学共同体的精神感召与人格塑造、大学治学理教的价值追求与精神品格在思想政治教育中得到深入挖掘和传扬[①]，从而更好地传播并滋养社会主义核心价值观，推动中国梦早日实现。正如南开的"公能"校训，在学校近百年办学中催生了"爱国爱群之公德"与"服务社会之能力"的精神品格，成为滋养并引领一代代南开人筚路蓝缕，愈挫愈奋的重要载体。

---

① 黄水林：《和谐社会视域下的高校人才培养研究》，苏州大学出版社2011年版，第2页。

（二）校训与大学生思想政治教育

大学生正处于人生观、价值观形成的关键时期，思想观念趋于成型，但仍具有较大的可塑性；他们接受新鲜事物的能力很强，但鉴别力明显欠缺。用社会主义核心价值观加强对大学生的思想政治教育，提高其思想政治素质，把他们培养成中国特色社会主义事业的合格建设者和可靠接班人，对于建设社会主义和谐社会，具有鲜明的时代意义和现实意义。[1] 总体来说，大学生的思想政治状况是积极的，素质比较高，但也应该看到：在不少高校，大学生教育只注重专业知识的传授，忽视思想政治素质；学校学制形式多样，学生流动性大，学校对学生的成绩标准也很迁就，客观上增加了学校开展思想政治工作的难度。这样的教育观念已经偏离了高等教育的目标，对于国家长远发展和大学生个体成长，都是十分不利的。

而高校承担着培养这些社会主义合格建设者和可靠接班人的历史重任。教育为本，德育为先。大学校训与大学生思想政治教育内涵上互通互融，实践上相互建构。加强和改进大学生思想政治教育对"培养什么人""如何培养人"至关重要。从契合到共振，从"为社会的教育"转到"为教育的社会"，以弘扬"公能"校训为出发点，把大学校训为核心的校园文化与思想政治教育结合起来，通过教育引导、理论宣传、文化熏陶，做到"明校训、崇校风"，探究学生思想政治教育的针对性、实效性和吸引力、感染力效果如何，也是南开精神的一种文化自觉传承。

（三）"公能"校训、社会主义核心价值观与大学生思想政治教育

大学是培养高等人才、研究高深学问的机构。大学在完成社会交付自己使命的同时，寄托了一个社会传承和发展的文明，探求美好未来的希望。而承载着办学理想与价值追求的经典的"公能"校训为培育社会主义核心价值观提供了新载体，而社会主义核心价值观也在大学生思想政治教育中为大学校训注入了新的活力。

可以说，代表着高等教育基本精神和核心价值的校训，总是和一个社会认同的价值观念具有高度一致性。因此，将"公能"校训与社会主义核心价值观相结合，大力弘扬校训所蕴含的大学精神与价值引领，不仅有助于进一步彰显大学的文化自觉、文化自省和使命担当，也有利于在思想政治教育中实现社会主义核心价值观的日常化、具体化、形象化、生活化。这三者的关系是内容互通、目标一致、作用统一的。

---

[1] 朱百里：《用社会主义核心价值体系重塑大学生的时代精神》，《思想教育研究》2009 年第 7 期。

二、南开大学学生思想现状

基于以上突出问题，同时也为了更好的研究南开大学的育人实践特色，笔者分别从学校、学生两个层面，从马克思主义指导思想、中国特色社会主义共同理想、以爱国主义为核心的民族精神和以改革创新为核心的时代精神、以"八荣八耻"为主要内容的社会主义荣辱观等四个维度，就"社会主义核心价值体系视角下大学生思想状况"进行调查。调查采用文献法、访谈法和问卷法，不仅针对从事思想政治教育工作的老师和学校负责学生思想政治教育工作的相关领导进行结构式深度访谈，还采用分层抽样和简单随机抽样相结合的抽样办法针对在校大学生（包含本科生、研究生）发放问卷，按照学院——年级——专业——个人的简单随机抽样的原则抽取调查对象。问卷回收率97.4%，有效率100%。最后编码、录入数据，并应用SPSS软件进行分析，获得相关的数据统计。

访谈中有关专家谈到南开建校九十多年来坚持将大学精神与社会核心价值融合互动。不仅注重抓住精神传承、人才培育、党建工作的关键，更在其中弘扬彰显、倡导培育并引导践行社会主义核心价值观。例如《南开大学素质教育实施纲要(2011-2015)》的制定和实施；把讲校史、唱校歌、诵校训、鸣校钟、参观周恩来邓颖超纪念馆作为新生入学教育第一课，每年评选"伯苓班"、"周恩来班"、"周恩来奖学金"已成为师生心中的崇高荣誉；围绕改革开放30周年、新中国成立60周年、中国共产党成立90周年、迎庆党的十八大等，组织开展党史名家讲坛、国策论坛、红色宣讲系列主题活动等。

尽管成绩卓著，但当调查"最符合现在多数青年的思想实际情况"问题时，发现目前大多数青年人的思想里，都保持一种保护自己基础上的乐于助人的心态，这些人占了71.1%（如表1）。这反映出当下社会的一个问题，人们需要时刻提防自己受伤害，保护自己的利益，这说明人与人之间存在着不信任。但是，愿意帮助别人的这种品质还是保留着的，在将来，如何构建人与人之间的信任感将是一项十分重要的任务。

数据也验证了访谈中部分老师和专家反映的问题：目前青年学生在思想上，将功利主义、拜金主义引入到人生价值观中，产生了以金钱来衡量人生价值大小的错误观点；在学习上，以实用主义作为知识获取的标尺；在生活上，以自我为中心取代了集体主义；在就业上，以"国家利益优先"、"服从"、"责任"、"奉献"、"牺牲"的品质在渐渐淡去。

表1 最符合现在多数青年的思想实际情况

		Percent	Valid Percent	Cumulative Percent
Valid	为了他人的利益可以牺牲自己利益	7.9	7.9	7.9
	在不损害自己利益的情况下，愿意帮助别人	71.1	71.1	78.9
	只管自己的事，不管别人的事	7.9	7.9	86.8
	如果别人帮助了自己，自己也可以帮助别人	3.9	3.9	90.8
	不惜损害他人利益以达到自己的目的	1.3	1.3	92.1
	说不清	7.9	7.9	100.0
	Total	100.0	100.0	

三、大学生思想现状原因分析

问题的出现并非一蹴而就，要从社会、家庭、学校、个人等多方面综合分析：

（一）家庭教育理念和社会评价体系功利化

家庭是大学生人生成长的第一站，父母家长们的言行举止，对孩子的教育理念，都在一定程度上影响着大学生价值观的形成与发展。然而，由于对孩子的溺爱，由于当今社会生存压力的加大，父母家长们对于孩子的教育不可避免地时时处处都贯穿着功利目的，在大学生成长的过程中落下了深深的烙印。于是，由于家庭教育与学校教育的背道而驰，给高校思想政治教育带来了巨大的挑战。

随着社会主义市场经济的建立和发展，市场经济的价值规律、交换规律、竞争规律，从各个方面影响着社会评价体系，使之日趋功利化。在社会主义市场经济条件下，竞争以局部利益和个人利益为前提，社会评价竞争中成功者的评价标准逐渐落在金钱的多少、地位的高低之上，而渐渐忽略了道德的标尺。于是，拜金主义、享乐主义开始泛滥；以权谋私、权钱交易的现象开始蔓延。然而，大学生一方面为了适应社会发展的需要，开始重视竞争，关注自身社会竞争力的提高；另一方面，由于社会评价体系的偏差，大学生在以社会需求为导向的成长过程中，受到日趋功利化的社会评价体系的影响，逐渐形成了以利益驱动为主要行为准则，损人利己、损公肥私等消极思想开始滋生蔓延。①

（二）学校亟须加强引导学生信仰马克思主义

相对于以往而言，学校教育也发生了很大的变化，主要表现在学校管理部门对学生的评价体系在社会评价体系日趋功利化的影响之下也逐渐迷失了高校教书育人的基本方向。一方面，作为教书育人主体的教师队伍本身在社会主义市场经济的浪潮中迷失了自我，自然在教书育人的过程中无法以身作则；另一方面，高校德育评价体系一直都缺乏具体的行之有效的量化指标，衡量学生德育水平的高低，仅限于并停留在各种荣誉称号以及是否是中共党员的指标上②，自然对于学生的德育评价就存在针对性不强、区分度不高的缺陷；同时也造成学生忽略了自身德育素质的提高，而片面去追求各种荣誉称号和入党。

调查发现，在评价当前的马克思主义教育时候很多被调查者反映马克思主义教育有很多不足之处，如"形式与风格陈旧""内容与学生需要存在偏差，大道理太多，一般不大接受"等等（见表2），在以后的课程改革中应注意改进修正。

表2 如何评价当前的马克思主义教育

	Frequency	Percent	Valid Percent	Cumulative Percent
形式多样，充分发挥了作用，对学生有很大影响	18	23.7	23.7	23.7
内容重要，但形式与风格陈旧，作用越来越小	24	31.6	31.6	55.3
内容与学生需要存在偏差，大道理太多，一般不大接受	34	44.7	44.7	100.0
Total	76	100.0	100.0	

（三）学生自身知行不合一

应该说，当前大学生具有一定的社会责任感，能够认识到国家和集体的利益高于个人利益，能够清楚地认识并认同社会主义义利观所倡导的"在国家利益、集体利益的基础上，把个人利益和国家利益、集体利益有机地结合起来"的精神。他们既提倡大公无私和奉献精神，也敢于追求合法的个人利益。但由于价值观不成熟，在面对一些涉及个人切身利益问题时，行为选择往往与思想

---

① 刘国钦等著：《高校应用型人才培养的理论与实践》，人民出版社2007年版，第354页。
② 刘克利：《高校文化育人系统的构建》，《高等教育研究》2007年第12期。

认识明显背离。

例如调查中当问及"周围的人是否爱国"反馈出来的信息（见表 3）与上一题"作为一个人，当然要爱自己的祖国"的信息反映出矛盾，即认同大学生应当具有爱国意识的人占绝对多数，但事实上热爱祖国的人却少于前一个数字。这说明实然和应然状态还是存在着差距，反映出来当前大学生知行不合一问题明显。

表3 周围的人是否爱国

		Percent	Valid Percent	Cumulative Percent
Valid	非常爱国	30.3	30.3	30.3
	比较爱国	44.7	44.7	75.0
	说不清楚	25.0	25.0	100.0
	Total	100.0	100.0	

四、社会主义核心价值观视域下"公能"校训育人载体作用发挥

基于南开大学特色育人实践，针对以上原因，以"公能"校训作为切入，以加强大学软实力建设为出发点，从以下几方面探索大学生思想政治教育的途径和方法。

（一）高校努力营造"爱国爱群"的氛围

1. 爱国主义教育要思想教育和实践教育并重

每个大学都应该凝练出学校最本质的、最有特质的文化内涵，加强文化播撒，激发文化觉醒，充分体现校园文化建设的实践性，激励学生寻求并彰显高等教育的内在价值。尤其要使大学生正确认识自己的社会责任，加强实现中华民族伟大复兴的共同理想和坚定信念，鼓励他们正确处理个人与社会、竞争与协作、经济效益和社会效益的关系；把个人的理想和国家的共同理想结合起来，投身于建设有中国特色的社会主义伟大事业中，最大限度地实现社会价值和自我价值。①

2. 充分发挥教学工作的主渠道作用

校训体现了现代大学的精神，体现了学问与社会责任的结合与担当，是耳濡目染、润物无声的影响力。因此更要重视提升马克思主义教育的理论和实践

---

① 田正学：《谈我国快速发展背景下的大学生爱国主义教育》，《教育探索》2009 年第 10 期。

水平，坚持用马克思主义理论来武装教师。社会主义核心价值观也并非无本之木，需要用中华优秀传统文化涵养，需要开辟文化和实践上的活水源头和多样化渠道，使中华优秀传统文化成为涵养社会主义核心价值观的重要源泉。尤其马克思主义课程内容的生动性问题，适当改革马克思主义教育的形式和内容，是学校今后需完善的地方。

3. 把思想政治工作做细做实

培育大学生核心价值观既是使命也是责任，这就要切实培养一支思想过硬、作风过硬、能力过硬的思想政治工作队伍，成立学校、学院、系各级马克思主义研讨小组，提高学生自身"免疫力"，自觉抵制腐朽思想侵蚀；积极鼓励和吸收优秀大学生加入中国共产党，发挥党员作用。另外也要求思想政治课教师必须紧跟社会发展，把握时代脉搏，切实改革教学内容，改进教学方法，改善教学手段，如使用讨论法、问答法、辩论法、咨询法等，高质量上好思想政治课，让马克思主义真正进入学生头脑。

4. 充分利用媒体优势改进思想政治教育工作

首先要努力创新思想政治工作的观念，加强网络资源建设，同时要提高教育者的素质和组织行为的规范性，树立正确的舆论导向，充分利用大众传媒的优势，把社会主义核心价值体系贯穿到宣传中，从而形成建设社会主义核心价值体系和谐社会的舆论态势。另外网络媒体还有利于扩大思想政治教育的覆盖面，随着信息时代的到来，新媒体加速了信息传播的速度和含量，扩大了传播的范围，能够有效吸引大学生的关注，这是其他传播方式无法比拟的。

（三）个人培养服务社会的能力

1. 自觉弘扬"公能"校训

青年人的价值取向决定了未来整个社会的价值取向，在这一过程中折射出的是大学生的一种特有精神面貌。因为"允公允能，日新月异"的校训不仅反映了社会普遍希望的一般性价值取向，也反映了大学特定办学方针的特殊性价值取向，正是由于校训包含了这种一般性和特殊性价值取向的契合，形成了符合大学自身条件和迎合社会需要的办学特色，养成了这所大学特有的精神气质。

无论是大学校园文化的建设还是大学生个人气质的培养，都要从点点滴滴的小事做起，勿以恶小而为之，勿以善小而不为，逐渐形成良好的道德行为，努力实现自身全面和谐发展的价值追求，从而实现学思统一、知行合一、内外如一。

2. 践行核心价值观

大学生正处于正确的世界观、人生观、价值观和道德观形成的重要时期，他们接触科学文化知识、参与社会实践、社会交往比以前更加广泛，但因生活经验不足，在复杂的社会环境和重大的人生课题面前，存在许多困惑、矛盾和冲突。因此，践行核心价值观不仅要"外化于行"，更要"内化于心"，依靠思想自觉。

大学生要解放思想、敢于提出自己的想法，开拓进取、大胆吸收先进的科学知识，通过军政训练、社会调查、生产劳动、志愿服务、公益活动、科技发明和勤工助学等实践活动，在社会实践活动中受教育，长才干，作贡献，培育以改革创新为核心的时代精神，形成与时俱进、开拓进取、务求实效、无私奉献的高尚的道德品质。

五、结语

大学校训犹如一把钥匙，通过它能打开历史积淀的文化宝藏密码。校训不是摆设，它关乎学校的办学理念。一所大学尤其是一所著名大学，就是通过校训这种最简洁、最凝练的方式表达着核心价值，通过校训让人了解这所大学的人文精神和办学目标。寥寥数语的校训背后要有精神的支撑、行为的践行和文化的滋养。

弘扬"公能"校训贵在执守传承，重在引领践行。围绕核心价值观的践行，要发挥南开精神的思想引领、文化认同功能和价值导向的作用，让学生在毕业之时会说："学校引领我形成了健全的人格，培养我树立了优秀的学术品质，是我人生的另一个起点，这是我梦想开始的地方。"

"公能"校训的思想政治教育价值

吕雪艳

一、"公能"校训释义

据统计,目前我国大学基本都有 校训,那么何谓校训呢?在牛津高阶英语双解词典中的解释是"short sentence or phrase chosen and used as a guide or rule of behaviour or as an expression of aims or ideals of a family, a institution, etc:箴言;格言;座右铭。"《辞海》中对校训的解释是"学校为训育上之便利,选若干德目制匾额,悬之校中公见之地,是为校训,其目的在使个人随时注意而实践之。""训"是指教诲、开导、指引、激发、鼓励、鞭策、训导,意在指导学生如何做人,"训意"主要是指道德方面的涵养和熏陶。其中,对"德目"我们可以理解为现在所说的道德与价值领域的追求。而在《教育管理词典》中对校训的解释是这样的:一是校训是"体现一所学校精神风貌的训词,一般言简意赅";二是"根据办学目标和学校的特点,选取名人名言、格言或警句,制成匾额,悬挂在显而易见的地方,作为学校的座右铭"。

南开大学校训"允公允能,日新月异"中"允公允能"这种话语形式,语本《诗经·鲁颂·泮水》:"允文允武,昭假烈祖。""日新月异"语本《礼记·大学》:"汤之盘铭曰:'苟日新,日日新,又日新。'"托古语抒发高远豪迈的精神追求表达了南开大学创建者希望莘莘学子能够牢记建校宗旨,成为社会之表率、道德之楷模。

(一)"公能"校训产生的社会背景

校训是一所学校的象征,探讨校训产生的社会背景即是探究学校产生的背景。张伯苓先生曾在他的文章《四十年南开学校之回顾》中详细论述过。他指出,南开学校因国难而产生,办学目的旨在"痛矫时弊,育才救国",通过办教育解决中华民族五大弊病:愚、弱、贫、散、私。"愚"即民性保守,不求进步,缺乏科学知识，充满迷信观念；"弱"即重文轻武，鄙弃劳动，民族体魄衰弱，民族志气消沉；"贫"即科学不兴，生计艰难；"散"即不善组织，不能团结；"私"即自私心太重，公德心太弱。"允公允能 日新月异"的校训似一把利剑，直击当时社会的五大流弊。

（二）"允公允能"，重视德育，将教育对个人的发展功能与对社会的服务功能有机统一

允公，体现的是大公，是爱国爱群之公德，体现了"爱国"的精神追求和"厚德"的道德境界。张伯苓校长办教育旨在培养学生的爱国心和"社会服务心"[①]他认为"爱国心是联合国民的公众绳索"，"余信中国新教育最要之目的，即为训练青年人以社会服务心"[②]。"德"作为具有中国特色的哲学范畴，是儒家思想的核心，也是维系中国社会的伦理基础，在中国传统文化中处于极其重要的位置。《大学》中的第一句话就是"大学之道，在明明德"。"明明德"中的第一个"明"字是个动词，是明白、懂得的意思，后面的第二个"明"字是个形容词，是正确的意思。"德"是指道德、道理，也就是指人格行为的基本标准和治理国家的基本道理。"明明德"就是要明白、懂得正确的人格行为的基本标准和治理国家的基本道理。从另一个方面考察，"道德"中的"道"是指用正确的方法做正确的事，属于行为方式的范畴；"德"是指行道而不是为了得到别人的称赞，属于品行的范畴。作为培养社会精英的大学，"厚德"的思想是个人品行的核心追求。"允公"凸显爱国与重德，为公层面应爱国，个人层面应厚德。

"允能"体现了建校者建校之目标，经过学校的培养，学生有"能"。这种"能"包括两方面：一是个人成长之能，包括基本的生活能力、工作能力、实践美德的才能；二是服务社会之能，建设国家、服务社会的能力。

张伯苓认为，"自私是中华民族之最大病根。国人自私心太重，公德心太弱。所见所谋，短小浅近。只顾眼前，忽视将来，知有个人，不知团体。其流弊所及，遂至民族思想缺乏，国家观念薄弱"，"唯'公'能化私，化散，爱护团体，有为公牺牲之精神"。而"唯'能'故能去愚，去弱，团结合作，有为公服务之能力"，"允公允能，足以治民族之大病"。[③]可见，"允公允能"的校训，充分展示了南开教育的精神内涵：立德增能，培养学生的爱国心和社会服务心。它将教育对人的发展功能与对社会的服务功能有机地统一起来。

---

① 梁吉生：《张伯苓的大学理念》，北京大学出版社2006年版，第4页。
② 王文俊，梁吉生等编著：《张伯苓教育言论集》，南开大学出版社1984年版，第58页。
③ 王文俊，梁吉生等编著：《张伯苓教育言论集》，南开大学出版社1984年版，第10页。

（三）日新月异，凸显创新，将科技创新与文化传承有机统一

"日新月异"充分展现了以"创新"为代表的时代特征。创造知识、传播知识、服务社会、文化传承被公认为大学的四大功能。其中"创造知识"是其首要的功能，因此"创新"在大学中具有独特的地位，从某种意义上讲，求真、求是的过程也是一个不断进取、不断创新的过程。从当今全球性竞争的视角出发，创新是一个民族进步的灵魂，是人类发展的不竭动力，"创新"作为大学理念的组成部分，具有很强的时代特征。我校"日新月异"的校训，在传承文化的基础上，强调创新，要求每个人不但能接受新事物，而且还能成为新事物的创造者，不但要赶上新时代，还要能走在时代的前列，其本身具有极强的社会适应性和时间适应性。它指引着南开的发展方向，实现了科技创新与文化传承的统一。

二、"公能"校训的思想政治教育价值

大学不是单纯的适应社会的产物，而是传播文化、启迪智慧、追求真理的场所，肩负着社会发展的重要使命。而高校的思想政治教育是高校发展的生命线，挖掘校训的思想政治教育价值将更好地引导高校良性、健康发展。"公能"校训具有极大的思想政治教育价值，其主要体现在以下几个方面：

（一）凸显爱国精神，指引学校发展方向，帮助师生形成社会主义核心价值观。

思想政治教育是一项专门做人的工作，对提高人的全面素质、促进人的全面发展，起着重要的作用。思想政治教育运用启发、动员、教育、监督等方式，把人们的思想和行为引导到符合社会发展要求的正确方向上来，重在启发自觉。人都有进取心，思想政治教育就是充分运用这种进取心，引而导之，充分发挥人的主观能动性。高校校训集中体现了大学的办学理念，作为高校进行科学办学的重要基础，它在对高校的人才培养以及高校自身的发展都有着很强的导向性意义。高校校训所提炼和包含的精神，重在启发师生自觉性，引导师生树立正确的价值观。

张伯苓为南开制定"公能"校训，意在着重培养学生"爱国爱群之公德，与夫服务社会之能力"。[①]他主张教育救国，希望通过教育使祖国走向富强、民主、独立。"公能"校训将爱国主义教育放在头等重要的地位，"公"培养的是爱国之心，"能"锻造的是爱国之力，"公能"校训与十八大提出的社会主义核

---

① 王文俊，梁吉生等编著：《张伯苓教育言论集》，南开大学出版社1984年版，第2页。

心价值观不谋而合。党的十八大提出，倡导富强、民主、文明、和谐；倡导自由、平等、公正、法治，倡导爱国、敬业、诚信、友善；积极培育和践行社会主义核心价值观。富强、民主、文明、和谐是国家层面的价值目标；自由、平等、公正、法治是社会层面的价值取向；爱国、敬业、诚信、友善是公民个人层面的价值准则。"公能"校训中彰显的爱国精神、创新精神是对社会主义核心价值观公民个人层面价值准则的生动体现。"公能"校训以其精神魅力感染着南开师生，并引导南开师生的言行，引导师生逐步养成并践行社会主义核心价值观。

（二）凝聚人心，激发精神动力，提高师生为实现"中国梦"而不懈努力的积极性

思想政治教育具有激励作用，即运用多种手段，调动人们的积极性和创造性，从而实现个体的价值。现阶段，思想政治教育的激励作用体现在，为社会主义现代化建设、实现中华民族伟大复兴的"中国梦"提供强大的精神动力。积极性是人的一种自觉的、能动的心理状态。人的积极性受到多种因素的影响和制约，它以人的需求为动力。人的需求分为物质需求和精神需求，相应的激励也就分为物质激励和精神激励。物质决定精神，精神对物质具有反作用，激发人们为实现"中国梦"而不懈努力的积极性，在依靠经济手段的同时，需要靠有效的精神激励，这就依赖于思想政治教育，需要通过思想政治教育的正确引导。

校训对人的激励推进价值意义深远，它在一定的条件下，会对师生的思想和行为施加影响，让师生产生一定的心理变化，通过这种影响可以激发师生的主观能动性和积极性，使行为朝着积极的方向发展，挖掘人的潜能，进而使师生的行为产生更大的收益和功效。"公能"校训自身有着巨大号召力和鼓动力，它体现了南开人共同的价值追求，是南开面向社会的精神象征。"公能"校训要求南开人心怀爱国心和社会服务心，不断追求新知识、新科技，以一己之力推动国家发展、社会进步。这种精神凝聚力代代传承，在当今社会，极大地提高了南开师生为实现"中国梦"而不懈努力的积极性。

（三）以德为先，塑造个体人格，充分挖掘学生的潜能

在思想政治教育的任务中，最重要的一项任务就是塑造个体健全的人格，使社会成员能够形成崇高丰富的精神境界和健康良好的心理品质。在塑造过程中，思想政治教育依据人的意识与活动相关联的规律，通过教育措施和实践活动来达到教育的目的。丰富人的精神需要和社会性需要，是思想政治教育的任务之一。

校训不同于规章制度，它对人的思想没有强制作用，而是一种无形的、潜移默化的影响。这种隐形的影响使人们在不自觉的过程中感受到校训的渲染、陶冶和启迪，让人们的思想感情发生变化，原有的思想水平得到提高，心理品质和精神境界也得到提升。良好的校训强调对师生的人格塑造，其丰富的校训精神中蕴含着对师生人格品质的要求，希望师生有着良好的心理品质和崇高的精神境界。张伯苓校长在给学生训话时提到"学行并重，'行'是行为道德，行做人之道"[①]。老校长也特别注重对个体人格的培养，他提到"研究学问，固然要紧，而熏陶人格，尤其是根本"[②]。而张伯苓校长的这些理念外化为"公能"校训，培养着一批批德才兼备的南开人，"公能"校训已然成为南开大学开展思想政治教育工作的重要载体。

（四）思想引领，规范行为，使师生获得全面自由发展

思想政治教育具有规范调控功能，即指对人们的思想、品德、行为的规范、调节和控制，使其符合思想政治教育方向、目标。在思想政治教育的规范调控上，要保证方向性和规范性的统一，两者不能割裂。现代社会是一个开放、复杂、多样、变化快的体系，人们的思想、品德行为也会因为社会环境而呈现出多层次性、多样性和多变性的特点。高校思想政治教育如何能够应对现代社会的时代特征？需要对其进行规范和调节，实现其对人的规范调控价值。

而校训在高校思想政治教育中的规范调节地位不容忽视，对高校的发展和学生的发展具有积极意义。校训在学校的整个校园文化环境中占着核心的地位，彰显学校的文化积淀和精神风貌。从校训的本质上来讲，它是对一所学校文化传统的积淀与凝聚，也是对学校办学理念的提炼与总结。受到校训的本质特征的影响，校训在对师生的言行举止、行为方式，对学校的办学方针发展方向都有着规范作用。"公能"校训是建校者的一种精神诉求，它要求南开师生世代以"公能"校训为行为指引，锻炼能力，服务国家和社会，这种精神诉求本身影响着南开师生的思想。南开学校箴言："面必净，发必理，衣必整，纽必结；头容正，肩容宽，背容直；气象：勿傲，勿暴，勿怠；颜色：宜和，宜静，宜庄。"[③]是对校训的具体化，引导并规范师生言行，有助于师生获得全面自由发展。

三、结语

"允公允能，日新月异"的校训，作为南开教育的核心理念，它凝练了南开

---

① 梁吉生：《张伯苓的大学理念》，北京大学出版社2006年版，第21页。
② 梁吉生：《张伯苓的大学理念》，北京大学出版社2006年版，第20页。
③ 王文俊，梁吉生等编著：《张伯苓教育言论集》，南开大学出版社1984年版，第9页。

人的价值取向和精神品质，它是一种人文底蕴、学脉渊博、积淀成为贯穿百年历史、赋予学校长久创造力的精神力量，启迪陶冶了成千上万的南开人。校训是思想政治教育的重要载体，其蕴含着思想政治引导、激励、塑造人格、规范行为等价值。在当前时代背景下，南开"公能"校训，有效地促进了南开师生社会主义核心价值观的形成，为南开师生追逐"中国梦"提供了强大的精神动力。

秉承"公"、"能"精神 提升思想道德修养与法律基础课育人效果

张长虹 吴淑丽

育人是大学的首要任务,育人功能发挥得成功与否,很大程度上决定着教育的成败。高校思想政治理论课是育人的主渠道,《思想道德修养与法律基础》课是学生们进入大学的第一门思想政治理论课,旨在帮助大学生注重思想道德与法律的修养,成为中华民族传统美德的传承者和体现时代进步的新道德观的践行者。"公能"精神所蕴含的正能量,对提升《思想道德修养与法律基础》课的育人效果有着积极的推动作用。

一、深刻领悟"公"的涵义,引导大学生正确认识和处理好个人理想与社会理想的关系,加强《基础》课理想信念教育

近年来,伴随着日益迅猛的经济全球化,利益主体多元化,价值选择多样化,生活方式个性化等多方面的冲击,这些变化进一步影响到大学生理想信念教育的有效性。《基础》教材的第一章讲的就是"追求远大理想,坚定崇高信念",其核心内容是指导大学生的前进方向,明确社会和所处时代提倡什么、鼓励什么,促进大学生的个人选择与社会主流导向的一致性。如何把理论教育与情感陶冶、生活体验结合起来;并达到使大学生自觉关心国家发展的需要,社会发展的需要,肩负起历史使命,都是目前摆在教学任务上的突出问题。

"公能"精神则为我们《基础》课提供了宝贵的资源,首先,"公"的涵义为大学生指明了学习和奋斗的方向。张伯苓先生说:"'公'字最最紧……'公'字是最高的道德,'公'字的涵义很多,诸位对于这个'公'字务须特别注意。""公"的涵义的确很多,其要者有三:一是"为公"的志向,这就是"治国"、"强国"、"富国"的志向,就是"服务中国"、振兴中华的志向。对于大学生来

说，就是要有"天下为公"的大志向，将个人追求与国家命运结合在一起，不懈努力；二是"奉公"的操守，不论身处什么环境、条件和地位，都能做到不受威胁、利诱和蛊惑，慎独善终，始终如一地坚持原则、诚实守信、维护公益。这就为大学生走向社会、服务社会奠定了牢固职业的道德和职业操守；三是"大公"的襟怀，"不以物喜，不以己悲"，坦坦荡荡，光明磊落，勇于担当，"负责任，肯牺牲，没有名利之思，不作意气之争，什么事都以国家为前提"，正是当代大学生应该树立的远大追求和博大胸襟。

对一切都处在成长中的青年学生来说，树立正确的理想信念是至关重要的，因为"人们总是根据自己的理想信念所遵循的价值观准则，分析问题、评价事物，选择态度和行为"[①]。"公"之志向、操守、襟怀，不仅为大学生解读了个人理想和社会理想关系，指明了个人努力奋斗的方向，更重要的是激励大学生学好专业知识回报社会，服务祖国的宏大志向，同时，也使《基础》课达到了良好的育人效果。

二、把握和践行"能"的涵义，树立正确人生观、价值观、道德观和法制观，实现以《基础》课塑造大学生良好的道德素质和法律素质的育人目标

邓小平同志曾多次提出人才对实现我国现代化的重要性，他指出："现在我们国家面临一个严重的问题，不是四个现代化的路线、方针对不对，而是缺乏一大批实现这个路线、方针的人才。道理很简单，任何事情都是人干的，没有大批的人才，我们的事业就不会成功。"[②]作为高等学校，肩负着培养国家人才的重任，《基础》课肩负着培养大学生成为国家栋梁义不容辞的使命。要完成这一使命，如何使大学生树立为中华民族的全面复兴而刻苦学习，努力奋斗，贡献自己的力量的世界观、人生观、价值观，则成为课程要解决的重要问题。

"公能"精神之"能"的涵义，为《基础》课解决这一难题提供了有效的方法和路径。张伯苓先生讲，南开精神即"允公允能，日新月异"。他详细阐述道："允公，是大公，而不是什么小公，小公只不过是本位主义而已，算不得什么公了。惟其允公才能高瞻远瞩，正己教人，发扬集体主义的爱国思想，消灭自私的本位主义。""允能者，是要做到最能。要建设现代化国家，要有现代化的科

---

① 张耀灿，郑永廷，吴潜涛，骆郁廷等著：《现代思想政治教育学》，北京人民出版社2006年版，第131页。

②《邓小平文选》第二卷，北京人民出版社1994年版，第221页。

学才能。而南开学校的教育目的，就在于培养具有现代化才能的学生，不仅要求具备现代化的理论才能，并且要具有实际工作的能力。"龚克校长在解读"公能"精神时所讲，"能"的涵义也很多，我以为其要者亦有三：①

　　一是"能"学习。不是"能"学一阵子，而是"能"学一辈子。学习要有好的学风和态度；二是"能"吃苦。行大志必经大难，"天将降大任于斯人也，必先苦其心志，劳其筋骨，饿其体肤，空乏其身，行拂乱其所为"，种种的失误和失意，甚或失恋和不幸，我们能勇敢乐观地面对一切、忍受一切，"刚毅坚卓"，"所以动心忍性，增益其所不能"；三是"能"合作。张伯苓先生早就将"通力合作、互相扶持"举为南开教育宗旨。他说，"经多方观察，始觉中国至深之病，实不在个人之没有能力，而在个人缺乏合作精神"。合作的基础是尊重，尊重他人不是强装的，必须能识人之长、容人之短，必须设身处地、换位思考，必须懂得"己所不欲，勿施于人"。

　　如果没有正确的引导，人生观、世界观尚处于形成期的大学生在受到不良思想或行为的影响时，极有可能思想迷茫，行为偏颇，甚至造成严重的后果，而"公能"精神正是一种激发人们内在精神动力的正面力量，通过它的教育和引导，帮助大学生摒除错误的观念和行为，从而使理想崇高、信念坚定、举止文明。张伯苓先生具有前瞻性地指明了学生为什么而学的世界观、人生观、价值观，现代人才必须具备的素质及脚踏实地的治学风格；龚克校长则为大学生详解了"能"所倡导的学风和态度、艰苦奋斗的道路以及合作的精神，为大学生成长、成才指明了前进的方向，提供了强大的精神动力，这种精神动力对一个人的人格、行为各个方面都有一种推动作用。这些内容增强了《基础》教材第三章"领悟人生真谛　创造人生价值"、第四章"加强道德修养　锤炼道德品质"的导向性和说服力，使教学内容和目标成为大学生自身成才不可或缺的内在要求。

　　三、学习"公能"精神之榜样，南开人的光辉典范敬爱的周恩来同志，增强《基础》课引导大学生树立奉献精神的育人效果

　　由于市场经济的影响，过多的人开始追求物质利益最大化，有些大学生把追求财富和社会地位作为个人价值的实现目标，只看到自己的眼前利益，忽视国家和民族的前途和命运。另外，日益严峻的就业形势迫使大学生过多的看重金钱和权力，大学生在就业选择上倾向于高收入和较高的社会地位，而社会推

---

① 龚克：《做有"公能"气质的南开人》，在 2012 届专业硕士学位授予仪式上的讲话。

崇的所谓成功人士，大多突显了物化的标准，使大学生并不能在现实生活中准确找到自己的位置、正确的榜样。

一所大学的精神力量和价值取向，总是深刻地内化在所培育的优秀人才身上。自建校之初，南开的教育理念就始终与民族和时代的要求高度契合。老校长张伯苓提出了"允公允能，日新月异"的校训，为国家培养爱国爱民、淑世为公的青年。伟大校友周恩来总理以其坚定的理想信念，卓越的功勋和崇高的道德品质、精神风范为我们树立了典范。他的一生为人民鞠躬尽瘁，全国人民安康幸福是他伟业的根本，为此周恩来愿付出一切代价，他历经了充满波折的人生，正是奉献精神的光辉写照，他的光辉业绩和高尚品德已载入中国现代史册。大学生们都非常敬爱周恩来同志，榜样的力量无时无刻不激励着南开学子，让奉献精神引领《基础》课教育教学，使大学生从大学一年级开始就学会放宽眼界，着眼于国家的前途和命运，继承老一辈革命家的志向，树立正确的理想信念，不断探索，为早日成为国家栋梁之才而努力奋斗。

综上，在新的时代条件下，南开不断赋予"公能"校训以时代内涵。2011年，学校制定了素质教育实施纲要，着力构建"公能"特色素质教育体系。在一系列创新举措的保障下，"以德为先、能力为重、全面发展、勇于创新"的教育理念更加鲜明，培养具有"爱国爱群之公德"与"服务社会之能力"人才的实践步伐正在加速，育人成果更加丰硕。历史和现实的经验都印证了，**秉承"公能"精神，是《基础》课提升育人效果的重要保证。**

"公能"校训与"公能"素质教育

徐 曼 杜志惠

"允公允能、日新月异"是南开大学校训,也是南开大学始终秉承和坚持的育人特色。为落实《国家中长期教育改革和发展规划纲要》精神,南开大学于2011年底制定了《南开大学素质教育实施纲要(2011-2015)》,提出了发扬"公能"特色,实施"公能"素质教育,培养高素质人才的教育理念与教育目标。"公能"素质教育,是发扬"公能"校训、传承南开精神、坚持南开特色、培养现代人才的理性思考,对推进大学文化传承与创新、促进学生全面发展以及推进素质教育全面实施具有重要的理论和现实意义。

一、"公能"校训的历史内涵

"允公允能,日新月异"是南开精神的核心,是南开文化的灵魂,它是在长期的历史积淀中形成的,经由南开教育传统、南开治学理念、南开教风学风考风等方面表现出来。深入挖掘"公能"校训的历史内涵,是彰显南开素质教育"公能"特色的基础和出发点,也是构建"公能"素质教育的依据和支撑。

1. 爱国爱群之公德

南开大学自创建初期就着力培养学生"爱国爱群之公德,服务社会之能力"。"本校成立之初即揭橥'公能'二字作为校训","允公允能,足以治民族之大病,造建国之人才"。[①]公,即公德心、道德心,就是为了公众,摒弃自私自利。因此,把公字放在首位,一方面强调了国难当头时的爱国之心与救国之力,挽救中华民族于水深火热之中;另一方面强调了中华民族传统道德中重集体主义的爱群思想和团结精神。

张伯苓校长始终将爱国思想贯穿到南开教育之中,他认为,爱国作为"公

---

① 王文俊等:《张伯苓教育言论选集》,南开大学出版社1984年版,第247页。

的重要内容,"允公,是大公,而不是什么小公,小公只不过是本位主义而已,算不得什么公了。惟其允公,才能高瞻远瞩,正己教人,发扬集体主义的爱国思想,消灭自私的本位主义"①。在这里爱国主要包含三层含义:爱国是最大的公,是学校育人的首要任务,"广义而言,学校则教之为人。何以为人?则第一当之爱国"②。"爱国心是联合国民的公共绳索。"③正是这种爱国之心把来自五湖四海的人民联系起来,使人们有了共同的理想信念与价值追求。此外,爱国心也不是空洞的,如对国家的"公共心"、"责任感"、"自觉心"、"使命感",人们心中的国家观念、民族观念等等。爱国是一种道德规范,是每一个人都应该有的道德品质。为此,南开利用一切可以利用的实物、节日、仪式等教育资源,积极进行爱国主义教育。如每周三由校长亲自主持的修身班讲演,教室里高挂国旗,写着"爱国"两个大字。讲演内容不仅包括中国现状以及与美、日、英等国家关系,也包括国际形势、世界走向等问题,"藉以灌输民族意识,及增强国家观念"④。此外,爱国主义教育的形式还包括实地考察,通过组织学生参观天津海关、青岛、大连等地,让学生了解中国近代历史和乡土民情,促进学生了解社会、接触社会、认识社会,增强爱国主义情感;鼓励学生自编、自演南开话剧,将南开话剧与国家政事结合起来,虹光剧艺社《凯旋》、《万元大钞》、《饥饿线上的小故事》等话剧的成功演出,极大地推动了师生反饥饿、反侵略的爱国运动;开展时事辩论,加大学生对国情、国家命运的认知,把自己的前途、命运与国家的前途与命脉相结合。

"公能"校训"公"的另一层含义即"乐群","'乐群'强调个人融入集体,强调民族团结"⑤,强调发扬团队精神。南开大学的团结就在于以挽救民族危亡、振兴中华的共同理念为基础,增强凝聚力和团队精神,并且将"乐群"思想渗透在南开教育思想中。张伯苓曾说:"南开学校为训练学生做事之能力,服务精神,并培养社会领袖人才起见,鼓励学生自动组织各种社团,通力合作,团结负责。"⑥他鼓励学生根据自己的兴趣与爱好参与丰富多彩的校园活动、社团活动,引导学生"共同生活","发展集合性和做事心"⑦,形成集体主义的价值观念,增强团体内部的凝聚力与向心力。因此,自南开大学成立之初就成

---

① 南开大学校长办公室:《张伯苓纪念文集》,南开大学出版社1986年版,第133页。
② 王文俊等:《张伯苓教育言论选集》,南开大学出版社1984年版,第4页。
③ 同上,第57页。
④ 同上,第247页。
⑤ 中共南开大学委员会:《"南开精神"及其对当代高等教育的启示》,《求是》2004年第21期。
⑥ 王文俊等:《张伯苓教育言论选集》,南开大学出版社1984年版,第246页。
⑦ 同上,第70页。

立各种社团，如"人格修养讲座"、"敬业乐群会"、"自治励学会"、"青年会"等等。通过社团活动把学生联系到一起，就像学术社团可以把对学术科研感兴趣的学生组织起来，利用课余时间开展学术讨论或者调查研究，并且聘请专业教师进行指导。还有南开话剧团，编演了一大批中外话剧，如周恩来和曹禺都是南开话剧团的活跃分子，对于团结同学、凝聚力量起了重要作用。

2. 服务社会之能力

南开校训"允公允能"的"能"，就是对于身体的锻炼与知识的培植"，[①]"允能者，是要做到最能，要建设现代化国家，要有现代化的科学才能"。[②] 张伯苓认为："惟'能'故能去愚，去弱，团结合作，有为公服务之能力。"[③]他主张：要通过"能"的训练，来提高学生现代化才能和适应社会的能力，"能"主要包括身体素质、科学技术、组织能力、合作精神、实践能力，具备为公为国、服务社会的本领。

张伯苓把体育看成提高服务社会能力的一个重要方面，提出了"强国必先强种，强种必先强身"的体育思想，大力倡导体育精神。他认为体育的首要之义在于培养积极健康的体魄与努力拼搏的精神，体育运动不仅是锻炼身体和竞技比赛，更应该是塑造品格、培养能力的重要途径，就如"最要者学校体育不仅在技术之专长，尤重在体德之兼进，体与育并重"[④]。大多数体育都是在群体中开展的，通过体育增进学生间交流与沟通，培养学生与他人和谐相处的意识，提高学生人际交往能力；体育作为教育与训练人的重要手段，也教会学生一些基本生活技能和社会行为规范，如体育比赛中的"规则效应"使学生逐渐学会遵纪守法、自我约束、公平竞争，服从体育道德规范，在规则的约束下与他人竞争或协同。正如学校是社会的缩影，所有这些对于学生养成健康的体魄、较高自制能力、拼搏向上的体育精神有着重要作用，从而使学生更好地适应社会，增强社会角色意识，增加社会责任感，提高服务社会的能力。

服务社会的科学才能和实践能力也是"能"的重要内容。张伯苓在办学伊始，大力发展科学，重视科学教育，把科学能力作为"能"的重要方面加以训练，"目的在开通民智，破除迷信，藉以引起国人对于科学研究之兴趣，促进物质文明之发达"[⑤]。他在南开大学数学、物理、化学、生物及化工等系开展科

---

① 王文俊等：《张伯苓教育言论选集》，南开大学出版社 1984 年版，第 240 页。
② 南开大学校长办公室：《张伯苓纪念文集》，南开大学出版社 1986 年版，第 133 页。
③ 王文俊等：《张伯苓教育言论选集》，南开大学出版社 1984 年版，第 247 页。
④ 同上，第 244 页。
⑤ 同上，第 244 页。

学研究时,"不重玄想而重观察,不重讲解而重实验","令学生人人亲自从事实验",①培养了科学精神,创造了良好的学术环境。张伯苓也注重科学教育质量,引进一批学识渊博的教师队伍,开设了"当代中国政治问题"、"中国经济问题"、"乡村社会学"等"知中国"课程,使学生们得以掌握最前沿的科学知识,从中受到严格的科学训练。此外,张伯苓也指出:"教育范围,绝不可限于书本教育知识教育。"②因此,培养学生实践能力包含两个方面内容:其一,经过书本知识的传授,教会学生获得新知识的方法以及途径,增强学习的能力。其二,教育要与社会紧密联系,提高学生服务社会的能力,教育要务实、要肯干,切勿"只用脑不用手",切勿"纸上谈兵"。而"吾国学生之最大缺点,即平日除获得书本知识外,鲜谙社会真正的状况,故一旦出校执业,常觉与社会隔开,诸事束手"。③因此,南开也增设了一些应用性较强的"服务中国"的课程,加强学生社会实践水平,培养学生服务社会的能力。

3. 日新月异之开拓精神

南开精神是什么?20世纪20年代的学生是这样回答的:日新月异的开拓精神。南开人一是要善于接受新事物,善于创造新事物,做新事物的创始者;二是要能跟得上时代的步伐,不落后于时代,争做时代的引路者。日新月异的核心就是让南开人保持一种开拓的精神,保持一种进取的精神,每天每月都要有进步,永不停息,"苟日新、日日新、又日新"④。日新月异之开拓精神就是奋斗的精神、永新的精神、"干"的精神。

开拓精神是一种奋斗的精神。"奋斗即生活的方法",奋斗就意味着质变、突变,就意味着变化,就必然不会满足于现状而不思进取,就永远不会停下探索、前进的脚步。张伯苓认识到改造中国、挽救民族危机中奋斗精神的重要性,指出决不可一遇到逆境、困难就精神颓丧、意志消沉,一定要"本着奋斗的精神,创造一切,解决一切"⑤。他认为南开人更应秉着奋斗的原则,放大眼光,勿对一时的利害关系加以抱怨,"侥幸胜了,不足为喜,因为我们的目的只在一辈子的奋斗,而不在一时的胜利。假如败了,也不要失望,因为失望能使你精神颓废,减少你奋进的勇气"⑥。此外,还要在有益于群众的事业中大力弘扬

---

① 王文俊等:《张伯苓教育言论选集》,南开大学出版社1984年版,第244-245页。
② 同上,第246页。
③ 同上,第152-153页。
④ 杨天宇:《礼记译注下》,上海古籍出版社2005年版,第803页。
⑤ 王文俊等:《张伯苓教育言论选集》,南开大学出版社1984年版,第141页。
⑥ 同上,第142页。

奋斗精神，把个人使命和民族命运结合起来，真真切切地为了国家、民族、个人而不懈奋斗，只有这样才能解决关系国家命运的生死危亡问题。不敢想像，如果我们失去了这种勇于奋斗的开拓精神，我们伟大的事业、伟大的民族还能不能在正确的道路上坚持下去、发展下去。

开拓精神是一种永新的精神，时刻保持朝气蓬勃、蓄势待发，"保持着你们的生活，使它永新；保持着你们的精神，使它永新"①。南开大学保持着永新的精神，既要求教育目标、教学宗旨与课程设置、专业设置符合新时代的要求，也要求南开人保持永新的精神、跟随时代的潮流。首先，教学目标、教学宗旨的设置在借鉴西方的基础上要适合本国国情、本校校情，符合新时代的发展要求。南开大学在创校之初，充分借鉴西方先进的思想文化，为富国富强之用。诚如张伯苓所言："学校系先生、学生与夫役三部所组成，其目的则造成德育、智育、体育完全发达，而能自治治人、通力合作之一般人才，以应时势之需要。"②其次，本校课程设置、专业设置要体现"新"的变化发展趋势，彰显与时俱进的南开特色，"南开学校，永远是随着时代进展的，以后对于学生之如何训练？课程之如何切实，当然更要与时俱进"③。最后，南开人也要成为时代的开拓者，做时代的引领者，时刻保持"永新"的精神，永远不会停下探索的脚步，永远不能故步自封、安于现状、停止拓变，"我们南开的校友，也不能成为时代之落伍者"④。

开拓精神是一种"干"的精神，训练学生在生活、学习中做事的能力。南开大学尽管产生于动荡年代，但是依然表现出令人惊叹折服的"干"劲。1937年，侵华日军炸毁南开大学校园，但南开师生的学习以及教学科研工作从未中断、停止。南开大学有着务实苦干、不尚空谈的历史传统，在南开大学充满了"干"的精神，所谓的"干"实际上和"劳"是一件事，和"勤"也没有区别，就是"能者多劳"，就是要求学生们无论做什么事，都要拿出"苦干"、"实干"、"硬干"的精神，不取巧，不投机。针对当时社会上一些急于求成的人，南开学生始终谨记埋头苦干、踏实肯干的精神；只有努力苦干，才能化无为有、化不能为能，做无米的巧妇，取得成功的果实。针对当时社会上一些人单说漂亮话，为人却不诚恳，或是知难而退，或是浅尝辄止，鼓励南开学生要有"傻干"精神，就是少说大话，多做实事，迎难而上，不达目的誓不罢休。正如张伯苓所

---

① 王文俊等：《张伯苓教育言论选集》，南开大学出版社1984年版，第141页。
② 同上，第4页。
③ 崔国良：《张伯苓教育论著选》，人民教育出版社1997年版，第247页。
④ 同上，第247页。

说："现在要改造国家社会，非有傻干的人不行。"[①]一些知名南开校友也曾说道，南开精神更多的是脚踏实地、步步为营的"干"劲，而不是夸夸其谈、只说不做。

二、南开"公能"素质教育目标

南开"公能"素质教育目标就是要培养允公允能、公能兼备的高素质人才，以培育爱国重德之人为首要目标，以促进人的全面发展为价值取向，以培养创新进取人才为基本要求，以培养服务社会之人为根本目标，以彰显南开特色的育人模式为根本特征。南开"公能"素质教育目标是对"公能"校训的传承，它规定了南开大学人才培养的方向，提出了在政治、思想、道德以及综合素质等方面的规格要求。

1. 育爱国重德之人

在南开大学百年发展历程中，爱国重德一直是学校育人的核心内容，从张伯苓校长的"爱国爱群之公德"，到新世纪的"以爱国主义为核心"，爱国重德作为学校育人传统已融入南开教育的血脉之中，得以传承和延续。

一方面，爱国是对学生最起码的要求。新时期，南开"公能"素质教育就是要以爱国主义为核心，"用马克思主义中国化最新成果影响和教育学生，引导学生正确认识社会发展规律，主动关心国家前途命运，自觉承担社会历史责任，进一步坚定在中国共产党领导下走中国特色社会主义道路、实现中华民族伟大复兴的理想和信念"[②]；就是要引导学生正确认识历史规律与基本国情，增强爱国情感和振兴祖国的责任感，做到制度自信、道路自信以及理论自信。"公能"素质教育还应强调理性爱国，如胡锦涛总书记所说的，"爱国，在任何历史时期和任何条件下，都不是空洞的而是具体的。爱国不但需要激情更需要理性。做好自己的事情，履行好自己当下的责任，就是具体的爱国行动"。[③]理性爱国是爱国的必备条件，南开学子不能徒有强烈的爱国情感，盲目地、不加分辨地去爱国。同时，还要引导学生从小事做起，从自我做起，树立爱国情怀，坚定理想信念，为实现自己的中国梦而不懈奋斗，做到真正的爱国、爱家。

另一方面，重德是对学生基本行为的要求。新时期，南开"公能"素质教育的一个重要目标就是培养学生，使之具有高尚的道德情操和良好的公德意识，首先要求南开学子具有正确的道德认知，养成良好的道德习惯，积极参加道德

---

① 王文俊等：《张伯苓教育言论选集》，南开大学出版社 1984 年版，第 215 页。
② 《南开大学素质教育实施纲要（2011-2015）》，南开新闻网，2012 年 3 月 23 日。
③ 中国报道．国际在线 http://gb.cri.cn/18824/2008/05/04/1062@2041470.htm。

实践,自觉树立与践行社会主义核心价值观,带头弘扬中华民族传统美德,弘扬时代新风。其次,南开学子要具有良好的思想道德修养,自觉弘扬爱国主义、集体主义与社会主义思想,积极倡导社会公德、职业道德、家庭美德与个人品德教育,推进社会道德建设,创造伟大的社会氛围,培育和谐的良好风尚。第三,南开学子应始终保持积极的人生态度、良好的道德品质、健康的生活情趣,为新时期高校人才培养奠定坚实的道德基础。最后,南开学子要"广泛开展志愿服务,推动学雷锋活动、学习宣传道德模范活动常态化"①,主动承担社会责任,自觉履行社会义务,热心帮助他人,以实际行动促进民族发展与社会进步。

2. 育服务社会之人

"知中国,服务中国"是张伯苓校长经过长期教育实践所总结出来的育人理念,也是南开大学一直强调的育人思想。所谓"知中国",即认识中国,了解中国,包括中国的历史、现状以及未来变化发展的趋势,它是"服务中国"的前提和基础。"服务中国",就是解决中国当前存在的实际问题;归根到底,解决中国存在的实际问题关键在于教育,在于培养人才,即建立适应中国社会经济发展需要的教育体系,培养了解中国实际,愿为国家独立富强民主建设服务的人才。南开"公能"素质教育应本着"知中国、服务中国"的育人理念,坚持"文以治国、理以强国、商以富国"的办学宗旨,培养适应社会需求、服务经济发展的现代化人才。

所谓服务社会之人是指具有服务社会技巧和服务社会理念的人才。南开大学要培养学生"深谙社会真正情况",做服务社会之人,主要从以下方面加以开展:首先,服务社会的学习能力。大学生正处于学习的黄金时期,应该把学习能力的提高作为首要任务,作为一种价值追求和理想信念,树立梦想从学习能力的提高开始。因此,南开"公能"素质教育要"从'以教为主'转变为'以学为主、教学相长',努力形成学生自觉学习的生动局面"②,鼓励学生打牢基础知识、及时更新知识,刻苦钻研理论、积极掌握技能,提高学生的学习能力。其次,服务社会的实践能力。南开学子要坚持学以致用,深入基层、深入群众、深入西部,在改革开放和社会主义现代化建设的大熔炉中,在社会的大学校里,掌握真才实干。新时期,南开大学更应密切学生与社会的联系,加强与政府部门和企事业单位的合作,设立一批适应经济发展和国家现代化建设的特色专业,

---

① 《十八大报告》,人民出版社 2012 年版,第 32 页。
② 《南开大学素质教育实施纲要(2011-2015)》,南开新闻网,2012 年 3 月 23 日。

加强对社会需要的应用型技术人才的培养。同时，多开设一些与社会接轨、与生活紧密联系的课程，鼓励学生多开展一些社会调研与实践活动，鼓励学生到西部去、到基层去、到祖国最希望的地方去。最后，服务社会的国际化能力。国际化的视野是新时期南开大学人才培养的重要目标之一。南开大学通过人才引进和交流、举办国际学术讲座、参与国际合作科研、加强国际合作办学等方式，增强了南开学生的国际化视野和国际化素养，增加了跨文化交流的能力，增强了服务社会的国际化视野。

3. 育全面发展之人

南开大学在百年发展历程中，始终把全面发展作为人才培养的重要目标，从最初的"三育并进而不偏废"发展为后来"德、智、体、美四育并进"，始终强调学生的全面发展。"'公能'素质教育的目标是促进学生全面发展"，"它强调以'公能'为主线，促进知行合一，德、智、体、美的相互融合、协调发展"。①

首先，学生能力的全面发展。在南开，促进学生能力的全面发展，最紧迫的就是要努力提高学生的思想道德素质和科学文化素质，实现学生思想和精神生活的全面发展，进而通过各方面能力的锻炼和素质的培养来满足实施德智体美全面发展的"公能"育人模式。具体表现在：不仅要发展学生的体能，更重要的是发展学生的智能；不仅要发展学生的自然能力，还要发展学生的社会交往能力；不仅要发展学生的现实能力，更重要的是挖掘学生的各种潜能；既要发展学生适应环境变化的能力，又要发展学生的学习能力；"既要给学生传授系统的专业知识，更要注意培养学生的学习能力、实践能力和创新能力"②。

其次，学生自由个性的全面发展。南开"公能"素质教育以学生为研究和工作对象，从学生特点和需要出发，服从和服务于调动学生的积极性和主动性，最大限度地挖掘和发挥他们的创新精神与实践能力，促进学生个性的自由发展。统一的育人目标、不变的教育内容、被动的教学形式，不可能行之有效；个性化育人模式是南开育人的发展方向。依据学生的个体差异，因人而异、因事而异，将学校育人工作与学生成长成才相结合，"形成新时期'公能'素质教育的目标体系，树立全面发展的教育观和全面的'公能'素质观"③。

第三，学生主体性的全面发展。一是在培养理念上："真正实现'一切以学生成长作为出发点和落脚点'。学科是集教学、科研、队伍、基地等于一体的育

---

① 《南开大学素质教育实施纲要（2011-2015）》，南开新闻网 2012 年 3 月 23 日。
② 同上。
③ 同上。

人综合平台,学科建设要为'育人'服务。"二是在育人内容上:"从侧重'传授知识'转变为重在'提升素质',即要超越知识教育,实施德智体美全面发展的素质教育。"三是在培养模式上:"努力形成学生自觉学习的生动局面。既要激发学生主动学习,也要积极发挥教师的引导作用,加强教学互动。"①因此,只有学生的积极参与和接受教育,并充分发挥学生的主体作用,才能最大限度地提高"公能"素质教育的可接受性,从而将"公能"素质教育的内容内化为学生自身的思想道德素质,并付诸行动,进而提高南开"公能"育人的有效性。

4. 育创新进取之人

南开"公能"育人把创新型人才的培养看作是学校育人的关键。"创新型人才就是指具有创新精神和创新能力以及创新人格的人才","从更本质的意义上讲,创新人才则具有观察的敏锐性、思维的批判性、人格的独立性、能力的综合性这四大特征。" 首先,南开学子应有敏锐的观察力,敏锐的观察力是学生进行学术创新与技术创新的前提和基础,"观察力是人们对客观事物审视和探索的一种能力……是人类对客观事物的敏锐感觉"。 其次,南开学子应有批判性的思维,思维的批判性又指对权威的质疑性,其思维方式带有浓烈的批判色彩和求异性。南开学生敢于提出质疑,在质疑的基础上加以创新、加以完善。再次,南开学子应有独立的人格,以人格和学识魅力去为人处世,人格的独立性是各种素质和能力的本质体现,创新人格要具有强烈的创新意识、创新精神、创新能力。还有,南开学子还应具有综合性的能力,能力的综合性是创新得以实现的根本所在,人的能力主要表现在知识、技巧以及情意三个方面。因此,南开大学学生对事物敏锐的观察能力、批判性的思维、独立的人格、综合性的品质,对培养创新精神、创新能力、创新思维具有重要的引导作用和指示作用。

南开"公能"素质教育也把进取意识的培养作为学校育人工作的重要目标。南开学子应保持一种积极向上的、立志有所作为的进取精神,具体表现在以下方面:一是发扬积极进取精神,要破除自满观念,树立自强不息意识。南开学子要用辩证的思维观察现状,站在新的历史起点上重新审视自己,坚决摒弃骄傲自满、沾沾自喜、自我欣赏、自我满足、停滞不前的思维定势和保守思想,要弘扬自强不息、勇攀新高的进取精神。二是发扬积极进取精神。要破除安于现状观念,树立逆流而上的意识。改变按部就班、当一天和尚撞一天钟、贪图安逸、松松垮垮的学习风气,改变学习意识不强、社会责任意识低下的状态,要脚踏实地、勤于思考、少说多做,营造"干"的学习氛围。只有坚持奋发有

---

① 《南开大学素质教育实施纲要(2011-2015)》,南开新闻网,2012年3月23日。

为、积极前进的进取精神,南开"公能"素质教育才会更加具有实效性。

三、南开"公能"素质教育途径

"公能"素质教育途径是实现"公能"素质教育目标的必要路径,在借鉴历史、积累育人经验的基础上,南开"公能"素质教育要继续坚持和开拓"课堂教学、校园文化、社会实践"三位一体的育人渠道,为培养公能兼备的南开人奠定坚实基础。

1. 课堂教学突出"公能"特色

南开"公能"特色的专业课教学,是南开教育的特色之一。专业建设重在内涵发展,要以提高人才培养质量为目标,将'公能'素质教育理念贯穿教育教学全过程,建立具有特色的专业教学课程体系,建设高水平、现代化的系列课程。它的主要任务是使学生掌握必要的专业知识与技能,了解本专业的发展前景,提高运用专业知识解决社会实际问题的能力。同时,专业课程中也包含思想性的因素,"如语文课中的作文评析,历史课中的爱国主义,地理课中的国情分析,艺术课中的审美教育,数学、物理、化学等理科教学中的辩证唯物主义世界观与方法论教育等等"。[①]因此,南开通过"公能"特色的专业课教学,在坚持"公育"的基础上更加凸显学生的专业特征并注重学生的持续发展,在"能"的方面奠定了良好的基础。

南开大学应更新教育观念,积极探索适合本、硕、博发展的课堂教学模式,努力实现三个转变。一是在教学模式上,思想政治理论课以及专业课教学要实现"从侧重'传授知识'转变为重在'发展素质',注重内在素质的提高,即要超越知识教育,实施德智体美全面发展的素质教育。知识是提升能力的必要内涵和重要载体,既要给学生传授系统的专业知识,更要注意培养学生的学习能力、实践能力和创新能力。"[②]南开以深化思想政治理论课程教学改革为重点,以实施"公能"素质教育为手段,改变制约思想政治理论课的旧观念、旧思想,培养学生'公'之志向、'公'之操守、'公'之襟怀。"把过去思想政治理论课教育单一的政治功能转变到引导大学生形成正确的世界观和培养健康、高尚人格上来;从过去认为思想政治理论课教育单纯是灌输意识形态的观念,转变到'教学为育人'的观念上来;从思想政治理论课教育单一的教学为本的观念,转变到'教研共进'的观念上来。"[③]二是在培养模式上,从以教师讲授为主向以

---

① 郑兆基、姜国才:《教书育人概论》,哈尔滨工业大学出版社1991年版,第124页。
② 《南开大学素质教育实施纲要(2011-2015)》,南开新闻网,2012年3月23日。
③ 陈奎元:《信仰马克思主义做坚定的马克思主义者》,《马克思主义研究》2011年第4期。

学生自主学习为主过渡。"既要激发学生主动学习,也要积极发挥教师的引导作用,加强教学互动,促进教学相长。"①南开教师的任务就是把"公能"精神灌输到学生中去。通过教师的引导与教育,学生们能够自主地学习、生活。三是从"以课堂教学为主"到"课堂教学与实践教学相结合"转变,开展富有"公能"特色的实践活动,如全面加强定岗实习、教育实习、毕业设计等实践活动环节,强化科研项目,开展创业实践活动,进而提升思想政治理论课与专业课教学的实际效果,提高学生的实践技能与实践水平。

2. 校园文化彰显"公能"情怀

首先,牢牢把握校园文化建设的主线。南开精神是南开校园文化的主线,将近百年来,"公能"精神代代传承,不断创新发展。南开大学校园文化建设充分借鉴南开历史文化传统和时代发展脉搏,在凸显"公能"特色和推进主题创新上下功夫。从将尽百年历史的南开教育中吸取宝贵育人经验,加强学生对"公能"校训和南开爱国主义传统的认知。新生入学即开展鸣校钟、唱校歌、讲校史活动,参观周恩来总理塑像、"公能"校钟、思源堂等南开特色建筑,向学生宣讲"周恩来奖学金"、"伯苓班"、"省身班"这些南开学子心目中的崇高荣誉。此外,南开大学还以重大活动以及重要纪念日为依托,组织开展主题校园文化活动,将"公能"育人蕴于生动活泼的校园文化活动中。多年来,南开学子在一系列重大事件面前,总是呈现出朝气蓬勃的精神状态与强烈的社会责任意识,全校合力救助患糖尿病的袁霞、积极应战大运会、雅安不哭南开与你同在——地震善款募集等感人事迹,都彰显了南开特色的育人理念。

其次,紧紧抓住校园文化建设的内涵。一方面,校园文化要凸显科学精神与人文素养。坚持"文理并重"始终是南开校园文化建设的特色之一。"学校面向全校学生开设'数学文化'、'天文学概论'等精品公共选修课,创办'南开大学—天津大学'联合讲堂,以及举办各种文理交叉的学术研讨、文化沙龙,使学生的创新探索精神和人格气质修养在文化融合中提升,人文教育和科学教育实现了内在统一,形成了多层次的素质教育体系。"②另一方面,校园文化要注重传承文化与思想引领。南开大学的"周末乐坛"定期举办音乐会,培养学生对高雅艺术、精深文化的鉴赏水平。话剧《红旗谱》的上演,增强了学生对历史的认知,加深了学生对学校精神的认同。而"校园十大歌手比赛"、校园主持人大赛、"'光大南开精神发扬南开品格'演讲比赛"、"'我爱南开 BBS'摄

---

① 《南开大学素质教育实施纲要(2011-2015)》,南开新闻网,2012年3月23日。
② 薛进文:《发挥校园文化育人功能 立德树人陶铸英才》,《思想教育研究》2010年第6期。

影大赛"等成为南开学生校园文化生活重要组成部分,成为南开文化育人的有效形式,也为学生锻炼能力、展示才能搭建了广阔平台,充实了学生的精神世界,提高了学生的综合素质。

最后,积极营造良好的校园文化氛围。构建符合时代发展要求的现代校园文化氛围,是增强学生核心竞争力以及可持续发展能力的迫切需要。南开大学要充分发挥大学生社会文化基地的优势,通过加强校园文化的设施建设、促进校园文化队伍建设、完善校园文化的制度建设等方式,促进第一课堂与第二课堂相结合,锻炼学生的工作、学习、生活能力,让学生晓得如何践行"公能"精神,同时也为南开大学优良校园文化的形成奠定坚实的基础,构建新时期有特色、高水平的育人环境。

3. 社会实践引领"公能"育人

南开大学历来重视社会实践育人,通过实施南开"公能"特色的社会实践活动,提高学生实践能力,培养学生的实践精神,推进"公能"育人的实现。

一是推进南开实践育人的机制化保障。南开大学首先坚持学生绝对自愿参加的原则,进行多样的社会实践活动规划,满足学生们在不同层次、不同方面的各种需求。其次是实行申报立项项目,加强对项目的可行性与实效性分析、研究,对育人活动进行统一规划,组织协调,宏观指导,确保学生们在社会实践活动中受到积极健康的主流价值观影响与熏陶。再次是加大"公能"励学金的支持力度,为更多学生参加社会实践活动提供机会和渠道。最后要制定详细的社会实践活动准则,事前进行必要的培训教育,帮助学生们在思想上、身心上做好准备与应对;事后加强总结、成果鉴定与表彰工作,对于优秀的社会实践团队与个人进行表彰。

二是促进南开实践育人的项目化建设。南开大学要通过实施社会实践的项目化运作,把"增知识"、"长见识"、"阔视野"与社会实践紧密结合起来,使社会实践收到应有的育人效果。在实施项目化建设中,要尽量减少一般性的参观、调查、宣传,而是选择具有实际意义的调研项目,实施项目对接、专业教师指导等环节。2012年暑假期间,南开大学实施"知行南开"暑期社会调研活动,全校多个社会实践团队奔赴祖国的二十多个城市开展社会实践调查研究活动。2013年寒假期间,南开大学为响应习近平总书记所提出的"中国梦"思想,组织南开学子开展"我筑中国梦"为主题的社会实践活动,鼓励学生下基层宣讲十八大精神,积极采访十八大代表,大力传播党的路线、方针、政策,为当地经济发展出谋献策。通过这些社会实践活动,帮助学生正确地认识国情、民情,发挥学生在实践育人活动中的主动性,真正做到"知中国,服务中国"。

三是搭建南开实践育人的基地化平台。新时期，南开大学始终坚持"知中国，服务中国"的办学宗旨，在全国各地建立了多个社会实践基地与社会实践场所，组织师生到社会实践基地开展志愿者服务、支教、调查研究等社会实践活动，而且社会实践基地与场所的建设也彰显了南开大学为国家经济、文化、科技、社会以及生态发展做出贡献的良好初衷。目前，南开大学已与天津市高级人民法院、天津中心妇产医院、河南新乡卫滨区人民政府等多个政法机关、企事业单位、科研机构合作建立了社会实践基地，保持着较为稳定的合作关系。通过实施南开特色的社会实践育人基地的平台化建设，使广大学子明确自己作为南开人在社会中的定位以及使命，始终把自己视为"允公允能"的一份子，真正体现出"挂实职、干实事、出实效"的南开风气，在实践中与社会广泛接轨，在实践中坚持和光大"公能"精神，进而为推动经济进步、社会发展，培养社会实践能力、综合素质打下坚实基础。

总之，高等院校作为文化传承与创新的重要载体，在文化育人的过程中发挥着重要的作用。南开大学作为具有深厚文化底蕴的知名学府，始终坚持以"允公允能、日新月异"校训彰显的"公能"精神为引领，探索适合南开学生发展的育人目标及育人途径，积极构建具有"公能"特色的素质教育模式，对推进大学文化传承与创新、促进学生全面发展以及素质教育的全面实施发挥了重要的作用，具有重要的借鉴和示范意义。

"公能"素质教育的内涵与践行途径

李 萱

一、素质教育的发展

大学素质教育作为一种现代教育思想和现代教育目标,是符合世界高等教育改革趋势和时代发展对于高等教育的要求。回顾中国大学教育的发展历程,20世纪50年代,中国大学教育单纯地注重知识的传授;到20世纪60年代时,大学教育除了进行知识传授以外,开始关注大学生能力的培养,提出"授之以鱼不如授之以渔"的教育理念;从20世纪90年代开始,大学教育开始全面推进素质教育思想,这一转变源于当时的国际背景和时代要求。[①]改革开放以后,中国大学教育进入快速发展期,开始强调培养适应经济发展的技术型人才,以此来应对当时科学技术和经济大发展的强大冲击和挑战,但是忽视了对于大学生人文素质的教育,导致的结果是:从事科学技术研究的大学生不懂艺术欣赏,学习和生活枯燥而乏味;专攻人文专业的大学生对于基本的科学知识漠不关心,感性而缺乏理智,甚至连基本的生活常识都不懂,科学知识和人文知识被严重割裂,大学教育单纯注重专业教育,过分狭隘和功利化,大学生得不到全面、和谐、长远的发展。随着时代的发展,到20世纪90年代时,大学教育培养的偏科人才越来越不能适应社会发展的要求。人才培养不符合社会需求的矛盾成为当时世界范围内大学教育普遍存在的问题。为了解决这种矛盾,更好地适应社会的发展,各国的大学教育都进行了反思,开始注重对于大学生人文素质的培养,加强各学科的知识渗透,不断融合科学教育和人文教育,在加强专业素质的同时,更加注重对于大学生专业素质以外的综合素质的培养。1999年,中国召开第三次全面教育工作会议,提出了全面推进素质教育的战略目标,在全

---

① 李颖:《我国高校素质教育研究》,硕士学位论文,哈尔滨工程大学,2006年4月。

国教育思想、教育观念大讨论推动下大学素质教育思想开始全面推进，相关大学素质教育的理论研究和实践探索逐渐深化，这种思想是符合时代发展要求的，也是符合世界高等教育改革趋势的。①

素质教育作为一种新的以人为本的教育观，是为拨正"知识为本"的传统理念而提出的。在传统教育中，人被看作是装知识的"口袋"，看作是父母和教师实现自己愿望的工具，看作是一种能够为社会创造技术的手段。在生产力不是很先进、社会经济状况不是很发达的阶段，这种"知识为本"的教育思想有其存在的价值与合理性。但随着经济社会的发展，改革开放的深入，人的自我意识的提高，"知识为本"的传统教育观日益成为人的全面发展的障碍和桎梏，进而阻碍经济社会的发展。为此，我国20世纪80年代起逐步在各级各类学校倡导实施以人为本的素质教育。

素质教育一方面与世界范围内的教育理念日益接轨，另一方面也逐步与中国社会的实际相适应。尤其是当把"人才"突出为新世纪的核心竞争力后，素质教育特别是高校的素质教育就成为对于国家发展和综合国力提升的至关重要的一项内容。

二、南开素质教育的历史

对于素质教育，南开大学自创立之初，就具有注重素质、培养素质的明确目标。与单纯主张教育仅是为了培养某一种能力不同，早期南开甚为注重学生文化素质、能力素质、道德素质和身心素质等多方面的培养与发展，堪称南开教育的素质传统，这为南开教育在新时期的发扬光大提供了坚实的传统滋养和丰厚的素质根基。

南开教育的道德素质传统。在学校创立之初，南开大学就把道德教育提到培养人的高度，强调"教育范围，绝不可限于书本教育、知识教育，而应特别注重人格教育、道德教育"，提出了"以德育为万事之本"的命题。

在南开先贤看来，"研究学问，固然要紧，而熏陶人格，尤其是根本"，学校教育的目的就是使学生养成良好习惯和健全的人格。这种对学生道德人格的熏陶、培育渗透在南开教育的许多细节中。

张伯苓还尤为看重爱国教育，"广义而言，学校则教之为人。何以为人？则第一当之爱国"，认为爱国精神是中华民族凝聚力的基础。当时，学校紧密结合寇深祸急的国家发展形势，通过多种方式教育学生要清醒看到国家的不足，不

---

① 魏饴：《大学素质教育与教育回归人本》，博士学位论文，湖南师范大学，2007年5月。

断推动国家进步,要"有爱国之心,兼有爱国之力,然后始可实现救国之宏愿"。

南开教育的文化素质传统。学术研究活动、讲演、戏剧、出版等校园文化要素被摆在重要位置,显示了南开教育对学生文化素质培养特别是智育、美育及艺术教育的重视。

学校在创建之初就建立了东北研究会、经济研究所、边疆人文研究室等学术机构,学生中还成立了天津研究会、数学研究会、商学会等。这些研究机构和学生文化团体"以大自然为教室,以全社会为教本","利用活的材料,充实学生之智识,扩大学生之眼界",使研究社会现象、探讨学术问题成为南开学生兴味盎然的活动。

讲演也是当时校园文化的重要方面,可以"练习学生说话之技术,与发表思想之能力"。为此,学校举办了丰富多彩的专题演讲和学术演讲。话剧活动也十分热烈繁荣,从张伯苓等编导的《用非所学》,到周恩来等优秀学生编演的《一元钱》、《新村正》,再到张彭春等编导上演的一系列世界名剧,精彩纷呈,大受欢迎,陶铸了南开师生的文化素养和艺术趣致。

南开教育的能力素质传统。在重视文化素质培养的同时,南开也重视学生能力素质的培养,这集中体现在对学生社团组织的重视上。

针对当时"国人团结力薄弱,精神涣散"的社会现实,张伯苓指出,其"原因在不能合作,与无组织能力"。因此,为"训练学生做事能力,服务精神,并培养社会领袖人才起见",学校应"对学生课外组织、团体活动,无不协力赞助,切实倡导,使学生多有练习做事参加活动之机会"。社团组织对学生精神的陶铸是显而易见的,如时人所言:一是活动而不致荒废功课,活动而不致嚣张骄逸;二是以少许学生而有若干组织,其富于活动精神与组织能力概可想见;三是读书不误做事,做事不误读书。读书认真,做事负责,不事虚荣,专务实效;四是团体生活最易起纷争、有党见,而南开大学学生则因此团体之生活而彼此友谊愈加亲密,绝无相互倾轧之弊。①

南开教育的身心素质传统。张伯苓等南开先贤把体育提到关系民族素质和国家富强的高度来认识,"我国人最差的是体育","强国必先强种,强种必先强身","强我种族,体育为先"。因此,在张伯苓提出的南开学校五项训练方针中,体育是居第一位的,学校一贯倡导学生要兼具知识优美、道德高尚和身体强健。可以说,早期南开体育教学活动繁盛,"南开五虎"等体育团队名扬海内,与学校拥有科学独到的体育理念密不可分。

---

① 宋成剑:《张伯苓及其南开精神论析》,《天津市教科院学报》2004年第4期。

到了"允公允能，日新月异"的校训的提出，已经标志着南开的教育理念发展到了新的阶段。

1891年，年仅15岁的张伯苓入北洋水师学堂读书，北洋水师学堂是直隶总督兼北洋大臣李鸿章为培养海军人才创办的。学习内容除规定修习汉文外，大部分时间学习所谓"西学"，学堂以培养技术型人才为教育方针，使张伯苓学到了就当时而言较为全面的近代科学文化知识，而这些"重实证"、"重达用"、"穷物理"的西方科学知识以及学堂注重实用的学风，奠定了他最初的教育思想基础，并且也深深地影响了他的教育实践活动。

张伯苓曾五次东渡日本考察教育，并践行了日本的教育制度。但是随着时间的推移，他逐渐体察到日本教育的不足，于是转而求救于欧美教育。1908年，他作为直隶省代表去美国参观渔业展览，美国的文明与教育制度给他以清新的印象。"第一次到美国，看到他样样都好，恨不得样样都搬到中国来"。回国后，在创办新式大学受挫后，张伯苓感到，要办好大学必须去国外专门研究大学教育，提高自己的办学水平。于是，在1917年赴哥伦比亚师范学院研修教育。张伯苓师从杜威、克伯屈、桑代克，主要学习近代教育学、教育析学、心理学、教育行政等课程。在哥伦比亚大学学习期间，张伯苓不仅参观了哈佛、耶鲁等大学，更多的是与教育家、著名社会人士一起探讨问题，具体了解他们的教育如何促进社会的发展及解决西方国家存在的通病。

从最初接受西方先进的科学文化知识到数次考察日本、欧美社会及教育，张伯苓赞同"欧美之道德多高尚，公德与私德并重"。欧美的社会现象启发并充实了他的"允公"思想，把"爱国爱群之公德"作为衡量一个人道德的标准。他倡导的"允能"，即"造成'具有现代能力'之学生，使负建设新中国之责任"。所谓"现代能力"，即指学生要有丰富的现代科学知识、创造的精神、团体合作的素质等，包括丰富的内涵，智能、体能、技能、才能、现代化理论和实际工作能力，都属于能的范畴。从"允能"的内涵看，它更多地受到西方"科学"、"实用"思想的影响。

张伯苓认为中国当务之急是要用"爱国心"这一公共绳索联合起来。至此，张伯苓把平等、民主、社会自觉心和人格独立等西方思想精华，与中华民族传统文化中的积极成分综合起来，并以此为基本的价值坐标，提出了"公"的教育理念。

"允能"的含义是指培养人适应社会政治经济文化发展之需要的各项能力。既包括科学技术和科学方法的培养，也包括身体心理素质的锻炼，同时还包括团体的组织协调能力。他在"能"的教育中积极吸收西方文化及其精髓成分，例如科学、民主、实用、开拓精神以及协作能力等。他明确指出："我们取法的，只是他们科学的方法和民治的精神的使用，而不是由科学方法和民治精神产生的结果。"

张伯苓"允公允能，日新月异"的教育理念本原上是在中国传统文化基础上内发的，而非外灼的，带有中国传统的"明道救世"烙印。同时，它又受到近代国内各界的启发，它代表着中国当时社会对大学精神的一种价值取向，源于中国社会，源于当时众多杰出的学人基于中国传统与全球视野的卓越见识，以中国传统为本，融合中西价值解决中国大学发展实际问题过程中迸发出的精神，是对中西文化的选择与融合。①

三、"公能"素质教育提出的背景与时代新意

真正将南开"公能"理念与素质教育结合的成果是 2012 年南开大学颁布的《南开大学素质教育实施纲要(2011~2015)》，文件不仅突出了"公能"精神在南开大学素质教育实施过程中的重要地位，而且着力于构建以南开"公能"为核心的素质教育体系，可以说《南开大学素质教育实施纲要(2011~2015)》是有关"公能"素质教育的纲领性文件，同时也构成了南开素质教育的核心理论体系。②

南开在素质教育的探索中，一方面从自身的历史文化传统中寻找思想脉络和渊源，构成以"公能"为核心的教育特色；另一方面，着重于"公能"素质教育理论体系的建构。同时，南开大学的素质教育还从政策层面和实践层面进行了务实探索，力求素质教育的具象化和易行可行。

早在立校之初，以"允公允能，日新月异"为校训的南开大学就以"公能"为南开之特性，张伯苓更是在不同场合通过不同形式表达了南开大学在特殊时代的"公能"情怀。这种传承是南开大学前后相继的精神根本，也是推进学校素质教育的重要思想渊源。公能的本质要求与素质教育的本质要求有着很强的契合度，因而，南开"公能"素质教育的推行又是传承与创新兼有，人本与校本并重的战略性举措。

南开的素质教育又极其注重理论的建构和务实推行。《南开大学素质教育实施纲要（2011~2015）》从宏观战略上规定了五年内南开素质教育的整体步伐，同时也确立了南开大学特有的素质教育实施的理论体系。在实践层面，"南开大

---

① 李玲玲：《试析张伯苓"公能"教育思想的文化取向》，《当代教育论坛》2007 年第 10 期。
② 李向阳、孟庆龙：《"公能"素质教育的历史传统与时代新义》，《南开大学报》2012 年 10 月 25 日。

学本科生'公能'素质测评指标体系"为南开素质教育的操作提供了可行性指导。特别是将这一评价体系纳入到学生的综合测评体系，更是将素质教育切实融入了学校的学生培养过程当中。

四、南开"公能"素质的践行途径

纵观九十余年的南开大学建校历史，南开"公能"素质的内涵一直随社会的发展与国家的需要同步演变。

私立南开时期，公能的内涵是"爱国心"与"现代能力"，张伯苓提出了五项训练方针——重视体育，提倡科学，团体组织，道德训练，培养救国力量。

建国后30年，公能的内涵是"赤诚报国"，杨石先身先垂范，致力科研与"勇于承担国家任务"。

改革开放后至今，公能的内涵是"以德为先，能力为重，全面发展，勇于创新"，龚克强调要超越知识教育，实施德智体美全面发展的素质教育，着重培养学生的学习能力、实践能力和创新能力。

所谓践行，就是实践，就是用实际行动去做某些事。南宋朱熹《朱子语类》卷九"论知行"中提到："圣贤千言万语……只有两件事：理会，践行。"我们践行"公能"校训，不同于普通的社会实践，不同于普通的参观学习，而是带有非常强烈的主观理解在里面的行为。我们提倡践行公能校训，就是要在学习和活动中有意识地去培养"三公五能"（公之志向，公之操守，公之襟怀；生活能力，学习能力，创新能力，协作能力，文化素养），实行全面的素质教育。

2012年之后，《南开大学素质教育实施纲要（2011~2015）》，更是明确地把社会主义核心价值观与南开"公能"校训相结合，具体内涵的解释就反映出社会的进步，将继承传统与时代新意相结合。截至目前，南开大学已经形成了"课堂教学——校园文化——社会实践"三位一体的人才培养模式，已经覆盖了"公能"素质所包含的德智体美四个方面，经粗略的分析归纳为下表：

按照分项汇总，统计"√"的数量，可看出：

在德育方面，校园文化与社会实践覆盖面更大，对课堂教学是个有力的补充。信仰方面较之道德、心理、生活略显单薄，在课时一定的前提下，可在校园文化和社会实践环节增添加强理想信念的活动，既充实了教学内容，又富于吸引力与感染力。

在智育方面，课堂教学是主阵地，而社会实践是其最有力的支持与补充，校园文化在自愈环节略显无力，可以组织各级各类专业竞赛营造出浓厚的校园学术氛围，在学习风气和科研诚信上多下功夫。

在体育方面，拥有良好的身体素质比善长一项运动更值得我们关注，而分析的情况却让我们只能更多地寄希望于在校园里组织更多的体育活动，降低竞技难度，扩大参与基础，如果学分制度允许，能把体育课贯穿大学教育始终是最理想的状态。

		德				智				体		美	
		观念		行为		知识学习		知识应用		身体素质	运动爱好	审美能力	艺术素养
		信仰	道德	心理	生活	内容	方法	实践	创新				
课堂教学	A类课	✓	✓			✓	✓			✓	✓		
	B类课					✓	✓	✓					
	C类课					✓	✓	✓					
	D类课					✓							
	E类课			✓	✓							✓	✓
校园文化	专业竞赛			✓	✓	✓	✓	✓					
	形势报告	✓	✓										
	学术活动												
	体育活动			✓	✓					✓	✓		
	文艺活动	✓	✓									✓	✓
社会实践	专业实习			✓	✓	✓	✓	✓					
	参观调研	✓	✓	✓	✓	✓	✓	✓				✓	
	志愿服务	✓	✓	✓	✓			✓	✓				
	勤工助学		✓	✓	✓								

在美育方面，三个环节都显得薄弱。首先，课堂教学中仅有少量的E类课包含审美能力培养和艺术素养提升，限于师资和学时，拓展的空间不大；其次，校园文化中的文艺活动仅能覆盖少量活跃的学生，除一年一度的"五月的鲜花"合唱比赛外，鲜有群众性的美育活动；第三，在社会实践环节中仅有参观活动没有机会提升审美能力。由此可见，与德智体相比，美育工作的欠缺是显而易见的，最直接且容易收效的途径就是多组织群众性的文艺活动，从阳春白雪到下里巴人，有自愿的，有规定的，让学生有更多的机会接触，接触多了才会产生兴趣，有了兴趣才会有提升审美能力和艺术素养的动力，所以，校园文化环

节承担着美育工作的重任。

综上分析，课堂教学是"公能"素质中德、智的重要践行途径，如果制度和客观条件允许，在体、美方面也可大有作为；校园文化是"公能"素质中德、智的有力补充，是进行体育和美育的最主要的阵地，开展经常性的、群众性的体育、美育活动，可作为未来的工作重点；社会实践在德育和智育方面有独特的优势，尤其是在道德品质、心理素质和生活能力等方面对学生可进行全面的塑造，也是锻炼学生实践能力和创新能力的有效方式。

在这三个环节中，涉及的三类教师尤其应注意在工作中对学生德智体美的培养，分别是思想政治课教师、专业授课教师和学生工作教师（辅导员）。思想政治课教师首先要把政治理论课的内容学得扎实，讲得浅显，才能吸引学生，让学生容易接受；专业授课教师应该加强自身的师德修养，在传道授业解惑中才能言传身教，用自身的魅力影响学生，现实的课堂上，往往是专业授课教师的几句牢骚话就把思想政治课教师的几个月心血化为乌有，所以专业授课教师必须提高自身修养，才能成为自觉践行"公能"素质教育的表率；学生工作教师作为密切接触学生的老师，除政治过硬外，还应以辅导员的职业技能标准严格要求自己，提高自身组织活动、开展工作的能力，增强应对突发事件的能力，以及配合思想政治课教师和专业授课教师共同进行"公能"素质教育的能力。

"公能"素质教育的历史传统与时代新义

李向阳　孟庆龙

全面实施素质教育是新形势下我国教育改革发展的战略主题。大学必须紧密围绕这个主题，结合自身特点，着眼于提高高等教育质量，全面推进素质教育，完成好培养高素质人才的根本使命。为此，厘清素质教育的历史脉络，探讨素质教育的时代新义，理所当然地成为当前高等教育发展的一个重要课题。

一、素质教育经历了一个逐步清晰、明确和加强的过程

我们认为，素质教育在当代中国是一个年轻范畴，滥觞于20世纪80年代，是随着改革开放的不断深化而逐步清晰、明确和加强的。1983年10月，邓小平提出"教育要面向现代化，面向世界，面向未来"，集中体现了对教育地位的全面审视和战略思考，其中蕴含着素质教育的指向和要求。1985年，在全国教育工作会议上，邓小平进一步指出："我们国家，国力的强弱，经济发展后劲的大小，越来越取决于劳动者的素质，取决于知识分子的数量和质量。"1994年，第二次全国教育工作会议强调："基础教育必须从'应试教育'转到素质教育轨道上来，全面贯彻教育方针，全面提高教育质量。"1996年，《国民经济和社会发展"九五"计划和2010年远景目标纲要》提出，要"改革人才培养模式，由应试教育向全面素质教育转变"。1999年，第三次全国教育工作会议发布的《关于深化教育改革全面推进素质教育的决定》指出："实施素质教育，就是全面贯彻党的教育方针，以提高国民素质为根本宗旨，以培养学生的创新精神和实践能力为重点，造就有理想、有道德、有文化、有纪律、德智体美全面发展的社会主义事业建设者和接班人。"2004年，中央下发《关于进一步加强和改进大学生思想政治教育的意见》，进一步明确要以大学生全面发展为目标，促进大学生思想道德素质、科学文化素质和健康素质协调发展，深入推进素质教育。2006年，胡锦涛在主持中央政治局第34次集体学习时，首次把素质教育提到教育工

作主题的高度，强调指出，全面实施素质教育，核心是要解决好培养什么人、怎样培养人的重大问题，这应该成为教育工作的主题。要坚持育人为本、德育为先，把立德树人作为教育的根本任务，努力培养德智体美全面发展的社会主义建设者和接班人。2007 年，党的十七大报告指出，"要全面贯彻党的教育方针，坚持育人为本、德育为先，实施素质教育，提高教育现代化水平，培养德智体美全面发展的社会主义建设者和接班人，办好人民满意的教育。"2010 年 7 月，第四次全国教育工作会议召开，《国家中长期教育改革和发展规划纲要（2010—2020 年）》颁布，强调要"坚持育人为本，以改革创新为动力，以促进公平为重点，以提高质量为核心，全面实施素质教育，推动教育事业在新的历史起点上科学发展"，正式确定了"坚持以人为本、全面实施素质教育是教育改革发展的战略主题"。2011 年 3 月，《国民经济和社会发展第十二个五年规划纲要》从国家全局出发，进一步对教育发展提出了新的要求和期待：全面推进素质教育，遵循教育规律和学生身心发展规律，坚持德育为先、能力为重，促进学生德智体美全面发展。2011 年 4 月，胡锦涛在庆祝清华大学建校 100 周年大会上重申："坚持正确办学方向，坚持以人为本，遵循高等教育规律，全面实施素质教育，不断推进改革创新，我们的大学就能获得事业发展的强大动力，就能源源不断培养出德才兼备的优秀人才。"

可见，素质教育是在我国社会主义事业的改革发展中，着眼于应对 21 世纪挑战，培养高素质优秀人才而提出的一项战略举措，是逐步清晰和明确的国家层面的教育方略。实施素质教育既是贯彻党的教育方针的时代要求，又是在充分洞察世界形势和未来发展对人才要求的基础上作出的科学判断与必然选择，其目的是培养全面发展的社会主义建设者和接班人。

目前，随着国家宏观政策导向的强化，素质教育理念已日益深入人心，并逐步转化为我国基础教育、高等教育乃至整个教育事业改革发展的积极探索和生动实践。但是，在素质教育广泛推行的同时，也存在着理论上模糊不清、实践上取向不明等一些深层次问题。譬如，将素质教育简单地等同于通识教育、人文素质教育、文化素质教育，认为素质教育就是取消考试的教育，等等。这些显然是需要澄清和矫正的。

素质教育不能等同于通识教育。首先，通识教育基本上只涉及教学内容和课程体系，而素质教育不仅涉及教学内容和课程体系，还涉及教育教学活动的方方面面，例如校园文化活动、社会实践活动，等等。其次，通识教育是大学教育本科阶段实施的一种集中的综合素质教育，与专业教育一同构成了本科教育阶段的全部。① 也就是说，通识教育只是本科教育的一个阶段，是专业教育的一个补充和辅助。而素质教育则贯穿于人才培养、教育教学活动的全过程，涵括的领域和层面更宽泛，不仅包括大学本科阶段，也包括中小学、研究生等阶段。再次，通识教育和素质教育渊源的教育思想背景和因循的理论逻辑不同。前者产生于19世纪的欧美国家，目的是培养学生独立思考、融会贯通等能力，弥补大学教育的专业化和单向度。后者则产生于中国改革开放时代，以人本身的发展为主要目的和归宿。

  素质教育不仅仅是文化素质教育。1995年，国家召开了"加强高校文化素质教育试点工作研讨会"，在52所高校进行大学生文化素质教育试点。从那时起，先后成立了高校文化素质教育指导委员会，在全国建立数十个国家大学生文化素质教育基地，印发了《关于加强大学生文化素质教育的若干意见》，组织编写大学生文化素质教育书籍，举办一系列文化素质教育专题研讨会和报告会，并把文化素质教育纳入高校本科教学质量和教学改革工程中，取得了丰硕成果。但是，可以说加强文化素质教育是全面实施素质教育的重要组成部分，却不能把二者简单地等同。因为，所谓文化素质主要是指人类在社会发展过程中逐步形成的社会道德、价值观念、审美情趣和思维方式等，由人文知识、人文技能、人文精神三个层面的内容所组成。② 换言之，文化素质教育就是以培养人文素质为目标的教育。而不同于文化素质教育，素质教育则不仅包括人文素质，也涵括科学素质，它是科学素质教育与人文素质教育的协调统一，是一个综合性的范畴，包含更多、更丰富、更深刻的内涵。

  素质教育也并非完全摒弃考试的教育。素质教育的提出在一定程度上是源于人们对应试教育的质疑，但素质教育并不是对应试教育的简单否定，更不是要否定考试。素质教育所要否定的是应试教育片面夸大考试作用的错误观念。在某种意义上，应付考试也是一种能力，考试作为一种评估教育教学质量的方法，既可以为应试教育服务，同样也可以为素质教育所用，素质教育同样也需要考试，只不过在素质教育中，考试被赋予了不同的意义。在素质教育中，考试不再是核心，而是作为检查、评价和强化教学的手段，所谓"讲一、练二、考三"就体现着这种要求。

---

  ① 杨叔子、余东升：《素质教育：改革开放30年中国教育思想一大硕果》，《高等教育研究》2009年第6期。
  ② 刘献君：《文化素质教育论》，高等教育出版社2009年版，第9、10页。

二、南开教育拥有注重素质、培育素质的优良传统

在素质教育方面,南开大学可谓颇多渊源、颇具基础。自创立之初,南开教育就高度重视人的素质,并在长期的办学实践和历史发展中逐步形成了注重素质、培育素质的优良传统。特别是与单纯主张教育仅是为了培养某一种能力不同,早期南开甚为注重学生文化素质、能力素质、道德素质和身心素质等多方面的培养和发展,堪称南开教育的素质传统,这为南开教育在新时期的发扬光大提供了坚实的传统滋养和丰厚的素质根基。

南开教育的道德素质传统。在创立之初,南开大学就把道德教育提到培养人的高度,强调"教育范围,绝不可限于书本教育、知识教育,而应特别注重人格教育、道德教育",① 提出了"德育为万事之本"②的命题。

在南开先贤看来,"研究学问,固然要紧,而熏陶人格,尤其是根本",③ 学校教育的目的就是使学生养成良好习惯和健全的人格。这种对学生道德人格的熏陶培育渗透在南开教育的许多细节中。例如,重视利用中国传统美德教育学生,同时又把现代民主、平等、自由和人格独立的道德观,与中华传统道德中的积极成分相结合,在德育中贯彻新的道德原则。

张伯苓等先贤尤为看重爱国教育,"广义而言,学校则教之为人。何以为人?则第一当之爱国",④ 认为爱国精神是中华民族凝聚力的基础。当时,学校紧密结合寇深祸急的国家发展形势,通过多种方式教育学生要清醒看到国家的不足,不断推动国家进步,要"有爱国之心,兼有爱国之力,然后始可实现救国之宏愿"⑤。

南开教育的文化素质传统。学术研究活动、讲演、戏剧、出版等校园文化要素被摆在重要位置,显示了南开教育对学生文化素质培养特别是智育、美育及艺术教育的重视。

学校在二三十年代就建立了东北研究会、经济研究所、边疆人文研究室等学术机构,学生中还成立了天津研究会、数学研究会、商学会等。这些研究机构和学生文化团体"以大自然为教室,以全社会为教本","利用活的材料,充实学生之智识,扩大学生之眼界",使研究社会现象、探讨学术问题成为南开学

---

① 王文俊,杨珣等:《张伯苓教育言论选集》,南开大学出版社1984年版,第246页。
② 梁吉生:《允公允能 日新月异 南开大学校长张伯苓》,山东教育出版社2003年版,第146页。
③ 王文俊,杨珣等:《张伯苓教育言论选集》,南开大学出版社1984年版,第146页。
④ 王文俊,杨珣等:《张伯苓教育言论选集》,南开大学出版社1984年版,第4页。
⑤ 王文俊,杨珣等:《张伯苓教育言论选集》,南开大学出版社1984年版,第247页。

生兴味盎然的活动。①

讲演也是当时南开校园文化的重要方面，可以"练习学生说话之技术，与发表思想之能力"。②为此，学校举办了丰富多彩的专题演讲和学术演讲。话剧活动也十分热烈繁荣，从张伯苓等编导的《用非所学》，到周恩来等优秀学生编演的《一元钱》、《新村正》，再到张彭春等编导上演的一系列世界名剧，精彩纷呈，大受欢迎，陶铸了南开师生的文化素养和艺术趣致。

南开教育的能力素质传统。在重视文化素质培养的同时，南开也重视学生能力素质的培养，这集中体现在对学生社团组织的重视上。

针对当时"国人团结力薄弱，精神涣散"的社会现实，张伯苓指出，其"原因在不能合作，与无组织能力"。因此，为"训练学生做事能力，服务精神，并培养社会领袖人才起见"，学校应"对学生课外组织、团体活动，无不协力赞助，切实倡导，使学生多有练习做事参加活动之机会"。③社团组织对学生精神的陶铸是显而易见的，如时人所言：一是活动而不致荒废功课，活动而不致嚣张骄逸；二是以少许学生而有若干组织，其富于活动精神与组织能力概可想见；三是读书不误做事，做事不误读书。读书认真，做事负责，不事虚荣，专务实效；四是团体生活最易起纷争、有党见，而南开大学学生则因此团体之生活而彼此友谊愈加亲密，绝无相互倾轧之弊。④

南开教育的身心素质传统。张伯苓等南开先贤把体育提到关系民族素质和国家富强的高度来认识，"我国人最差的是体育"，"强国必先强种，强种必先强身"，"强我种族，体育为先"。⑤他们明确指出，学校体育关系受教育者德智体诸方面的和谐发展，"教育与体育，绝对不能分离"，"教育里没有了体育，教育就不完全"，体育与智育、德育、美育都有密切的关系，正所谓"体育发达非啻身体之强健已也，且与各事均有连带之关系。读书佳者宜有健全身体；道德高者宜有健全身体"。⑥因此，在张伯苓提出的南开学校五项训练方针中，体育是居第一位的，学校也一贯倡导学生要兼具知识优美、道德高尚和身体强健。可以说，老南开的体育教学活动繁盛，"南开五虎"等体育团队名扬海内，与学校特别重视体育素质，并拥有一套独到的体育理念和体育机制密不可分。

---

① 王文俊，杨珣等：《张伯苓教育言论选集》，南开大学出版社 1984 年版，第 245 页。
② 王文俊，杨珣等：《张伯苓教育言论选集》，南开大学出版社 1984 年版，第 245 页。
③ 王文俊，杨珣等：《张伯苓教育言论选集》，南开大学出版社 1984 年版，第 245、246 页。
④ 王文俊，梁吉生等：《南开大学校史资料选》，南开大学出版社 1989 年版，第 497 页。
⑤ 王文俊，杨珣等：《张伯苓教育言论选集》，南开大学出版社 1984 年版，第 244 页。
⑥ 王文俊，杨珣等：《张伯苓教育言论选集》，南开大学出版社 1984 年版，第 17 页。

三、南开教育的返本开新——"公能"素质教育

如前所述,实施素质教育是国家中长期教育改革发展的战略主题。为此,南开大学于2012年初制定发布了《南开大学素质教育实施纲要(2011~2015)》。这个纲要体现了新的时代性要求,契合了现代教育发展的规律性趋势,富于南开特色的创造性,特别是在继承南开传统教育理念的基础上,深化明确了一个新理念——"公能"素质教育。

我们认为,"公能"素质教育就是允公允能、公能兼备的素质教育,它以促进人的全面发展为价值取向,以德、智、体、美"四育并举"、"四育融合"、"四育并进"为培养方略和目标,以全面贯彻党和国家教育方针、全面深化教育改革创新为根本途径,以教育质量的全面提升、南开特色的全面强化为显著特征。

"公能"素质教育所富有的时代新义是显而易见的。一方面,它并非是"无中生有"的,而是有深厚的理论源泉和根基,是在深切发掘中华文化的真精神和把握南开教育的素质传统的基础上,凝炼提出的新的教育观;另一方面,它又不是因循守旧的,是在深刻认识现代教育发展的规律,准确把握新的时代脉搏的基础上概括出的新的教育方略。从某种意义上说,"公能"素质教育就是对"全面发展"的教育本质的回归,是南开教育的一种返本开新、守正创新。

在我们看来,南开"公能"素质教育可概括为四个方面:育人为本、全面发展、现代视野、创新人才。所谓"育人为本",就是以学生为尊、以学生为重、以学生为先,努力营造学生主动活泼发展的育人环境。所谓"全面发展",就是不仅要抓好智育、更要重视德育,还要加强体育、美育和实践教育,使诸方面相互渗透、协调发展,促进学生的人格健全和健康成长。所谓"现代视野",就是教育的方式方法要与时俱进,能够适应现代化、国际化的新要求,不断培育学生的全局胸怀、世界眼光、现代思维和综合能力。所谓"创新人才",就是在夯实专业基础的同时,着力创新教育理念和人才培养模式,以培养造就具有创新精神、创新意识、创新能力的高素质专门人才。

"公能"素质教育是以人为本的教育。在传统教育观念中,教育大都不是把学生看作"现实的个人"来培养,而是把学生打包成一个整体的"类存在"来生产,把培养人才与工业上的"塑造"或"加工"等同起来,忽视了人的主体性和个体性等本质特征。"公能"素质教育则充分肯定人的主体性和个体性,主张顺应人的禀赋,从满足学生的教育需要出发,遵循学生身心发展的规律,以学生个性充分而自由地发展和学生群体的全面发展为中心,尊重学生的自主权、选择权,充分调动自主学习的积极性、主动性。具体的说,在办学观念上,主

张从"学科为本"转变为"学生为本",即真正实现"一切以学生成长作为出发点和落脚点"。在教育内容上,主张从侧重"传授知识"转变为重在"提升素质",即要超越知识教育,实施德智体美全面发展的素质教育,既给学生传授系统的专业知识,更注意培养学生的学习能力、实践能力和创新能力。在培养模式上,主张从"以教为主"转变为"以学为主、教学相长",努力形成学生自觉学习的生动局面,既要激发学生主动学习,也要发挥教师的引导作用,加强教学互动。

"公能"素质教育是促进人的全面发展的教育。所谓人的全面发展,就是人的社会关系的发展,就是人的社会交往的普遍性和人对社会关系的控制程度的发展,就是在人的各种素质综合作用的基础上人的个性的发展。在以往教育观念中,不论是教育理念、教学方法、课程设置还是评价标准,传统教育都仅围绕着考试指挥棒转,只须学生掌握基本知识、基本理论和基本技能,以应付考试、升学、拿学历证明书,而忽略了文化素质、身心素质、思想道德素质等更为深层次的发展。"公能"素质教育则要求学生应全面协调地提高综合素质,为做人、求知、劳动、生活、健身、审美、创新等打下良好的基础,以成为"有理想、有道德、有文化、有纪律"的高素质人才。诚所谓,"素质不能与知识、能力相剥离,素质教育更不是简单的'吹拉弹唱',而应该包含并超越知识与能力。南开开展的'公能'素质教育,不仅要培养社会需要的专业型人才,更注重人的全面发展。"

"公能"素质教育是面向现代化的教育。温家宝曾指出,有一流的教育,才能成为一流的国家。中国要实现现代化,教育要率先实现现代化,这是中国教育发展的必由之路。教育现代化是社会现代化的组成部分。从理论上讲,一个国家要实现社会现代化,首先要求人的现代化,这就要求教育的现代化。教育现代化是国家现代化不可缺少的条件,两者互相促进,互为因果。为此,"公能"素质教育强调更新旧的教育观念,改革旧的教学内容、教学模式、教育评价体系和教育管理机制等,以适应现代化的需要。一方面"从'学'的角度来丰富、更新、优化教学计划",另一方面逐步"建立一个多样化的评价体系"。同时,要着眼国际化、全球化,积极推动"南开学生海外学习"计划,加大实施校际交换、"百人计划"、暑期学校、海外访学等项目的力度,增强教育的时代气息和全球视野。

"公能"素质教育是培养创新人才的教育。众所公认,教育在培养民族创新精神和培养创造人才方面,肩负着特殊使命。在传统教育思想那里,教育的目的是知识获取,手段是填鸭式灌输,这容易窒息学生的创新意识与创新精神,久而久之会形成一种只学不创、只记不思、吞而不化、积而不用的思维定势,极不利于学生学习能力和创新意识的培养。与此大为不同,"公能"素质教育把创新人才看作实施素质教育的关键,主张把创新思维和社会实践紧密结合起来,改进教学计划,调整课程结构,更新教学内容,尤其要强化实践教学,创新教学方法。因此,它坚持"以学生为主体、以教师为主导";在教学中推行启发式、讨论式等教学方法,强调加强教—学互动,引导学生主动学习知识,发现问题,开展自主研究;同时,探索以"讲一练二考三"为特点的教学组织与课程考试方式,强化"学习、实践、协作、创新"能力训练,以有效激发学生的创新思维和创新能力,从而培育出优秀的创新型人才。

(本文原载于《南开大学报》2012年10月19日第3版,收入本书前作者又做了修改补充。)

围绕"公能"校训开展南开大学文化素质教育工作的回顾与思考

索海军

1995年,原国家教委开始有计划、有组织地在52所高等学校开展加强大学生文化素质教育试点工作,成立了"加强高等学校文化素质教育试点工作协作组"。19年来,在教育部的领导下,全国各高校从动员、发动到试点探索,再到建立基地、普及推广、创造性地开展工作,文化素质教育理念和认识日益深入人心,得到越来越多高校领导、教师和学生的重视。在高校广大师生的共同努力下,文化素质教育及全面推进素质教育工作在全国已经取得了显著的成绩。南开大学作为试点院校和基地院校在教育部领导下,在理论和实践方面就如何有效开展大学生文化素质教育进行了积极探索,这些探索依托南开文化资源,自始至终贯穿着素质教育的思想和理念,同时也是秉承"允公允能,日新月异"校训理念,扎扎实实践行"公能"校训的过程。本文着重联系南开大学文化素质教育工作开展情况,对19年来的工作历程作一简要回顾。

一、充分发挥基地辐射、示范作用,引领高校文化素质教育深入开展

南开大学作为三北、四川地区高校文化素质教育协作组组长单位和教育部确立的首批32个基地学校之一,积极撰文参加教育部召开的各类高校文化素质教育会议,介绍南开大学加强文化素质教育的有效做法和工作经验。从1997年起,与西安交通大学一起连续17年牵头举办"三北、四川地区高校文化素质教育学术年会",为地区高校搭建交流学习的平台,在地区文化素质教育工作中发挥了应有的作用,受到了教育部领导和兄弟院校的好评。新时期,受教育部委托,南开大学承办了一系列文化素质教育重要会议,先后有:"高校文化素质

教育基地中期检查总结会议"（2002年12月）、"北方地区高校文化素质教育教学研讨会"（2008年4月）、"科学素质教育课程骨干教师高级研修班"（2008年10月）、"'2010人文素质教育与科学素质教育的融合'高层论坛"（2010年6月）、"2013年大学素质教育研究会年会暨第三届高层论坛"（2013年10月）。在"科学素质教育课程骨干教师高级研修班"上，顾沛教授牵头的科学素质教育系列课程，在课程教学内容上特别注重"科学与人文双翼齐飞"，既培养学生正确的科学观、技术观，也培养学生正确的世界观、人生观、价值观；在教学方式上注重课内与课外相结合。经多年实践，该系列课程受到学生的普遍欢迎和同行的高度赞赏，为拓展文化素质教育视野做出了积极贡献。教育部原副部长周远清先生给予很高的评价："这次会议很有意义，将来可能会证明它是在我们国家的文化素质教育、素质教育里程当中非常重要的一件事情。""最重要的，为我们文化素质教育开辟了一个新的领域，这一点是对素质教育或者是文化素质教育最重要的贡献。""我觉得南开大学做了一件很好的事情。我这次来，是支持这件事情，学习这件事情。"

2013年10月25日，在"2013年大学素质教育研究会年会暨第三届高层论坛"上，龚克校长做了题为"关于素质教育的认识和实践"的大会报告，系统阐述了"公能"素质教育理念，介绍了新时期南开大学开展"公能"素质教育的探索与实践。龚克校长的大会报告受到了教育部有关领导和兄弟院校代表的高度评价，他们对南开大学近年来开展素质教育的探索与实践给予了充分肯定。

二、系统规划，建立制度，确保文化素质教育的可持续性发展

为加强对文化素质教育工作的领导，确保文化素质教育的深入持久开展，学校建立健全了文化素质教育基地建设领导体制和运行机制。1999年，学校在"文化素质教育工作指导委员会"的基础上，成立了以主管校长为主任的"南开大学文化素质教育基地建设指导委员会"，下设文化素质教育基地办公室，具体组织和开展学校文化素质教育基地建设工作。同时，各院（系）成立了由分管学生工作的党委副书记或副院长担任组长的院（系）文化素质教育工作领导小组，负责落实本院（系）的文化素质教育工作。文化素质教育二级领导机构的建立，形成了基地建设工作管理明确、责任清晰、渠道畅通的文化素质教育领导体制，从组织上有力地保证了基地文化素质教育工作的深入持久开展。为加强文化素质教育的教学与研究，学校依托文学院建立了文化素质教学部，主要承担美学、艺术类、语言文学类素质教学内容，组织开展学生课外文化和艺术竞赛活动。

为营造浓郁的校园文化氛围，加强校园文化建设，学校党委宣传部、党委学生工作部、教务处、校团委、图书馆和校园环境服务中心紧密配合，分工牵头抓校园文化建设。由宣传部牵头举办的"南开周末乐坛"，旨在提高校园文化品位，改变以往院（系）搞文艺演出小打小闹的局面，注意提高演出水平和质量，每周举办一次文艺演出，至今已举办了舞蹈、歌唱、民乐、交响乐、相声、京剧等200余个演出专场，演出盛况空前，深受广大师生欢迎。由教务处牵头举办的"南开周末论坛"学术讲座，每周五晚举办一次，因面向社会关注热点，备受学生欢迎，从1996年创办坚持举办十多年，累计举办高水平讲座300余次。不仅受到本校大学生的欢迎，而且吸引了来自天津其他兄弟院校的大学生。基地还多次选派优秀教师为天津大学、天津师范大学、天津商学院、天津体育学院、天津职业技术师范学院、天津武警指挥学院、天津港务局党校、河北大学、重庆大学、东南大学等兄弟院校授课、开设讲座。为扩大文化素质教育讲座的受益面，基地把"周末论坛"的优秀讲稿整理出来，向有关部门推荐，先后有十余篇优秀讲稿入选教育部编辑的《升华与超越》、华中科技大学编辑的《中国人文启示录》（1～6卷）优秀讲稿集。同时，在学校的鼓励和规划下，全校形成了不同规格不同层次的学术讲座，有"南开名人讲座"、"南开津联经济论坛"等不同风格的讲座。由学工部和学校团委负责学生刊物、学生社团、创业大赛、电子设计、志愿者服务等社会实践活动，使同学们在学习的同时，走进社会、认识社会、服务社会，提高了学生的责任感和全面素质。由图书馆负责文化素质教育图书建设，专门开辟"文化素质教育阅览室"，方便学生借阅有关文化素质教育的书籍。

为帮助大学生拓展知识、提高品位、健全人格和学会做人，文化素质教育基地组织教师编写了《南开大学大学生文化素质教育名著导读》，共选编人文科学、社会科学、自然科学领域的经典著作100篇，涵盖了文、史、哲、经、管理、物理和生物等学科，力求提供比较全面的经典知识与前沿思想。每篇导读既有对著作提纲挈领式的内容简介，又有对作者及该著作的历史地位做约略评价，并且每篇后面提供3～5篇拓展阅读书目，供学生拓展阅读。

三、课堂教学、校园文化、社会实践有机结合，扎实推进文化素质教育工作

在开展大学生文化素质教育中，我校逐渐形成了以提高大学生综合素质、促进学生全面发展为宗旨，以课堂教学、校园文化、社会实践的有机结合为育人环节的"三位一体"的文化素质教育模式。具体来说：

（一）课堂教学方面

文化素质教育推动了教学改革，我们紧紧抓住素质教育对教学内容、教学方式乃至课程体系改革的启发性苗头，不仅把文化素质教育渗透到教学内容中，并进而逐渐把文化素质教育纳入了教学计划。例如，最初学校规定文理科学生都要必修《高等数学》课程，理工科学生要进行《大学语文》的学习，目的是为了实现学生的全面素质培养。在我校1999级教学计划中，明确地把课程结构从总体上分为思想道德素质、文化素质、身体心理健康素质、基本知识和专业知识能力五个类别，文化素质课学分占学生总学分比例达10%（15学分），从而把文化素质教育实实在在地落实到了教学计划中，保证了文化素质教育深入持久的开展。为积极探索培养复合型人才的途径，学校先后建立了"经管法复合型人才培养试点班"、"法学和信息安全双学位班"，进一步完善了双辅修和跨专业选课制度。

编写文化素质教材是我校实施文化素质教育的一项工程。文化素质教育基地在1999年资助出版《中国文化精华》、《西方文化精义》、《世界科技文化史》、《外国文学通识》、《天文学概论》、《大学生心理健康》等一批人文通识课教材，2003年资助出版了《西方文学通识》、《中国文学通识》、《中国音乐鉴赏》、《中国音乐通识》、《中国美术通识》、《名画鉴赏》等文学艺术类课程教材，2009年资助出版了《数学文化》、《科技文化》、《科研方法论》、《基础生命科学导论实验》、《前进中的物理文明》等一批科学素质教育教材。

2008年，原常务副校长陈洪教授牵头的文化素质教育创新实验区获得教育部批准。围绕创新实验区建设，我们以"大学语文"、"科学素质教育"、"艺术教育"三支教学团队建设为重点，加强文化素质类公共选修课建设力度，先后组织开设了"中国文明史"、"世界文明史"、"京剧与戏曲文化"、"中华国学"、"书法与篆刻"、"现代中国文学名著导读"等一批特色课程。2010年10月，为加强课程建设和管理工作力度，学校出台了《南开大学公共选修课教学管理暂行办法》，将本科生的公共选修课程划分为自然科学与技术、人文科学、社会科学、艺术体育与实践4个模块，对课程进行模块化管理，引导学生合理选课。根据"公能"特色的素质教育课程体系建设的需要，学校从2011年启动文化素质教育核心课程遴选与重点建设，到目前为止，经立项评审初步形成了包括《数学文化》、《化学与社会》、《物理与社会发展》等21门课程的核心课程群，这些课程将在贯彻人文素质教育和科学素质教育相融合的理念方面先行先试，深化改革，对全校文化素质教育类课程发挥辐射引领作用。经过多年的建设，我校文化素质教育类课程建设成果丰硕，其中：《大学语文》、《数学文化》、《科研方法论》等 3 门课程入选国家精品课；《六大名著导读》、《数学文化》、《化学与社会》、《疾病与用药》、《生命科学漫谈》等 5 门课程入选教育部"精品视频公开课"立项建设；《数学文化》、《科研方法论》、《疾病与用药》、《天文学概论》、《中华国学》等 5 门课程入选"大学素质教育精品通选课"；《中华传统艺术》、《民俗学导论》、《医学与人类健康》等 3 门课程入选"大学素质教育优秀通选课"。

（二）校园文化方面

学校有意识地在人才培养中重视挖掘学校的深厚文化底蕴，通过校园文化的熏陶与感化，潜移默化地培育学生树立爱校、爱国、追求卓越的南开精神。多年来，形成了独具南开特色的三个校园文化观念：一是校史系列的爱校观念，如著名教育家严范孙、张伯苓、杨石先等塑像，西南联大纪念碑，敬业广场，南开校史展馆和电影《张伯苓》等，以此让学生了解南开光荣而艰辛的发展历史，从中自然生发出对母校的热爱。二是缅怀英烈、不忘国耻系列的爱国观念，如献身革命的于方舟烈士纪念碑，重铸的南开校钟，重建了抗战期间被毁建筑秀山堂、思源堂、木斋图书馆和芝琴楼的纪念碑铭。新生入学和学生毕业都要鸣校钟，警示南开学子，永记南开被日寇炸毁的罪行，不忘校耻国耻，向英烈学习，奋发向上，树立以天下为己任的爱国观念。三是南开优秀学生周恩来纪念系列，建有周恩来塑像、周恩来纪念碑、周恩来纪念室、周恩来班，激励学生争做像周恩来那样的优秀毕业生，为南开争光，树立一生"追求卓越"的观念。通过这些人文景点，让学生逐步接受并树立起"爱校、爱国、追求卓越"的观念，关心国家的前途、民族的命运，关注学校的改革，强化了"公能"校史教育。

以学术讲座营造浓郁的校园文化氛围。学校规定，每院（系）每年都要开设不少于 5 次的系列讲座，由此全校形成了多种主题的系列讲座。概括起来，这些讲座有三个重点：一是重在面向社会的系列讲座。内容涉及当今中国和世界发生的几乎所有热点问题。二是重在学术前沿的讲座。重在学术探讨，把当今世界和国内的最新学术问题介绍给学生讨论，使学生很早就步入学术前沿，扩展了学术视野，为他们今后进一步发展奠定了基础。三是重在提高学生综合素质的讲座。学工部主办的"交响乐欣赏"，旨在提高学生的艺术修养；教务处主办的"南开学人路"，旨在把各学科带头人做人的原则、治学的方法、经验和教训介绍给学生，为他们的学术成长提供一面"借鉴之镜"。在众多的校园讲座中，南开周末论坛和南开名人讲座影响最大，其中周末论坛，从 1996 年开始坚持举办 13 年，已累计举办 300 余期，深受广大学生欢迎。

丰富多彩的课外文化艺术活动，不仅是南开校园文化的亮丽的风景线，而且是我校培养学生综合素质的重要内容。这些别具特色的文艺活动展现了南开大学校园文化的魅力和加强大学生文化素质教育的显著成效。学校对校园文化建设的重视，促进了校园文艺活动的繁荣发展。每年校园文化都有几个高潮，其中最为著名的有化学学院的校园歌手大赛、金融系艺术节、外国语学院外语节、生命科学院体育节、信息技术科学学院计算机节、商学院企业文化节、文学院文学艺术节、泰达学院的青年文化节、哲学院哲学文化周、学工部学生宿舍文化节，等等。

为充分利用这些资源加强文化素质教育，进行规范化管理，2001年由学校宣传部牵头举办"南开周末乐坛"，每周举办一次音乐艺术演出，至今已举办200余期，累计参加人数达5万余人次；国家大学生文化素质教育基地于2002年4月在全国高校率先举办了"首届南开文化素质教育节"，至今已举办11届。举办这些活动一方面扩大了文化素质教育的宣传，持久开展文化素质教育工作；另一方面有力地整合了校内文化艺术活动资源，规范管理校园文化活动。

（三）社会实践方面

学生社团活动一直是南开的传统，周恩来、曹禺等都曾是南开学生话剧团的活跃人物。学生社团在大学生文化素质教育和营造校园文化氛围方面起到了显著作用。活跃在南开园的社团有100多个，经济初学社、学生合唱团、学生京剧团、学生话剧团、南开书画苑、野牦牛志愿者协会、绿色行动小组、三农学社、爱心俱乐部、心理协会等都是南开社团活动的活跃者。今天，南开的学生社团与时俱进，热心公益事业，关注社会问题，关注现代化建设，表现了强烈的社会责任感。其中，南开书画苑以历史悠久、规模庞大、组织管理制度完善见长，素有"南开第一社团"的美称。"三农学社"则以强烈的社会责任感凝聚了一大批来自不同家庭的大学生，制订了详细的工作章程和活动计划，通过组织假期返乡调研、开展"三农问题"课题研究、邀请民工座谈等形式关心农业、关心农村、关心农民问题，充分表现了当代大学生坚持书本学习与改造社会实践相结合，心系国家发展与建设的强烈使命感和责任感。学生合唱团倡导团队精神，弘扬高雅文化，在合唱比赛中硕果累累。2002年10月，教育部专家组组长、北京大学叶朗教授观看了学生合唱团的汇报演出后说："南开大学的人文导向非常好，学生合唱团有专业水平，格调高于专业演员。这些学生的精神风貌是积极的、健康向上的，现在社会上一些明星演出节目格调趣味很低。因此，我们的学生文艺演出要扩大影响，在社会上辐射一下，消除低级的东西。南开大学文化素质教育基地汇报演出非常好，台上台下气氛活跃，显示了南开校园文化的品位和格调。"

为锻炼学生流畅的文字写作和新闻采编能力，2001年，文化素质教育基地创办了《南开大学文化素质教育通讯》。该报纸在基地的指导和管理下，从约稿、编辑、印刷、发行各个环节都由学生完成，在正式发行35期后于2004年改版为《南开大学本科教学报》，累计发行100期。该报纸的创办，为广大师生提供了一处探讨文化素质教育的精神家园，锻炼了学生写作分析能力，扩大了文化素质教育基地在全校的影响，加强了对文化素质教育工作的宣传。

重视学生结合专业特点以志愿者服务的形式为社会服务。如多隆电子协会开展的义务维修活动，爱心俱乐部承办的"献爱心、做奉献"心理咨询日，校团委组织的暑期社会实践活动，教务处组织的"手拉手"暑期社会实践，环境科学院组织的赴内蒙考察沙尘暴，周恩来政府管理学院组织的"国策论坛"，等都产生了很大反响，使同学们在学习的同时走进社会、认识社会，提高了青年学生的全面素质。

近年来，被誉为"南开品牌"的"百项工程"，在鼓励学子科研创新的过程中孕育了丰硕果实。其中，化学学院2005级本科生陈智的作品《稀土光磁功能配合物研究》，综合信息科学和生命科学等多领域知识，在第十一届"挑战杯"竞赛中，夺得"挑战杯"竞赛特等奖。学生创新项目研究从2002年"百项工程"启动时的80项，已发展到目前平均每年500余项，"百万经费，播撒的是创新的种子"。学校党委书记薛进文曾经这样诗意地形容，"我们最看重的不是这些种子开出什么样的花朵，而是它们怎样萌芽。也许有人失败，有人成功，但我们相信大家都能从中得到收获。"

充分利用社会资源开展文化素质教育工作。为充分利用社会资源加强大学生文化素质教育，我校与平津战役纪念馆签订了共建文化素质教育基地的协议，并和周邓纪念馆、天津文联、天津市科技馆、河北曲艺学校、北京天文台兴隆观测站、怀柔观测站等单位建立了友好联系。深受学生欢迎的文化素质课《天文学概论》，多年来一直坚持去北京天文台兴隆、怀柔观测站实地观测，听专家讲座，许多学生认为实地观测不仅获得了知识的感悟，更多的是人文方面的教益。

四、思考与启示

1. 领导重视是关键

学校领导至始至终高度重视大学生文化素质教育工作，大力倡导并身体力行推进文化素质教育工作，从经费到人员配备都给予充分支持，保证了这项工作深入持久的开展。以"南开周末论坛"为例，原校长母国光、侯自新，副校长逄锦聚教授、陈洪教授、耿运琪教授，以及副校长佟家栋教授、朱光磊教授多次做客论坛，为全校师生做精彩报告。谷书堂、魏埙、杨敬年、罗宗强、陈晏清、刘泽华、魏宏运、薛敬孝、熊性美、张光寅等知名学者亲临"周末论坛"，讲述自己学术成长的过程，把做人的原则、治学的方法、经验和教训介绍给学生，为他们的学术成长提供"借鉴之镜"。学校党委副书记刘景泉教授多次就"周末论坛"的选题和《南开大学本科教学报》的编辑给予亲切指导。

2. 师资队伍建设是保证

建设一支专兼结合的文化素质教育师资队伍是提高文化素质教育工作水平和教学质量的重要保证。以顾沛教授、苏宜教授、宋峰教授、张伟刚教授、张荣明教授、张金红教授等为代表的一大批教师积极探索教学内容和方法改革，自觉贯彻人文素质教育和科学素质教育理念，为学校文化素质教育课程建设做出了贡献，积累了丰富的经验。2014年6月，南开大学等四十多所重点高校倡议在大学教育中弘扬中华传统文化，其中提高教师传统文化修养是重要前提。这充分说明教师文化修养的高低日益成为影响大学素质教育质量的制约因素，加强教师队伍建设是今后深入开展"公能"素质教育的努力方向。

3. 文化素质教育是素质教育的重要切入点，与素质教育不断融合、密不可分

文化素质教育从一开始就与素质教育思想密不可分。在工作开展之初，教育部就特别强调要将加强文化素质教育作为一个重要切入点。所谓"切入点"，实际上有两层意思：其一，就是将文化素质教育作为推动高校人才培养工作改革不断深化的切入点；其二，也是最重要的一点，就是将文化素质教育作为高校进行全面素质教育的重要切入点。实践证明，人们正是通过文化素质教育理论和实践探索，逐渐体会、了解和认识素质教育思想和理念的。同样，文化素质教育工作的开展，自始至终贯彻着素质教育的思想和理念。也可以这样认为，高校文化素质教育探索的过程也是高校全面推进素质教育实践过程的重要组成部分。随着文化素质教育理论和实践的发展，必将进一步丰富素质教育的内涵，深化人们对素质教育在高等教育领域的理论意义和实践价值的认识。

4. 保持开放心态，融入时代精神

新时期的文化素质教育以及"公能"素质教育，应该也必须融入这个时代的精神，以更加开放的心态迎接教育教学改革的探索。随着党的十八大精神，特别是十八届三中全会精神的深入学习和贯彻，中国梦的追求、社会主义核心价值观的践行、市场经济的不断完善和发展——这些都赋予了我们新的时代精神：和谐的精神、科学发展的要求、奥林匹克的精神、竞争合作与诚信精神、

法治精神，这些时代的精神，应该如何融入当代的大学生文化素质教育中来，是一个不容忽视的问题。同时，随着人类大融合、大发展，文化素质教育必然要面对全球化和文化多元化的挑战，这就要求文化素质教育要拓展文化视野，在科学借鉴世界先进文化的基础上提高民族文化自信和创新能力。

体育精神在"公能"素质教育中的作用

杨向东

南开老校长张伯苓先生的办学宗旨是育才救国、改造社会。他在创办南开系列学校过程中一贯提倡对学生德、智、体、美四育并进,强调陶冶情操和道德修养,注重科学和能力训练,尤其重视体育。张伯苓先生在总结四十年南开办学经验时说,南开学校为实现教育救国之目的,对于学生教育训练方针特别注意五点:一曰重视体育,二曰提倡科学,三曰团体组织(包括学术研究、讲演、出版、新剧、音乐研究会、体育、社团),四曰道德训练,五曰培养救国力量。上述五项训练,以"公能"二字为依归,目的在培养学生爱国爱群之公德,与夫服务社会之能力。惟"公"故能化私,化散,爱护团体,有为公牺牲之精神;惟"能"故能去愚,去弱,团结合作,有为公服务之能力。此五项基本训练,以"公能"校训为指导原则,而"公能"校训必赖此基本训练,方得实现。分之为五项训练,合之则"公能"二义,允公允能,足以治民族之大病,造建国之人才。①南开大学一贯坚持"公能"素质教育中的体育教育,继承传统,创新发展,经过几代南开人的努力,形成了自己的体育特色。在张伯苓"强国必先强种,强种必先强身"②的体育思想和"德智体三育并进"的教育理念指导下,南开形成了浓厚的体育运动氛围,"体育设备、运动场地,力求完善;体育组织、运动比赛,力求普遍"③。在 20 世纪 20 年代,南开体育由于重视普及、办理得法,校内涌现出许多实力雄厚的运动队及成绩优异的运动选手。今天在新的历史发展时期,更是赋予了"公能"素质中体育精神教育新的内涵。

大学体育是学校体育的最高层次和最后阶段,对大学生的培养是非常关键的。它与其他专业课程的学习不同,要求学生在学习、掌握运动知识的过程中

---

① 王文俊等:《张伯苓教育言论选集》,南开大学出版社 1984 年版,第 244~247 页。
② 王文俊等:《张伯苓教育言论选集》,南开大学出版社 1984 年版,第 244 页。
③ 王文俊等:《张伯苓教育言论选集》,南开大学出版社 1984 年版,第 244 页。

需要伴随肢体运动和心理参与，这种体育运动独有的应激过程，不但可以提高学生对外界刺激的适应能力，增强自我控制能力，还可以产生积极的情绪体验，强化自信心，培养创新能力，领悟更高的精神实质，达到身心合一的境界。大学体育教育有三个基本层次：第一，传授体育知识、技能，使学生掌握锻炼身体的手段和方法；第二，使学生了解自己的身体状况，采取正确的方法，养成科学锻炼的习惯；第三，进行体育精神教育，发展学生的个性，培养意志和信念，树立正确的体育价值观和人生观、生命观。上面三个层次的教育缺一不可，各有侧重，相辅相成，最高层次是体育精神教育，它是体育教育的根本目的和核心所在。

体育精神是一种文化形态，是通过体育运动形成并集中体现的人类的力量、智慧与进取心等积极意识的综合，是体育运动的最高级产物。体育中的竞技就是表现体育精神的重要方面。竞技体育一般是指最大限度地发展和不断提高个人、集体在体质、心理及运动技能等方面的潜力，以取得优异运动成绩而进行的科学的、系统的训练和竞赛。竞技体育按照各种不同的标准可以分为高级体育竞技和普及性的大众体育竞技、职业体育竞技和业余体育竞技、社会的体育竞技和学校的体育竞技。一般学校里的体育竞技可以分为两个层次：第一，非组织的体育竞技活动，即学生自发组织的游戏或改变规则、降低难度的体育竞技活动；第二，组织化的体育竞技活动，如班级、院系和校内、校际的体育竞技活动。通过体育竞技活动对大学生进行体育精神教育可以表现在以下几个方面。

一、树立身心和谐的生命价值观

体育运动是一个开放的系统，无论男女老少皆可以参与进来，找到适合自己的体育运动项目。体育精神的追求是身心和谐与统一的，参与体育运动是需要充分调动和发挥人的体质和智力方面的能力，甚至是潜在的能力。这种运动中的切身感受和体验，伴随着人的复杂的心理活动。体育运动的激情和精神，能激发大学生的创新能力和对生命的认识、尊重和热爱，使他们在参与体育运动中学会在矛盾与冲突中、激烈的"你死我活"的竞争中学会调节和控制自我的情感，感悟获得成功与失败的瞬间喜悦与悲伤，最终达到管理自我，超越自我，达到身心的和谐统一。这种身心和谐统一的生命价值观，对于大学生的成才和走向社会后的自我调节具有重要意义。

二、养成参与意识、开放心态，形成团队合作的集体主义精神

人不是孤立的个体，而是处于各种群体关系中的社会人，能否与人进行良好的沟通和协作是其社会性的重要表现。"参与比取胜更重要"，这是奥林匹克的名言。它号召人们广泛、积极参与到体育运动中来。体育精神强调参与感和存在感，它要求体育运动的参与者从孤独的自我走向互助的集体和团队，成为一个肩负着一个组织、团体委托，具有一定责任和义务的成员，成为一个心灵坦荡、心态开放的社会人。团队协作和集体主义精神正是体育精神所强调的，大学生在参与体育活动中，特别是集体运动项目，想要取得好的运动成绩，不但需要个人具备良好的运动竞技水平，更需要队员之间拥有良好的团队配合。这种特有的运动方式，使学生们建立起集体意识，在参与体育运动的集体竞争与协作中，学会了体谅和理解，宽容和互让，小我和大我，体验到被助与助人的快乐，让集体的概念真正在个人的头脑中变得具体、鲜明、生动，让大学生亲身认识到一个人只有融入到集体中，把个体优势融于集体之中才能最大化地发挥作用。因此，擅长体育活动的学生更善于为人处世，乐于奉献，团队意识强，很容易融入社会之中。

三、客观的成绩评定标准和激烈竞争培养了大学生所需的公正精神、竞争意识和法制观念

体育竞技是紧张激烈、扣人心弦的，但它处处体现了公正、平等、准确的原则。众所周知，体育竞赛中的运动成绩评定一般都是采用一些客观尺度，如时间、高度、距离等来进行评定，并在国际、国内体育专家统一制定的公认的体育竞赛规则下进行，对参加者的体育能力和水平在客观评定尺度和人人平等的规则面前得到公正准确的鉴别，运动员要接受裁判的判决，接受同一个评分标准。当然，裁判员也要接受仲裁、运动员、教练员以及观众的监督，这种互相牵制和制约，让运动场没有特权。学生们在体育竞技中，通过耳濡目染和亲身体验，将产生公正精神的感情内化，从而促使他们在对待工作、学习和生活中的自我评价以及在对他人的评价中尊重客观事实和奉行公正原则。体育竞技使人们站在统一、公正、平等的起跑线上进行角逐，人们为了取得优异的运动成绩，需要最大限度地发挥自己的能力，表现出了强烈的竞争性。争强好胜是学生们的鲜明心理特征。当好胜心有了明确的目标，并变成一种稳定的行为取向后，它就升华为激励人们努力向上的进取心。体育教学中竞赛教学法的运用，在校内、校际的各种体育竞赛中，都具有明确的目标，都能充分地调动学生把

整个身心投入到竞争和组织表现中去，由此可以培养学生们在公正、公平原则基础上的竞争意识和进取精神。从体育竞赛的规则要求中树立法制观念，运用法律保护自己的切身利益，在法律许可范围内正确地竞争发展。

四、培养创新能力

体育竞技是一个动态系统，主要表现在运动技术和运动方式不断追求最佳效用的更新。当学生们参加体育竞技时一般总是根据自己的目标来选择，使用运动技术和运动方式，同时为了使自己的目标尽快实现，又不断地创新和改造已使用的运动技术和运动方式。然而正是这种不断学习、创新和再学习的过程，使学生有了一个不断顺应新的生理和心理体验以及新的行为方式的机会，并在此基础上形成了可贵的准备和乐于接受他未经历过的生活体验、新的思想观念和新的行为方式的心理基础。体育的不断科学化也能促进这种心理基础的形成，培养创新能力。以往人们认为女子不宜参加的足球、马拉松、撑杆跳高等项目现在已经有众多女子参加，还有在大学中新开设的项目如毽球、和球、定向越野、山地自行车、拓展训练等现在也成为人们喜爱的热门体育项目。

五、促进人的情感交流和智慧对话

体育竞技之所以被人们注目，具有崇高的魅力，究其根由，人们自然会看到它对人类情感巨大的凝聚力以及参加者情感的高度融通性和智慧的对话性。在学生的课余体育活动中，当他们带着各自的动机或意愿组织松散的群体进行体育竞技时，学生们通过肌肉运动很快就会建立起人与人之间的相互了解、尊重和自尊、可依赖性、信任感。这些心理品质的培养，促使学生的情感高度交流，并且会使他们带着在这种情感交流中建立起来的思想方法、行为方式以及新的价值观念来重新认识现代社会和生活的各个方面。在校内、校外的体育竞赛中，运动员一般是在有组织的团体中从事运动，他们除了要不断接受来自团体内的运动员、教练员和领队的情感融通，还要接受来自团体之外的社会和个人的情感倾注，这对竞赛目标的实现起着很大的作用。如果一个团体中的运动员和运动员、运动员与教练员之间不能进行情感高度交流，他们的竞赛目标是无法实现的。在体育竞技中，无论是正式的还是非正式的竞赛，都可以表现为智慧的对话性。因为在竞赛中包含着一种比赛的艺术，这里有技术、战术的运用，即用己之长克彼之短；最大限度地发挥自己的优势和潜能，使对方的优势无从发挥。这种比赛的艺术实质上就是智慧的对话，它促进学生思路开阔，头脑开放，发挥潜能，致力创新。显然，人与人之间的信任感、可依赖性、相互了解、尊重和自尊以及思路开阔、头脑开放、创新发展都是现代大学生不可缺少的基本品质和能力。

六、能力至上，培养了大学生所需要的强烈的个人效能感、坚强的意志品质和乐观向上的人生态度

体育竞技是在公平竞争的基础上推崇能力至上的，它只是承认在客观统一标准鉴别下的能力大小。这集中体现在"更快、更高、更强"的现代奥林匹克精神中。学生们最初参加体育竞技时大多对自己的能力认识不到位，害怕挫折，不敢面对困难和失败。可是，当他们通过参加体育竞技，并从中品尝到胜利果实时，他们开始对自己的能力有了新的认识，增强了他们对自己能力的信心，从而也会促成他们对待别人和社会充满了信心。体育竞技中每时每刻都要面对成功与失败、得意与挫折、赞美与批评，这种随时可能出现的困境，会使参与者在克服和战胜各种内部、外部的困难中逐步养成一种积极乐观的人生态度和勇于拼搏的进取精神。如果没有这种精神，参与者无法经得起高强度竞争带来的输赢的考验，无法承受失败与挫折的打击，也无法顶得住赞美与批评的压力。当今社会的发展不同于过去的战争年代，但是艰苦奋斗仍然是时代所需要的，并被赋予了新的内涵。它体现出勇于面对一切挑战，勇于克服一切困难，永不满足，永远进取的精神。当学生们在参加体育竞技，追求体育效用的同时，会形成强烈的个人效能感，并对自己的能力充满信心，不怕困难，顽强拼搏，积极进取，这种意志品质和处事态度的形成，也是当今大学生必备的。

七、效果的渐成性，促使人们放弃急功近利的价值观，而趋向于长期、系统、不懈追求的价值观

在参加体育竞技中，不论是追求体能的增强、体格的健美，还是追求个性完善、情操陶冶，不经过长期的坚持不懈的努力是不会如愿的。当今在学生中普遍存在着一种目光短视，办事急于求成的心态。如果事情不能很快见成效，看不到事情马上成功就会心灰意懒。在参加体育竞技活动中有许多人是一曝十寒的，因此他们取得不了骄人的成绩。体育竞技中效果的渐成性会促使学生们放弃急功近利的思想，逐渐形成一种长期、系统、不懈追求的价值观，并且趋向于为自己的生活、工作做长期系统的计划。这种价值观、思想方法和行为方式是当代大学生人格的组成要素。

八、欣赏体育运动美，感受体育运动的快乐

体育运动可以使人获得自由、创造的灵感以及美的体验，它不仅仅是残酷的竞争，同时也可以给人带来快乐的审美教育。一次体育竞技比赛就好像是一件艺术品，运动员高超的技艺，强健的体魄，集体中协调流畅的配合，赛场上群情激昂、顽强拼搏等构成了一幅美妙的图画，这里有力度、节奏、均衡美，还有姿态、造型、线条、韵律美，给人带来了美的享受，陶冶了情操，提高了审美情趣。通过欣赏体育竞技的美，进而可以转化为人们体验体育竞技的乐趣。当学生们参与到体育运动中来，身体进入无障碍、自由的运动状态，在流畅的动作中感受自我的存在，快乐会将疲劳、痛苦、紧张取而代之。体育比赛的成功是美的，同样比赛的失败也是美的，失败是成功之母，失败使人进步。体育的竞技可以使人们释放生命的能量，享受最后胜利的欢欣，体验参与体育运动的快乐。体育竞技使人的身体美和心灵美达到和谐统一，使所有体育运动参与者都乐在其中。

九、开阔视野，促进世界文化交流

体育运动是全人类共同的文化，没有国界、制度、种族、阶层的限制。从某种意义上说，体育运动已经成为全球化的人类语言，在增进了解、加强友谊、促进和平等方面发挥着不可替代的作用。随着学校国际化的进程加快，大学校园里国外留学生越来越多，每年一度的留学生运动会为各国留学生提供了很好的交流平台。学生们在参加体育活动中可以与不同的国家、民族、宗教信仰的人们聚集在一起，通过体育运动展现不同的技艺，开辟了国际文化交流的窗口，增进了解，开阔眼界，融合碰撞，和谐相处，增进了感情交流，促进了校园和谐。这个过程本身就可以使大学生树立国际化的观念，认同并接受国际化的公平竞争，从而适应迅速发展的经济全球化、政治多极化、文化多元化的国际社会，为将来中华民族走向国际化发挥重要作用，奠定良好的基础。

体育精神教育是南开"公能"素质教育中的重要组成部分，是其他学科素质教育不可替代的。如何更好地坚持南开"公能"素质教育的传统，根据时代发展的需要，赋予符合时代要求的新的内涵，为大学生的成才打下更好的素质基础，是我们需要认真思考和坚持的。

"公能"校训的南开体育之践行

——以体育教学和激扬排球社团活动为例

游江波

一、"公能"校训之寓意

"校父"严修在南开学校初创时即提出了"尚公""尚能"的主张，并在办学过程中一直践行"公能"二义。1934 年，张伯苓先生在南开学校创办 30 周年校庆纪念会上，宣布将"允公允能，日新月异"作为南开校训，"'公能'的提倡，目的在培养学生爱国爱群之公德，为夫服务社会之能力。故本校成立之初，即揭櫫'公能'二义，作为校训。惟'公'故能化私，化散，爱护团体，有为公牺牲之精神；惟'能'故能去愚，去弱，团结合作，有为公服务之能力。"[①]

二、"公能"校训中的体育元素和表达

回溯南开校史，老校长张伯苓等南开先贤十分重视体育，强调"体育一科现时急宜注意"。"体育发达非啻身体之强健已也。且与各事均有连带之关系。读书佳者，宜有健全之身体，道德高尚，宜有健全之身体。"[②]他强调每个学生都应该德、智、体、群四育并进，"德智体三育之中，我中国人所最缺者为体育"。[③]"南开学校自成立以来，即以重视体育，为国人倡，以期个个学生有坚强之体魄及健全之精神。故对于体育设备、运动场地，力求完善；体育组织、运动比赛，

[①] 沈卫星编著：《重读张伯苓——纪念张伯苓先生诞辰 130 周年》，光明日报出版社 2006 年版，第 411 页。

[②] 王文俊等编著：《张伯苓教育言论选集》，南开大学出版社 1984 年版，第 17 页。

[③] 孙海麟主编：《中国奥运先驱张伯苓》，人民出版社 2007 年版，第 20 页。

力求普遍。"①

正因如此,在南开形成了由校长和教师以身作则、面向全体学生的"公能"体育传统。既有《体育运动章程》规定运动会"要尽量使人人都能上场";还有课外体育活动要"按学生个性之发展","有兴趣之练习",据1935年统计,有体育社团182个,计篮球队50个,足球队44个,排球队11个等;更有威震全国的"南开五虎"篮球队和"南敏"排球队。②

三、新时期南开人对"公能"校训的弘扬和创新

《南开大学素质教育实施纲要(2011～2015)》提出"公能"素质教育的核心理念是"以德为先、能力为重、全面发展、勇于创新"。强调以"公能"为主线,促进知行合一,德、智、体、美的相互融合、协调发展。

继承和发展南开体育传统是落实"公能"特色素质教育的重要组成部分。提出要"引导学生自觉参加体育活动,养成锻炼习惯,并从中体验拼搏竞争、循规守则、耐受输赢的体育文化精神。""学生通过体育课程学习和课外体育锻炼,积极参与各类体育比赛,养成体育锻炼的习惯,争取使每个学生学会一项体育技能。"③建立南开"公能"特色的综合身体素质考核指标体系,促进学生主动形成适合自身特点的锻炼方法和习惯。

南开大学"公能"特色的素质教育为体育工作提出了准确的定位和发展的方向,明晰了以体育"课内外一体化"和相关部门联动机制为主线的课外体育活动的创新思路。

四、"公能"校训在排球教学和"激扬排球社团"活动中的实践

将"公能"校训之精髓注入体育教学,探索"公能"的体育具象化,对当前的体育教学改革意义重大。"公"之涵盖的团队精神的铸就,体育道德、公平竞赛、循规守则、耐受输赢的教育,须有机融合在体育教学和课外活动中方能寓教于乐、润物无声。"能"之涵盖的提高运动技能、体能,自觉学习能力,交往合作能力,组织管理和创新能力等,也须通过教学活动和课外竞赛的形式加以磨炼锻造。对此,我校的排球教学和课外社团活动多年坚持改革创新,积极践行,收获良多。

---

① 孙海麟主编:《中国奥运先驱张伯苓》,人民出版社2007年版,第77页。
② 孙海麟主编:《中国奥运先驱张伯苓》,人民出版社2007年版,第87页。
③ 《南开大学素质教育实施纲要(2011-2015)》(南党发[2012]2号)。

（一）以培养学生的团队合作意识作为确定排球课教学形式和内容的首要原则，努力铸就学生团队精神之"公"

1. 依据"合作学习"和"小集团教学"理论，以排球课上小团队的组建、命名、分工、练习、比赛等形式培养团队意识。学期第一次课，教师将学生异质分队，分为4~5个队（每队6~7人，尽量保证人人上场），各队队员协商取队名、选队长、互留联系方式以便组织课外练习，在整个学期的学习过程中始终以固定命名的小团队进行练习和比赛，通过大量的小团队练习、课外活动、课上比赛和课外的排球选项班联赛等培养学生的团队合作精神，并在活动中促使学生互帮互助，互相提高。

2. 确定"小集团教学模式"的排球教学内容和考试形式。在教学中教师指导帮助各队队员确定位置分工（如主攻手、二传手等），提高专位技术和串联配合意识，发挥小团队的凝聚力和学生自主学习能力。在考试形式上采取小团队围圈传球垫球、小团队成员间的垫-传-扣串联进攻配合等形式，减少单一个人形式的考试内容，以此为导向督促学生进行课内课外的小团队配合和协作练习。

3. 重视课上团队气氛的营造。在大量的小团队练习和比赛中，引导学生积极地相互鼓励、呐喊助威、击掌庆贺、聚拢叠掌"加油"，频繁地使用"好球"、"没关系"、"再来再来"等"球场语言"，在比赛出场仪式、庆祝方式、赛后握手致意中讲解团队合作技巧，结合比赛轮换空闲、比赛暂停、赛后小结等环节，讲解赛前准备工作、赛中技战术探讨、赛后总结的要点等，努力渗透和强化团队意识。

4. 明确小团队队长的责任意识，发挥核心带头作用。教师启发引导各队队长加强与队员的沟通交流，在平时召集本队队员课外练习活动中增进了解，更好地发挥每个队员的特点，从而提高全队的排球技战术水平。

在2013~2014年度夏季排球选项班联赛中，有42支队伍、400多人参加比赛，全部比赛近百场，各个小团队的队友们结下了深厚的友谊。正如一位同学感言："那是种团队的感觉！进入大学之后几个人聚在一起为一个目标而努力的机会越来越少，因此好多人都变得越来越自私，可是在我第一次打排球之后，就爱上了这种团队的感觉，我觉得队友就像亲人一样，在场上我们的心是紧紧连在一起的，相互的加油、鼓励、安慰都是我们拿下一场比赛的动力。"

（二）加强公平竞赛、循规守则、耐受输赢的教育，培养学生体育道德之"公"

在排球教学中着力加强体育精神和体育道德的培养。提倡勇于争胜、顽强拼搏的体育精神，在比赛中做好互相弥补、互相接应的准备，每球必争，勇而不莽，尽力救起困难球，以此提振全队士气、激励队友。同时，提倡学生接每个球时都做到呼应一下、弥补一下安慰一下，对待队友"不埋怨、不抛弃、不放弃"，告诫输球不可怕，可怕的是团队成员互相埋怨，不能客观看待对手的长处和自己的弱点，引导负队通过分析看到本队已尽力发挥已有水平，找出本队的不足以利再战，让大家做到"赢球一起狂、输球一起扛"。

针对体育课上或课外比赛出现的有关公平竞赛、胜负观的问题及时组织讨论，积极引导，分析原因。例如，在排球选项班联赛中个别队为了获胜而私下更换没有注册的队员上场就有违公平竞赛，教师和社团负责同学发现后及时劝阻并依照规程处理。个别同学对裁判员的判罚不满而抱怨，教师根据规则尺度把握、裁判员的站位、角度技巧等给予解释，使大家在对规则加深了解的同时，理解了作为裁判员的不易。2014年"校长杯"排球赛上，一些学生就拥有排球特长生的经济学院和政府学院排球队在特长生应否参赛、如何发挥特长生带动其他学生的作用等问题在人人网上展开了争论，教师通过一篇日志《融入、接纳、互助、发展》与学生探讨，并从排球活动开展的视角提出了观点，不说教、不强压、多讨论，获得同学们的认同。

（三）通过体育"课内外一体化"，激发学生学习兴趣，提高自觉自主学习之"能"

1. 教师要把握运动项目的规律和特点，明晰学生的兴趣所在，并致力于努力创造学生从"有兴趣-热爱-酷爱"的学习过程，这样，熟练掌握该项运动技能的目标就是轻而易举的。排球比赛是学生的兴趣起点，有扣球配合的比赛则是继续提高学生兴趣的"催化剂"，如何形成球场上"有效的扣球配合"，就是教师需要引导和培养学生在课内外自主学习能力的重要节点。排球课上采用有针对性的专位技术练习、串联配合练习、变通简化条件下的抛球对攻比赛、强化接发球-发球练习等教学方法都有效地激发了学生的学习兴趣。

2. 教师利用课外时间积极参加体育社团的指导工作，帮助"体育差生"加练，使他们在小团队中"不掉队"，消除挫败感。提高排球学习中的关键和困难"环节"——接发球能力，加强专位技术的反复磨炼，增加学生最感兴趣的技术（如扣球）练习，都强烈地吸引学生积极主动地、经常地参与排球活动，体验运动乐趣、加深运动感受，养成经常锻炼的习惯。

（四）以有效的体育教学提高学生的运动之"能"

高校体育教学的主要目标是提高大学生运动项目的技能和体能，在教学时数相对较少的情况下，高质量、高效率尤为重要，与之配合的课外体育活动也必不可少。我校的排球课在教学内容选择、教学方法运用、教学组织形式、教学效率等都具有很高的水平，有许多成功的经验，也曾获北京大学等兄弟院校的赞扬。

在南开大学过去从未接触过排球运动，通过上排球课而达到高水平的学生比比皆是。他们都是课上有兴趣、课外常练习、课余"长在"排球场的学生。由这些"草根高手"兼各专业"学霸"组成的南开"激扬"排球社团的男排、女排，参加天津市大学生排球联赛，女队获得第2名、男队获得第3名的佳绩，在我校主办的天津市大学生排球邀请赛中5次夺冠，圆了普通学生成为校排球队运动员的"梦想"，充分展现出了南开学子德智体美全面发展的素质。

（五）以体育社团活动培养学生交往合作、组织管理、发展创新之"能"

1. 为加强学生体育社团建设，教师协助遴选认真负责、能奉献、善合作的同学，组建"激扬排球社团"的管理团队。今年，激扬排球社团即将迎来10岁"生日"，现有注册会员500多人，其中管理团队成员16人，负责人1人，大家有明确的分工，外联、宣传、团支书、财务等，有分工会合作。教师时常关心组织层的工作，每届管理团队也非常注重"传帮带"，对下届团队都传授经验，全力以赴地"带一带"，保证了社团持续发展并不断创新。

2. 通过组织排球活动和比赛，增强学生的组织管理和创新能力。从活动场地申报到日常训练安排，从组织赛事到赴校外参赛的后勤保障，从排球选项班联赛、全校"校长杯"排球比赛到天津市大学生排球邀请赛等，每项活动都离不开社团管理团队的周密策划和部署。

被誉为"排球爱好者自己的联赛"的南开大学排球选项班联赛创立已11年，开始几年是由任课教师编排赛程，学生协助工作。近年来，赛事已经完全由"激扬排球社团"承办，教师只需协助处理紧急问题。"激扬排球社团"管理团队组织召开筹备会，策划外联，发放竞赛规程，参赛队的报名联络，组织分组抽签仪式，按照国际比赛采用的"贝格尔"方法编排赛程，安排比赛裁判，布置赛前服务、比分实时直播、成绩记录公告，确定每天的摄影、宣传报道人员等等，大家协同配合，工作尽然有序，体现了专业水准。

依靠丰富的办赛经验，"激扬排球社团"每年还承办南开大学"校长杯"排球赛、"激扬杯"全校排球赛、天津市大学生排球邀请赛（注：该赛事开创由学生社团自办市级比赛的先河，已举办5届，每届参赛队近20支）等重大赛事，2014年全年组织比赛420多场，如表1。骨干成员在担任全国大学生运动会、东亚运动会的赛场志愿服务工作中表现优异。

表1 激扬排球社团（以2013.9-2014.6）活动情况小计

在册会员	组织大型活动	组织（参加）比赛	参加活动人次	获校级以上奖	获得市级比赛名次	毕业生情况	会员获校级奖	新闻稿、人日志等	活动、训练、比赛照片	人人网好友；访问量
500余人；选课人数3500余人	9个	420多场	10,500以上（不包括平时自主参加排球活动）	十佳社团、团支部、负责人、指导教师、市级标兵	男队第2，女队第6	毕业生约50人，保研（考研）、出国33人，约占70%	周恩来奖学金3人，优秀毕业论文3人	60余篇	12,000余张	1270多人，73000次

3. 创新"南开激扬排球"品牌，传承校园体育文化，增强"南开激扬人"的荣誉感。"激扬排球社团"是南开学生体育活动的一个缩影，它引领更多的同学走向运动场，热爱体育，强健体魄，健康心智，成为全面发展的人才。

每年社团纳新的表演赛和毕业生排球友谊赛也成为维系"激扬人情结"的纽带。"激扬排球社团"积极宣传南开大学，2009年时任国际排联主席魏纪中先生回信鼓励"激扬排球社团"积极开展学校排球活动。著名排球女将陈招娣曾寄语："祝南开学生激扬排球俱乐部越办越好。"2012年，社团排球队与参加第九届全国大学生运动会的香港女排举行了友谊赛，促进了两地大学生的友好交流。

锐意创新，不断进取，2014年"激扬排球社团"荣获第八届天津市"优秀学生社团标兵"称号。多年来荣获南开大学十佳社团、十佳社团团支部、十佳社团负责人、优秀指导教师等荣誉称号。以"南开激扬排球"词条进行百度搜索，相关搜索达15页以上。南开"激扬排球"的"人人网"主页访问量已近73000次，大家议比赛、论球技，积极互动。社团成员中博士、硕士、"学霸"、"榜样"众多，今年"激扬排球社团"成员毕业生中有3人获南开大学"周恩来奖学金"，保研、考研、出国留学的社团成员达33人，如表1。

五、结语

岁月流转，南开"公能"校训依然散发着青春的活力和时代的气息。努力将"公能"校训之精髓注入体育教学，推动我校体育教学改革是南开体育人的职责。多年来，排球教学"课内外一体化"的改革和创新，致力铸就学生团队精神之"公"、培养学生体育道德之"公",提高自觉自主学习之"能"、增强学生运动之"能"、促进交往合作、组织管理、发展创新之"能",正是对"公能"校训和南开大学"公能"素质教育在体育教学的具象化和积极践行。

论作为"公能"五项训练方针之首的体育

曹红娟

从毛泽东到张伯苓，为何都如此重视体育？

"每天锻炼一小时，健康工作五十年，幸福生活一辈子。"人们每天经过南开大学校园里那座设施一流的体育场时，都会看到这句醒目而温馨的提示语。作为一名体育教师，我接触过许多"大一"的同学和家长，他们对体育的看法多数还停留在高考的思维惯性中，认为体育不过是"蹦蹦跳跳"，不像高考和研考分数那样给未来带来直接的竞争力。这种观点，看似蛮有道理，但如果同学们再问问那些刚刚考过研究生的学长学姐，他们一定会这样告诉你——考研考到最后，几乎完全就剩下对身心素质的考验了。

记得我在天津体育学院上大学时，许多其他高校的同学经常看不起我们体院的学生，在他们异样的目光背后，潜台词就是认为只有"四肢发达、头脑简单"的人才会专门去学体育、干体育。那种神情，让人心里很不舒服，也更让人不服气。但我又一时拿不出有说服力的理由去和那些人"理论"一番。直到有一天，我在学校图书馆看到一本中国近代体育史料集里一篇论文——《体育之研究》，署名"二十八画生"，对体育的理解非常深刻，看了非常过瘾。"二十八画生"是谁？一看注释，我大吃一惊，原来作者竟是毛泽东！而且，这篇1917年4月1日发表在《新青年》第3卷第2号的论文，是迄今为止人们发现的毛泽东公开发表的文章中最早的一篇，也是中国近代体育史上的珍贵文献。从此，我如获至宝，每每遇到轻视体育的人，我都要用毛泽东的这篇论文与之"理论"一番。

从小立志以天下为己任、改造中国与世界的毛泽东，为何如此重视体育？在他看来，"体育者，人类自其养生之道，使身体平均发达，而有规则次序之可言者也"，其目的不仅在于养生健体，而且在于培养规则意识，使身心健全，为今后成就一番事业打下牢固的基础。毛泽东还提出了德、智、体"三育并重"的思想,指出:"体育一道,配德育与智育,而德智皆寄于体。"他甚至认为:"体育于吾人实占第一之位置。体强壮而后学问道德之进修勇而收效远。"

其实,古往今来,凡是胸有大志、眼界开阔的人,无不注重体育的作用。远的不说,就说南开的老校长张伯苓先生,他是奥运精神在东方的最早倡导者,被誉为"中国奥运第一人",对体育有着深刻的理解、他曾经指出:"教育如果没有体育,教育就不完全,我觉得体育比什么都重要,不懂体育的人不宜当校长。"

亲身经历了甲午战败、国帜三易这些国之奇耻大辱的张伯苓,痛感"我中华民族之大病,约有五端",就是愚、弱、贫、散、私。为了根除这"五病",他提出了"公能"育人的主张——"惟'公',故能化私、化散、爱护团体、有为公牺牲之精神;惟'能',故能去愚、去弱、团结合作、有为公服务之能力。"

为了把"公能"教育落到实处,张伯苓还提出了五项训练方针:一曰重视体育,二曰提倡科学,三曰团体组织,四曰道德训练,五曰培养救国力量。他认为:"此五项基本训练,以'公能'校训为指导原则,而'公能'校训,必赖此基本训练,方得实现。分之为五项训练,合之则'公能'二义,允公允能,足以治民族之大病,造建国之人才。"

许多人也许感到诧异,张伯苓老校长为什么把"重视体育"放在了五项训练方针之首,特别是放在"提倡科学"之前?要知道,自中国近代以来,特别是"五四"新文化运动以来,"民主"与"科学"始终是引领时代进步的两面旗帜,把"体育"放在"科学"之前,实属惊人之举。笔者认为,要深入理解张伯苓老校长的思路,必须从体育概念的演变和体育在教育中的地位谈起。

体育概念的演变反映了体育在教育中的重要地位

体育作为一个专门的科学领域,是在人类社会长期的实践中,随着社会生活和生产的不断发展而逐步建立和发展起来的。从概念上讲,"体育"最早是一个反映教育范畴的专用名词,指的是以身体活动为手段的教育,如英文是physical education,直译为身体的教育,简称体育。

20世纪50年代以来,体育发展进入了一个新的阶段,范畴不断扩大,出现了身体教育、竞技运动和身体锻炼三个互相区别又互相联系的内容,并逐渐发展成为一个与教育和文化相并列的新的体系,体育的概念也随之发生了变化。前苏联的百科全书将体育解释为"社会总文化的一部分,是为增进健康,发展人的身体能力,并为适应社会实践需要而利用这些能力的一个社会活动领域";

国际体育名词协会出版的《体育名词术语》中使用了 physical culture（直译为"身体文化"，一般译作"体育"）的概念，解释为"广义文化的一个组成部分，它综合各种身体活动来提高人的生物学潜力和精神潜力的范畴、规律、制度和物质条件"。① 在我国，体育一词有广义和狭义两种用法，狭义仅指身体教育，广义则包括了身体教育、竞技运动和身体锻炼三个方面的内容。

从体育概念的发展演变过程中可以看出，体育事业是文化建设和社会建设的重要内容之一，它的目的在于提高人的全面素质。随着社会的进步和发展，体育在人类的生活中越来越显示出它的重要地位和作用，它不仅是与德育、智育、美育相配合的整个教育的重要组成部分，还是人们锻炼身体、增强体质、延长生命的重要方法，并以运动竞技的形式成为人们文化生活的内容和各国人民之间加强联系的纽带。

随着我国社会主义物质文明建设的不断发展，人们在物质生活越来越丰富的同时，出现了更多更高的精神文化追求，体育愈来愈成为全社会的需要，体育事业的发展规模和发展水平，也日益成为衡量社会主义精神文明和人民幸福安康程度的重要指标。

体育教育对全面提升大学生的身心素质具有重要作用

体育教育作为高等教育的重要组成部分，不仅可以增强体质，而且可以全面提升大学生的身心素质，在大学生的素质教育中具有重要作用，主要体现在以下三个方面：

一是发挥教育功能，培养德、智、体、美全面发展的高素质大学生。身体教育与德育、智育、美育相配合，是整个教育的一个重要组成部分，它是有目的、有组织、有计划地促进身体全面发展，增强体质，传授锻炼身体的知识和技能，培养高尚的道德品质和坚强的意志的一个教育过程。在这个教育过程中，要重视受教育者身体和文化素质的全面提高，在增强人民体质的同时，培养人们自立自强的意识、公平竞争的意识、遵守规则的意识和耐受输赢的意识，塑造德、智、体、美全面发展的社会主义事业的建设者和接班人。

二是提高运动水平，使体育锻炼和竞赛成为振奋大学生精神的重要手段。体育运动的目的在于最大限度地发展和不断提高个人、集体在体格、体能、心理及运动能力等方面的潜力。"每天锻炼一小时，健康工作五十年，幸福生活一辈子。"在引导大学生在坚持日常科学系统的运动锻炼基础上，鼓励他们适当参

---

① 参见《中国大百科全书体育》，中国大百科全书出版社1982年版，第351页。

加各级各类体育竞赛,在竞赛场上为班级、学校和国家争光,可以激发他们的集体主义精神和爱国爱校精神,增强自尊心、自信心和自豪感、荣誉感。

三是普及身体锻炼,推动全民健身运动,提高全民族的身体素质。身体锻炼是一种以健身、医疗卫生、娱乐休息为目的的身体活动,是增强大学生体质的有效途径。要把体育融入校园文化建设之中,通过倡导积极、健康、向上的运动健身方式,引导大学生运用正确的锻炼方法提高健康水平,坚决同各种迷信活动和邪教伪科学作斗争。

继承发扬南开"三育并重"的教育传统,努力培养德智体美全面发展的高素质人才

体育与德育、智育并重,这是南开教育的光荣传统和一大特色。老校长张伯苓先生是旧中国对奥林匹克精神理解最深的人物之一,他不仅重视体育,而且身体力行。1901年,他在中国首创体育课。1909年,他率领学生参加了第七届奥运会。抗战胜利不久,他在重庆组织召开体育协进会会议,申报第15届奥运会,这成为中国的首次申奥活动。张伯苓校长也因此被称为中国近代体育的先驱者和中国奥运第一人。

在我国高等教育步入以提升质量为核心的内涵式发展阶段后,培养德智体全面发展的高素质人才成为高等教育的中心内容。作为一名南开大学的体育教师,也必须继承发扬南开教育一贯重视体育的传统和特色,充分发挥体育在南开"公能"素质教育中的重要作用。

一是在面向一年级大学生开设的基础体育课教学中,不仅要发展同学们的基本身体素质,使学生的生理机能比高中阶段有一个显著提高,而且要注重激发同学们参加体育活动的兴趣,帮助学生找到适合自己的体育运动项目,并养成自觉锻炼的习惯,形成终身体育的意识。

二是在面向二年级以上大学生开设的专项体育选修课的设置上,除田径、篮球、排球、足球、乒乓球等传统项目外,近年来新增了网球、羽毛球、武术、太极拳、跆拳道、散手、健美操、艺术体操、体育舞蹈、瑜珈、健美、养生保健和国际象棋等种类繁多的课程,这些都是具有时代性、实用性和文化底蕴的体育运动项目,从而使更多的同学能够选修并掌握自己真正喜欢的运动项目,进而养成自觉锻炼、终身锻炼的良好习惯。

三是鼓励和支持大学生们自发组织体育类社团,并对这类社团给予必要的技术指导。近年来,大学生中自发组织的武术协会、太极拳协会、跆拳道协会、国标舞社团、棋社等体育社团,为同学们提供了广阔的体育活动舞台和人际交

往空间。体育教师应当关心和帮助这些体育社团的成长。

　　总之，保持身心健康是人获得幸福生活的一项重要指标。从这个意义上讲，人民健康与人民幸福息息相关。正因如此，党的十八大报告在对党和国家未来五年发展蓝图进行总体谋划的同时，也对与人民群众身心健康密切相关的体育工作提出了明确要求。在论及社会建设中提高人民健康水平部分，十八大报告深刻指出"健康是促进人的全面发展的必然要求"，为此"要坚持为人民健康服务的方向"，"完善国民健康政策"；在论及扎实推进社会主义文化强国建设部分，党的十八大报告提出要"广泛开展全民健身运动，促进群众体育和竞技体育全面发展"；在论及社会建设中努力办好人民满意的教育部分，党的十八大报告提出要以"培养德智体美全面发展的社会主义建设者和接班人"为根本任务，"全面实施素质教育"。

　　作为一名体育教师，在全党深入学习贯彻党的十八大精神、我校全面实施"公能"素质教育的大背景下，要继承发扬南开教育中一贯重视体育的传统和特色，以"公"、"能"为目标，通过开展健康向上、丰富多彩的各项体育活动，使大学生的身心素质得以全面提升，进而为提高人民健康水平、促进人的全面发展、实现人民幸福安康做出贡献。

学以致用

——南开人践行"公能"校训的经世之道

徐 悦

南开大学自开办之初,即取"公能"二义作为立校之本。以"公"立校,以培养学生爱国爱群之公德、为公牺牲之精神;以"能"育人,以培养学生全面发展之素质、服务社会之能力。老校长张伯苓曾不止一次地诠释过"公能"二义的深刻内涵。他在1923年9月南开大学开学典礼上发表讲演,针对办大学的目的提出:"办大学之目的,在信学以致大。学以易愚,学以救国,救世界,学能求真理又能改善人格。"[①]他在《四十年南开学校之回顾》一文中明确指出:"唯'公'故能化私,化散,爱护团体……唯'能'故能去愚,去弱,团结合作……允公允能,足以治民族之大病,造建国之人才。"[②]简而言之,南开大学的教育目标就是要培养和造就怀公在心、有能在身的救国、建国人才。那么如何实现这一教育目标,使"公能"相统一、身心得协调?南开大学自筹办之始,便选择了一条"学以致用"的经世道路。

一

为筹办大学,张伯苓与校父严修、校董范源濂等人自1917年起相继赴美考察教育,观其国情及人民精神,深感:中等教育的"普通知识仅为国民教育之初步,殊不足以应国家社会之所求。斯高等教育之设施,遂不容不奋起直追,

---

① 《张伯苓教育言论选集》,南开大学出版社1984年版,第96页。
② 张伯苓:《四十年南开学校之回顾》,梁吉生主编:《张伯苓的大学理念》,北京大学出版社2006年版,第57页。

以与欧美相颉颃，俾定国家根本之大计。此创设南开大学之议所由起"。①关于如何确定大学教育的宗旨，张伯苓认为，当视一国的国情而定；至于设立何种学科科目，则"均以切于现在生活为准"②。据此，张伯苓提出，今后南开教育的两条重要原则，一为"尚实（勿虚）"，一为"尚理想（勿妄）"③。

南开大学于1919年开办之初，设立了文、理、商三科，三科鼎足而立，同等重视。当时便有人提出"为校长名誉计而立专科"的非议。这其中除囿于经费、规模所限，故本着"大处着眼小处下手"的原则，设立科目均简单而微小的现实原因外，更为深层的考虑便是以"致用"设学，通过培养满足社会需求的人才，达到"文以治国、理以强国、商以富国"的"公"之目标。

南开大学自开办以来，在学科设立和课程设置上一以贯彻"学以致用"原则。如南开大学商科，在早期也称作职业科，除课堂讲授和书本知识外，对实地调查和实际经验的取得十分重视。为此，校内专门设立了商品陈列室、会计及统计实习室、银行实习部，并于1925年成立了商学会，为各科学会之首创。此外，学校还专门聘请服务商界富有经验的人士来校授课或发表讲演，并组织学生到海关、银行等处进行商业调查活动。同时，学校明确规定，商科学生毕业论文必须选择中国问题。南开大学于1921年秋正式成立了矿科（后因经费原因于1926年停办），在其存续期间专门组织了矿科董事会，对矿科学级、学期及入矿练习等事宜进行研究和安排；在课程设置上，除基本理论课程外，相继开设了机械计划及制图、平面及矿山测量、金木工厂实习与汽力学试验等实习和试验课程，并组织学生进行实地地质考察。南开大学理学院于1930年开办了电气工程学系，"实为华北各大学空前之举，对吾国电气工程学界尤增益不少"④。学校与当时天津唯一一家电灯电车公司开展合作，将该公司工厂借作实验室，并邀请该公司外国工程师定期到校讲演各种问题。

老校长张伯苓十分重视学以致用，于1928年2月主持制订了《南开大学发展方案》，第一次正式提出并确定，南开大学实行"知中国"、"服务中国"的"土货化"发展方针，即以中国历史、中国社会为学术背景，以解决中国问题为教育目标。《方案》中并同时提出进行研究的三项标准以求实效："（一）各种研究，必以一具体的问题为主；（二）此问题必须为现实社会所亟待解决者；（三）此

---

① 《十六年来之南开大学》，《南开大学校史资料选（1919～1949）》，南开大学出版社1989年版，第2页。
② 梁吉生撰著：《张伯苓年谱长编》上卷，人民教育出版社2009年版，第231页。
③ 梁吉生撰著：《张伯苓年谱长编》上卷，人民教育出版社2009年版，第231页。
④ 《南开大学校史资料选（1919～1949）》，南开大学出版社1989年版，第204页。

问题必须适宜于南开之地位。"①可以说,"知中国"、"服务中国"正是"学以致用"原则的南开表达。

秉持"知中国"、"服务中国"的宗旨和理念,南开大学于20世纪30年代初期相继组建了经济研究所和应用化学研究所,开国内大学从事科研、服务社会之先河。其组建的共同目的便是"学以致用",使学校的教学与科研同社会的需要相结合,培养能从事专业实践的有用人才。

经济研究所自创办之初,便致力于经济学研究的中国化,将研究重点集中在物价统计研究、中国工业化以及中国农村的财政和经济等与中国社会发展紧密相关的重要问题。"南开指数"自 1927 年首次发布,至抗战爆发时,研究所已相继编制了中国进出口物价和物量指数、华北批发物价指数、天津工人生活费指数、天津外汇指数、上海外汇指数和上海证券指数等 6 种物价指数。"南开指数"因客观反映了物价的实际变动和经济的真实运行情况,一直为国内外经济学家、历史学家和政府经济部门作为计算和研究的依据沿用至今。经济研究所还与华北乡村复兴委员会一起参加了乡村复兴运动,并将此项工作与研究生的培养联系起来,于 1935 年开始招收经济学研究生,培养地方行政及地方财政、土地问题、乡村合作方向的专业人才。研究生学制两年,除课堂学习外,须到山东省济宁县实习工作,"以实践参证学理"。到解放前,南开经济研究所共为国家培养了 9 届经济学高级人才。值得一提的是,经济研究所在战争时期仍坚持将研究工作与社会现实紧密结合,针对战时及战后国家的需要,对战时通货膨胀及战后经济建设做了大量卓有成效的研究工作。

南开大学应用化学研究所成立时,校长张伯苓和研究所创办人张克忠教授均特别强调"应用"二字。因当时我国学校教育与社会之间存在严重的脱节现象,"学科与国情不合,而学生之所学,非即其将来之用也"②,这种现象在化学工程中表现得尤为明显。研究所章程中明确提出:"本所目的在研究我国工商业实际之问题,利用南开大学之设备,辅助我国工商界改善出品之质量,俾收学校与社会合作之实效。"③化学研究所的"应用"定位,深得实业界和社会的欢迎,至抗战爆发前的几年间,研究所坚持"教育与科研并重"、"研究与生产

---

① 《南开大学发展方案》为1928年南开大学募款委员会计划书之一部分,见《南开大学校史资料选(1919~1949)》,南开大学出版社1989年版,第39页。

② 伉铁儁:《抗战前的南开大学应用化学研究所》,《南开大学校史资料选(1919~1949)》,南开大学出版社1989年版,第407页。

③ 《南开大学应用化学研究所章程》,《南开大学校史资料选(1919~1949)》,南开大学出版社1989年版,第358页。

并重",在分析化验样品、仿制及生产轻工业品、改善民用轻工产品生产和质量、农副产品的综合利用等方面做了大量富有成效的工作。他们不但服务津京地区的广大厂家,而且接受远至包头、昆明厂家的委托研究项目;不但按合同规定准时提供研究样品,而且服务到家,手把手地传授相关技术,产生了很好的经济和社会效益。1933年6月,应用化学研究所接受了天津利中硫酸厂的设计建设任务,至1934年5月,年产3万吨硫酸的利中酸厂一次试车成功,总耗资仅13万元,是此前外商要价的一半。硫酸厂的建成投产,大长了中国化工科技人员的志气,"尤觉中国问题可由国人自行解决,而中国工程师未必不如外人"[①]。为使科研成果社会化,并更好地培养化工人才,研究所还于1934年筹建了"南开化学工业社",从事化验并研制日常用品。

二

近百年前,以"公能"立校的南开大学通过践行"学以致用",不仅将造育人才与服务社会的目标协调统一起来,而且形成了南开教育为国家经济建设服务的优良传统。新中国成立后,南开大学在时任校长、我国著名教育家和化学家杨石先的带领下,紧贴国家战略需求,调整科研攻关方向,为国家急需的有机农药和原子弹研制工作做出了重要贡献。

建国初期,国家对自主合成高效农药十分重视。当时我国农药工业刚刚起步,针对严重的农业灾害无法提供有效的防治措施,只能依靠进口农药来满足农业生产的大量需求。在1956年召开的我国第一个"12年科学技术发展规划"会议上,杨石先教授响应周总理号召,接受了农药研制的任务,回校后便积极组织力量开始这方面的研究。1958年,陈茹玉教授带领青年教师合成了对人畜危害不大但对害虫有很好防治效果的"敌百虫"、"马拉硫磷"等有机磷杀虫剂,并在校内建成了"敌百虫"生产车间,同时协助我国第一家有机磷杀虫剂生产厂——天津农药厂进行生产。以此为契机,南开大学于1962年成立了中国高等院校第一个化学研究机构——元素有机化学研究所,承担了国家"10年科学规划"的任务,以创制农药研究为主,开展了有机磷、有机氟、有机硅、有机硼、金属有机化学等新领域的研究工作,填补了我国化学学科中一个又一个空白,相继研制出久效磷、螟蛉畏、灭锈一号和除草剂一号等农药品种,为我国农药

[①] 伉铁儁:《抗战前的南开大学应用化学研究所》,《南开大学校史资料选(1919~1949)》,南开大学出版社1989年版,第411页。

事业的发展做出贡献。

20世纪50年代中期,党和国家领导人作出了独立自主研制"两弹一星"的战略决策,并将其列入"12年科学技术发展规划"。南开大学于1958年成立了"离子交换树脂"车间,毛主席当年视察时曾给予很高评价,鲜为人知的是,这里的工作正与我国原子弹的研制密切相关。1956年留美归来执教南开的何炳林教授带回了当时国内还不能生产的10公斤苯乙烯和5公斤二乙烯苯,并利用这些材料在两年时间里合成出当时世界上已有的全部主要离子交换树脂品种,包括用于从贫铀矿中提取原子弹原料铀的强碱性阴离子交换树脂。此后,二机部资助了南开大学400万,建成了我国第一座专门生产交换树脂的化工厂,并开创了我国自己的离子交换树脂工业。该厂所生产的苯乙烯型强碱201树脂首先提供给国防工业部门,用于提取国家急需的核燃料——铀,为我国第一颗原子弹的成功研制和核能事业的发展做出了重要贡献。

改革开放以来,为适应世界科技发展趋势和国家发展重大需求,南开大学逐步调整和优化了学科结构,在教学、科研、育人和服务社会方面均取得了丰硕成果。在人文社科领域,重点增设了以财经和管理类为主的应用性专业,在自然科学领域,重点增设了前沿和高新科技类专业,发展了现代工学,尤其大力发展了生命科学和医学。例如,南开大学以创新意识和前瞻眼光,于1981年创设了旅游学专业,30余年来为社会培养了大批优秀旅游人才,被誉为中国旅游业的"黄埔军校"。紧跟国家社会经济发展的现实需求,南开大学于本世纪初相继设立了物流管理、会展管理等应用性专业,并于2013年新增了物联网工程、国际商务和城市管理专业。南开大学还于2008年成立了滨海开发研究院,积极探索大学与社会深度结合和良性互动的科研机制,成为南开大学服务滨海新区开发和区域发展的学术智库。

老校长张伯苓曾多次讲过:"教育最重要的目的,在谋全社会的进步。"近百年来,南开大学始终秉持"知中国"、"服务中国"的理念,践行"允公允能"校训,将自身的发展同国家、社会的发展紧密相连。在中华民族伟大复兴的历史进程中,南开大学将一如既往地坚持并走好这条"学以致用"的经世之道,这是南开人应有的历史责任和历史担当!

"知中国，服务中国"

——南开大学师生的"公能"实践

宋金宁

创建于民族危亡之际的南开大学，自1919年至今，已走过九十五载。在九十五年的发展历程中，南开大学不仅秉承"允公允能，日新月异"的校训，培养了大批具有"爱国爱群之公德"、"服务社会之能力"的杰出人才，而且在服务社会方面，更是本着"知中国，服务中国"的理念，紧贴国家需求和学术前沿，取得了众多高质量的科研成果。

一

在1928年的《南开大学发展方案》中，南开大学提出"以中国历史、中国社会为学术背景，以解决中国问题为教育目标"。自此，"知中国，服务中国"的南开办学理念便肩负起了"公能"的社会责任与"家国天下"的情怀。在每年的开学典礼上，校长龚克在讲话中都会谆谆教诲，叮嘱每一位新生要"践行我们南开人的社会责任"，要在"允公允能，日新月异"的校训精神鼓舞下，以杰出校友周恩来为榜样，成长为"文以治国，理以强国，商以富国"的栋梁之才。

践行社会责任，莫过于了解社会，了解社会以开展社会调查为先。南开大学成立之初，张伯苓就十分重视社会调查，他亲自组织领导学校成立社会视察委员会，要求制订调查研究的计划、方针、方法和实施步骤，组织和指导学生进行社会调查，培养学生对社会的观察能力、思考能力和实际工作能力，提高"服务社会之能力"。

"知中国"的理念实实在在地落到了实处，当时南开大学的社会调查活动开展得有声有色。商科组织学生参观西站旁的织毡工厂；社会学班的学生开展对天津社会状况的调查，研究人力车夫、狱牢状况、慈善事业等；教育学班调查天津各幼稚园及各小学校的组织情况；矿科学生到北京西山、门头沟一带考察地质状况，等等。调查活动结束后，学校要求对调查情况进行认真整理、分析研究并写出调查报告，请专家进行评判，择优发表。据统计，南开师生先后参观调查的机构有政治机关如天津特别市政府及所属各局；司法机关如天津地方法院等；交通机关如天津电话局等；公用机关如英租界自来水及发电两处、济安自来水公司等；工业机关如裕源、恒源、北洋、华新、宝成五大纺纱厂等；商业机关如中国银行、交通银行以及各大商场；社会机关如妇女救济院、贫民救济院等；舆论机关如大公报、商报等报馆；教育机关如市内各大、中、小学校等，大约百余所机构[①]。

南开所开展的社会调查活动，实质上是教学科研与社会实践的真正契合，与今天教育界所提倡的教育思路暗合。95年的岁月积淀，南开所提倡的"知中国，服务中国"的传统其实是一以贯之的。2014年夏季，南开大学环境科学与工程学院研究生调研团队在京津地区开展以"了解公众对雾霾认知度和防护水平"为主题的调研活动，并对公众防护PM 2.5进行科普宣传。经过认真调研，他们得出了公众对雾霾认知度和自我防护水平的初步结论，并计划将研究成果提交相关部门，为京津地区环境治理献计献策。学习知识，传播真理，肩负责任，无愧时代，是这次调研活动的最好诠释，也是南开大学开展"知行南开"调研活动的初衷。

"知行南开"社会调研活动，是南开大学对学生创新能力提升和进行实践育人的重要依托载体，坚持以"知中国，服务中国"为核心理念，强调社会调研的属性，突出学校"问题"导向，学校专门设立"公能"励学金予以支持。这是"知中国，服务中国"的理念具象化，让教师、学生组织团队参与社会调研，了解世情、国情、民情，促其对国家经济社会发展进行深入思考，增强自觉服务国家、服务人民的社会责任感和使命感。

对祖国、对人民的使命感与责任感，在南开大学近百年的发展历程中，在南开人的心目中，是始终与国家、民族的命运紧密联系在一起的。2009年，时任国务院总理的温家宝视察南开大学时曾说："南开的道路是同我们民族和国家的道路紧密结合的。心系国家，是南开人应有的作风。"这是对南开坚持"知中国，服务中国"优秀传统的最好注解。

---

① 王淑贵：《早年南开的实地调查研究》，http://news.nankai.edu.cn/xs/system/2014/04/18/000177378.shtml。

二

早期的南开大学,张伯苓校长十分强调"经世致用"之学,不仅设有文理商科,也设有矿科、电机、化工等技术性学科,并且组织师生教学与社会实践相结合,走出课堂,步入社会,寻求真理,以"文以治国,理以强国,商以富国"为目标,激励广大师生。当时,享誉中外的"南开指数",就是著名的例证。1927年南开大学创立经济研究所,次年开始发布"华北批发物价指数"、"天津工人生活费指数"、"天津对外汇率指数"等物价指数,为国际学术界提供研究中国经济的权威数据,也成为政府决策的重要参考。南开大学于1937年自主培养出了我国的第一批经济学硕士。改革开放以后,南开大学在本科保险专业中建立精算方向,填补国内保险业空白,培养出中国第一位女精算师。

如今,南开大学已经成为蜚声中外的经济学研究重镇,为国家培养了大量的经济学人才,他们正活跃在不同的岗位上奉献着自己的聪明才智。2014年8月,南开经济学科又传喜讯,中国特色社会主义协同创新中心入选国家"2011计划"。

更具有鲜明"经世致用"色彩的是南开的化学学科。1932年,南开大学创建应用化学研究所,与天津永利碱厂、黄海化学化工研究社、利中硫酸厂等密切合作,对天津市化学工业的发展做出了重要贡献,亦形成了南开化学学科"知中国,服务中国"的优良传统,以我所学,服务国家。新中国成立后,南开大学创建元素有机化学研究所,由杨石先领衔大力开展应用化学研究,建立了"敌百虫"、"马拉硫磷"、"离子交换树脂"、"硝酸钍"等生产车间,合成了"敌百虫"、"马拉硫磷"等一批有机磷杀虫剂,几乎占中国农药品种的1/2以上,使我国摆脱了农药长期依赖进口的困窘。改革开放以来,南开大学在新的历史条件下,更加自觉地从各方面为社会主义现代化建设服务,取得了一批国内外公认的标志性研究成果。而今南开化学学科结构日趋合理,教学科研条件大幅改善,在农药、有机化学、超分子化学等领域形成了鲜明特色和较大优势,在教学科研、人才培养和服务社会等方面取得了巨大成就。

南开大学坚持以"文以治国,理以强国,商以富国"为目标,凸显了自身的学科优势与发展特色,以文理见长的学科架构,显示了南开雄厚的学科理论基础和文化底蕴,在"知中国,服务中国"的优秀传统的传承之中,育人、教学、科研与社会服务有机地融为一体,成为既坚持传统又坚持创新,既有理论又有实践,始于基础、成于实践、终于国家的完整培养体系,也是南开一直坚持的发展思路和始终不渝的奋斗目标。

三

张伯苓行伍出身，思想却颇为"现代"，曾多次赴欧美等地考察教育，颇受震动。基于对中国旧式教育的不满，抱着教育救国的理想，张伯苓与严修决定创办大学，在借鉴外国教育经验的基础上，力图改变现有的教育弊病，探究教育如何为国家和社会服务。他坚持教育一定要与社会实际相结合，开办了很多应用性的学科，这样的举动甚至被一些人嘲弄，认为张伯苓不是在办大学，而是"职业学校"。他却不为所动，更是高举"知中国、服务中国"的大旗，坚持走"本土化"的道路。他始终认为，中国人要搞教育，最终的目的还是要解决中国问题。

1928年学校制定了《南开大学发展方案》，大力推进实施"土货化"方略。"是故'土货化'者，非所谓东方精神文化，乃关于中国问题之科学知识，乃至中国问题之科学人才。吾人为新南开所抱定之志愿，不外'知中国'、'服务中国'二语。吾人所谓'土货化'南开，即以中国历史、中国社会为学术背景，以解决中国问题为教育目标的大学。"[①] "土货化"方略的提出与实施，成为南开自身发展历程的一个重要里程碑。这个办学方案在中国近现代教育史上具有划时代的意义，对于今天中国的高等教育依然有着十分重要的参鉴价值。

南开的很多技术性和应用性很强的学科如化学、经济学、商学、社会学等，始终坚持"土货化"方略的指导思想，师生们积极组织起来，对地方和国家的实际情况开展调查，进行课题研究和科学实验，探索类似于今天的技术转移、产学研一体化的发展模式，更是激起了师生知识报国的高涨热情。坚定而正确的发展思路，带来了丰厚的回报。南开大师云集，人才辈出，赤子归心，90余年来，学校共培养学生近20万人，他们奋斗在国家的各行各业，为祖国的强大、民族的振兴而无私奉献。

1937年，日寇侵华，肆意轰炸南开校园，学校建筑毁损严重，加之日军的野蛮掠夺，各类财物、图书资料损失惨重。遇到这样的挫折与磨难，南开人从不退缩，发扬愈挫愈奋、越难越开的精神，以坚忍不拔的意志坚持在战火中为国家培育英才。新中国成立以后，南开大学获得了新生，改革开放以来更取得了长足进步，进入新世纪以来，学校提出"人才强校"、"科研创新"、"国际化"等六大战略，带动了学校整体水平的飞跃。

学校的事业蓬勃发展，办学整体水平不断提升。在人才培养、师资队伍建

[①] 王文俊等：《南开大学校史资料选（1919~1949）》，南开大学出版社1989年版，第38~39页。

设、学科建设、科学研究等方面获得了喜人的成就。

育人是学校的中心任务,改革开放三十多年来,是南开人才培养成绩最为突出的黄金时期,招生数(见图1)由1983年的1670人,增长到2013年的7272人,总量翻了两番多,在稳定本科生数量的基础上,不断扩大研究生的招生规模,确保学生培养层次与结构的合理稳定。学生培养工作取得了突破性进展,本科教学评估两次获得优秀,不断丰富和完善"课堂教学、校园文化、社会实践"三位一体人才培养模式,注重人文素质教育与科学素质教育有机融合,塑造学生的健全人格,这些都与"知中国,服务中国"的优良传统一脉相承。

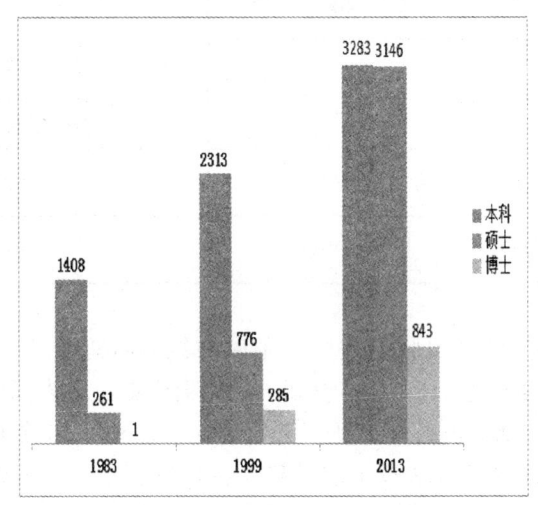

图1:南开大学招生数对比

教师是学校办学的主体,课堂教学、科学研究、指导社会实践等须臾不可离开。新世纪以来,学校大力实施"人才强校"战略,坚持培养与引进并重。目前,南开大学拥有包括两院院士、"973"和"863"计划首席专家、国家"千人计划"和"万人计划"入选者、长江学者特聘教授等一批领军人物,形成了素质优良、学术精湛的高水平师资队伍(见表1)。

1980年后,为适应国家发展需要和世界科技发展趋势,学校逐步改变了9个系的传统格局,增设新的专业和学科,本科专业和硕士点、硕士专业学位点、博士点和重点学科数等持续增长(见图2),为了适应新的形势,学校还对现有学科体系领域重新布局调整,重新优化组合学科、人才和资源。

表 1　南开大学师资与人才数对比

年　度	1983	2013
两院院士	4	10
国家杰出青年基金获得者	/	34
新世纪优秀人才	/	156
平均年龄	40 岁左右	43
学缘结构	/	国外学位：12% 国内外校：29% 本校学位：59%
获博士学位教师数	30 余人	1585
专任教师总量	1462	1989

在人文与社会科学领域重点增设了以财经和管理类为主的应用性专业，1983 年恢复了经济学院，1994 年设立了国际商学院（现为商学院），形成了文、史、哲、政、经、法、商、旅、语（外语和对外汉语）10 个学院的新格局；在自然科学和技术领域重点增设了前沿和高新科技类专业，发展现代工学，尤其是大力发展了生命科学和医学，形成了数、理、化、生、医、药、信、环等 8 个学院的新格局。2013 年，为构建现代工学学科体系，加快学科发展和提升学科水平，学校撤销信息技术科学学院，成立电子信息与光学工程学院、计算机与控制工程学院，并在积极酝酿成立材料学院和金融学院。随着津南校区的建成搬迁，新一轮学科布局的调整又将展开，这是时代发展对高校的基本要求，更是"土货化"方略在新形势下的创新。

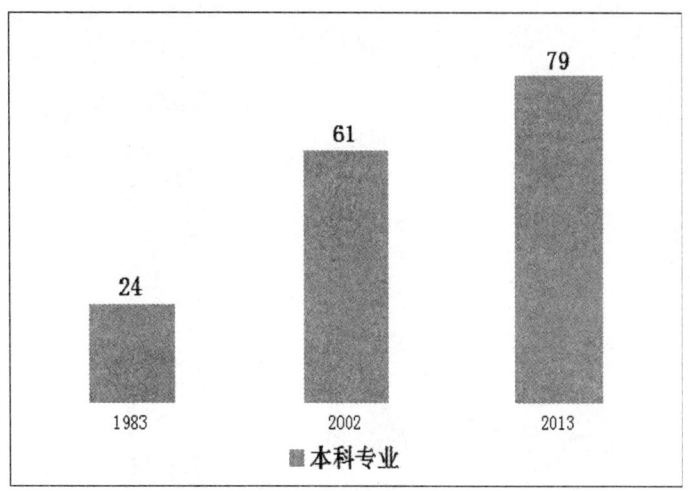

图 2-1　南开大学本科专业数对比

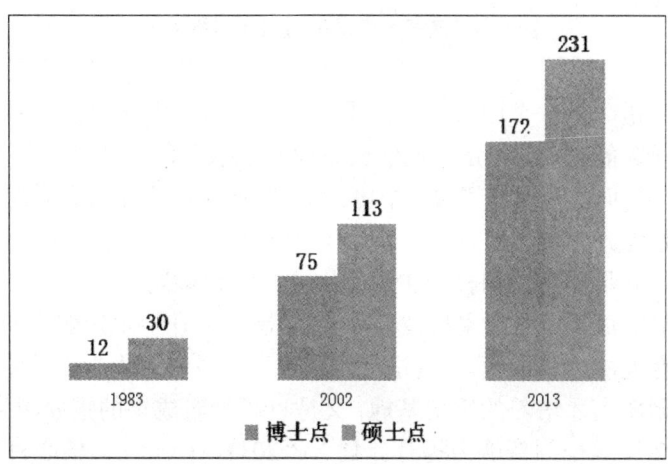

图 2-2　南开大学学位点对比

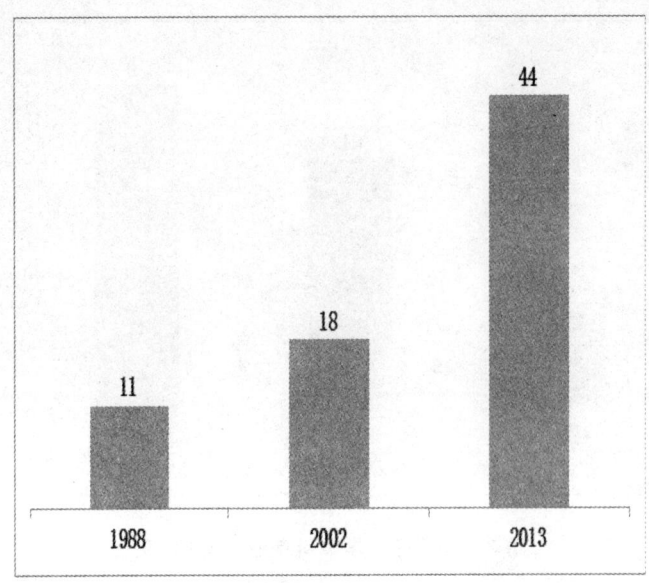

图 2-3　南开大学国家重点学科数对比

　　科学研究是衡量一个国家实力的重要标尺，对于大学来讲，科研实力既是最基本的办学职能之一，也是体现学校事业发展水平的一个重要指标。《南开大学"十二五"事业发展规划纲要》指出："科学研究是培养高素质创新人才的途径和平台，是提升学科水平和学校综合实力的基础。要面向国家战略需求和世界学术前沿，立足创新，积极承担有重大意义的课题与项目，创造更多具有国内外重要影响的成果（如国家科技一等奖），显著提升学术影响力和竞争力，显著提升研究育人能力和成效。"更进一步凸显了"科研育人"的重要价值。大学既是高层次创新人才培养的重要基地，又是科研创新成果的重要源泉。2012年，国家启动"高等学校创新能力提升计划"（"2011 计划"），核心目标是提升人才、学科、科研三位一体的创新能力，完美融合科研与育人。南开正积极整合资源，组建相关创新平台和协同创新中心，努力把南开的学科、知识、人才、技术优势和创新能力转化为服务经济社会发展的现实生产力。

　　南开经历了无数风雨，迎来了改革开放的春风，教学质量稳步提升，人才培养成绩卓著，科研实力和水平大幅提升，科研经费大幅攀升（见图3），科研人员先后获得国家三大奖、省部级奖等重要奖项（见表 2）。"十一五"期间，学校教师在世界顶级学术刊物《科学》、《自然》杂志发表9篇论文（见表3）。

"知中国，服务中国"——南开大学师生的"公能"实践

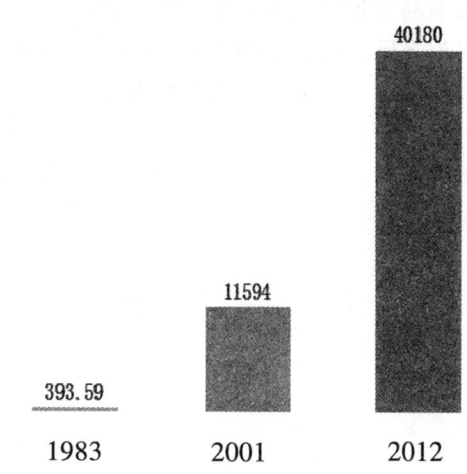

图3　科研经费统计表

表2　南开大学获奖统计表

项　目	"六五"	"十一五"	说　明
国家三大奖	1	3	"六五"：国家发明奖二等奖1项；"十一五"：自然科学奖2项，科技进步奖1项
省部级奖	121	294	

表3　南开大学论文与项目统计表

项　目	"六五"	"十一五"
Science 和 Nature 论文	0	9篇
国家科技重点以上项目	50余项	190项（973/863/科技支撑子项目）
国家社科重点以上项目	13项	25项（含重大招标13项）

南开发展至今天实属不易,展望未来,新世纪的腾飞,其势更难。在即将迎来南开大学建校 100 周年之际,我们面临的机遇与挑战并存,困难与希望同在,希望南开人勇挑重担,不忘"知中国,服务中国"之追求,让"文以治国,理以强国,商以富国"的奋斗目标,成为南开人矢志不渝的奋斗目标和梦想,成为建设世界一流大学的南开梦。南开大学要秉承优良传统,坚持南开道路,在新的历史起点上实现新跨越。

秉承南开"公能"校训 发展人文社科研究

陆 阳

一段时间以来,南开园里人文社科研究捷报频传。"公能南开:打造知中国服务中国智库群"从全国各地各学校申报的 1028 个案例中脱颖而出,获得第三届全国教育改革创新特别奖;我校罗宗强教授的《隋唐五代文学思想史》荣获第二届思勉原创奖,充分肯定了这部著作对开创文学思想史学科的重大意义;中国特色社会主义经济建设协同创新中心进入国家第二批"2011 计划"公示名单,成为全国首家以经济建设为主攻方向并进入公示的协同创新中心……

了解南开历史的人,知晓 95 年校史上的座座丰碑,会把今日的社科成绩当作传统;熟知南开现状的人,清楚创造成果的文科教师只有千人左右,会把它视为奇迹。不管是传统还是奇迹,南开人文社科研究有一个特征始终不变,就是秉承"允公允能,日新月异"的南开校训。

1934 年,老校长张伯苓在总结办学经验的基础上宣布了"公能"校训。他解释说,"公"是大公,要发扬集体主义的爱国思想;"能"是实干苦干,要具备现代化理论才能和实际工作能力;"日新月异"不仅要大家接受新事物,还要成为新事物的创始者;不仅能赶上新时代,还要能走在时代的前列。

"允公":紧握国家急需的"舵轮"

"想国家所想,急国家所急。想国家未想,急国家未急。"抱着这样的理念,国务院参事夏斌 2013 年加盟南开,成为国家经济战略研究院首任院长。研究院以为我国改革发展提供战略性政策建议、为党和国家提供决策依据为己任,深入研究国家经济发展战略和世界经济发展形势,建成一个开放性的综合研究平台。

在研究院成立仪式上,校党委书记薛进文鼓励老师们要以更开放的学术思想、更多的担当和作为进行"对国家有贡献"的研究,在实现中国现代化和经济改革发展进程中发出更多"南开学者的声音"。

在研究院的简介中，能够看到20世纪二三十年代鼎鼎大名的南开社会经济研究委员会的影子。当年该委员会由何廉和方显廷二位先生领衔成立，本着"实事求是之精神"，希望解决国家"目前之急务"，着眼于工业化潮流、劳资关系等当时国家最亟待解决的问题。

按照当下时兴的提法，社会经济研究委员会这种机构应该被称作"智库"。在南开，从早期单是秉承爱国救国理念去研究问题，到今日研究机构担当"思想库"、"信息库"、"人才库"的现实使命，人文社科的适时维新，为的是更加准确地定位国家急需问题，及时调整社科研究的"舵轮"，从而整合学术力量，促成更多优秀科研项目的诞生。

"生产者责任延伸理论及其在中国的实践研究"，"新产业革命的发展动向、影响与中国的应对战略研究"，"城市生态文明建设机制、评价方法与政策工具研究"，"我国网络社会治理研究"……近年来，我校中标的国家社科基金重大项目中，一批体现政府"智囊"效用的应用性研究浮出水面。

除了国家社科基金重大项目，我校还获批多项教育部人文社会科学重点研究基地重大项目，其中以"中国主办2014年APEC会议咨询研究"最具时效性，由我校中国APEC研究院申报成功。该研究院是由教育部、外交部、商务部和我校共建的国家级咨询研究机构。成立18年来，研究院陆续向相关部委提交了17批共计500余份APEC问题咨询研究报告，并承担了中国与澳大利亚、新加坡、日本、东盟等多个国家和国际组织关于自贸区可行性的研究，成为国内自贸区研究方面的权威机构。

在南开，有一批类似中国APEC研究院的研究机构。经过长期探索和发展，我校文科科研基本上形成了以专业学院为依托、以专业实体研究机构为基础、以非实体研究机构为延伸的"三位一体"研究体制。

这些研究机构涉足内容不同，研究方法迥异，却无不在为推动经济社会发展找寻有用之学，所从事的工作无外乎南开人最熟谙的那句话——"知中国，服务中国"。这句话在1928年的《南开大学发展方案》中多次被提及，文件中另一句话也值得铭记："南开即以中国历史、中国社会为学术背景，以解决中国问题为教育目标的大学。"

"允能"：修炼沉潜务实的"内功"

"板凳须坐十年冷，文章不写一句空"，这是曾在南开任教的范文澜先生一句名言。在"速食文化"当道的今天，这种"板凳精神"被很多人置之脑后。

是选择跟风还是坚守，成为当代学者的"哈姆雷特之问"。

多年以前，两位人民日报记者晚上路过南开，看见自习室内灯火通明，被同学们刻苦学习的态度打动，写出了经典通讯《南开学风，堪称一流》。实际上直到今天，如果夜晚十点在校园里漫步，同样会发现很多教研室的灯还亮着，每盏灯光下，一定有一位"发愤忘食"的先生。

在校园外，"沉潜务实"往往是南开人的标签。2014 年故宫博物院与我校历史学院联合招收国内首个故宫学与明清宫廷研究方向博士生。原院长、故宫学术委员会主任郑欣淼透露，之所以选择与南开合作，就是看中了它明清史研究的良好传统和导师的勤奋踏实。

因为"沉潜务实"，南开学者身上仿佛总有种韧劲，哪怕坐"冷板凳"也能乐在其中。正是有了"人不堪其忧，回也不改其乐"的处世态度，时间久了，能力得到了提升，佳作便也"水到渠成"。

2013 年 6 月，南开举行了一场新书发布会，推出了外国语学院常耀信教授主编的《英国文学通史》，全书共 260 多万字，耗时 5 年完成，梳理和介绍了英国文学发展历程，并首次将通俗文学引入"正史"。谈及编书的体会，常耀信坦言就像在与原著"谈恋爱"，因为对文本的"亲密接触"常常能够擦出独创的火花。

与《英国文学通史》相同，由我校历史学院三代学者跨越半世纪编纂而成的《增订中国史学史资料编年》也广受关注。乔治忠教授带着他的学生朱洪斌一起，继承先师遗志，修订了杨翼骧教授名作《中国史学史资料编年》，并编纂完成了清代卷。这标志着正式建立了上起先秦下至清末、系统的中国史学史资料体系，绘制出了从武王伐纣至清帝逊位约 3000 年的中国史学发展脉络。

乔治忠介绍，编纂这套书需要对不同人物、史书有一个系统的把握，查阅、收录、校对，每一个环节都至关重要。看起来像是在抄书，实际上靠的是十几年如一日的积累，下的是苦功夫。他说自己做学问没有"秘笈"，只是会随身带着一本自己称为"火花"的笔记本，无论是在校内还是外出，都会随时记下自己的想法，日积月累，一篇重要文章常常就是这么写出来。

"日新月异"：打造协同创新"引擎"

在南开园小引河边，有一栋装饰一新的"老建筑"。曾经，它因为出自建筑大师梁思成之手而被人熟知，而现在，此楼多因汇聚经济、政治、管理等领域优质力量开展跨学科研究而闻名。这栋建筑被更名为"文科创新楼"，已经成为培育新兴学科，探索高校科研、教学和管理新体制的"试验田"。

文科创新楼里，定期会召开"允公论坛"。论坛由经济与社会发展研究院发起成立，每次都会围绕一个经济和社会发展中的热点问题，邀请经、法、哲、史等文科学院的学者展开研讨，从多学科的视角寻求对论题更深刻的理解。在最近一次的讨论中，各学科专家就我国城镇化问题与对策展开了深入讨论。

如果把研究机构比作舰艇，那么跨学科研究就是促使它高速前进的"引擎"。南开园内，日本研究院就是这么一艘高端的舰艇，它融会政治、经济、历史等多学科开展全方位的日本研究，是我国高校中唯一的院级日本研究和人才培养机构。研究院最新学术成果《近代以来日本的中国观》共有6卷，是国内学界第一部对近代以来日本的中国观进行全方位研究的著述。

在校长龚克看来，跨学科研究是当今社会发展的必然趋势，因为当前我们所处的是一个讲求多方合作、协同创新的大科学时代。大科学是以解决人类社会发展面临的重大问题为导向、以多学科的交叉为特征、由科学家群和技术人员群共同进行协作攻关的一种科学研究方式。

基于这种理念，当国家启动"高等学校创新能力提升计划"（即2011计划）的战略工程时，南开人文社科也义不容辞地加入其中，率先培育组建起一批服务国家急需和区域发展的协同创新中心。

中国特色社会主义经济协同创新中心、人权建设协同创新中心、毛泽东思想及其发展研究协同创新中心、中国滨海金融协同创新中心、中央文献对外翻译与传播协同创新中心……各中心以哲学社会科学为主体，通过南开与其他高校、政府部门、行业产业的强强联合，或以提升国家文化软实力、增强中华文化国际影响力为目标，或志在引领区域腾飞的新发展。

学校专门出台文件支持协同创新中心综合改革先行先试，并将教育部人文社会科学重点研究基地作为学校科学研究综合改革试验区，誓要闯出一条具有"公能"特色的协同创新之路。今年，南开"公能"校训迎来第80个年头。回眸过去，精神鼓舞，放眼未来，信心倍增。守正"公能"80年，新的起点上，南开人文社科再出发。

坚持群众路线 深化"公能"教育

何自力

目前群众路线实践教育活动正在我校深入开展,广大教职员工围绕深化"公能"素质教育,推动教育和教学改革,建设世界一流高校建言献策,热切期待我校借群众路线实践教育的东风,抓住新一轮发展机遇,在建设世界一流高校的征程中再创新的辉煌。建设世界一流学校,确定目标容易,要实现目标则要真抓实干,要走群众路线,深化公能素质教育,要将学校发展的远大目标与广大教职员工的工作实际结合起来,让每位教师都对实现学校的发展目标心怀憧憬,自觉努力,积极奉献。

对于一所大学的成功来讲,财力和物力资源是重要的,但是最重要的,是人力资源,是一大批献身教育事业、热心教书育人、人品学问俱佳的教师。首先,教师直接面对学生,教师教学态度如何,教学方法如何,教学效果如何,直接关系到人才的培养质量。学校制定的发展战略,确定的改革目标,实施的改革举措,最终都要通过每位教师的教学工作来落实,没有教师的身体力行,任何发展战略和目标都是空洞的,都不可能得到真正的落实。其次,教师的教学水平和教学能力,代表着学校的水平和形象,是学校的标志。一所优秀的大学,最耀眼的标志不是校园的美丽和校舍的高雅,而是在教学中做出突出贡献,在学术上有高深造诣的优秀教师,高水平高质量的师资代表着学校的形象,展示着学校的风采。相反,如果教师们不思进取,得过且过,缺乏在教育和教学上做出世界一流成果的雄心壮志,不能涌现一批在教学一线和人才培养上取得突出成就的优秀教师,这个学校就不可能有什么希望,不可能产生良好的社会声望,更不可能成为人们心目中的名校。最后,教师的心态和情绪反映一所学校的精神状态,折射着一所学校的发展潜力。一所好的大学,一定有高昂的人气,教师精神饱满,意气风发,以校为家,以校为荣,把自己的前途和命运与学校的发展联系在一起。一个能够让教师们心情舒畅,精神饱满的学校,一定是有光明前途的学校，学校的发展一定会充满活力，学校的各项工作一定能够走到前面。相反，如果一个学校教师满腹牢骚，工作懈怠，一盘散沙，失去凝聚力，失去奋勇争先的激情，失去以校为家、以校为荣的荣誉感，那里的教学秩序必定混乱不堪，教育教学必定缺乏特色。因此，衡量群众路线实践教育的效果，就是要看是否真正树立起教职员工为学校之本的意识，是否在学校管理和教学科研工作中充分体现教职员工的主人翁地位，最重要的是，是否唤起了广大教职员工对学校事业发展的满腔热情和关心关注。

南开大学是一所历史名校，南开拥有严谨的教风和浓厚的学风，它是南开传承中华民族优秀文化传统的结果，是数代南开人在悠久的办学历史中不断践行和坚守南开精神的产物，南开精神在南开校训中得到了很好的诠释。"允公"，就是胸怀大道，关注民生；"允能"，就是自强不息，奋发有为；"日新月异"，就是求真务实，创新图变。"允公允能，日新月异"的校训是中华民族伟大民族精神的传承，基于这一传承，南开老师形成了自己的独特气质，这就是崇尚科学，求真务实，不事张扬，脚踏实地，爱岗敬业，教书育人，无私奉献。依靠热爱南开，秉承南开精神和南开传统的广大教师，南开成为博大的知识富矿，成为宽阔的知识海洋，让无数学子从中挖掘，在其中奋力遨游，从那里放飞心灵，思考人类的命运、国家的前途和民族的未来。中国经济社会发展进入到新的历史阶段，对高校人才培养、科学研究、社会服务和文化传承提出了更高的要求，各个学校都在深入探索新的人才培养模式，努力打造新亮点，积极提升竞争力和影响力，试图在新一轮教育教学改革中起到带头和示范作用。我校在新一轮改革中是走在前头的。从2011年起，南开大学启动实施"公能"素质教育纲要，计划用5年时间基本形成"公能"特色的南开素质教育体系，构建学生为本、以德为先、能力为重、全面发展、特色鲜明的"公能"素质教育培养模式，全面提升南开育人质量。毫无疑问，南开已经有了在新的历史时期发挥作为的宏伟蓝图，已经走上了新的发展征程，而要完成南开在新的历史时期的发展目标，最重要的，依然是要紧密依靠广大教师，要传承南开尊重教师、信任教师、依靠教师办教育的优良传统，让南开在新的历史发展阶段焕发新的青春和活力。

当下，我校正在深入开展群众路线实践教育活动，该活动与我校"公能"素质教育是相辅相成的，我们要通过深化"公能"素质教育来推动群众路线实践教育，要通过深化"公能"素质教育体现开展群众路线实践教育的成果，为此，应当以更大的魄力拓宽教师参与学校治理和教育教学改革创新的渠道，以更加宽广的胸怀尊重教师的首创精神，以更为有效的措施激发广大教师献身教学科研事业的满腔热情，扎扎实实地推动教育教学改革。具体说来：

其一，发动广大教师和学生为学校的发展建言献策。开展群众路线教育实践活动，深化"公能"素质教育，重在吸引和依靠全体教职员工和学生积极参与学校各项事业的建设和发展。目前，学校已经确定了未来的发展规划和目标，也形成了具体的发展思路和举策。为了使学校的发展战略和目标真正得以落实，就必须了解学生的需要，必须得到教师的支持，必须让学生、家长满意，必须赢得社会的广泛认可。为此，要与学生交朋友，了解学生的思想、学习和生活状况；要深入到教师之中了解提高教育质量和因材施教的计策；要与学生家长建立畅通的联系渠道，了解家长的希望和学生成长的历程；要深入社会了解用人单位对人才规格及人才质量的需求，以便改进教学。学校要对学校发展战略和目标及具体措施进行广泛的宣传，要采取走访、座谈、专题研讨等形式广泛听取师生们的建议和意见，要把工作做实，务求使每位师生的意见和建议都能够得到充分的表达，使每位师生对学校发展的意见和建议都能得到切实的体现和回应。

其二，要充分认识广大教师参与专业和学科建设的重要性，建立健全教师参与专业和学科建设的组织机构。南开大学具有优良的办学传统。在新的历史条件下，学校应当更加重视教师了解和参与学校重大发展事项决策的重大意义，要采取有力措施保证教师对学校发展目标的认同感和使命感，要在对教师教学和人才培养工作提出更高要求的同时提供切实有效的支持和帮助，要建立每一个教师都能够参与校院重大决策活动的制度机制，确保参与的渠道畅通，参与的效果显著。在南开的发展史上，教研室和学科组曾经是教学和科研活动的基本单位，是专业和学科建设的重要依托，是教师参与教学科研的基本单位，它们在南开大学专业建设、学科建设、队伍建设、人才培养方面发挥了十分重要的作用。现在，许多学院大都以院或者系作为基本活动单位，教研室和学科组功能大大弱化，与之相伴随的问题是学科建设责任主体不明确，队伍建设缺乏明确学科平台，教师发展和定位无确定规划，归属感淡化。这种状况应当引起重视，因为提高专业和学科建设水平，离不开广大教师积极有效的参与。缺乏必要的参与渠道和体制机制，不能为教师提供发挥作用的平台和机会，势必挫伤教师的积极性，难以把教师队伍中蕴藏的巨大工作热情和创新能力释放出来。

其三，加强制度规范建设，改进教学管理，提高人才培养质量。开展群众路线实践教育活动，深化"公能"素质教育，最终要落实到提高人才培养质量上。人才培养质量的提高是个系统工程，学生是主体，教师是依托，管理是抓手，制度是基础，加强制度规范建设就是要建立健全教育和教学管理体制，从目标管理、过程管理、效果管理三个方面加强制度建设。加强目标管理，就是要高度重视顶层设计，做好人才培养目标定位管理，包括明确人才培养目标和了解世界同类专业人才培养目标定位；做好人才培养计划设计管理，包括规范课程体系、课程模块、必修课选修课学分比例安排、各类人才培养措施和手段等；做好人才培养模式设计管理，包括专业建设规范，含人才培养目标、培养规格、毕业条件、课程体系、课程模块、培养机制和措施、教学保障条件等。加强过程管理，就是要突出"公能"素质教育导向，需要着重加强学生选课管理（制定选课指南、加强选课指导）、教学模式设计管理（要求教师规范教学大纲设计、创新教学方法等）、学习能力培养管理（辅导学生读经典、组织专题性知识竞赛等）、动手能力培养管理（开展社会调查、实践教学、实验教学、暑期社会调查、志愿活动等）以及科研创新能力培养管理（组织"百项"、优秀论文竞赛、参加各类创新比赛活动）。加强效果管理，就是要加强教学规范建设，加强教师教学指导和培训制度建设，加强教师教学工作评价和考核体系建设，加强教学质量长效管理机制，加强教学管理机构和队伍建设。南开在长期的办学实践中形成了优良的办学传统，应当在开展群众路线实践教育活动中组织教师回顾南开的办学传统，从深厚的历史积淀中提炼富有生命力的育人经验，丰富和发展"公能"素质教育的内涵，推动教育和教学管理体制改革和创新，为进一步提高人才培养质量提供强有力的观念和制度保障。

（本文系作者2013年11月5日在南开大学深入学习习近平总书记系列重要讲话理论研讨会上的发言，《南开大学报》2013年11月23日第3版刊发了摘要。）

建设"公能兼备"的高校师资队伍

刘丽军

一、人才强校战略与高校师资队伍建设

1. 人才强校战略是时代发展的必然产物

改革开放之后，国家对人才的重视程度越来越高，邓小平同志在不同的场合多次提到"人才"的重要作用。1977年，他提出了"尊重知识、尊重人才"的论断，并强调："事情成败的关键是能不能发现人才，能不能运用人才。"[①]2002年，我国政府发布了《2002～2005年全国人才队伍建设规划纲要》，纲要中首次有了"实施'人才强国'战略"等说法，并提出"人才资源能力建设"的概念，倡导人才的"创新精神"培养和"创新能力"的开发。2003年，中共中央、国务院在《关于进一步加强人才工作的决定》中，提出把"实施人才强国战略"作为"新世纪新阶段人才工作的根本任务"。"人才强校"概念的提出是教育部门在这样的背景下提出来的。2004年1月在重庆召开的教育部直属高校工作咨询委员会第十四次全体会议，时任教育部部长周济在发言中以"以人为本、人才强校"为题发表讲话，可以作为官方使用人才强校战略的一个标志。在此背景下，各高校很快确立了"人才强校"战略。南开大学在第七次党代会时制定并实施"人才强校"战略，成立了由书记、校长为组长的人才工作领导小组，把"人才强校"战略作为"把南开大学建设成为国际知名高水平大学"的战略任务。可以说，"人才强校"战略是随着历史的发展，为了适应国家建设需要的必然产物。

2. 高校师资队伍建设是实施人才强校战略的核心因素

人才强校战略的目的是强校，核心是人才，定位是战略。无论是人才强国

[①]《邓小平文选》第3卷，人民出版社1993年版，第92页。

战略，还是人才强校战略，其核心因素都是人，只有有了相当规模的具有一定技术技能或专业知识的人才，才能强校，才能强国，社会主义现代化建设才能顺利开展，中华民族的伟大复兴才有可能。建设一支有较高素质和水平、结构合理、充满活力的教师队伍是各高校在实施人才强校战略中反复提到的问题，而且更加强调创新型人才的引进和培养是"强校"的重要因素。目前，高校在创新型人才建设方面主要体现在以下三方面：一是培养造就学术领军人物和学科带头人，二是培养和造就一批具有创新能力和发展潜力的青年学术带头人和学术骨干，三是推进团队建设，培养和造就一批协同创新团队。

二、"公能"的含义和要求

张伯苓自投身教育之后，始终抱有教育救国的坚定信念。经过多年的观察和探索，他将近代中国的贫弱归结为五个字，"愚""弱""贫""散""私"，即国人多愚昧无知，缺乏科学知识，教育不普及，体魄衰弱，民族志气消沉，科学不兴，团体观念极为薄弱，自私心太重，公德心太弱。这五种弊病是导致"民族衰弱招侮"的主因。[①]从当时中国社会现实和教育实况出发，张伯苓针对上述具体问题提出了系统的解决办法，即重视体育；提倡科学；团体组织；道德训练；培养救国力量等五点办学方针。这五项训练与他早年提出的"三育并举不可偏废"的内涵是一致的，强调的都是学生体育、智育、德育全面协调健康发展。

1934年，张伯苓在南开创办三十周年的校庆纪念会上正式提出将"公""能"作为南开校训，并进一步引申为"允公允能，日新月异"。这里的"公"是指无私无我，"能"是实干苦干。张伯苓曾对"允公允能，日新月异"做过详细的解释。他说，"允公是大公，而不是小公，小公只不过是本位主义而已，算不得什么公了。惟其允公，才能高瞻远瞩，正己教人，发扬集体的爱国思想，消灭自私的本位主义。""允能者，是要做到最能，要建设现代化国家，要有现代化的科学才能，而南开学校的教育目的，就在于培养具有现代化才能的学生，不仅要求具备现代化的理论才能，而且要具有实际工作的能力。"[②]"惟'公'故能化私，化散，爱护团体，有为公牺牲之精神；为'能'故能去愚，去弱，团结

---

① 《张伯苓教育言论选集》，南开大学出版社1984年版，第243页。
② 张锡祚：《张伯苓与南开大学》，南开大学校长办公室编：《张伯苓纪念文集》，南开大学出版社1984年版，第29页。

合作，有为公服务之能力"。①校训是一种抽象化的精神概括，也是渗透于日常教育生活的点滴经验。在近代教育史中，南开学校所取得的成绩，以及所凝聚的独特的"南开精神"。南开大学党委书记薛进文说："由张伯苓亲自制定的'允公允能、日新月异'的南开校训，是对南开价值取向的高度凝练，蕴涵着南开秉公尽能、奉献创新的精神品质。"②南开大学在实施"人才强校"战略过程中，特别强调了第一要素就是加强"公能"素质的价值导向，用"公能"要求引导人、要求人、考核人。实施人才强校战略，建设一支高素质、高水平的教师队伍。

三、目前高校师资队伍存在的问题

1. 为国为公的意识不够

目前，我国高校人事管理制度都是重"表"轻"里"，只注重管理的强制力而很少从职工的内心入手去分析、解决问题。如强化管理制度、精简人员机构、定员定岗、人事调配、劳动用工制度等，这些都是通过具有强制力的外部管理措施来刺激教师的活力。这些措施和办法在实际工作中必不可少，它可以推动高校向前发展，但是同时也产生了很多问题；面对如此严峻的形势，不少高校教工对这些强制管理办法产生了逆反心理，在实际工作中有的人往往以自我为中心，攀比收入待遇，导致心理失衡，对工作缺乏热情，对高校困难与发展漠不关心，工作只是以完成任务为目标，而不是能动地发挥自身潜力，改善工作方法，提高劳动效率，促进高校科技创新，把工作做得更好、更完美；有的人对工作缺乏责任心、主动性。仅以高校行政管理人员为例，很多人都存在工作勉强应付、得过且过，分配到自己头上的工作才去做，分配不到的能不做就不做，害怕承担责任。或者是自己所从事的职业和自己的兴趣不符合，对工作提不起兴趣，只是为了生计不得不从事这份工作，这就很难想像能做出多么出色的工作来。

2. 团结协作的精神不够，协同创新的能力不强

高校属于我国现行制度下的事业单位，很多人梦想到高校工作，有一定的原因是考虑高校有事业编制，工作稳定，旱涝保收，虽然不能大富大贵，却也能基本小康。所以，很多人过关斩将进入高校后，贪图安逸，满足现状，失去了锐意进取、改革创新的精神。有的老师包括管理干部和专任教学科研人员，

---

① 吴大任：《我所受的南开教育》，南开大学校长办公室编：《张伯苓纪念文集》，南开大学出版社1984年版，第274页。

② 薛进文：《培育南开特色的大学精神》，《求是》2012年第6期，第29页。

不是以本职工作为重点,而是一心关注自己的收入和职位。为了获得自己满意的收入和职位甚至不惜跑官买官、科研上弄虚造假、教学上敷衍了事,这对于学校的发展造成了极大的危害。对自己的事情过于关心,而对学校的事情漠不关心,个人主义严重,没有摆正个人与集体的关系。同事间缺乏团结协作精神;有的人由于猜忌、妒忌等不健康心理,与学校、领导、同事产生矛盾;同时,由于自我需求得不到满足及家庭矛盾影响正常心理活动,降低了工作效率。

3. 超越自我、开拓和引领新方向的意识不强、能力不足

部分教师迫于职称晋升的压力,在晋升副高职位之前还能积极参加学院的各项活动,一旦晋升成功参与度就明显下降,在科研方面有小富即安的思想,超越自我、开拓和引领新方向的意识不强、能力不足。也就是得到相关待遇以前的那种积极参加不是一种自觉的行为,而是一种被迫的行为。高校的主要任务是教学和科研,而科研又承担着国家富强、民族振兴的重任,如果晋升到高级职位的教师不能充分发挥潜力,做出世界一流的科研工作,就不能达到我国科研创新上自力更生、自主创新的目标。国外的尖端技术是不会轻易给我们的,尖端技术不可能从国外直接拿来,即使有的一时可以从外国引进,但如果不能进行有效的学习、消化和新的创造最终还会受制于人。唯有自己掌握核心技术,拥有自主知识产权,才能将祖国发展与安全的命运牢牢掌握在自己手中。

四、建设"公能兼备"的高校师资队伍的有效途径

1. 把"公能兼备"作为高校人事人才工作的指导思想

从价值导向上要加强"公能"导向。用什么样的价值导向引导师资队伍建设是一个首要的问题。不同的价值导向会产生不同的人事政策,不同的人事政策就会产生不同的师资队伍,所以首先要解决思想引领方向的问题。"公能兼备"的导向就是从"公"、"能"两个方面来要求和培养教师,是针对上诉分析中出现的教师队伍中存在的"弱""贫""散""私"四病最好的药方。在教师招聘和培养过程中要做到"四要四不要":要业务精湛,不要水平一般;要积极向上,不要不思进取;要团结协作,不要分散独立;要为国为公,不要一心为己。龚克校长在 2012 年 4 月召开的南开大学人事人才工作会议上提出,要"加快建设公能兼备的世界知名高水平大学的师资队伍",并明确指出在师资队伍培养过程中要确立"公能兼备"的导向,"公"就是以德为先,弘扬高尚师德,恪守学术规范,培育优良学风,遂行负责任的学术行为,以全体教师的行动展现南开师德风尚。"能"就是有能力做到高水平高质量。注重师德建设,维护和提升南开大学教师队伍优秀的学术声誉是第一位重要的。将师德表现作为教师考核、评

聘的重要内容，强调为人师表，注重教书育人、科研育人、服务育人。

2. 促进高校学术拔尖人才的培养

学术拔尖人才的培养一直是科研型大学人才强校战略的重点，也是高校服务社会，支持国家重大战略项目的根本。近些年来，南开大学为了提高在国内外学术领域的声望和影响力，提升为国家重大战略和天津滨海新区提供智力服务的能力，锻炼教师超越自我、开拓创新的学术能力，出台了一系列人事改革文件，这些文件的制定是以《国家中长期教育改革和发展规划纲要》、《国家中长期人才发展规划纲要》等文件为指导，是为建设一支"公能兼备"、结构合理、具有经验、充满活力的富有创新精神的一流教师队伍服务的。以《南开大学百名青年学科带头人培养计划》为例，该计划规定在三到五年时间内面向全球招聘一百名青年（年龄不超过40周岁）学科带头人，申报者可以是教授，也可以是讲师、副教授，对于职称没有特别的要求；对于所在单位可以是本校的青年教师，也可以是海外学者，只要申报人有突出的学术成果，并且有较高的发展潜力，就可以申报该岗位，一旦入选后享受最好级别模拟绩效工资待遇。南开大学副校长佟家栋说："青年教师学科带头人的培养计划，采取公开的方式，从海内外、校内外汇集、选拔一批青年教师学术带头人，为南开大学教师队伍特别是高端人才队伍提供后备力量。"[①]再以《南开大学百名高端人才支持计划》为例，该计划强调获得支持的学者要有各方面的称号和过去在学术界得到公认的学术成果；同时，该计划还强调动态开放性的特点，所谓动态开放性是指在聘期内，学校教师若获得新的标志性的教学科研成果或奖励，通过评审过程，可以聘任到相应高端人才岗位，如果没有作出标志性的成果，或者科研项目已经结题，那么，也应该从相应的人才岗位中退出。

3. 创造有利于人才发展的良好环境

调整适于人才成长的环境是高校人事制度改革的又一重要方面。邓小平同志说："第一，能不能每年给知识分子解决一点问题，要切切实实解决，要真见效。第二，要创造一种环境，使拔尖人才能够脱颖而出。改革就是要创造这种环境。"[②]一名优秀人才愿不愿意入职某一高校，愿不愿意在该高校做下去，工作的状态是不是奋发向上，与这个高校人事、人才工作的环境关系密切。首先，要创造有利于人才成长的生活环境。佟家栋副校长在回答南开新闻网记者提问时明确指出：南开大学在引进人才方面一直强调三个方面：事业留人、感情留

---

① 《南开大学副校长佟家栋解读人事人才工作新文件》，新华网 2012 年 12 月 7 日。
② 《邓小平文选》第 3 卷，人民出版社 1993 年版，第 108 页。

人和待遇留人，这三种方式需要我们从不同角度、通过不同的工作来实现。就待遇留人这一点，我觉得非常重要，安居才能乐业，如果没有一个安居的条件，那么乐业就会有后顾之忧，所以使我们引进的教师和人才能够在这里安居乐业、从事事业的条件就显得非常重要。①

其次，要为人才成长创造一种公平公正的竞争环境。学校在发现人才、培养人才、使用人才方面，视野要宽，胸怀要广，不管教师的出身如何，有无资历，都要一视同仁。不能因为某位老师来自非"985"、"211"高校，或不是国外名牌高校毕业生，就用有色眼镜看待他，或是弃之不用。主要是看他的工作能力和发展潜力，如果他的工作能力很强，善于钻研，乐于教学，对工作满腔热情，我们就要给他创造成长的环境。另外要有包容别人缺点和弱点的胸怀，打破"金要足赤、人要完人"的观点，正如邓小平同志所倡导的，只要是人才，即使有些缺点和弱处，也可以使用。高校是知识分子密集的地方，每个人都有其独特的脾气秉性，高校应该发挥教师的长处，允许其个性的存在。

再次，要创造有利于人才创新的学术环境。创新是一个国家和民族的力量源泉。近些年来，高校都把科技创新、文化创新、政治创新作为学校的重点工作。南开大学2013年建立改革试验区就是个鲜活的例证。改革试验区的设立就是为了发挥人才集聚效应，激发人才创新活力，积极探索以重点学科、重点实验室为载体的人才特区和创新学术团队建设，以国家发展重大需求为导向，在特定区域实行特殊人才政策和特殊机制，在重大项目实施、团队建设、人才培养，人才考核评价以及人才激励培养等方面不断探索与国际接轨的新机制、新办法，鼓励并支持高端人才及其团队，承担科学前沿的重大理论课题及我国当前急需解决的重大应用课题。

---

① 《南开大学副校长佟家栋解读人事人才工作新文件》，新华网2012年12月7日。

师者之"公":欲栽大木拄长天

刘一博

南开校训"允公允能,日新月异",是老校长张伯苓于1934年正式提出的。七十年来,它勉励着一代又一代南开人的成长。"允公允能",首推一个"公"字。这个"公",不是"小公",而是"大公",用南开人的话说就是"中国不亡有我在"。韩愈有曰:"师者,所以传道授业解惑也。"所传何道?在南开,首先必是这个"大公"。而欲传此"大公"之道,则为师者必先有崇高的理想与志向。

当年毛泽东在湖南省立第一师范求学时,修身教师杨昌济曾问起同学们的志向。青年毛泽东当时反问先生志向为何,杨昌济转身在黑板上写下"自闭桃源称太古,欲栽大木拄长天"。杨昌济拒绝出任省教育司司长而任教于湖南省立第一师范,这正是一个教师身体力行他崇高的理想,也恰恰是师者所传递正能量的最初源泉。试想如果杨先生应约出任教育司司长,也许民国多了一个称职的官员,但教育界会少了许多典故和佳话。而一名司长的志向与能量,又岂能比肩这"大木长天"的光辉与伟岸?只有心中怀着崇高的理想,才能作出正确的人生选择。板仓先生用崇高而坚定的理想为国求贤育才,终于得其所愿。他最得意的两名弟子蔡和森和毛泽东,都将自己的名字写在了历史的卷册中,也为这个积贫积弱的古老国度焕发了少年青春的容颜和精气神。"欲栽大木拄长天",不管过去多少岁月,这已成为后辈师者所景仰追寻的楷模与典范。

张伯苓老校长又何尝不是如此?陈洪先生《百年南开纪念碑记》写道,"殷殷强种之梦,拳拳育才之想,其志伟哉,校父校长。"目睹国帜三易,奇耻大辱,投身教育救国,筚路蓝缕,虽千难万险而不辍,"荐轩辕以热血,听雄鸡之高唱"。凡成就大事业者必有高远之志。志既在高远,又岂凡人能识!日寇毁校,一生积累毁于一旦,虽痛彻心扉,又能奈何心中之崇高?故唯有伯苓公可以说出"被毁者为南开之物质,而南开之精神将因此挫折而愈益奋励!"之豪言壮语。南开的教师,若没了这"中国不亡有我在"的情怀与担当,若没了这"越难越开"

的精神，又怎能毫无愧色地告诉学生"怕难的不必来，求安逸的不必来，好奉承的不必来，服了这口气的不必来"，更怎能教育出把自己的生命与人民融合在一起，甘为人民之幸福不惜牺牲一切的南开后人！

"公"之大者，心怀天下。南开以天下兴亡为己任，方能成就教育史上的一段段奇迹与佳话。梅贻琦校友的一句名言尽人皆知："大学之大，非有大楼之谓也，有大师之谓也。"其实大学之大，既在大师，更在"大仁"。这"大仁"不是别的，正是心怀苍生疾苦、民族兴亡的使命与责任，进而始终把个人发展与人民的根本利益结合起来，全心全意为人民服务。这"大仁"就是"大公"，它始终把民族兴亡与人民幸福写在自己的旗帜上。南开校歌中唱到，"美哉大仁"，这正是对"大公"的歌颂，若非如此，则南开精神又何以堪称"巍巍"二字！

中国之欲振兴，不可不重教育。而这教育必不是唯分数是从的应试教育，也不是琴棋书画、歌舞球模的所谓"素质教育"，而是"贵实践，强精神，砺品行，重责任，勇担当"的真素质教育。蔡元培先生在就任北大校长讲话时第一个就是要求学生"抱定宗旨"。他说："入法科者，非为做官；入商科者，非为致富。宗旨既定，自趋正轨。若徒志在做官发财，宗旨既乖，趋向自异"，求学者一定会陷入"平时则放荡冶游，考试则熟读讲义。不求学问之有无，唯征分数之多寡"的死循环之中。所谓"宗旨"，即求学乃至人生的终极动力，它必不是物质的，也必不是狭隘的。至高的宗旨，一定是把国家民族融入内心而驱动自己不断前行的。只可惜今之求学者，受应试教育或伪"素质教育"的侵害，多无宗旨，或仅谋自身为其宗旨。而这不正是为师者应当引导而所传道之所在吗？

传道之必身教重于言传。毛泽东在一师时的诸多名师，杨昌济、孔昭绶、徐特立、方维夏、黎锦熙、袁仲谦，皆为人品贵重，表里如一，身体力行为学生之表率。所传宗旨之崇高，在师者之言行一致，而非高谈阔论，若言行不一，表里径庭，则再崇高之理想也不免陷于泥淖之中，灼灼其华，又何能光照后人？自闭桃源，不是所有人都能做到，而真心为师者，能静心，能守正，如诸葛孔明所云"澹泊明志，宁静致远"。非如此不能育贤才，非如此不能为真正的南开师者。

前路漫漫，唯师者所共勉。唯南开师者所思所叹也！

杨敬年：一流大学　重在育人

张　鸿

著名经济学家、政治学家、翻译家杨敬年先生，虽逾期颐之年，但仍关注时事，关心教育事业的发展。党的十八届三中全会召开后，围绕高校如何创新人才培养机制，如何办出特色争创一流的话题，杨敬年先生欣然接受了专访。

杨敬年先生接受南开大学校史研究室专访（徐悦摄影）

对于如何建设世界一流大学，杨敬年先生认为，一流大学不是争取来的，是自然而然形成的，"你的人才、你的成果是世界一流的，那你的大学自然就是世界一流的"。他还指出，教育改革涉及方方面面，其中育人是首要问题。建设一流大学，首先体现在是否重视育人。"比如牛津大学的特色之一就是导师制。与人们熟知的研究生阶段的导师制不一样，牛津的导师制主要是在本科阶段就为每位学生配备导师。你这个学期学这门课，有一个导师专门指导你如何看书、写文章，提供个人化的精心指导。我在牛津学习时，就一个星期和导师见一次面，面对面坐着谈话，有时是吃饭聊天的形式，我把我的文章读给他听，他听了以后给我一些指导。这有点近乎是天才教育，是按学生自己的意愿去学习、去发展。"

说到育人，杨敬年先生进一步指出，培养高质量的人才必须坚持教学与科研并重。南开大学在这方面有着优良的传统。例如，经济研究所从创立之日起，就努力谋求科研与教学两个方面的互动发展，结果在学术研究与人才培养上都取得了突出成绩。西南联大也是很好的榜样，其辉煌成就主要是为国家、为民族培养了大批复兴人才。现在全国高校中普遍出现了重科研、轻教学的倾向，不利于学生的成长成才。要建设世界一流大学，必须扭转忽视教学和育人的倾向。

杨敬年先生深有感触地指出，密切的师生关系在育人过程中能够起到非常重要的作用，所谓春风化雨、润物无声。他回忆说，南开经研所的何廉、方显廷等5位老师，不仅对他做人、治学产生了深刻影响，而且在他人生道路的选择中也起了决定性作用。在牛津大学留学时，学校实行的导师制更使他受益匪浅。每周见导师一次，导师或评论学生论文，或指点读书阅报，或在与学生争辩、探讨、交流的过程中挖掘学生潜能、激发学习兴趣。如杨敬年先生所说："学习的首要前提是学生愿意学，想要学，有问题要解决，有问题要研究。而灌输式教学令师生间缺乏交流，学生上课只是想获得学分，而不想真正去学点东西，这些都不利于创新人才的培养。"

密切的师生关系并不意味着放松对学生的要求。杨敬年先生认为，培养高质量的人才离不开严格的管理。牛津大学对博士的要求是对知识作出原创性的贡献，因而淘汰率高达50%，对本科生的要求也很严格，这也是牛津大学建校800多年来始终保持世界一流地位的重要原因之一。中国高校要努力汲取世界著名大学的经验，在创新人才的培养上不断进行探索。

杨敬年先生认为，学科划分过细、过窄，各学科专业之间互不联系、互不通气，会导致学生知识面过于狭窄，不利于创新人才的培养。虽然研究者可以有学科方向的特殊关照，但实际上研究对象是一个整体，不可人为地分割开来，因此培养"通才"是很重要的。作为牛津大学另一特色的学院制，就非常有利于培养"通才"。牛津的学院制，就是每个学生在按专业划分的系以外还都会归属于一个学院，在这个学院中住宿、用餐、学习、交往。这种学院制是自然形成的，不是按学科人为划分的，每个学院中都有来自不同国家、不同专业的学生，从而能够在学习和日常生活中非常方便地进行跨学科的交流。

谈及高校如何办出特色，杨敬年先生指出，南开大学在中国教育史上办出了鲜明的特色，"允公允能，日新月异"就是这一特色的集中体现和凝练，它抓住了教育的本质，回答了培养什么样的人的根本问题，完全经得起历史和时代的考验，因而具有永久的生命力。"公能"校训不仅对学生适用，对广大教职工也同样适用。"公"，就是热爱祖国，热爱人民。"能"，就是要求教师要有真才实学，职工要有真实技能，学生要有过硬本领。既"公"且"能"，方能全心全意为人民服务。"日新月异"就是不断创新，与时俱进，不论教学科研和行政管理，都要如此。南开要跻身世界知名高水平大学行列，就要在继承和弘扬"公能"校训的基础上，坚持和发展这一办学特色。

说到南开的另一传统———"知中国，服务中国"，杨敬年先生指出，南开大学强调教育服务国家、服务社会，在建校之初便提出了"知中国"、"服务中国"的办学方针。这不仅表现在学术研究方面，也体现在人才培养方面。例如，经济研究所致力于经济学"中国化"。在教育内容上，坚持自编教材，而不照搬欧美课本。在教育方法上重视理论联系实际，通过社会调查使学生了解本国国情，增强解决中国问题的能力。我们要结合中国当前的教育改革发展实际，把南开的这些优良传统发扬光大。

杨敬年先生一生经历坎坷，却始终没有放弃"为天地立心，为生民立命，为往圣继绝学，为万世开太平"的宏愿。1908年，他出生于湖南省湘阴县(今汨罗市)一个贫苦农民家庭，自幼失去父母抚爱，寄于外祖父家时接受了启蒙教育。1924年，杨敬年考入湖南省立第一师范学校。1927年，在大革命的洪流中，他毅然从军，考取黄埔军校长沙分校步兵科。"马日事变"后，杨敬年愤然离校。1932年，渴望继续求学的他几经周折，考入了当时不需缴纳学费的中央政治大学。1936年，无意官场的杨敬年报考南开大学经济研究所，被录取为研究生。1937年抗战全面爆发，南开大学惨遭日寇炸毁，他辗转于长沙、贵阳、重庆、兰州等地。1945年考取留英公费生，进入牛津大学政治学哲学经济学(PPE)专业深造。

杨敬年先生是南开教育的成功范例，也是自觉躬行南开校训的典范。1948年，获得博士学位不久的杨敬年受恩师何廉之邀，毅然放弃国外优厚待遇，回到母校南开大学任教。天津解放后，他担任南开大学校务委员会委员，并创建财政系，兼任系主任。他在政治上追求进步，以满腔热情投身社会主义教育事业。意想不到的是，1957年他被错划为"右派"，又被以"历史反革命"罪判处管制三年，下放到经济系资料室"劳动改造"，长期被剥夺教学科研权利。"文革"期间屡遭批斗、抄家、劳改。但是杨敬年先生没有被厄运压倒，在逆境中他以惊人的毅力翻译了大量的外文书籍资料。1979年，他得到彻底平反，恢复了教授职称和工资待遇。虽然已经年逾古稀，但他仍怀着"欲为国家兴教育，肯将衰朽惜残年"的志愿，重登讲台，教书育人。1981年在全国高校中首次招收发展经济学专业研究生，培养了大批学有所长的人才。1987年，他在80岁高龄时光荣地加入了中国共产党。

杨敬年先生80岁退休后仍笔耕不辍。86岁时，他结束了返聘工作，但却没有停止学术研究。90岁时，历时两年写成的《人性谈》出版，杨敬年先生开始重新翻译《国富论》。那段时间，他每天凌晨3点起床，到早上7点连续工作4个小时，下午进行校对，这样历时11个月，终于完成译稿74万字。97岁时，他又接着翻译了《国富论》的主题索引，达6万多字。杨敬年先生重新翻译的《国富论》，2001年由陕西人民出版社出版，至今已是第3版，发行10余万册。99岁时，他写成自传体专著《期颐述怀》。105岁时，由于视力严重衰退，经杨敬年先生口述，南开大学经济研究所关永强老师协助，修订再版了《人性谈》一书。面对这些成绩，杨敬年先生谦虚地说："我总想为国家多做些事，但是否做出了有用的事，就很惭愧了，我只是尽心、尽力去做。"杨敬年先生以自己的人生，向世人诠释着何为大写的"南开人"。

（本文原载于《南开大学报》2014年3月21日第3版。）

申泮文：能人办学　学以致用

徐　悦

2014年春节前，正在天津医科大学总医院疗养的著名化学家、教育家、中科院院士申泮文先生接受了校史研究室工作人员的专访。他虽已年届97岁高龄，但仍精神矍铄、思路清晰、谈吐自如。作为一名老南开人，他以亲身经历和切身感受，畅谈了学校的历史发展和办学特色，并对校史研究寄予殷殷厚望。

申泮文先生接受南开大学校史研究室专访（刘慕鑫摄影）

对于南开学校的办学，申泮文先生首先从南开校友梅贻琦的"所谓大学者，非谓有大楼之谓也，有大师之谓也"谈起。他认为，办好一所学校，有"大师"

还不行，更需要有能够勇挑重担、独当一面的"教育能人"。在南开学校的办学历史上，张伯苓、喻传鉴、黄钰生、杨石先等人都是"教育能人"的典型。

作为南开系列学校的创办人之一，老校长张伯苓的办学实践独具特色。申泮文先生将张伯苓的教育思想概括为："真诚的教育家办教育；爱国主义教育环境出英才；立足中国培育高层次人才。"在这样的教育思想指导下，南开中学自1935年起年年都是人才大班，为国家培养人才苗子，仅申泮文先生所在的1935年级后来就出了4位院士，抗战时期的重庆南开中学依然是人才辈出。申泮文先生认为这与张伯苓积极主张自由民主办教育、学以致用、洋为中用、人才培养多样化等密切相关。

黄钰生长期担任南开大学秘书长，作为老校长张伯苓的主要助手佐理校务，可谓南开大学的"二校长"。西南联大时期，他代表张伯苓参加联大管理层，参与了繁重的建校工作，别人管不了的事，都交给他来办，几乎成了"不管部"部长。

杨石先在西南联大担任理学院化学系和师范学院理化系主任，后又兼任教务长，前后6年有余，备受师生尊敬与信任。尽管行政工作繁忙，他仍然坚守教学岗位，还承担了距理学院5公里之遥的工学院的化学基础课教学任务。因为条件艰苦，没有交通工具，他每周都要两次徒步到工学院上课，而且从不迟到、从不误课，为全校教师起到了表率作用。

申泮文先生坦言，自己有幸曾与这几位南开元老作为师生或同事共处多年，其言传身教使自己受益终生。他强调指出，这些"教育能人"在南开大学的历史发展过程中做出过很大贡献，研究校史时要深入总结他们的成功办学经验，为培养更多人才苗子服务，为学校长远发展服务。

对于南开大学的办学特色，申泮文先生指出，南开大学建校后，本着"文以治国，理以强国，商以富国"的办学理念，设立了文、理、商三科，这样就不仅仅是文理并重，商科也占有重要位置。老校长张伯苓十分重视学以致用，较早确立了南开教学和科研以"知中国、服务中国"为目标的"土货化"方针。秉持上述理念和方针，南开大学经济研究所自创办之初即致力于经济学研究的中国化，分析探讨中国经济、社会发展中存在的实际问题。南开经研所在《大公报》开辟的"统计副刊"专栏(后相继更名为"每周统计"、"经济周刊")，"在中国还是破天荒第一遭，一时颇为轰动，使南开名声大振"(何廉语)，编制的"南开指数"更是享誉海内外。经研所创办人何廉通过调研，深感中国农村经济的重要性，在20世纪30年代初就提出"中国的经济基础大部分建筑在农业上面"，"中国未来的希望在农村"这样富有远见的观点。对此，申泮文先生强调，研究中国的经济,让经济为建设国家服务,体现了张伯苓"学以致用"的办学要求。新中国成立后南开大学在校长杨石先带领下,紧贴国家战略需求,调整专业方向,进行科研攻关,同样体现了"学以致用"的办学特色。化学系师生于20世纪50年代建成的"敌百虫"、"马拉硫磷"、"离子交换树脂"和"硝酸钍"生产车间,为国家急需的有机农药和原子弹研制工作做出了重要贡献。据此,申泮文先生认为,南开的办学特色还可以继续深入总结,但"学以致用"可以算是其中一条。

谈到1952年全国高等学校院系调整,申泮文先生认为,其最主要的意义在于使新中国的高等教育完全摒弃了西方殖民主义色彩,虽然仿照"苏联模式"建立高等教育体系也存在一些弊端,但它毕竟是中国人自己办学校、办教育、搞科技的开端。院系调整后不久,我国制定了"十二年科学技术发展规划",苏联专门派出由国家科学院院长带领的专家团队来华考察,实际上是向我们学习这方面的经验。大规模的院系调整也不仅仅是各校间院系的拆分组合,更是对旧有教育制度、教育内容和教学方法的全面改革。经过这场院系调整,杨石先校长宣布"新的南开大学"成立,南开进入了新的发展阶段。

申泮文先生十分关心当前正在进行的教育领域综合改革,认为应鼓励学生参与到教育教学改革过程之中,师生共同努力,调动教师和学生两个方面的积极性。他本人在长期教学实践中也一直致力于此。20世纪80年代计算机应用推广之初,申泮文先生看准计算机必将成为高等教育教学中的重要工具,力主推动计算机在高校的普及,曾在大学低年级学生中开办"化软学会",在高年级学生中开办"分子计算中心",为学生参与教学改革提供舞台、创造条件。对此,他不无自豪地说:"现在化学课是高级科学实验、高级理论、计算机应用三驾马车联合体,在这方面,我们在许多大学里是领先的。"

申泮文先生指出,对学生进行爱国主义教育是南开大学的优良传统。多年来,他身体力行,积极致力于南开爱国主义精神的宣传教育。1987年,他组织学生成立了"南风宣传队",用自己收集的资料制作展板,在大中路上进行展览,向学生展示南开学校50年前被日军炸毁的情景。对此,他略带沉重地说:"作为亲身经历南开学校被炸的当事人,有着一辈子忘不掉的切肤之痛。"也正是在那一年,申泮文先生和他的"南风"率先提出要纪念南京大屠杀50周年,使青年人不要忘记这段惨痛的历史。1995年,申泮文先生编写的《天津旧南开学校覆没记》由南开大学出版社正式出版,书的扉页上赫然印着"纪念抗日战争胜利50周年"、"沉痛纪念天津南开学校被毁58周年"的醒目字样,提醒着人们毋忘历史。申泮文先生也因此被称为在校园内自发宣传爱国主义教育的先行者。

申泮文先生出生于1916年，1935年南开中学毕业后，以优异成绩考入南开大学化工系。1937年7月南开被日军炸毁后，他的大学生涯被迫中断，毅然投笔从戎，被派往前线做后勤兵，亲历了著名的淞沪会战。随着30万大军的撤退和溃败，21岁的申泮文辗转赴长沙临时大学，在老师杨石先的帮助下得以复学。1938年春夏之交，他在黄钰生的资助下跟随"湘黔滇旅行团"步行入滇，就读于西南联大化学系，用两年时间半工半读完成三年学业。抗日战争胜利后，申泮文受命承担清华、北大和南开三校复员返校的公物押运工作，并经黄钰生和邱宗岳介绍，进入南开大学化学系，开始了在南开大学长达半个多世纪的教学生涯。

年近期颐，申泮文先生仍十分关心学校和国家的发展以及世界形势的变化，居室茶几上整齐摆放着《参考消息》、《环球时报》和专为读书看报使用的放大镜。谈起南开校史，申泮文先生时而低回，时而兴奋，他讲述的既是他亲身的经历，更是他作为一名老南开人多年的思考。

（本文原载于《南开大学报》2014年3月21日第3版。）

思想者的求索与执着

——追记申葆嘉教授

陈鑫　陆阳

得知申葆嘉先生去世的消息时,旅游与服务学院学生庞文文正在阅读德国哲学家汉斯·波塞尔写的《科学:什么是科学》一书,这本书是一个月前,申先生在家中给他们上课时,特意推荐的。

那天上课,申葆嘉推荐的书单里共有9本书,从迪尔卡姆的《社会学方法的准则》,到马克·布劳格的《经济学方法论》,再到金岳霖主编的《形式逻辑》,由浅入深,都是关于社会科学研究方法论的书籍。课后,同学们共同约定:认真读这些书,等下个学期开学后再到老师家中交流读书心得。

2012年西南联大建校75周年之际,申葆嘉先生向本文记者讲述自己的联大岁月(崔跃勇摄影)

然而，事与愿违。2014年2月15日，申葆嘉遽然长逝。未想明的道理，未写完的书稿，未授完的知识，成为先生未了的心愿。

一

1923年，申葆嘉出生于苏州的一个书香门第。1937年日本发动全面侵华，14岁的申葆嘉随家人避乱到了上海。中学毕业后，怀揣着救国之心，他离家来到祖国的西南后方准备参军救国。那时他渴望成为一名飞行员，但由于视力原因未能如愿。他转而投考西南联大，成为一名大学生。在学期间，国难深重之时，他再次报名参军，赴印度成为中国远征军的一员。

1945年抗战胜利，申葆嘉重返西南联大，在经济系求学。当时条件虽然艰苦，但有了安定读书之所，申葆嘉十分珍惜这来之不易的生活。在联大，他一共待了3个学期，联大北归后，又进入北京大学继续学业。

申葆嘉认为，西南联大继承了"五四"传统，培养学生理性分析问题的能力，也强调以人为本，尊重人的价值。他总结联大的精神是"理性"、"开放"、"兼容"、"尊重"，这些理念影响了他的一生。用他的话说，大学给了自己"脑子"。

申葆嘉曾回忆，西南联大奉行宽进严出的政策，教学管理非常严格。他十分推崇联大的考试，认为考试内容很有趣，总会出人意料，"不考课本上的东西，而注重思维能力的考查"。当时每一门课的老师都在上课前就开出长长的书单给大家参考阅读。正是从那时起，申先生培养起主动而广泛阅读的习惯。

当时，经济学由陈岱孙先生主讲，期末考试通过率只有30%，全年级100多人最高分只有68分，申葆嘉得了60分"已觉非常满足"，这让他一辈子都不敢轻视学问，对做学问异常严肃认真。

申葆嘉曾说："那时无论干什么都凭兴趣，念书是因为真的想念，师生之间的关系很轻松，可以随意请教问题，探讨时事。老师没有把你看成一个学生，而是看成一个独立的人，他培养的不是一个符号，而是一个真实的人。"

面对国家百废待兴，申葆嘉把实业救国立为自己的理想，他常说："那个时代的爱国情感根本不用动员，是每个人骨子里都带有的。"抱着这样的理想，当经济学系陈振汉先生向他抛出"橄榄枝"，希望他留在北大做助理时，他婉转拒绝了。1949年大学毕业，他选择了一项距离实业最近的工作——在中央人民政府贸易部作对外贸易。

二

初到贸易部工作，申葆嘉进行了一项关于我国近代以来对外贸易的研究，希望为国家决策作参考。这可以说是他进行的第一次学术研究尝试。可没有想到，发表的成果却引来灾祸。因为研究中使用英文材料，再加上亲属的"国外关系"，申葆嘉在政治上遭到无端怀疑，被国家机关"扫地出门"，下放到天津一家化工厂。从此开始了"运动员"生涯——在历次政治运动中屡受冲击。

岁月蹉跎，时间到了1980年。凭借在化工厂工作积攒下的化学知识和读书时打下的英文基础，申葆嘉得到"贵人"的举荐，作为一位化学人才重返高校。兄长申葆诚在西南联大的同班同学、南开大学教授申泮文，邀请他到南开大学元素有机化学研究所从事外文资料工作。没过多久，国内高等院校中第一个旅游学专业在南开大学成立，学经济出身的申葆嘉又被推荐到旅游学系工作。

这时，已近退休年龄的申葆嘉，终于开始了自己最擅长的、本该属于他的教育、科研工作，成为我国旅游学、旅游教育的拓荒者之一。按照早年求学经历，申葆嘉似乎应该从事旅游经济学的教学，但他意识到基础理论研究的重要性，决定讲授"旅游概论"并从事旅游基础理论研究。

当时旅游主管部门和业界，把旅游作为一种赚取外汇和经济利益的手段，高等旅游教育的任务被定位为培训旅游业管理和服务人员。申葆嘉认为，这是高职教育，而非高等教育的定位。一个学科要在大学里立足，基础理论体系至关重要。而当时的指导思想和统编教材都没能很好解决这个问题。因此，他开始了对这个问题的独立思考。

根据研究心得，申葆嘉用"暗渡陈仓"的办法改写了国家旅游局统编的《旅游概论》教材，其中加入了很多自己的思考和观点。短短几年中，申葆嘉和同事一起培养了一批批后来大有作为的旅游人才。

1988年，事业刚刚起步的申葆嘉退休了，但他没有因此停止研究。没想到的是，一次意外让他在学术上获得"新生"。一次申葆嘉受邀到深圳大学讲学，途中手提包被盗，随身携带的所有文稿资料全部丢失。这本来是进退两难、苦恼万分的时候，他却以此为契机，彻底抛弃了"旧东西"，解放了被束缚的学术思维方式，就此开始了自己的新研究。

三

"如果随便问一个人：'旅游是什么？'得到的回答可能都会是一个字'玩'。但是如果进一步问：'旅游是怎样的事物'时，恐怕能够说清楚的人就不多了。

旅游是一个可以意会、却难睹全貌的社会存在。"申葆嘉认为，旅游虽然是旧事物，但却是一个新概念，传统的认识和理解对它已经不够用了，需要探索新思想、新途径、新方法。

在梳理国外旅游研究进展时，申葆嘉发现，德语和英语是旅游学研究中使用最多的两种语言，而他们之间的研究方法又有所不同。德语学者多采用逻辑实证主义，研究的问题多属于基础理论；英语学者多采取新实用主义，研究的问题重应用。申先生决定，就以德语学者和英语学者的思想和观点为起点，试着在方法论上找出两者的契合点。

1999 年，76 岁的申葆嘉出版了旅游学基础理论著作——《旅游学原理》，被国内旅游学术界称为"第一部真正意义上的旅游基础理论研究专著"。但是，他的思考没有就此停止。他并不陶醉于自己所构建的旅游学原理，而是根据高校中使用此书授课的反馈情况，结合国内外旅游的发展变化，在大量阅读社会科学和哲学学术著作的基础上，以批判的眼光不断地去审视、验证和修改这套理论体系，以求完善。

"于不疑处有疑，方是进矣。"申葆嘉正是如此。他从学界习以为常的旅游定义入手，进行反思，于 2008 年发表论文《我的旅游观》，提出自己对旅游的 5 个认识：旅游是市场经济发展的产物；旅游具有文化性质；旅游是多元系统整合的社会现象；旅游具有非物质实体形态；旅游因运动而存在，是主客互动的过程。

凭借对中国高等旅游教育和旅游研究事业作出的卓越贡献，2008 年申葆嘉被联合国世界旅游组织主办的第四届中国旅游发展论坛授予"中国旅游教育与研究终身成就奖"，为中国目前唯一获此殊荣者。对于荣誉，申先生并没有放在心上，他追求的是学术思想上的认同。

2010 年，《旅游学原理》经过 11 年的修订，以《旅游学原理：旅游运行规律研究之系统陈述》为书名再次出版。申先生表示，科学研究是一个不断自我超越的过程，在提出旅游现象基础理论的框架之后，希望学界同仁展开学术批判。

曾有学者表示，"旅游作为一门实用学科，需要有人去实干，但为了让这门学科长远发展，更需要有人去思考"。申先生就是这样一位思考者。

四

也许有人会觉得申葆嘉是个"怪人"。年近九旬，实至名亦归，按说可以收笔了。但自新书出版之刻起，他又开始了新一轮的改写。他觉得自己还有一些学术问题没有彻底弄清。半夜三点，他有了对某一问题的新认识，会立即起床提笔记录。身在美国的独生女儿申方想接申葆嘉去养老，被他拒绝了。他说，自己还有很多研究工作要做，在国内更方便。

申葆嘉在文章里写道："旅游学的基础研究是一个大工程，不是我个人独立所能胜任的，尚待有志之士共同努力。"因此他非常欢迎学者、学生跟他交流。他常常谈得兴起忘记了时间，甚至烧糊了饭；有时女儿打电话给他，正巧有学生在，他便说"我正在和学生讨论问题，我很好，不用挂念"，匆匆挂下电话；在辞世的前一天，他还在和年轻教师探讨旅游学理论和学生培养……"学生是他最亲的人"，作为先生的独女，申方说这句话的时候显得"醋意十足"。每个学期都有十几名学生到申葆嘉的书房上课。时间久了，大家发现申先生的上课方法与其他老师很不同，不会照着课本讲授某个知识点，而是将他对旅游基础理论的理解融合着人生感悟，用聊天的方式传达给学生。同学们说，和申先生在一起要时刻作好回答问题的准备，他总会提出很多问题让大家自己去思考，不分时间与场合，哪怕是在校园里偶遇，他也会给同学们"布置作业"。

每次上课，申先生都会认真记下听课学生的姓名、年级，常会在不久之后，托人给同学们送去与上课内容相关的书和资料，每份文献的左上方都会用曲别针夹一张纸条，上面写着资料的作者和出处。

晚年的申葆嘉说，自己最近对西南联大的精神有了越来越深刻的认识，"德先生"与"赛先生"常常萦绕心头，他认为大学应以育人为本。"先生之学说，或有时而可商。惟此独立之精神，自由之思想，历千万祀，与天壤而同久，共三光而永光。"这是前辈学人对学者精神的最佳诠释，以"后五四知识分子"自任的申葆嘉自觉地继承着这样的精神。

去申先生家上课的学生都会发现，他的书架上有一张自己亲笔写下的卡片，"不做夹尾巴的狗，要做没尾巴的人"，这是他的座右铭。得知父亲去世的消息，女儿申方第一时间从美国赶回来，她发现，来家中吊唁的，多是他的学生。

有时候，申方想留下他们的联系方式，却发现父亲书桌上几支水笔的墨水几乎都已写完，找不到能够正常使用的。在水笔的旁边，申先生未完成的手稿摆放得整整齐齐。

（本文原载于《南开大学报》2014年3月7日第3版。）

魏宏运：锲而不舍的拓荒者

陈鑫 陆阳

不久前，为庆祝著名历史学家魏宏运先生90华诞，南开大学召开了一场中国近现代史研究学术研讨会。会上，回眸往昔，他感慨"时间过得太快"，放眼未来，他直言仍会坚守校训，做到"允公允能，日新月异"。

魏宏运先生（摄影任永华）

九秩岁月，几多浮沉。"90后"的魏宏运，洞悉了历史中的兴衰成败，品读了人生的酸甜苦辣。岁月让当年那位意气风发的少年霜染华发，却终究改变不了他在追求真理大道上锲而不舍的秉性与心境，磨不去他"站在八里台，胸怀全世界"的气魄与豪情。

一

对于魏宏运来说，1948年是一个特别的年份。在他的《自订年谱》中，关于这一年的纪录格外长，很多事情精确到日期。

用魏宏运的话说，这一年他经历了三件影响一生的大事。一是考入南开大学，亲耳聆听了张伯苓、何廉二位校长关于南开"公能"校训的演讲；二是加入中国共产党，参加了中共冀热察城工部平津工委会的地下工作；三是认识了王黎女士，后来成了自己的终生伴侣。

1948年，魏宏运24岁。已经历了从西安农村到城市、由北平到天津、辗转几地的生活。

魏宏运出生于陕西农村的一个清贫之家，从小饱受饥寒之苦。在家乡，魏宏运第一次见到了红军，亲眼目睹了呐喊"停止内战、一致抗日"的徐海东队伍，英豪之气令他十分激动。10岁时他随父亲来到西安，踏上了求学之路，并开始阅读艾思奇《大众哲学》、刘若诗《辩证法浅说》等包含着新思想、新知识的书籍，这对他未来的人生旅程产生了重要影响。

1946年，由于仰慕著名史学家陈垣先生，魏宏运考入辅仁大学。他回忆说，当时的北平城文化氛围非常浓厚，一踏足就可以感受它的魅力。能到北平读书对他来说是件非常难得的事情，为了不辜负那些资助他上学的亲朋好友，他对自己要求非常严格。

原本希望专心读书，将来成为一名作家或是翻译家的魏宏运，却遭遇当时国民党独裁统治、挑起内战、物价飞涨。心系国家的他愤然加入"反饥饿、反内战、反迫害"的学生运动，并参加了中共地下党组织。

辅仁是私立大学，高昂的学费让出身寒门的魏宏运难以支撑。1948年他申请转学至国立南开大学读书。在插班考试中，魏宏运别出心裁，将试卷用英文作答，让老师刮目相看，被成功录取。

当时正值国共两军鏖战华北，解放军已经兵临平津城下。作为中共冀热察城工部天津支部3名成员之一，魏宏运在上级党组织的指导下，调查国民党在天津的军事部署及设施、军队布防情况。

为了躲避国民党特务审查，及时把党的方针政策宣传出去，魏宏运和同志们想尽了各种办法。他们把印有共产党政策理论的油印小册子"改头换面"，封面印上"天方后谈"字样，很多伪装的小册子就从国民党的中统、军统那些特务们眼皮底下发散出去。

除此之外，魏宏运肩负着一项重要使命，就是帮助进步学生和爱国人士奔赴解放区。在天津，他负责安排这些同志的食宿，保护其安全，并帮助他们分别化装成做小生意的外地客商，通过重重关卡进入解放区。从1948年秋天到1949年解放的半年时间，魏宏运用这种方式，成功护送了70多人。

在从事这些危险的地下工作时，魏宏运当时的朋友、后来的妻子王黎给了他很大的支持。1948年11月，魏宏运接到上级指示要求调查天津国民党军队的城防火力点的任务。魏宏运回忆道，为了完成任务，他把自己打扮成游人，装着不经意间路过国民党军队的城防工事，把南开大学附近的国民党军队火力布置一一摸清，按组织要求上报。

此时王黎在北平读书，为了情报传送，魏宏运让她装扮成了富家小姐，携带情报往返平津。当时天气寒冷，王黎特意随身携带着一个名贵的手笼，手笼里是事先缝制好的天津城防火力表，外边再装些女士零碎物品，及时把情报送交给北平上级党组织。

"当时年轻，心中有信仰，所以不觉得所从事的工作有多危险。"多年后，魏宏运回忆说，"参加革命实践开阔了视野。读书不忘救国，救国不忘读书，成为我的信条。"

二

魏宏运于1951年毕业后，留在南开任教。从一个革命学生到一名教师、学者，魏宏运开始了另一段人生。革命是为了信仰，是对黑暗的反抗，而读书治学则是魏宏运的人生志趣。

即便是在吃窝头、喝白菜水，忙碌于爱国学生运动和地下工作的学生时代，他人对于魏宏运的印象也是"只要一有空，就会钻进图书馆"。任教南开以后，魏宏运更是抓紧一切时间读书，当时的图书馆馆长冯文潜对这位好学的年轻人厚爱有加，本来闭馆的周日也向他开放，不分昼夜的苦读让魏宏运自觉"知识面广了许多"。

在从事教研工作的同时，他先后担任了文学院、历史系党组织的领导工作，"文革"后期至80年代前期还担任了历史系主任。几十年风雨历程，他和几代学人一同努力，维系了史学文脉，坚守了学风传统，为南开跻身全国史学重镇做出了不可磨灭的贡献。

魏宏运毕业时，正赶上全国院系调整。根据教育部决定，北大、清华两个历史系的主任郑天挺、雷海宗将调到南开工作。受学校之命，魏宏运多次赴京，联系这两位著名历史学家来校事宜。很多名校在调整中丢了传统，但南开历史系反而得到壮大，一时名师荟萃，有"小西南联大"之称。

由于工作缘故，魏宏运与郑天挺、雷海宗、冯文潜、杨生茂、吴廷璆等接触频繁，过从甚密。他深深折服于这些大学者的学识，直至暮年聊起他们时仍充满敬仰、感佩之情，念念不忘从他们身上所获得的教益。

作为系党总支书记，魏宏运很注重教学质量，他与系主任郑天挺等一直提倡攻克外文、古文两座大山，指出只有这样，才能掌握第一手材料，实事求是开展史学研究。为了节约时间搞教研，减少不必要的会议，魏宏运规定历史系党、团、系行政周一到周五一律不准开会，周六下午开一次会，集中解决系里一切问题。会前预先分配时间，做到速战速决。

魏宏运一般不逛街、不看电影、不参加娱乐活动，把行政工作以外一切时间都用来做学问，被人称为"四大皆空"。由于工作非常繁忙，儿子出生要施行剖腹产，魏宏运都没能及时赶到医院签字。

令魏宏运惋惜的是，各种"运动"中，师生大量的宝贵时间不能用于教研、学习。只要一有合适的机会，他就会告诫学生："有时间多读书。"

在"反右""文革"等特殊时期，魏宏运以政治智慧和勇气，设法保护了杨志玖等多位学者，为南开史学持续发展奠定了坚实的基础。没想到，他保护教师和鼓励学生读书、治学的苦心，在运动中都成了他的"罪状"，两度令他"倒台"。

著名学者、南开教授刘泽华曾说，历史系有后来的显赫，尤其不要忘记郑天挺、吴廷璆、杨生茂、魏宏运几位多年的老领导。前几位先生交替任系主任或副主任，魏宏运则是"党代表"。没有他们，就没有"人和"，就没有相对平静的读书环境。

三

"文革"结束后，学术界久旱逢甘霖，大学校园中弥漫着"补课"的氛围，魏宏运也再次奋起，迎来学术的新春。

有人觉得历史研究很枯燥，但魏宏运却"一进入研究状态，就感到其乐无穷"。20世纪50年代，教育部计划设立中国近现代史课程，郑天挺安排他讲授该课。当时很多人不把中国近现代史当作学问，认为研究历史越古越好，魏宏运却乐于开此风气之先。80年代初，为配合教学，魏宏运主持编写了我国第一本中国现代史教材《中国现代史稿》，先后被百余所大学选作本科教材，并远销美、日、法等国。魏宏运也成为学界公认的现代史研究开拓者和奠基人之一。

魏宏运还率先将社会学研究方法应用到中国现代史领域，运用社会调查等方法研究华北区域史和抗日战争史，体现出"读万卷书，行万里路"的治学风范。1990年开始，魏宏运先后数十次到华北农村开展社会调查，采访过的农民不计其数，抢救了大量的一手资料，2012年出版了逾千万字的4卷本《二十世纪华北农村调查记录》。

魏宏运的文集多以"锲斋"命名：《锲斋文存》、《锲斋别录》、《锲斋文稿》。"锲斋"是魏宏运自命的书屋名。他曾说："我用'锲'字作斋名的想法，已非一日了。还在幼年读书时，荀子'锲而不舍，金石可镂'的名言，即已铭刻于心，它时时鼓励我前进，使我受益颇多。"

魏宏运的弟子、我校历史学院教授李金铮认为："'锲'字很能反映先生的个性、态度和理念，或者可以称之为'锲斋'精神。这种精神提供给先生持之以恒、勇于拓荒的气魄，孜孜于中国近现代史研究半个多世纪，取得了令人瞩目的成就，至今仍未曾稍歇。"

70年来的治学生涯，魏宏运给自己的画像是"守愚而能苦学"。他常说，学术征途上没有平坦的大路，要下苦功夫。只要付出辛勤的劳动，就能达到自己的目的。

在学生们眼中，魏宏运的生活极为简朴。历史学院院长江沛教授回忆，上世纪90年代，他随老师一同去北京接一位美国学者。等候期间，在高级宾馆的大厅，魏宏运毫不避讳地拿出从家里备好的鸡蛋、烧饼、咸菜，与学生"分享"。

相对于生活上的"吝啬"，对于学术事业魏宏运却"出手阔绰"。刚工作不久，为了更多地搜集资料，魏宏运常常去图书馆抄录卡片，有时候一个人忙不完，他就雇人抄录，每张卡片3角钱，以至于家庭开支除吃饭费用外，全部投入搜集资料。

有一次，历史学院副教授邓丽兰去天津图书馆翻阅民国时期发行的《京津泰晤士报》。报纸的合订本很厚，上面堆积着灰尘。管理员告诉她，这份报纸除了一个卷发的老爷爷看过一段时间，几乎没有被翻过。一听到"卷发的老爷爷"，邓丽兰心头闪过一个熟悉的身影，那定是魏宏运先生无疑！

魏宏运英文扎实，早年就读辅仁大学时，外教的授课给他打下了很好的语言基础。他认为学习英文的秘籍在于坚持，"文革"时期，自己被红卫兵监督烧锅炉，心里还在默背英文版的毛主席语录。时至今日，魏宏运依然保持了每天阅读《China Daily》的习惯。

这样的英文水平让魏宏运能够与外国学者进行很好的互动。改革开放后，他曾受邀远赴欧美、日本、澳大利亚，在四十多所大学、研究机构讲学。1983年至1984年，魏宏运作为富布莱特学者，到美国蒙塔纳大学任教。尚未开学，当地报刊就刊登了他的大幅照片和学术简历，以至于一见面，一位当地教授就说"你已经成为我们这地方的名人了"。

魏宏运特别注重国际学术交流，在他主持下，南开两次主办中国抗日根据地史国际学术研讨会，被誉为中国抗日战争史研究的最好进展和最高水平的体现，使南开中国近现代史学科也成为国内外公认的中国抗战史研究中心之一。

魏宏运把能研究一些问题当作人生最美好、最有趣的生活。如今，"90后"的魏宏运说还会"继续耕耘"，要把"历史长河中形形色色的过往归纳整理，记录下来"。

（本文原载于《南开大学报》2014年9月26日第3版。）

高尔森的"公能"往事

李炳通

记得还是从退休的老先生周长龄口中得知我们法学院有个"名人"叫高尔森,这位学问做得很好的老先生说起高尔森来就像个小粉丝谈论他的偶像,这让我格外好奇,心想得了解一下这位"重要人物"到底有何种魅力。

1993年6月高尔森先生(左)与王铁崖先生

2001年出版的《中国当代社科精华(法学卷)》称高尔森先生为"我国国际税法学科的带头人或奠基人"。①高先生精研学术,他出版了新中国第一本系

---

① 江平、江邦佐主编:《中国当代社科精华(法学卷)》,黑龙江教育出版社2011版,第665页。

统介绍英美合同法的专著《英美合同法纲要》，主编的我国第一本国际税法学教材《国际税法》曾获第四届天津市哲学社会科学优秀成果一等奖。高先生勤勉教学，于1986年被评为天津市劳动模范，1991年被评为天津市优秀教师。此外，高先生参与申请了南开法学的第一个硕士点，创立了南开大学国际经济法研究所，为南开法学的发展积累了重要的研究力量。很难想象，这些成就都是高先生第二次进南开后取得的，而这时的他已步入知天命之年。高先生为南开奉献了一生，虽未曾在南开求学，但他身体里流淌的血液中有着南开人固有的"公能"基因。

高尔森先生曾两入南开，1952年从北大毕业后，"坚决服从分配"的他就来到了南开，那时南开没有适合他讲的专业，他已做了回京另作分配的打算，但一句"既来之，则安之。南开非常缺人，留下来干吧！"①又将他挽留，从此开启了他在南开的"公能"生活。他毫不犹豫地进入了马列教研室，高先生对马列理论刻苦钻研，在原著上狠下工夫，讲课很受师生欢迎，他还精心搞了一个马列著作及其在中国传播的展览会，展览会颇具规模，效果甚佳，这在当时是件很有新意的事情。高先生语言能力出众，且善于根据学生的特点确定教学方法，当时学校组织教师学习俄语，在高先生的辅导组中有杨敬年、陶继侃、龙吟等几位英语造诣很深的教授，高先生通过将英语与俄语进行对比的方式进行教学，很受几位教授的喜欢。

1959年，高先生离开南开返回芜湖家乡，他的离开是迫于无奈的，这与他的真诚、无私有关。1957年，整风运动开展之际，高先生被派到化学系协助做学生工作。在一次讨论停课搞运动的校党委扩大会议上，高先生发言说，热衷于鸣放的只是极少数，绝大多数同学都在复习功课迎接期末考试，考试后，学生即会各自回家，停课搞运动并无必要，这样做是否存在主观主义？②很显然，在那个年代，这样的发言说出口不受抨击便是幸运的了。我想，之所以他会如此真切地表达自己的看法，是因为他爱这份事业，也爱这些学生，他考虑问题的角度不是从"私"出发的。后来，他依然如故的"袒护"几个即将被划为右派的学生，"靠边儿站"是不可避免的了。1959年2月，高先生结束了第一次在南开的六年半生活，踏上了归乡的旅程。

高先生在芜湖造船厂工作了20年。他的主要工作是在造船厂的业余学校做老师，他辅导过科技人员学习英语、教过高小算术、代过高中语文，还正经的

---

① 高尔森著：《从北大到南开》，广西师范大学出版社2012年版，第116页。
② 高尔森著：《从北大到南开》，广西师范大学出版社2012年版，第131页。

做过五六年的初中英语老师。做这些工作，从内心来讲，高先生肯定是不情愿的，但他一直有种"干"的精神，不管做什么都很认真，都要发挥自己的能量。其间他还利用闲暇时间做过外文翻译工作、写过历史论文、编辑过英语谚语的小册子，总之是"不甘寂寞"，只要是有益的事儿就干。1970 年，高先生被下放到厂里的车间劳动，在这里，他发挥才智，成为一名技术能手。以电烧石墨焊接取代铬铁在火中加温焊接的办法，使焊接锯条的速度大为提高，同时减轻了操作者的火烤之苦。在整个工作中，他发现问题并提出创意、组织实验，最终由他找到了合适的导电材料并完成了技术革新。可见，高先生在何种环境下都是肯干会干的"能手"。他回忆说，在下放劳动期间，以我为主搞成功一项技术革新，在科学技术方面干出成果是我这一生中唯一的一次。我为此感到骄傲。[①]

20 年后再次回到南开时，高先生已经 50 岁了，但他依然"青春"，只因他的心中还有事业，还有对南开的爱，还有这份不老的"公能"情怀。曾有人问他一生中最幸运的是哪件事，高先生回答说，是 1979 年调回南开。[②] 南开成就了高先生，此话不假，但南开也为有高先生这样的教师而感到幸运，他是"公能"的表率，行动的表率。毫无疑问，"公能"精神的流传依靠的不是口号和宣传，而是学生们身边一位位具备这种精神的老师的示范。

在高先生的带动下，南开国际经济法专业人才辈出，他们活跃在各个社会领域，可贵的是，他们不仅从高先生这里学到了"能"，还遗传了"公"。2009 年，曾师从高先生攻读硕士学位的深圳同创伟业投资公司总裁郑伟鹤捐款人民币 100 万元，设立"高尔森奖学金和学术创新基金"，用以奖励品学兼优的南开学子。郑伟鹤说，他敬佩高老奉献社会、严谨治学、勤奋敬业的精神。

从未见过高先生，但读过他写的文字就知道他是怎样的一个人，他不说大话，只有朴素的语言和实在的行动才配得上他的思想。心中有"公"，手上有"能"，踏实肯干，这便是我从高先生的一件件往事中看到的"公能"精神。

---

① 高尔森著：《从北大到南开》，广西师范大学出版社 2012 年版，第 159 页。
② 高尔森著：《从北大到南开》，广西师范大学出版社 2012 年版，第 341 页。

吾师风范　励我前行

刘运峰

　　一个星期天的上午，手机响了，是一位多年前的朋友打来的，他问我在哪里？在干什么？我回答在办公室看书、写稿子。他有些诧异，说你星期天怎么还去办公室看书、写东西？我说，习惯了。他说，你也五十岁的人了，应该放松放松、享受享受，比如去外边走走看看，何必搞得那么紧张。我笑着回答说，我这也是一种享受——的确，能够安静地坐在办公室里，看书、写稿子，是很惬意的事情。

　　在许多人眼中，大学教师平时不用坐班，课时也不是很多，又有寒暑假，在社会上还受人尊重，算得上轻松自在，令人羡慕。实际上，作为一名大学教师，真正的感觉并非如此，正所谓"如鱼饮水，冷暖自知"。自从当了教师，工作和业余、节假日和工作日就再难以区分。许多工作都是在假期、公休日完成的，与平时相比，一点儿都不轻松。

　　这样的感觉、这样的状态并非属于我一个人或少数人，据我所知，几乎所有的南开教师都是如此。大家偶尔碰面，也多是在往返研究室、实验室的路上。大家交流的，也多是假期中在读什么书，搞什么课题，做什么实验，写什么文章。

　　在娱乐场所，在度假胜地，很少见到南开人的身影。大家之间似乎有一种默契，一种共识，那就是，南开人生来就是勤勉耕耘的，就是不断提高、不断丰富自身的，就是不断超越自我的，就是报效国家、服务社会的。

　　一所大学风气的形成，品格的树立，绝非一朝一夕之事。南开人的内敛，南开人的坚韧，南开人的自励，来自南开精神的熏染，来自一代又一代以"公""能"为核心的"允公允能，日新月异"校训的感召。校训，不仅仅是刻在石头上，写在标语上，更重要的是落实在千千万万、普普通通的师生的行动中。

　　从本科到博士，前前后后，我在南开园做了十年的学生。随着时间的流逝，老师们当年传授的知识大多淡薄了起来，然而，老师们的道德风范、品格情操对自己的影响却与日俱增，历久弥新。

我是政治学系1983级的学生。那时的政治学系刚刚恢复重建，几乎是白手起家。师资匮乏、教材短缺、场地紧张，几经周折，才在主楼五楼有了一间办公室和一间教室，算是有了一个栖身之地。虽然条件非常艰苦，但老师们不叫苦，不抱怨，全身心投入到教学和科研当中。

班主任朱英瑞老师是新中国刚刚成立时的归国华侨，在党和政府的资助下读完了中学和大学。他知恩图报，无条件服从组织的安排，在许多岗位上都取得了突出的成绩。他的生活负担很重，与在附中任教的李娜师母要赡养年迈而没有收入来源的岳母，还要抚养两个未成年的儿子。我们经常去朱老师家请教问题，在我们的印象中，他们家的饭桌上大多是素菜，几乎见不到荤腥，偶尔有一盘豆腐粉条就算是改善生活。对此，朱老师安之若素，他很知足，总说生活比以前好多了。在教学上，朱老师一向严肃认真，一丝不苟。他的讲稿写得非常整齐、美观，像一件艺术品。每次上课，除了讲稿，他还会拿来一些卡片，上面是搜集到的新资料。记得在《伦理学》课上，为了解答同学们关于"温州模式"将会引起何种社会观念变革的问题，朱老师查阅了大量的资料，条分缕析地为大家讲解。由于长期营养不良，积劳成疾，朱老师不到70岁就去世了。他虽然没有留下太多的著作，但是，他那清楚、整齐、美观的讲稿和卡片，本身就具有一种示范作用。

系副主任李晨菜老师是"文革"前毕业的研究生，在党史、党建和国际共运史方面造诣颇深，在教学、管理上一点儿也不含糊。在我们入学后的一次师生见面会上，她听说我们办理借书证遇到了麻烦，散会时很激动地说："没有借书证怎么行？我现在就去找来先生！"李老师对图书馆馆长来新夏先生执弟子礼却又据理力争，因此事情很快就解决了。李老师平时不苟言笑，课堂纪律非常严格，但在课下却非常热情，我们每次去她家里，她无论多忙，都会停下手边的工作，和我们聊天，关心我们的学习和生活。在一次闲谈中我们得知，她的弟弟是著名的摄影师李晨声，弟媳是著名导演王好为，夫妇俩合作了不少优秀的影片，如《瞧这一家子》、《北国红豆》等，提起她的弟弟和弟媳，她就很自豪。她说："他们俩是搞艺术的，我是搞理论的。我们平时都很忙，但都互相惦记着，经常通电话。"李老师在教学上很是投入，有时忙于备课和上课，竟然忘了买菜。有一天晚上我们去她家串门，由于没有买菜，一家人在吃咸饭（就是在饭中放一点盐和酱油），我们看了心里很不是滋味。

我的硕士论文是沈亚平老师指导的。我做论文的时候，沈老师一家三口还住在北村一个不足35平方米的独单里。沈老师就在不到5平方米的"客厅"的饭桌上仔细批改我的论文。我的论文初稿写了八万多字，沈老师逐字逐句地阅读、修改，他先是用铅笔，后是用红笔，从头到尾修改了两遍。当我在文后向他致谢时，他坚决不同意，说这都是导师份内的工作，一客气倒显得不自然了。将近20年过去了，我还仔细保存着这本论文的底稿，连同那篇没有印在定稿上的后记。每当看到这厚厚的一摞底稿，每当看到沈老师批改的字迹，心中就充满了一种感激。

我的博士论文是朱光磊老师指导的。朱老师在南开大学哲学系读本科的时候，他的"人生之志两不变"的事迹就由《中国青年》杂志进行了报道，在大学生中引起了很大的反响。在读研究生期间，朱老师就出版了《以权力制约权力》的专著，该书列入"走向未来丛书"，发行十余万册，至今仍是研究西方的分权学说的重要成果。尽管成名很早，但朱老师并没有停止前进的步伐，而是不断开拓新的领域。在我随朱老师攻读博士学位的时候，他已在政治学基础理论、中国政府与政治、中国社会阶层分析、收入分配与政府控制等领域都取得了丰硕的成果，受到了学界和政府部门的重视。朱老师以治学严谨、视野开阔著称，尽管工作繁忙，但在学术研究上一点也不打折扣。他没有节假日，一切娱乐都与他无缘。对于学生，他既关心爱护，又严格要求。我的博士论文初稿完成后，朱老师正要去日本讲学，那时的网络远没有现在这样便捷，朱老师就把我的初稿带到日本，在讲学的空隙逐字逐句地批改，然后委托师母侯波老师通过特快专递寄回国内。在我的论文初稿中，朱老师批改了不下百余处，有赞同，有鼓励，有质疑，更有严肃的批评和明确的要求。我的论文是关于"二元结构"下当代农民负担问题的研究，其中有些表述带有明显的感情色彩。朱老师特意提醒我，学术研究必须坚持客观、理性，不能掺杂感情因素，否则就容易"跑偏"，结论也就失去了科学性。另外，不能从个别的现象推导出一般性的结论，必须论证充分，言之有据。朱老师的话，无异于当头棒喝。经过一番苦战，我顺利通过了论文答辩，获得了博士学位。

我以为，在老师的指导下学习知识是一方面，学习老师研究问题的方法、视角是一方面，但最重要的是学习老师的品格、老师的精神、老师的风范。我很幸运，在南开大学求学期间遇到了许多位默默奉献、沉潜敬业、不断进取、不断创新的好老师。我总觉得，南开校训在老师们身上得到了最好的体现。

一个人的成长，两种环境起着决定性作用，一是家庭，二是学校。家有家规，校有校训。具体来说，家长和老师对一个人的影响是最大的。就我本人来说，父母的言传身教使我始终将宽厚、善良、朴实作为自己为人处世的准则。

而在追求知识、培育学生和探讨学术的路途上永不满足、永不止步则主要是受到老师、同事和周围大环境的影响。可以毫不夸大地说，从本科毕业至今 27 年的时间里，我没有一天不读书，没有一周不买书，也没有一个月不写文章。虽然不能再像以前那样随时找老师请教，但老师们践行"允公允能，日新月异"校训的风范一直在督促着自己不能松懈，不能懒散，不能敷衍。每当思想上有所放松，行动上有所怠惰，眼前就会浮现出老师们的身影，冥冥中似乎有一种声音在提醒着自己：今天，你做了哪些工作？你吸纳了新的知识吗？你在学术上有了新的提高吗？你在指导、培养学生方面有新的成绩吗？你的思想、道德境界有新的提升吗？于是，便静下心来，继续自己的工作。

"公能"校训铸就青春精神

张丽平 扬冀宁

一所大学的校训蕴藏着丰厚的价值内涵和文化底蕴,是其大学精神的主旨和精魂所在。诞生于"五四"爱国运动期间的南开大学,从建校伊始就把学校发展与民族的命运、国家的前途紧密联系起来。

作为拥有95年发展历史的名校,南开大学始终秉承"允公允能,日新月异"的校训,以"文以治国,理以强国,商以富国"和"知中国,服务中国"为宗旨,弘扬"爱国、敬业、创新、乐群"的传统,繁荣学术,传承文明,作育英才,强国兴邦,努力建设世界一流大学。

经过几代人的不懈拼搏、创造积累,南开大学在育人模式、科研创新、奉献社会中,形成了独特的精神内核、独有的品格风貌和特色的发展道路。"允公允能、日新月异"已经成为南开之魂。

"秉公":铸为"公"之志向、奉"公"之操守和大"公"之襟怀

写在"日新月异"之先的是"允公允能",这说明强烈的爱国忧患意识,淑世为公的奉献精神,服务社会的自觉担当,已经成为南开办学的第一要务。

张伯苓校长指出:"惟其允公,才能高瞻远瞩,正己教人,发扬集体的爱国思想,消灭自私的本位主义。"他还说:"余敢断言,将来做事能以南开精神成功者,即'为公'二字。"

"为公"二字,最真切的体现莫过于南开人的爱国情怀。

19世纪末20世纪初,在寇深祸亟的灾难面前,教育救国成为中华民族群体觉醒的表征之一。南开学校就是以救国、强国为目标而由严修和张伯苓创立的。张伯苓先生早年供职于北洋海军,亲眼目睹甲午战败后威海卫国旗一日被三次易换的悲壮场景,从而得出结论:救国之道,不在于买船造炮,而在于兴

学,改造中国的国民性。他因此弃武从教,立志终身从事教育,造就新的人才。正如时人所言:"南开是不服气的中国人为争这口气而创办的。"它是那个时代的中国志士仁人救国、强国的民族精神的具体体现。

如今仍矗立在南开园中的思源堂,沧桑而深沉。与周围现代化的教学楼宇相比,它显得有些遗世而独立。秀山堂、芝琴楼、木斋图书馆等老建筑已被历史的尘烟埋没,作为日军轰炸南开留存至今的唯一见证——思源堂向世人昭示着南开的爱国情怀。

南开,难开,越难越开。面对日军的暴行,张伯苓校长向社会各界发表讲话:"敌人此次轰炸南开,被毁者为南开之物质,而南开之精神,将因此挫折,而愈益奋励。"

如今,张伯苓像、严范孙像、南开校钟、西南联大纪念碑、古朴娴静的思源堂、气势恢宏的省身楼……在南开,像这样堪称"南开标志"的建筑物和景观不胜枚举,它们栩栩如生、历久弥新,记载着筚路蓝缕的艰辛,见证了朝气蓬勃的发展,铭刻着一代代南开人生生不息、奋勇争先的印记,也昭显着九十余载南开园里最凝聚的人心和最鲜活的生命力。

见微知著。正如时任国家总理的温家宝同志在 2009 年视察南开大学时所说:一所学校是有生命的。南开的学长、前辈用他们的经历和献身的事迹铸成的南开道路、南开品格和南开精神,便是南开这所百年学府的灵魂。一所大学的道路总是与国家、民族的命运息息相关,民族危亡则大学艰难,国运昌盛则大学兴旺。南开的道路也是同我们民族和国家的道路紧密结合的。

新中国成立后,著名化学家、老校长杨石先,提出了"发展学科,繁荣经济"的办学原则,许多教授携多年的学术、科研积累,投身祖国农业发展急需的农药化学研究,使中国在农药领域摆脱了长期依赖进口的局面,同时为我国应用化学的发展培养了一大批骨干人才。

改革开放后,随着滨海新区作为中国经济增长第三极,上升为国家战略,南开大学集中学科优势和人才优势为滨海新区加快发展提供智力支持,成立了滨海开发研究院,围绕新区建设乃至环渤海区域发展的重大问题,开展前瞻性、战略性、全局性的研究。"滨海新区综合改革试验区总体改革方案设计"、"天津滨海新区战略规划研究"等课题已经完成。

在人文社科领域,作为国内高校唯一的国家级研究院,中国 APEC 研究院集南开国际经济、贸易与国际金融等众多重点学科于一身,连续 10 多年为国家领导人参加 APEC 会议提供了 300 多篇高质量的咨询报告,获得国家领导人和外交部、商务部、人事部等有关部门的好评,被外交部誉为"高校社科研究与国家决策相结合的典范"。

无论是在战争年代，还是在建设时期，南开人始终把自己的命运同国家和民族的命运联系在一起，始终心系国家、淑世爱民，丰富着中国高校担负民族兴亡的精神内涵。这是一条危难时刚毅坚卓、忧国救国之路，是一条和平时昂扬向上、富国强国之路，是一条为中华崛起和民族复兴培育俊彦、贡献力量之路。正是沿着这条道路，南开发展取得了辉煌的成就，南开模式为中国高等教育增色添彩。

"铸能"：做到"能"学习、"能"吃苦和"能"合作

奉献时代、服务社会，是南开"允公允能"校训的具体实践，而培养具有"爱国爱群之公德，服务社会之能力"的优秀人才，则是南开大学的教育宗旨，也是南开服务社会的主攻方向。南开始终把培养"为公奉献的意识"和锻造"为公奉献的能力"作为育人的两大根本，贯穿在课堂教学、校园文化、社会实践等育人环节中。

每年新生入学后，申泮文院士都为他们开办"铸我南开魂"爱国主义系列讲座。他展示自己珍藏的历史图片，还亲自制作幻灯片为学生播放。申泮文说："作为专业课教师，我虽然不会在课堂上专门讲爱国主义，但会有意识地给学生讲中国科学家的故事，讲我国的科研成就，启发引导学生进入科学殿堂，鼓励他们一心一意献身祖国科学事业。"

南开大学历来强调"科学精神与人文素养并重"，以学生的全面发展为教育宗旨，重视发挥学校深厚文化底蕴的育人功能，坚持进行南开道路、南开品格、南开精神教育和爱国主义教育。以周恩来校友为楷模，塑造学生健全的人格，爱国爱校、勤劳朴实、奋发进取，成为风尚。学校还认真探索并积极构建包括思想政治教育、心理健康教育、健康体魄教育、就业指导与人生规划在内的立体化多轨制的素质教育体系，收到了良好效果。

许多学生仍然记得已故国际数学大师陈省身留在本科生讲台上的身影。在他90岁的时候，陈省身主动提出给本科生讲授基础课"应用数学"。现在，大教授、名教授上讲台，完成本科教学任务，已成为南开大学一项明确的教学规定。

南开大学的校园文化，重视营造和运用高品位的校园文化氛围育人。通过学生理论社团的"小课堂"，创设理论教育的大环境；通过网络论坛的"虚拟课堂"，形成网上网下教育的合力；通过文化艺术的"感性课堂"，陶冶青年学生的高雅情操。

学校还推出研究生导师学德兼导制度，对教师承担学生思想政治教育职责提出明确要求。高品位校园文化活动形成塑造学生人格的有益补充，在各种社团、研究会、协会中形成同学们自觉实践奉献他人、回报社会的有效平台，实现"全方位"育人。从"做一份义工"的新生暑假作业，到暑期社会实践、毕业社会实践，"公能"要求贯穿始终，实现"全过程"育人。

南开大学周恩来政府管理学院 2011 级本科生郭鑫，凭借"林业碳汇商业化模式"项目，当选"2012 中国大学生年度人物"，并受到了习近平总书记的亲切接见。他的"林业碳汇商业化模式"已在全国 18 个省 100 多个县推广，使 1000 万农民获益。他坦言，南开"知中国，服务中国"的理念是自己一直以来的座右铭。

"美哉大仁，智勇真纯"。95 年来，从天津八里台走出的 20 余万南开学子遍布在祖国的各个角落和世界各地，用自己勤勉和智慧，默默地给祖国的现代化建设和人类文明的大厦添砖加瓦，他们中大部分人已经成为本行业的骨干力量。比如，全国精算师岗位主要由南开学生占有，国内保险、金融机构的大批骨干是南开的学生，深圳证券行业的骨干中大部分是南开的校友，全国第一家证券交易所创办人之一是南开的毕业生，全国星级大饭店多数都有南开的学生参与管理……

南开人在"公能"品格的陶铸下，成长为国家栋梁，不为争名逐利，不贪一时之功，在献身时代发展与社会进步的事业中实现着真正的人生价值，在世人眼中树立起一个丰满而伟岸的"南开形象"。

"日新月异"：以创新筑优势，以创新求发展，以创新谋未来

人才培养、科学研究、服务社会是研究型大学的使命，唯有锐意创新才能有不辱使命的源源动力。南开大学"日新月异"的校训，将与时俱进的创新作为青春永驻的内核，以创新筑优势，以创新求发展，以创新谋未来。

应时求新的价值观念不单单体现在办学、治学的宏观思路上，也体现在南开传道授业的具体细节里。改革开放以来，南开大学把自身的发展放在"科教兴国"的大背景下考量，放在世界高等教育发展方向的坐标中去定位，在继承中创新，在创新中图强。

20 世纪 70 年代末，在很多思想禁区还没被打破的情况下，南开大学与北美精算学会合作，在国内综合大学中率先开办精算研究生班培养师资，又率先在本科保险专业中建立精算方向，填补了国内保险业人才需求的空白。在一些高校对恢复社会学科还摇摆迟疑时，南开率先开办了社会学研究班，培养出了

改革开放后第一批社会学专业人才。

近年来,南开大学在办学体制上大胆突破。与天津大学实现校际合作办学,与天津经济技术开发区合作兴建泰达学院,与天津大港区合作建设"滨海学院",与解放军总医院合作创建一流的医学基地,与故宫博物院合作办学,培养故宫学博士生……大胆创新尝试,牵手社会资源,嫁接自身优势,打造了一个个新亮点。

学校的学科布局和专业设置也应时求新。南开大学以"人所少有,我所专长;人尚未及,我能先登"作为学科建设目标,创立了诸多社会急需的应用学科。改革开放初期,先后创立了金融、旅游、生物化学等社会急需学科;2002年到2005年的3年间,新增了16个新专业;2007年,配合滨海新区天津国际生物医药园的建设成立了药学院;2010年至今,先后成立了旅游与服务学院、哲学院、电子信息与光学工程学院、计算机与控制工程学院,不断在社会需求中发现服务的结合点,使学科建设显示出服务的张力。

在教师队伍建设上,南开大学从创新校内管理机制、人事分配制度入手。在全国高校中率先提出"感情留人、事业留人、待遇留人"。同时,为鼓励青年人才脱颖而出,南开在全国高校中率先对青年杰出人才实施重点资助计划和《南开大学"希望之光"青年教师培养计划》,青年教师出国研修、青年教师国内访问,一系列的计划形成了让青年人才脱颖而出的系统工程。2001年,南开大学在全国高校首创"伯乐奖",倡导了一种倾心举才、育才、甘为人梯的伯乐精神,在数学和光学等领域迅速形成了一支具有国际水平的中青年学术骨干团队。2013年,南开大学探索优秀青年人才引进及聘用机制的改革,启动"百名青年学科带头人培养计划",面向全球选聘青年拔尖人才。

良好的氛围和机制,吸引了优秀人才云集。34岁的沈月全是中国"973计划"最年轻的首席科学家之一;文学院教授意西微萨·阿错33岁已成为汉藏语系研究领域中一颗举足轻重的新星;现代光学研究所青年教师刘海涛不到30岁便在微纳米光学领域做出重要成果,入选国际顶级学术杂志《自然》(Nature)。王磊、程鹏、王莹莹、李宝会……一批青年教师接过领军的接力棒,迅速成长为教学科研的栋梁。

在高校教育教学改革中,南开大学是"早行人"。20世纪90年代,首创了经济、管理、法律复合型试点班等新型人才培养模式。学校鼓励教师积极创新教学理念和方法。文学院和信息科学与技术学院合作开发的用于教学的桌上语音分析系统,将计算机技术运用到语言学教学,受到了国家领导人的高度评价。在第30个教师节来临之际,逢锦聚教授等申报的《经济学基础创新人才培养模式的理论与实践探索》成果,被评为国家级教学成果一等奖;陈洪教授的"大学语文"课、顾沛教授的"数学文化"课,更是以独到的教学方法受到学生的欢迎与社会的广泛关注。

创新的教育教学理念开拓出了一条条创新型人才培养新路径:在全国首推研究生招生"体检式"面试、研究生分类培养、率先实行社会实践导师制、设立创新学分、创新奖学金、大学生创新"百项工程"、实行夏季学期、博士生"申请考核制",等等。南开学子张磊、易龙、刘海峰,先后为南开捧回第七届、第八届、第十届"挑战杯"全国大学生课外学术科技作品竞赛特等奖;物理科学学院4名本科生研究成果登上世界光学专业顶级期刊《光学快报》;博士生童健聪用新的"索引缓存算法"完善了互联网搜索技术中的一些缺憾,影响了中国亿万网民;文学院毕业生吴晓燕成为中国青年创业能力大赛第一位女性全国总冠军、"中国最具创业潜能青年奖"获得者……无数青年学子在南开这片创新的沃土上成长为自主创新的生力军。

春华秋实。南开学子在获得知识的同时,也收获了创新的思维和能力。教师在教学与科研的结合上找到了更多的契合点。一批批具有领先水平的原创性成果在南开园诞生。近几年来,南开获得国家自然科学、科技进步、技术发明奖10余项,位居全国高校前列;万余项哲学社会科学成果中,200余项获得省部级以上奖励;在中国经济学最高奖"孙冶方经济科学奖"近五年的评选中,南开教师3次入选。在基因芯片、手持阅读设备、绿色农药、新能源开发、基于稀土和过渡混合金属的三维纳米管状聚合物、保险指数、公司治理评价等应用学科领域,南开创造了多项第一。

"不但每个人要能接受新事物,而且要成为新事物的创始者;不但要能赶上新时代,而且要能走在时代的前列。"95年过去了,张伯苓校长对"日新月异"的阐释言犹在耳……

95年风云激荡却初心不变,正是因为南开拥有"允公允能"的奉献品格、"日新月异"的创新精神、愈挫愈奋的卓越追求和争创一流的不离不弃,这是南开永远年轻的本源,也激励着每一位南开人在彰显自己人生价值的过程中,去实现南开梦、中国梦。

日新月异的"我爱南开"BBS

韩 诚

"我爱南开"BBS 进站图

与"北大未名"、"水木清华"、"天大求是"等高校 BBS 相比,"我爱南开"作为 BBS 的名称言简意赅,却有深意。南开没有像其他学校选用校景或格言冠名 BBS,而是很直白的说出了"我爱南开"的心声。"我是爱南开的"这句话源自南开人的学长周恩来总理,不仅铭刻于主楼总理像、马蹄湖湖心岛的石壁上,更是记在每一位南开学子的心中,体现在"我爱南开"BBS 的网络交流中。

"我爱南开"BBS进站图

　　创建于1995年的"我爱南开"BBS，是国内第一批高校论坛网站，也是互联网进入我国后教育领域内最早兴盛的一批网站。在互联网初创的年代，"我爱南开"BBS在校园内独领风骚，在论坛上"灌水"成为校内师生的一种习惯。随着注册用户增多，BBS逐渐发展成为校内发布信息、反映校务问题、讨论热点话题、休闲娱乐的综合平台。

　　随着互联网技术的快速发展，网友接触到的网络资源越来越丰富，网络新媒体层出不穷，微博、人人网、微信、手机客户端逐步兴盛。在这样的环境下，即将20周岁的BBS不仅页面显得有些"陈旧"，内容也变得不那么有吸引力，用户年龄"老化"，人气不断下滑，网站发展遭遇了前所未有的困境。

　　作为网络论坛的"我爱南开"BBS，唯有跟上时代的脚步，才能保持自身"日新月异"。2011年，医学院2008级本科生李红岩和一群"90后"小伙伴们聚集在一起，从天马行空的想象开始，认真设计每一张图片，撰写每一段文字、编写每一行代码，用了近一年的时间搭建出来一个全新的BBS。与传统的论坛相比，新版"我爱南开"BBS更像微博，更像人人网，更像果壳网，因为年轻的同学们知道网站的真正竞争对手正是这些强大的社会新媒体网站。

　　互联网的世界，没有永恒的王者。人人网凭借强大的社交关系聚拢了从中学到大学的多数学生，微博凭借140字短文成为网络热点信息的聚集地。还没等人人网、微博发展到极致，更为强大的微信横空出世，"朋友圈"几乎占领了所有的智能机用户。而基于移动互联网络的手机客户端更是层出不穷。

　　作为南开的校园论坛，"我爱南开"BBS怎能落后，紧跟社会网站的脚步，先是学习微博的"@好友"功能，开通一键分享到微信的功能，随后逐步向移动网络领域转型。2013年11月27日，在新站一周年之际推出安卓系统客户端和手机网页版，半年之后又推出了Windows Phone班手机客户端，并且加大力度建设ios版客户端，让每一个南开人都可以轻松用手机访问BBS。

"我爱南开"BBS站衫设计大赛获奖作品

追逐飞速发展的互联网技术，是"我爱南开"BBS保持旺盛生命力的基础。与此同时，网站管理团队也在不断调整自身发展方向，招募拥有创新意识的同学加入，在校园里开展具有网络文化特色的活动。每年5月27日的站庆网络文化晚会，让在校园BBS上的网络名人一展才艺；站庆T恤设计大赛涌现出"南以离开"、"公能校训"等优秀作品，身着站衫的同学们成为校园内一道亮丽的风景线；新生来到南开之前，就可以注册BBS向学长咨询问题；毕业生通过网络二手市场，可以方便地将自己的学习资料、生活用品传递下去。

"我爱南开"BBS进站图

正如老校长张伯苓对"日新月异"的解读,要求"每个人不但要能接受新事物,而且还要能成为新事物的创造者;不但要赶上新时代,而且还要能走在时代的前列"。建设"我爱南开"BBS的青年学子们,以服务南开师生为宗旨,不仅努力向技术先进的微博、微信学习,并在团队管理、组织活动上不断创新,以实际行动走在互联网世界的前列,努力践行"允公允能,日新月异"的南开校训。

让"公能"情怀在生命中闪光

马　超

10年前，当我第一次踏入南开大学，在大中路的尽头，化学教学楼上端便看见八个闪着金光的大字：允公允能，日新月异。这便是南开的校训。10年过去了，毕业后我留校工作，那八个大字也时常在我眼前闪过。

后来在一次采访中我了解了这样一则故事：一个夏日午后，突然晴天霹雳，暴雨如骤，很多学生没能赶去上课。但就在上课铃声响起之前，一位耄耋老人走进教室，他瘦削、弓腰、手握雨伞，半个身子已经湿透，雨水顺着花白的鬓发和额前的皱纹不停地滴落。当他出现的那一刻，教室里顿时掌声如雷，不少同学流下了眼泪。这位老人，就是申泮文先生。90多岁的申先生曾说过："给本科生讲课，是在尽我作为教师的责任，我不仅仅是在教书，我更是在育人。"可有多少人知道，老人家77岁那年，肿瘤使他失去了五分之四的胃。

高山仰止，景行行止；虽不能至，心向往之。采访完毕，我走出化学楼，扭过头又看见那八个闪光的大字：允公允能，日新月异。我想，我们作为年轻一代南开人，应如何才能做到如此，为母校尽一份绵薄的力量？虽不能与大师比肩，但我愿沿着大师的足迹努力前行，把学生当作自己的孩子来关爱，教给他们做人的道理。

记得2009年夏天，我曾作为兼职辅导员带领大一新生参加军训。其间，我努力关心每一位学生，熬绿豆汤，准备糖水，带学生去医院，通宵陪学生输液等，但我印象最深刻的，莫过于最后的分列式表演。

连队组成方阵以后，被选中的学生继续艰苦的训练，而其余则成为了替补。替补队员，不但最后很难有机会上场，就连平时训练中连长、排长们的主要精力也会有所转移。替补，也许就意味着军训的提前结束。一个学生对我说，"老师，这是我第一次军训，也是我人生中唯一一次穿上军装。"

望着那一双双期待的眼睛，我知道，真的没有人愿意掉队。于是我把包括伤员在内所有希望上场的同学都编进了方阵。可就在分列式预演那天，我们的方阵受到了最严厉的批评，军训团领导明确指示，方阵11排往后全部去掉。11排往后，正是那些替补队员。200多人安静地站在那里，甚至不敢抬头看我。

"指导员，要不我们就不上了，这样正式表演时方阵就能走得整齐，我们就能评为优秀连队了。"一个平时训练最刻苦的学生对我说。

听了他的话我竟有些心酸，我忍住眼泪对所有人说："同学们，你们觉得军训中最重要的是什么？是优秀连队的称号吗？不，不是！钢铁的意志，团队的精神，你们的所思、所感、所悟、所得，这些远比优秀连队的一纸证书更加珍贵！你们看一看，哪支连队能像我们一样，一个都没有落下！从此以后你们不仅是同窗，你们一起扛过枪，一起上过战场，你们，没有让自己的战友掉队！就冲这一点，我们是最完整、最团结、最能吃苦、最能战斗的连队！我为你们骄傲！"

队伍中突然爆发出热烈的掌声，我看到很多学生留下了眼泪。"团结就是力量！" 方才那个说着要退出的学生带着大家唱起我们的连歌，此时此刻，这简单的旋律听来却是那么让人心潮澎湃。

最终，我没能留在那里陪伴他们4年的成长。转眼间，2009级该毕业了，前两天几个学生到办公室看望我。一个学生说，军训时取得的成绩和名次早就忘了，但从中体会到的那股精神一辈子也忘不了。另一个学生说，他的大学是从我开始的，是我从入校之初就给了他一个敞开心怀接纳他的集体，给了他一个完整的军训回忆，更给了他一种"不抛弃不放弃"的人生之道。这种"不抛弃不放弃"不仅是对自己，亦是对他人。

看着他们真诚的眼神，一时间我竟感到无比惶恐，我简单的一句话、一件事，对学生的影响竟如此深远，这更让我意识到教师的神圣与崇高，也更让我思考，何谓"公能"的情怀？

110年前，老校长张伯苓目睹国耻后毅然扛起教育救国的大旗，而后或仁者多助，或险厄备尝，或寇雠肆虐，或浴火凤凰，于是乎得"愈挫愈奋"之美誉，树铮铮南开之脊梁，我以为，这便是"公能"情怀；"处境最艰，学费时不济"的周恩来却抱定"为中华崛起而读书"的志向，面壁十年图破壁，难酬蹈海亦英雄，我以为，这便是"公能"情怀；算起来比南开大学还要年长3岁的申泮文几十年如一日地坚守着三尺讲台，坚守他心中的责任，90岁那年开通"教育家申泮文的博客"，我以为，这便是"公能"情怀！

叶嘉莹先生曾说，教育无他，唯爱而已。为人师者，不仅应对学生有亲人般的关爱，更应当有心怀家国天下，为民族振兴陶铸英才之大理想，有"春蚕至死丝方尽，蜡炬成灰泪始干"之大境界，和一种执着付出、不问回报、努力成就他人的大仁爱。唯有如此，才是"公能"情怀。

"允公允能，日新月异"，化学楼前这八个闪光的大字时常鞭策着我，它已融入我的血液，融入我的生命。路漫漫其修远兮，吾将上下而求索。

"公"心永驻

——我的校训情结

杨丽雯

所谓校训,即学校告诫学生应遵守的原则性准则。校训是一所学校办学育人理念的集中表述,是对学校所坚持的核心价值观的凝练和浓缩,也与该学校所属国家民族、所处时代及所在社会紧密相连。[①] 家有家风,校有校训。校训是一所学校办学理念和价值追求的凝练表达,既沉淀着长期形成的校风、教风和学风,又标注着鲜明的时代气质。优秀的校训,不仅仅是传承,它们承接传统,又赋予其新的时代内涵,甚至参与和推动着时代精神的塑造。

作为一名曾在两所高等院校就读过的学生,校训成为我求学生涯中的一个重要组成部分。如果要用最精炼的语言表达我与高校之间的情感,校训便是最贴切最动情的话语。

我的本科就读于武汉体育学院这样一所专业性院校,从入学开始便一直秉承"公勇诚毅,学思辨行"的校训,努力做到"融体育、科技、人文教育为一体,集道德、文化、专业素质于一身"。以一名心理学专业的文化生身份走进这所体育艺术气息浓厚的大学,是刻于黄花石、立于教学楼前鲜红的八字校训让我很好地找到了自身定位。"闻道有先后,术业有专攻",任何一所高等院校都有其独特的精神气质。武汉体育学院,致力于培养优秀的体育文化人,将"大公"命为校训之首,既反映了学校寄希望于培养学生"大公大勇"精神的坚强决心,也表达了体育人强烈渴望"为国争光"的家国情怀。

大学校园或许并不能把每个学生都培养成为最优秀的专业人才,但它所带给学生的精神气质却足以让每个曾经生活于其中的人受益终生。大学四年,除

[①] 《校训承载中华民族核心价值观》,《光明日报》2014年7月29日,第2版。

了受教于专业课的文化熏陶之中,也沉浸于体育人顽强拼搏、坚持不懈的精神感染之下,深深觉得"公勇诚毅,学思辨行"八字校训,将体育文化人的生活状态、精神境界、理想追求以最精炼的语言尽数表达。本科毕业三年有余,每每想起那时的校园生活总不免动容,怀念那挥汗如雨的东西田径场,记忆那朗朗书声的悠悠学思堂。身处其中往往不多留心,毕业之后才发觉从一开始就牢记心中的校训并不仅仅是一项行为规范,更是离开后愈久愈浓厚的情感寄托。也正是由于有这份深刻的体会,让我倍加珍惜如今的南开生活。

未入南开之前,便早早知晓了南开著名的"公能"校训。南开的驰名中外,与它有着这样一条独具风格的校训密不可分。"允公允能,日新月异",正如2011年初,甫任南开大学校长的龚克在该校举办的"国策论坛"所说的那样:"在我眼里这是全国高校最好的校训之一。" 2011年9月,我正式成为一名南开大学的研究生。以一名"南开人"的身份诵读南开校训,心境与之前大不相同,从前的仰慕更多的化为如今的责任。由思到行,践行"公能"校训的使命感油然而生。而这其中不变的情怀,即是对"大公之心"的亲切认同。

南开初创时期,校父严修先生即提出"尚公""尚能"的主张,并在办学过程中一直践行"公能"二义。后来张伯苓校长化《诗经·鲁颂》中"允文允武"为"允公允能",自《礼记·大学》中"苟日新,日日新,又日新"提炼出"日新月异",组合而成南开校训。南开校训的特别之处首先反映在其社会性上,"它以'公'字当头,充分反映出南开人以救国兴国为己任的强烈社会责任感。张伯苓讲,'公'字最最要紧,公是最高的道德。他特别强调,'允公,是大公,而不是什么小公。'"[①] 本着"以天下兴亡为己任",鼓励学生投身实践,培养与时俱进品质的"公能"校训办学理念,南开大学成立之初,即设立了文、理、商三科,旨在"文以治国,理以强国,商以富国"。这既是对教育本质的探幽,也是对教育方法的把握。正是由于南开大学始终坚持以"知中国,服务中国"为目标的"土货化"办学方针,才能在90多年风雨起伏中愈挫愈勇、创新进取,发展成为中国著名高等学府之一。

"允公允能,日新月异"的校训,既寄托了老一辈南开人"筚路蓝缕,以启山林"的济世情怀,也成为警醒当代南开人"以天下为己任,担当社会责任"的暮鼓晨钟,勉励后人践行"爱国爱群之公德,服务社会之能力"。同时,正如校训中"日新月异"的高瞻远瞩一般,我们"每个人不但要能接受新事物,而且还要能成为新事物的创造者;不但要赶上新时代,而且还要能走在时代的前

---

① 龚克:《心怀大公,走在时代前列》,《人民日报》2014年8月8日,第5版。

列"①要想成为一名合格的当代南开人，不仅要树立在民族复兴大业中实现个人价值的社会责任感，还要培养脚踏实地将理想付诸行动的实践能力和自强不息锐意进取的创新精神。"公能"校训引领下的南开精神、南开品质，折射出南开历史悠久的精神气质。

校训根植于深厚的传统文化，承接中华优秀传统文化的真脉。各个院校的校训既立足于本地文化土壤，反映了其历史发展轨迹，又体现出独特的精神文化气息，可以说是高校的核心文化所在。比如，清华大学校训"自强不息，厚德载物"，复旦大学校训"博学而笃志，切问而近思"，浙江大学校训"务求实学，存是去非"，武汉大学校训"自强弘毅，求是拓新"，中山大学校训"博学 审问 慎思 明辨 笃行"，山东大学校训"求无境之学，养浩然之气"，北京科技大学校训"学风严谨，崇尚实践"，上海交通大学校训"饮水思源，爱国荣校"，北京林业大学校训"养青松正气，法竹梅风骨"，西南交通大学校训"精勤求学，敦笃励志，果毅力行，忠恕任事"，河南大学校训"明德新民，止于至善"，南通大学校训"祈通中西，力求精进"，北京舞蹈学院校训"文武相融，德艺双馨"，等等。大多数历经时间的大浪淘沙，从优厚的文化传统中走出的校训，去粗取精，去伪存真，传达了高校丰富的历史底蕴和文化内涵，具有经典型意义。

南开"允公允能，日新月异"的"公能"校训，能在这么多优秀的校训中脱颖而出、独树一帜，既得益于南开学校90多年的历史积淀和文化熏陶，也实现于数代南开人"知中国，服务中国"的实践之中。张伯苓校长当初高擎"公能"旗帜，将南开学校与家国天下紧密联系在一起，推进了传统士大夫精神和现代知识分子精神之间的创造性转化。② 经过岁月的浸润与磨砺，"公能"校训已成为南开人的价值取向和精神品质，现今仍具有现实意义。学校现已将"公能"素质教育确定为办学基本战略，大力推动"三个转变"：即在办学观念上，从"学科为本"转变为"学生为本"；在教育内容上，从"传授知识"转变为"发展素质"；在培养模式上，从"以教为主"转变为"以学为主、教学相长"，以构建新时期南开特色的公能素质教育体系。③ 这也可以看作是"公能"校训在培育和践行社会主义核心价值观中的"南开表达"。

南开南开，越难越开。南开人是求实的，也是常新的；是沉静的，也是进取的。南开人既有当年被日军炮火夷为平地后"敌人所能毁者，南开之物质；

---

① 龚克：《心怀大公，走在时代前列》，《人民日报》2014年8月8日，第5版。
②《校训承载中华民族核心价值观》，《光明日报》2014年7月29日，第2版。
③ 龚克：《心怀大公，走在时代前列》，《人民日报》2014年8月8日，第5版。

敌人所不能毁者，南开之精神"的不屈不挠，也有如今"人所少有，我所专长；人尚未及，我能先登"的豪情壮志。心怀"公能"校训，相信南开人一定可以在实现中华民族伟大复兴的征程上继往开来，取得辉煌成就。

由感觉晦涩到为之景仰

——我与"公能"校训

于博文

在南开大学的这一年,我听到最多的就是"允公允能,日新月异",虽然到现在我也完全没有信心说我已对这一条校训有了深刻的理解,但是我却真切地感受着它对我的人生潜移默化的影响,对我人生观的改变。

初拿到录取通知书的那个夏天,我觉得人生充满了缺憾,所向往的校园从南开出发,轻轨半小时便到达,但我却难以成为那里的学子。我承认我当时是不情愿进入南开的,但是这一年,我所得到的机会,我所遇到的人,更重要的是"允公允能,日新月异"的校训所创造的校园氛围让我轻轻地把心放下,把希望的种子埋下,静等着它发芽。回望这一年,我已很自豪地说:我是南开人。

第一次听"允公允能,日新月异"时,觉得非常晦涩,这样半白半文的话语让我觉得与时代脱钩,但这两个学期的不断摸索,我开始体味到这样一句简练无比的话语实则蕴含着对于当代青年最真实的期待,最殷切的希望。

官方对于"能"的解释是能力,即爱国的能力,为国家做有用的事情的能力。在我看来,作为一名刚刚度过"大一"时光的学生来说,实在太宏大,也有些在我们的能力之外。我认为,其实就是要求学生要提高各方面的素质,各方面的能力。最基础的就是学习的能力,上大学后每个人的发展方向都发生了很大变化,而且随着探索的不断深入,愈来愈专业化,几乎没有人能够跨越两个学科,并且同时取得丰硕的成果。这在一方面的确有利于学科的发展,另一方面也赋予了我们年轻一代更重的责任,它要求我们必须掌握学习的能力,在自己的专长领域内有所建树,使作为推动人类发展的最重要因素的基础科学长盛不衰。同时,综合能力的提升也相当重要,大学作为半个社会,是我们日后进入真正社会的踏板,因此除了学习能力、协作能力、领导能力、沟通能力、组织能力等都是必不可少的成长因素。从这样小的视角出发，南开人才能最终成为有现代化的理论才能和实际工作能力的国家建设者。

如果说"能"还是比较基础的，是我们潜意识里就明确的任务的话，那么"公"明显就提高了一个层次，它既指国家，又指为社会承担一定的责任。张伯苓先生曾说："允公，是大公，而不是什么小公，小公只不过是本位主义而已，算不得什么公了。惟其允公才能高瞻远瞩，正己教人，发挥集体主义的爱国思想，消灭自私的本位主义。"上大学之前在学习政治时，每当谈到"公"时，便觉得充满了讽刺和欺骗，身为党员的我对于党内的一些腐败现象和社会的黑暗面极为不满，因此崇洋媚外的思想便自然而然地产生，当时想的是我要尽力逃脱这片土壤，我要为自己绘制精美的宏图。但现在这种思想却真真正正地发生了改变，有的时候我在想，当我真正踏入社会，有了一定的社会地位的时候，我能为这个社会带来怎样的改变，我是否有能力帮助我的国家减少人才的流失，提高国际的地位，获得应有的尊重？我从小享用着优秀的教学资源、生活环境，然后考到了南开大学，又得到了那么多的平台施展自己的才华，所以我应该有那份责任，回馈我伟大的祖国，这并非心智，而是纯粹的情感表达。我坚信这就是"公"，而每一个人都应该思考生活中有多少苦难被其他的社会群体阻挡，我们的生活环境是多么美好，我们赶上了一个多么好的时代。

除了"允公允能"外，南开对于自己的学子提出了更高的要求，即"日新月异"。张伯苓先生将其解释为：不但每个人要接受新事物，而且还要能成为新事物的创造者；不但能赶上新时代，而且还要能走在时代的前列。其实简单地说，就是我们要不断地追求进步，要不断地进行创新。随着经济的迅猛发展，从科学技术到思想文化，每天都在发生着翻天覆地的变化，这就要求我们不能故步自封，必须紧跟潮流，随着时代的脉络不断地在各方面进行创新。作为大学生，我们更应该拓宽视野，同时在我们所专长的领域有深入的思考，不断汲取前沿课题思想。我认为大学在创新方面为我们提供了很多机会，比如，"国创"和"百项"，这些给予大学生一展才华，相互合作的活动对于我们有着积极深远的影响。而中国的大学生现在最缺乏的就是探索新的道路，提出新的课题。

"允公允能，日新月异"作为南开的校训，是对南开面向社会、服务社会之追求的高度概括，更是充满朝气之南开精神的核心。注重教育与社会的联系、讲求学生实际能力的培养、焕发师生爱国主义精神是南开精神的主要特征和表现。这样的校训正是南开经历战争与一系列打击后仍然有生命力，仍然为人们所深深景仰的原因。"允公允能，日新月异"从宏观的角度解释了老一代教育者对于当今我辈的期待；从微观上讲，也是纽带，让每一位南开学子拥有归属感、责任感和自豪感。

新生看校训

校长谈校训

铁血铸"公能"

郑烁然

涛声白沙岸，月影遮海滨。闻有中国者，当知南开魂。
南开百年去，国难自不存。唯此公能魄，流转馈今人。
夏秋云气盛，赤日唤冰轮。鹰旋新开上，见有戎甲军。
其势未及士，其勇未及兵。唯此刚毅气，不肯为人从。
炎阳灼灼耀，汗雨滴滴淋。未言苦难却，凭此承精神。
嘹歌昼达旦，苦练昏接晨。烈火愈狂盛，玉华更足金。
犹记引河畔，垂柳翠叶中。石碑赫然立，所念西南盟。
阳文称故事，国难血书成。阴侧为何物？为国甘从戎。
古有稼轩傲，古有木兰英。诗书自华气，铁血更豪情。
校为救国立，学为强国兴。先人已救却，吾辈后任承。
今我何为作，敢称南开人。当化深渊蛟，潜行待功成。
今众何识智，敢承南开魂。搏艰克辛苦，铁血铸"公能"。

（作者系南开大学化学学院2014级本科生）

心携"公能"以济世

邵宇翾

南开之于我，是意义非凡的一个名字。

自两岁那年踏入南开大学附属托儿所的那一刻起，南开两个字便如三月的阳光碎裂下来渗入我的血液与骨骼。从南开大学附属幼儿园，到附属小学，再到南开初高中。终于，循着南开的指引，我有幸再一次迈入南开园。如此不解之缘，仿若命定一般。

"允公允能，日新月异"的箴言我自小便已熟知，可那时不过以为是一句美丽而朗朗上口的话语而已。然则当我对"公能"校训之内涵有了深刻理解，南开于我，便再不是少时玩乐的美丽花园。望着静默而壮美的南开园，一时间我有一种错觉，她仿佛一只在时间之海上行驶的美轮美奂的巨轮，以"公"为罗盘，"能"为桅帆，于辽夐壮阔的大洋之上劈波斩浪，披靡而行。

公者，爱国爱群之公德也。中古之世，天下大水，鲧、禹决渎；近古之世，桀、纣暴乱，汤武征伐。风雨飘摇，莽苍乱世，有豪杰者，挺身而出。治世太平，物阜民丰，便思"致君尧舜上，再使风俗淳"，富国安民，矜矜兢兢。至于近代，蛮夷侵扰，有志者奔走呼号，"苟利国家生死以，岂因祸福避趋之"。放眼南开，伯苓公得知四子锡祜战机坠毁，为国捐躯，一句"我本人出身水师，今老矣，每以不能杀敌报国为恨。而今吾儿为国捐躯，可无遗憾"，发人唏嘘感慨——此皆为大公精神。

能者，服务社会之能力也。荀子《劝学》有云："无冥冥之志者，无昭昭之明；无昏昏之事者，无赫赫之功。"诚然，胸怀之中大公精神的实现，离不开切实而高明的能力。时至如今，综合国力之竞争，实质则为科技与人才的较量。科技与人才之较量，很大程度依靠如今我等青年之成长。在大学阶段，切实掌握属于自己的专业技能，同时广泛涉猎，注重自身的全面发展，勤恳修习，才能有济世的资本。

至此，我仿佛看到南开巨轮循着罗盘的指引，扬起骄傲的桅帆，乘风破浪而去了。我又突然意识到，在我肉眼不可及的巨轮内核，"日新月异"的驱动与影响不可忽视。汤之，《盘铭》曰："苟日新，日日新，又日新。"《康诰》有云："作新民。"诚然如斯，大公精神不可一成不变，服务社会之能力更加需要时时更新。创新之于南开，有如水手之于轮船。创新之于中国，有如灵魂之于人格。

我原以为上述一切，距离我这样的普通学子遥远之极。然而南开唤醒我、也教导我：此等责任，应由南开学子共同担负；中国梦之实现，应由吾侪青年同舟共济。

路漫漫其修远，又有巉岩激流阻隔。可正如1930年南开教授黄钰生先生所说："南开，怕难的不必来，求安逸的不必来，好奉承的不必来，服了这口气的不必来。"既然选择了南开，就是选择了心携"公能"，润身以淑世；既然选择了南开，就是选择了心无旁骛，一往无前。

（作者系南开大学历史学院2014级本科生）

"公能"求新南开人

杨纯叶

什么是校训？对于刚刚走过初高中的我们，校训很可能只是在主题演讲时才会被赋予激情的几个字，或是在校史简介时被高高挂起的红色条幅。然而初来南开，我强烈地感觉到在南开，校训与形式无关。"允公允能，日新月异"是一种融入血液的意识，是师长们最殷切的期待，是今后为人处世中时常涌上心头的嘱咐，是迷茫沮丧时点燃勇气的信念。

"公"最简单而言，就是以天下为己任。若问何为以天下为己任，刚刚经过高考的我们都可能会说"苟利国家生死以，岂因祸福避趋之"、"先天下之忧而忧，后天下之乐而乐"。长吟寥寥几句报国诗句非为公，在我看来，"公"还需要一份无私、一份细致和一份理性。南开校训，首先倡导的就是一份无私，一份甘于奉献。当今的我们，不再身处战火纷飞的艰难岁月，而在这看似富足的生活中，新一代大学生有了新的困扰。社会转型，风气浮躁。本应拥有诗歌、爱情和理想主义的象牙塔一部分被成功学和利己主义所侵蚀，这与允公之要求相距甚远。再者，"公"需要一份细致。南开人常说："知中国，服务中国"。什么是知中国？知中国不是仅凭报纸网络上的只字片语就判定社会是黑暗无边还是光明无暇，而是体察身边的苦楚，如社区阿姨的病痛，农民工遭受的一次白眼。知中国意味着我们要真正去了解中国，了解她的发展状况和规律，而不要将眼光仅仅停留在教科书上。同样，"公"呼唤一份理性。我们大学生是年轻而热血的，但我们也常常将以天下为己任的爱国情怀仅仅理解为咆哮和眼泪。我们可能在国耻日抵制日货毁坏日系汽车，我们可能在网络上骂声一片，但这都偏离了理性的爱国主义，也非"公"之倡导，将发展中国立于心中而奋斗才是"公"之实意。

"能"即真正用于服务他人，服务社会，服务中国甚至服务人类的能力。作为"大一"新生，来到南开，我们自然是学知识学技术。但是，我们应当注重学习将理论知识变为实际应用的能力，学习具有人文情怀的科学。无论我们将要主修的是自然科学还是人文社科，以人为本，为人民服务都绝不是挂在口头的空谈。

"日新月异"则强调南开学子与时俱进的学习能力和不断开拓的创新精神。当今社会发展迅速，科学界的发展更可谓瞬息万变，囿于陈规意味着失败。我们治学之士要有勇于挑战权威的意识和勇于否定自己的决绝。吾爱吾师，吾更爱真理。19世纪物理学经典大厦建立，当时的物理学家认为物理学界从此万里无云，但后来我们都知道了爱因斯坦。人类的认知永在发展，也意味着人类的认知永远有限，无论是自然科学还是人文社会科学，探索必然永无止境，这要求我们不断创新。也许十年苦读里我们一直忽视或是被忽视创新精神的培养，但既然我们来到南开，我们就要将创新精神写进理想。

回想起1934年南开学子手旗打出的"勿忘国耻，收复失地"、西南联大里的铮铮铁骨，总让人热泪盈眶。虽中国民族已站立起来，但巍巍南开精神不变。"公"是为民之决心，"能"是报国之实力，"日新月异"则是求索之意识。渤海之滨，白河之津，公能求新南开人，这便是我对校训的浅显理解。

（作者系南开大学生命科学学院2014级本科生）

关山重重　何时飞渡

——致南开校训

林怡静

有人说，这个时代需要诗人。

于其傲骨？于其纯粹？于其以诗为名，铁肩担道义。

曾自省，那一代人怎样活着？活得"规矩"，活得"自我"，活得"尊严"？或许是由于某种精神制约，生命依然服从于某种精神力量——一种高于柴米油盐的精神力量。

此种精神之力量随历史书页的嬗变不断前行，应无数先生之呐喊，声声遁入青年学子之心。恰如范翁所吟："云山苍苍，江水泱泱，先生之风，山高水长。"无数先生们为国传承与担当，以弱身御强世，对学生教之导之帮之扶之惜之爱之，提供学问坐标系和人格营养，示范风骨与风度，为后辈的成长获得时间，空间和方向感。对于南开学子们而言，张伯苓先生执笔之巍巍南开之精神"允公允能，日新月异"犹在耳畔。从初闻时的困惑到深知后的思索，"公能"校训陪伴着每一个南开人，以古今镜鉴，漫道雄关越沧桑，写意人间正道。

今世间多纷扰，时代的弄潮儿奋勇逐浪却常常难寻彼岸。关山重重间，站在大时代边上的我们又该如何飞渡？望着字字铿锵的校训箴言，它仿佛在昭示着我要的答案。

如众所知，南开之风骨集于"公""能"二字。

大道至简，以公为先，非独愿，非私利，以天下为己任；大道至善，以能相依，要勤学，要养德，善养吾之浩然正气也。我们都是共同体，个人永远无法独立于社会之外存在，社会出现了断裂感，我们也将无法自由呼吸。只是现在，每当我们打开电视亦或是滑动屏幕，关于社会道德碎片的新闻不胜枚举。越来越多的人把自己包裹起来，因为不信任，因为顾己愿，而选择旁观他人的痛苦。面对种种暴露的问题，我们当然需要正能量。但是，推动正能量，应该赋予自身，化作点滴行动。因而南开之"公与能"也不能只是口号如雷，践行声小。于"公"，当两耳常闻窗外事，关注世界风云诡谲，洞悉国家发展脉搏，且看且思。一句"为中华之崛起而读书"涌动着少年周恩来的满腔热血。胸怀大志，天下为公，敢做时代新锐先锋。于"能"，当修身养性气自华，温润如玉，谦谦君子，以能显己长，以德待他人，韬光养晦，做最好的自己。

不过独继承"公能"，又怎奈岁月弥新？还需"日新月异"，演绎细水长流。

曾几何时，有人叩问：为何中国没有一个乔布斯？在世人眼中，乔布斯有着创新精神，跨界思维方式以及改变世界的使命感。而这些恰恰是中国的软肋。第一条上岸的鱼，第一只站立行走的猴子，第一个吃螃蟹的人，一个特立独行的王小波，乔布斯也是如此，离经叛道，创立自己的主流，不断地反对，坚持，改变。我们每个人都渴望改变世界，但多数都只生活在别人改变的世界里。其实创新无处不在，学习上自我总结的小窍门，生活上的小发明，尝试新事物，提出新观点，这些都可以成为自我创新世界的积累，成为未来开启灵感创造大门的钥匙。所以每个人要敢于不同，耻于盲目雷同，善待异见，要知道创新不是变来变去，不是没有方向，不是只破不立，要谨记古人之省思"苟日新，日日新，又日新"，主导属于你自己的日新月异。

蓦地又想起了龙应台的话语："我深深盼望见到的，是一个用文明尺度来检验自己的中国，这样的中国，因为自信，所以开阔；因为开阔，所以包容；因为包容，所以它的力量更柔韧，更长远。"

作为南开的新青年，要牢记"公能"校训，将之融入每一寸生活中，并带动身边的每一人。

我相信，纵然山高水远，愿君偕同畅游，渡关山，从此刻！

（作者系南开大学外国语学院 2014 级本科生）

"公能"校训励我行

贾 淳

家有家风,校有校训。校训是一所学校办学理念和价值追求的凝练表达,也是一所学校的师生共同践行的精神信仰。前不久,中央电视台推出系列节目《校训是什么》,南开大学的校训介绍首个登场。这是对南开的认可,是南开人共同的骄傲,也使即将踏入南开土地的我多了一分期待。

当我第一次走进迎水道校区,远远望见教学楼前八个金光闪闪的大字"允公允能,日新月异"。凝视眼前的校训,细细咀嚼,我不禁陷入了深深的思悟。

允公允能:核心价值观的南开表达

1934年,在南开创办30周年校庆纪念会上,张伯苓先生正式宣布"公"和"能"为南开校训。当我第一次读到"允公允能"四个字时,我被文字背后的济世情怀深深感染,忽然想到了著名的横渠四句:"为天地立心,为生民立命,为往圣继绝学,为万世开太平。"张载的横渠四句与"公能"二字,在内在精神上是相契合的。

在我看来,"允公",即是培养学生"先天下之忧而忧,后天下之乐而乐"的爱国意识与公德精神;"允能",即是培养学生经世致用、服务社会的能力。公者,德也,能者,才也。"允公允能",公是能的价值追求,能是公的力行基础,公能校训,体现的是德与才的辩证统一,也是教育树人的核心目标。当今社会,有能者多,而有德者鲜,至于德才兼备者,寥寥也。北京大学教授钱理群曾说大学教育正在培养"精致的利己主义者",我以为,如果光有能力,而无公德,难成国器。

南开大学的睿智之处在于鲜明地提出了德才并举、允公允能的办学理念。南开大学校长龚克曾说:"南开大学开办之初,设立文、理、商三科,理念即在文以治国,理以强国,商以富国,这明白无误地诠释了'公'的内涵。以周恩来为代表的一大批杰出校友,展现出南开人立志为公、振兴中华的社会理想和价值追求。"80年来,"公能"精神烛照了一代又一代南开人的成长,怀天下为公之心爱国乐群,以经邦纬国之才服务社会。

在南开大学100多个学生社团中,关注国计民生、直接或间接为社会发展服务的就有三分之一。比如,南开大学的"三农学社",以"关注三农,胸怀祖国"为宗旨,是国内高校中较早开始从事"三农"问题研究和实践的学生社团之一。每年寒暑假,各个社团、学院的南开学子也会到全国各地开展各种形式的社会实践。

"公能"精神作为南开人共同践行的信仰,薪火相传,滋养了南开人的精神气度,熔铸了南开人的精神品格,成为了南开人矢志不渝的价值取向。亦如喻传鉴先生所言:"'公能'二字为全校精神之所寄;先生之所施教,本此二字;学生之所努力,也本此二字。"

如今,在培育社会主义核心价值观的当下,南开将校训传承与社会主义核心价值观的培育践行结合,体现了南开特色。"对今日南开人而言,'公'就是要实现中华民族伟大复兴,把祖国建设成为富强民主文明和谐的社会主义现代化国家,'能'就是要培养在民族复兴大业中实现个人价值的社会责任感,培养脚踏实地将理想付诸行动的实践能力。""允公允能"所体现出的爱国乐群、敬业奉献,正是核心价值观的南开表达。

日新月异:实现中国梦的南开动力

"日新月异"一词出自《礼记·大学》:"汤之盘铭曰:'苟日新,日日新,又日新。'"张伯苓先生对此解释道:"所谓的日新月异,不但每个人要接受新事物,而且还要能成为新事物的创始者;不但能赶上新时代,而且还要能走在时代的前列。"

当今社会,创新的地位越来越突出。今年第八届夏季达沃斯论坛在天津召开,代表们围绕"推动创新创造价值"的主题进行研讨。天津市达沃斯论坛筹备办议题组组长、南开大学副校长佟家栋说:"后金融危机时代,要从更为长远的角度看待世界经济发展的问题,而创新则是未来发展的基础。"我想,经济的可持续发展离不开创新,改革的有序平稳离不开创新,而一所大学要永葆青春活力,更离不开包容的开放心态,与时俱进的创新意识。

今年是南开大学建校95周年,在这95年的历史中,无论是1928年在《南开大学发展方案》中提出的"以中国历史、中国社会为学术背景,以解决中国问题为教育目标"办学方针,还是在全国高校中较早开始教育教学改革,以"人所少有,我所专长;人尚未及,我能先登"的胆识与魄力,率先创立了社会急需的金融、旅游等新兴人文社会学科和生物化学等自然科学学科;通过设立创新科研基金、实行"弹性学制"、开展"挑战杯"活动来鼓励学生参与科技创新，无不体现出南开人锐意进取、敢为人先的创新精神。

我是来自旅游与服务学院的一名新生，回顾学院的发展历史，我更深刻体会到日新月异的南开内涵。1981年，国家旅游局和南开大学联合创建旅游学系，开中国旅游高等教育之先河。2010年，为响应《国务院关于加快发展旅游业若干意见》，隶属商学院的旅游管理专业独立成院，是为旅游与服务学院。随着国家促进旅游业改革发展的力度加大，南开旅游与服务学院也紧跟时代，进一步优化师资，为国民经济战略性支柱产业培育英才。

经过岁月的浸润，日新月异已内化为南开人追求卓越的精神气质，激励着莘莘学子为实现中国梦贡献源源不断、生生不息的南开动力。

"允公允能，日新月异"。月夜漫步，我站在总理雕像前，吟哦起那支南开人都爱唱的歌，静静地任月华满身。

"渤海之滨，白河之津，巍巍我南开精神。"

（作者系南开大学旅游与服务学院2014级本科生）

随感摘录

　　提起南开，之前年幼的我想到的只是周恩来总理的母校，只是单纯地好奇这是怎样的一所学校，竟培养出像周总理这样有着"为中华崛起而读书"的远大理想并为祖国奉献出一切的伟人。当年龄不断增长，当我开始为了自己的未来了解报考高校的时候，"允公允能，日新月异"确实给我的高三生活点亮了一盏明灯，可能当时的我并不完全明白这八个字的含义，但确隐约感觉到，我的未来可以在南开开始，似乎我的人生虽然平凡，却也能充满意义和价值。

　　如愿成为一名南开人之后，当我了解到南开校训是20世纪30年代制定的，非常惊异于在那个年代，南开的创办者们竟然有为国家图富强、为人民谋福利的超前思想；当我知道"允"有承诺、要求的意思，"公"是针对私而言的，我感叹于南开要求受教育者爱祖国、爱人民、爱事业、一心为公、大公无私的奉献精神；我自豪于南开人不断改革、不断进取、自强不息、勇攀高峰、面向世界、面向未来、奋勇走在时代发展前沿的勇气和决心。每当我看到或者想到这些的时候，我的心里充满着作为南开新人的使命感。

——赵金文（外国语学院2014级本科生）

　　报考大学时我思考了很久，该如何挑选好这把通往成才之路的钥匙呢？在浏览各大高校简介的时候，一行字深深地吸引了我，那便是南开大学的校训——"允公允能，日新月异"。毫无疑问，南开这种家国的大公精神和"公能"的文化气息，必然是最适合我的校园环境。

　　在我看来，所谓"允公允能，日新月异"，其实是一种高尚的精神追求和道德修炼。这种公而忘私、舍己为人的道德约束和文武双全、志勇兼备的个人要求是对一个人发掘自我的最好的磨炼方式。如今我已经来到了南开，经过这些天的生活，我感受到的不仅仅是温暖，更是一种作为南开人必须肩负的责任。

如此优秀的办学理念，如此优秀的学府，让我对未来充满了希望和憧憬。

——张星达（经济学院 2014 级本科生）

在近二十天的军训中，我们再一次深刻理解了"允公允能，日新月异"的校训。在训练场上我们不再是娇弱的孩子，而是一名军人、一名战士，整个团队是一个部队，我们都在做大公之事，并努力成为大公之人。我们充分发扬不怕苦、不怕累的精神，有疼痛、有伤病仍要坚持训练，绝不放弃，为的就是能在校训的鞭策下，通过实践发展、完善自己，磨炼自己的意志，提升自身能力，使自己日新月异，为人生写下精彩的一笔！

——王佳玉（外国语学院 2014 级本科生）

我们的校训与其他学校的都不同，它不仅仅要求我们作为一个学生努力学习，更强调我们要有为国家、社会服务的能力，这点令我非常敬佩。作为一名南开人，我被校训这种为国家、社会服务的精神深深感动。我要以自己的最大努力践行"允公允能，日新月异"的校训，在大学发挥自己的各种才干、能力，每天都要过得充实而有意义，每天都要有新的变化。争取早日实现自己的人生价值，实现"公能"的目标。

——陈欢（外国语学院 2014 级本科生）

百年以来，南开的一代代人都为他人、为社会在默默地奉献着。不同时代的南开人有着不同的记忆，却又有着相似的感动，传承着"公能"的美德。

——张宇轩（物理学院 2014 级本科生）

时光飞逝，日月如梭。我们身处于一个富强民主、文明和谐的社会，很难再体会到国家破败时张伯苓老校长内心的忧虑与痛苦。但"允公允能，日新月异"的校训却超越了时空的界限，深深地烙印在每一个南开人心里，历百年风雨而不衰，如明灯般照亮每个人前行的路，持久而强烈。我想用一个南开人特有的骄傲，奋力高呼——公能代继，南开巍巍！

——崔俊峰（数学学院 2014 级本科生）

南开校训，是要求南开学生有一种兼济天下的胸怀，从一种为小我服务的意识中挣脱，去为一个大我服务。不少人都在讨论怎样是一种大我的境界。我想，这也许可以用托尔斯泰的《战争与和平》中一段话来阐述。书中托翁这样写道：当我临死时，看到我的敌人却仍然爱他的时候，我感受到的爱，便是大爱，这是心灵的本质。我想，"公"的背后，便是这种对人的大爱。当我们服务于社会时，我们应心怀一份对他人，对社会的尊重和关怀。

——唐靖聂（数学学院2014级本科生）

校训的目的是为了让我们铭记并付诸实践，所以我更看重它的实际意义。作为一个南开人，如何去践行校训，将它融入我们在南开生活的方方面面，是校训对我们的内在要求。刻苦学习，不断完善充实自己；强身健体，积极参与体育锻炼；竭尽所能，帮助同学、服务同学；坚持阅读，时刻保持一个青年人应有的蓬勃朝气……这些都是校训应该在我们身上的具体体现。

——王壬玚（经济学院2014级本科生）

"公能"不是一个简单的口号，它从来就不只是出现在横幅、展板上的摆设。历经百年风雨，这八个字所沉淀的，正是值得我们在这个浮躁的社会中应该静下来考虑的——我们肩负着什么，承担着什么，又想要获得什么，为此又应当付出多少奋斗与汗水。

——何玉琦（外国语学院2014级本科生）

校长谈校训

在南开大学"公能"校训与
社会主义核心价值观研讨会上的讲话

（2014年10月17日下午）

龚 克

刚才崔国良、陈鑫、宋成剑、张鸿、寇清杰、李营6位老师在发言中，就南开校训的形成和特色，严修、张伯苓对"公能"校训、"公能"精神的贡献，校训与中国传统文化及社会主义核心价值观，以及校训的践行途径和如何开展"公能"素质教育等方面，发表了自己的见解，于博文同学还结合自己到南开学习一年多的经历，谈了对校训认识上的变化，讲得都很好，听了很受启发。下面，我想从两个方面谈一点我个人的体会：一是如何认识南开校训；二是如何做好校训的研究和阐释。

一、如何认识南开校训

最近中央电视台在播出各校校训专题的时候，用了"校训是什么？"这样一个标题，引起了我的深入思考——校训到底是什么？

昨天晚上，我准备今天上午在南开中学建校110周年纪念会上的发言时，写了"南开校训是南开人用自己独具特色的语言，对立德树人教育本质的深刻阐释"这么一句话。也就是说，校训是什么？校训是一所学校用自己的语言对自身教育理念的凝练表达。非常巧的是，在今天上午的纪念会上，北京四中校长在代表兄弟中学发言时也讲道："什么是学校的文化？就是这所学校用自己的语言对教育理念的阐释。"这个表述跟我讲的有点儿像，至少理解的思路是一致的。

今年8月初，《人民日报》"大学校长谈校训"专栏找我约稿。我在稿子里写道:"南开的校训别具一格。"为什么会有这样的感悟？最早接触南开校训的时候，我很自然地就想问:"这个校训出自何典？"它来自《礼记》？《诗经》？《周易》？《论语》？还是其他什么典籍？答案都不是，南开校训跟其他学校的校训真的不一样，至少在我们目前看到的兄弟学校的校训里，把"公"与"能"结合在一起，是几乎没有的。中国古代典籍里与"公能"意思相近的，是"德才"、"贤能"，是与治国理政联系在一起的。而南开校训是站在教育的高度，把"公能"确立为育人的目标，这一点是超越了古人的。

因此，南开校训首要的一个特点，是它具有原创性。刚才大家在发言中也提到，"允公允能"的"允"字有"既、又"的意思，也有表示实然的意思，即"允公允能"是既要具备"公"，又要具备"能"。从校训提出的过程来看，应该是先有"公能"二字，后有"允公允能"的四字表达。张伯苓在《四十年南开学校之回顾》中讲，"本校成立之初，即取'公能'二义作为校训"。还有一种说法，1933年张伯苓在一次讲话中说，去年我修改了南开的教育宗旨，改成了"公能"两个字。这些都表明"公能"二字是出现在1934年正式颁定"允公允能"四字校训之前的。所以我觉得，是先有"公能"两个字，后有"允公允能"这种表达。至于为什么用"允公允能"这个句式，而不用"亦公亦能"、"尚公尚能"或别的什么句式？我觉得，更重要的不在于它的句式，而在于其内容的原创性。从校训的内容来讲，它特别注重社会性，把"公"字放在了第一位，按照张伯苓老校长讲的，"'公'字最最要紧，公是最高的道德"。古代讲"公"往往是从修身的角度来讲，比较注重个人修养，而张伯苓讲的"公"，是"大公"，不是本位主义的小公。什么是"大公"？就是天下兴亡！而他讲的"能"，更是"要建设现代化国家，要有现代化的科学才能"，这些都超越了古人。

为什么能够超越古人？如果说"公能"教育思想是在20世纪20年代形成的话，这个时期的中国，已经爆发了辛亥革命，推翻了封建帝制，已经有了五四新文化运动，各种新的思想在社会上广为传播。这些都对严修、张伯苓等南开的创办者们产生了重要影响。

2011年我到南开大学工作以后，在准备第一次在开学典礼上的讲话时，特别费工夫。我想，一定要讲"公能"校训，但讲起来有两种讲法，一种讲法是用张伯苓的原话，另一种讲法是在张伯苓原话的基础上加一点现代语言。最后我选择了第二种讲法。为什么呢？我们说实现中华民族伟大复兴的中国梦是贯穿整个170多年历史的，但张伯苓他们所处时代是民族危亡的时代，而我们现在则处在民族振兴的时代，这个差异折射出时代的巨大变化。张伯苓对"公能"校训的阐释，尽管非常独到，很有前瞻性，但是，是不是要结合一点我们这个时代的教育实践呢？我们力求本着张伯苓提出"公能"校训时的原意，做一点新的阐释：首先是"为公"，张伯苓多次阐释，公是有指向性的，是为公为国；再一个是"奉公"，就是操守、践行，承诺了却做不到就是一种欺骗。有些贪官几天前还在台上讲反腐，过两天自己就被"双规"了，这样的事在今天如此之多，实在是令人痛心的现象，他们只是空讲理论，而没有把它作为一种操守，更没有去践行。刚才陈鑫老师在发言中讲到了梁启超的《论公德》，当年是有一段关于公德和私德的争论。梁先生后来思想上有些转变，他也开始强调公德，反对片面讲私德，主张公德与私德并重。梁启超先生的思想转变，使我们也深受启发，这就是，我们在讲为公、奉公、爱国、爱群的时候，也要强调一下自己的个人操守，就是张伯苓讲的，"一切对国家负责任，不做意气之争，不做个人之想"。这是为公的操守和襟怀问题，就是"不以物喜，不以己悲"，是中国传统文化里很重要的一部分。只有不以物喜，不以己悲，才能先天下之忧而忧，后天下之乐而乐。这是我的理解，就是"公能"校训注重"公"的社会性，强调"公"首先是志在国家、面向社会的一种理想，这是张伯苓对中国传统教育思想的重要超越。

南开校训的第二个特点，是它鲜明的实践性。这体现在，张伯苓提出的"能"，超越了古代"选贤任能"的"能"，是强调人的主动性、创造性、能动性的能，不完全是才能的能。"允公允能"的"能"，是知行统一的"能"，没有知识谈不上能，没有践行也是谈不上能的。

南开校训的第三个特点，是它的本体性，也就是它为什么能够与时俱进？党的十八大报告和《国家中长期教育改革和发展规划纲要（2010－2020年)》提出，要通过实施素质教育，培养学生的社会责任感、实践能力和创新精神。南开人的"公能"教育思想与此是相一致的，是与时俱进的。南开校训的内涵之所以能够与时俱进，在于它非常凝练、非常深刻地揭示了教育的本质。马克思主义认为，人区别于动物的根本之处，在于人的社会性，进而指出人的本质是各种社会关系的总和。而教育就是通过改造你的各种社会关系来改造你这个人，使你成为社会化的人。南开校训就是要以"公能"为目标来培养人、塑造人。

时代在发展，我们要很好地认识和理解我们的校训，自觉地在新的时代条件下践行"公能"校训，谱写南开"公能"教育新的篇章。今天上午在南开中学的纪念会上发言的时候，我说我们南开大学纪念南开学校创建110周年，最重要的就是要谱写新时代南开"公能"教育的新篇章。

二、如何做好校训的研究和阐释

我们刚才为在"深入理解和自觉践行'公能'校训"主题征文活动中获奖的老师和同学颁奖，主要是想借奖励这些论文的作者，来调动全校师生研究校训的积极性。对校训的研究，可以有不同的角度和方式。比如校训形成的研究，对我们理解校训的本意非常重要。再比如，研究如何对校训进行阐释，特别是在不同的时代条件下，怎样理解和阐释校训，使我们的校训常讲常新。

在对校训的形成发展的研究中，还有许多课题需要进一步做下去。我的一个感觉，就是张伯苓在提出"公能"校训时，试图指向育人最根本的东西，他特别强调办学是要育人，塑造学生的人格，所以他主张"公能"五项训练方针，除了痛矫时弊的考虑外，还一定在人的全面发展方面有所思考。他讲的所有这些，都是为办学而讲的，是要通过培养人才来改造社会、强盛国家，这一点值得我们深入研究。在校训的形成发展过程中，其他几个人也起了重要的作用，比如说严修的影响，张伯苓的胞弟张彭春的影响，还有喻传鉴先生的影响，等等。喻传鉴先生在接办蜀光中学后，对"公能"校训的阐释是非常精到的。他提出"尽心为公，努力增能"，这八个字是对南开校训非常重要的发展，而且是在张伯苓老校长在世的时候提出来的，是经过老校长认可的一个提法。所以说，我们研究校训的视野要宽广，上述这些人的影响，中国优秀传统文化的影响，近代西方教育思想的影响，南开教育实践的影响，都应当进入南开校训研究的视野。

在对校训的研究阐释方面，我认为有三篇文章是需要特别引起重视的。一篇是刚才提到的张伯苓的《四十年南开学校之回顾》，这是我见过的张伯苓写的最长的一篇文章。在这篇文章中，他比较系统地阐述了南开的校训。还有两位黄先生的文章要读。一篇是长期担任南开大学秘书长的黄钰生先生为《张伯苓教育言论选集》所写的长序。黄钰生先生作为张伯苓老校长几十年的助手和同道，他对张伯苓的了解和对其思想的理解都很深刻，特别是他在20世纪80年代的时候，在经历了无数世事变迁之后写的这篇长序，非常值得一读。还有一篇就是黄楠森先生的文章。黄楠森先生是四川自贡蜀光中学1942届校友，著名哲学家、北京大学哲学系教授，2013年1月以92岁高龄病逝。2007年时，他为纪念张伯苓接办蜀光中学70周年写了《公能——张伯苓教育思想的灵魂》一文。作为南开的校友和哲学家，他写的这篇文章非常值得研究，我看我们即将正式出版的论文集《南开"公能"校训与社会主义核心价值观》已经收录了这篇文章，很好。黄楠森先生在这篇文章指出，教育的很多重要的方面，张伯苓老校长都抓住了，他当时提出要"痛矫时弊"，直指当时中国社会"愚、弱、贫、散、私"这五病，非常有针对性。黄先生认为："以今天的眼光来看，公能实际是全面素质教育的最主要的两个方面，张伯苓的解释全面反映了素质教育的要求，是非常合理的。"我很赞同这一点。这三篇文章，对于深入开展校训的研究阐释工作，是很有指导意义的。

  此外，我们还要从对校训的研究阐释扩展到对"公能"教育的研究探索。南开历史上的"公能"教育为什么能够这样成功，培养出这么多人才，我们今天应该怎样做？比如刚才李营老师谈到的五项训练怎么传承和发展，"公能"校训如何践行，如何落地，如何使师生身体力行，而不能把"公能"当成一种简单、空洞的说教，变成华而不实的辞藻，否则就真的成为欺骗了。上次我跟新生们谈对"公能"教育的理解，有一个同学谈得特别好，他说要用一辈子、人生后60年来理解和践行校训。今天上午的纪念会上也是，有一个学生会的代表发言，讲一生都要践行"公能"校训。当时我的脑海里突然闪现出一句歌词——"一句话，一辈子"。于是，我就把这句歌词加到了今天上午我发言的结束语中。践行我们南开的校训"允公允能，日新月异"，就是"一句话，一辈子"。校训不是拿来说的，而是要去身体力行的，不能止于理解，更要化为行动，要把"允公允能"里"允"字的实然意思做出来而不是说出来，这些都是需要我们进一步去深入研究的。

  总之，我希望我们的校训、校史研究，要与南开目前实施的"公能"教育实践更好地结合起来。当年南开在确立校训的时候，就是针对当时的各种弊端的，我们今天还是要把它的现实针对性彰显出来，并按照实事求是的思想路线，认真研究我们今天的教育面临着什么样的问题，怎么去解决它、克服它，从而在教育改革发展的实践中贯彻我们的校训、发展我们的校训。

  我们南开人一起努力吧！

  谢谢大家！

（本文根据南开大学"公能"校训与社会主义核心价值观研讨会现场录音整理。）

附录：媒体相关报道

南开大学：允公允能 日新月异

主播：家有家风，校有校训。校训承载丰厚的价值内涵和文化底蕴，从今天开始，《新闻联播》推出"校训是什么"系列报道，介绍一批知名大学的校训以及校训背后的故事。今天讲述的是南开大学的校训故事。

主播：校训是一所学校办学理念和价值追求的凝练表达，既沉淀着长期形成的校风、教风和学风，又标注着鲜明的时代气质。有人统计了我国100多所名校的校训发现，"学"、"德"、"实"、"行"等字是最常被提及的校训关键字。校训传递的价值理念与社会主义核心价值观高度契合，挖掘校训的价值内涵和文化底蕴，正是新时期践行社会主义核心价值观的重要方面。从今天开始，《新闻联播》推出"校训是什么"系列报道，介绍一批知名大学的校训以及校训背后的故事。首先来看看南开大学的校训——"允公允能，日新月异"。

旁白：南开大学的思源堂，这是当年经历日寇炮火而保留至今的唯一老建筑，门廊上方，校训简朴而肃穆。

同期声（南开大学校史研究室主任张健在思源堂向学生宣讲校史）：左边是"允公允能"，右边是"日新月异"。南开学校以"公能"为校训，目的是培养学生"爱国爱群之公德"、"服务社会之能力"。

旁白：这是南开首任校长张伯苓的手书。出身水师学堂的他经历了甲午屈辱而励志教育救国，先后创办了南开中学、南开大学等学校。1934年，"允公允能，日新月异"正式立为共同校训。

南开大学校长龚克：当时这批中国的学校里面，公立的、私立的、教会的都算上，在我的了解范围里，把这个"公"，如此鲜明地写在旗帜上，不敢说绝无仅有吧，也是非常罕见的。

旁白：与当时多数大学西式的书本教育不同，南开重视发展社会亟须的实用学科，让学生走出洋学堂，开展乡土实践。早在80多年前，南开已经开始校企合作，帮助民族化工企业自主建厂，打破日货垄断。在民族危亡关头，南开师生也敢于挺身而出。这组老照片拍摄于1934年的华北运动会。当时日军已步步近逼华北，面对趾高气扬的日本代表，南开学生用身躯和旗帜组成了这四个大字。

南开大学校史研究顾问崔国良：唰一声，整个的"毋"字出来了；然后再一举旗，"忘"又出来了；再一举旗"国"又出来了；再一举旗，"耻"出来了。这么一弄，震惊了整个的大会会场啊。

旁白：日本代表恼羞成怒中途退场。三年后，"七七事变"爆发，日军公然把南开作为攻击目标，连续三天进行炮击、纵火和飞机轰炸。校园被毁后，南开师生千里南迁，与清华、北大共组西南联合大学，携手坚持办学，为国家培养人才。在这座西南联大纪念碑上，铭刻着一个个这样的名字。

龚克：他不是把他最有名的校友，最突出的某一个学术成果，放在这个纪念碑上，而是把这些从军的校友，其中相当一部分学生没有在联大完成学业，没有拿到联大的文凭去从军了，把他们给记下来了，你想这是什么价值观，我觉得是我们今天始终要给传承下来的价值观。

旁白：20世纪50年代，南开大学杨石先校长带动一批学术骨干，放弃自己的专业，承担国家急需的农药攻关任务。改革开放后，数学大师陈省身先生不但自己回到南开，还多次写信召集弟子归国效力。在南开，我们还结识了这样一位普通校友——年近90的退休教师罗明锜，当年他也曾从军报国，现在是一名校史宣传志愿者。

同期声（89岁高龄的南开老校友罗明锜在校钟前向学生教唱当年南开啦啦队的啦啦词）：预备起——阿拉个磬阿拉个锵，阿拉个磬磬锵锵锵，嘶，嘭啪，嘶，嘭啪，南开！南开！……

旁白：当年在华北运动会上，南开师生就是用这段啦啦词来鼓舞士气，向侵略者抗争。现在，罗明锜在南开大学、南开中学都有一批粉丝。不说别的，90高龄还能坚持游泳就让人钦佩不已。罗老说，南开所讲的"能"不是死读书，当年在学校里，体育、话剧、野营、手工，各种活动丰富多彩，而南开所讲的"公"，首先要在一点一滴中承担责任。

罗明锜：你比如说中国式过马路，报纸上也登过，我就跟学生交流，爱国不是空口号，首先是遵纪守法。我只要是红灯一停，你们都走我也不走。我的学生现在也能做到了。

旁白：到过罗老家的同学都知道他的一个习惯，每天都要把单元楼梯打扫干净。在罗老的众多粉丝里，有一位四川小老乡郭鑫。从老人那里，他感受最深的是"责任"二字，而他自己，也已经在服务农民增收的社会实践中起步创业。

南开大学周恩来政府管理学院政治学系2011级本科生郭鑫：我当时学的学科是政治学，在很多人看来是很理论的学科。我们可不可以把这样一个社会科学的方法，用于解决社会问题，特别是南开这种传统，知中国、服务中国的传统，确实对我的影响比较深刻。

旁白：百年南开，"允公允能"的精神不断传承弘扬。新学期来临，校园又将迎新，在南开大学刚刚发出的录取通知书里，有一个坚持多年的特殊要求——希望同学们在开学前做一份义工，而这将作为他们走进南开的第一份作业。

（根据 2014 年 8 月 9 日中央电视台《新闻联播》的专题报道整理。）

南开大学：允公允能 日新月异

主播：有人说大学有三宝，那就是校园、校友，还有校训。咱们国家两千多所大专院校，绝大多数都有自己的校训。其实这些校训也是千姿百态，有的校训很厚重，文化味道十足，比如，像清华大学的"自强不息，厚德载物"，复旦大学的"博学而笃志，切问而近思"；而有的校训很大白话但也很有个性，比如，哈工大的校训"规格严格，功夫到家"，国家会计学院的"不做假账"，非常实在，相当直接。那么，大学校训的个性来自哪里呢？同为大学的三宝，校训又能给校园和校友带来什么呢？从今天起，新闻频道将会推出特别报道"校训是什么"，带您走进一批大学，看一看校训背后的故事。

主播：今天我们要去的是天津的南开大学。这所大学从诞生那天起就以救国、报国为立校之本，它的校训是"允公允能，日新月异"，可以说凝聚了与国家荣辱、民族兴亡紧紧相连的发展脉络。

旁白：思源堂，这是南开大学校园里当年经历日寇炮火而保留至今的唯一一座老建筑，简朴的门廊上方铭刻着一所学校百年一贯的追求。

同期声（南开大学校史研究室主任张健在思源堂向学生宣讲校史）：左边是"允公允能"，右边是"日新月异"。南开学校以"公能"为校训，目的是培养学生"爱国爱群之公德"、"服务社会之能力"。

旁白：120 年前的甲午战争，水师学堂毕业生张伯苓亲历了割地赔款的屈辱，此后他寄托于教育救国，并奋斗一生。1904 年，南开中学始建，1919 年，南开大学成立，培养了以周恩来为代表的一批又一批有志青年。1934 年，"允公允能，日新月异"正式成为南开各个学校的共同校训。

南开大学校长龚克：张伯苓北洋海军学校出身，他立校的时候为的就是这个"公"，为的就是这个国。当时的这批中国的学校里面，公立的，私立的，教会的都算上，在我的了解范围里，把这个"公"如此鲜明地写在旗帜上，不敢说绝无仅有吧，也是非常罕见的。

旁白：有爱国之志，更要有报国之能。在这本 90 年前的校刊上，记录了南开学生对当时教育西化的反思和辩论，教材用欧美，上课讲英文，连做实验的蚯蚓都要进口，由此南开提出了"知中国，服务中国"的口号，也被张伯苓校长称为"土货化"运动。

南开大学校史研究顾问崔国良：他讲话都是大实话，所以呢，他说学生，我这个学生、毕业生是我培养的"货"，我要卖得出去人家要，我这个学校才好办，不能只是洋的，我要"土货化"。所以我培养出来的学生就要他能够针对中国的现实去做。

旁白：当时，多数大学都以英文、数学、天文、历史等学术课程为主流，南开却定下了"文以治国、理以强国、商以富国"的办学方向，要求学生社会实践，了解国情民情。上世纪20年代，南开率先推出国内物价、汇率、物流等经济研究指标，成为国际公认的"南开指数"。30年代，南开已经开始校企合作，为民族工业打破国外垄断提供有力支持。

中国科学院院士、南开大学教授申泮文：天津要建硫酸厂，找外国人来，外国人比如说要一百万，南开大学化工系说我五十万我给你干，结果给建成了硫酸厂，比五十万还少还省钱，自己建成了。

旁白：而此时民族危亡的阴云也日益笼罩，南开又成为了宣传救亡的主要阵地。这组老照片拍摄于1934年的华北运动会。当时日军已占领了东北，又步步逼近华北，正当日本代表在看台上趾高气扬的时候，南开师生用身躯和旗帜组成了"毋忘国耻"四个大字。

崔国良：唰一声，整个的"毋"字出来了；然后再一举旗，"忘"又出来了；再一举旗"国"又出来了；再一举旗，"耻"出来了。这么一弄，震惊了整个的大会会场啊。

旁白：面对这一幕，恼羞成怒的日本代表中途退场。三年后，"七七事变"爆发，日军对南开大学进行了连续三天的炮击、纵火和飞机轰炸，校园大部分建筑被毁。根据著名记者爱泼斯坦的记载，进攻前日军曾召开记者会，公然宣布把南开列为报复目标之一。

龚克：说你为什么要炸一个教育机构，因为那儿的人抗日。是这么炸的，他不是偷偷炸的，甚至也不是解释说是误炸了你，他就是要炸你，他恨之入骨了，但是当时炸了以后，张先生就提出来，炸的是南开的物质，毁不了南开的精神。

旁白：这是一本南开校友捐赠的相册，记录了毁校之后，南开师生千里跋涉，与清华、北大共同组成西南联合大学的艰辛历程。这张盖有张伯苓、梅贻琦、蒋梦麟三位教育大家印章的毕业证书，就是三校坚持办学、服务国家的珍贵见证。而今，在云南师范大学、北京大学、清华大学和南开大学都有一座同样的西南联大纪念碑，它的设计出自闻一多、冯友兰、罗庸三位大师之手。

龚克：我认为这个最绝的还不是这三个，最绝的就是背面的这个从军的名单。它不是把它最有名的校友、最突出的某一个学术成果放在这个纪念碑上，而是把这些从军的校友，这些从军的校友有老师有学生，其中相当一部分学生没有在联大完成学业，没有拿到联大的文凭去从军了，把他们给记下来了，你想这是什么价值观，这一点我觉得是我们今天始终要给传承下来的价值观。

旁白：从抗战救亡到和平建设，这样的价值观一直在传承。20世纪50年代，杨石先校长率先带头，带动一批青年骨干，放弃自己的专业，承担国家急需的农药攻关任务。改革开放后，一代数学大师陈省身先生不但自己回到南开，还多次写信召集弟子归国效力，一个世界级数学中心在中国建立，圆了他多年的梦想。

中国科学院外籍院士、南开大学教授陈省身（生前采访镜头）：从开始觉得要念数学之后，我觉得中国数学是有希望的，中国数学好的人很多，有这么大的一个民族，很大的一个成分可以念数学，可以搞起来。

旁白：不论声名成就如何，"允公允能"的校训在每一位南开校友身上都会留下印记。年近90的罗明锜老先生是一位普通的退休教师，当年他瞒着家里报名参加了中国远征军，而退休后他的愿望是在有生之年做一名校史宣传志愿者。

同期声（89岁高龄的南开老校友罗明锜在校钟前向学生教唱当年南开啦啦队的啦啦词）：预备起——阿拉个磬阿拉个锵，阿拉个磬磬锵锵锵，嘶，嘭啪，嘶，嘭啪，南开！南开！……

旁白：他教的这段啦啦词当年在华北运动会上，南开师生正是用它鼓舞士气，向侵略者抗争。现在罗明锜在南开大学、南开中学都有一批粉丝，不说别的，90岁高龄还能坚持游泳就令人钦佩不已。罗爷爷说南开所讲的"能"绝不是死读书，当年在学校里，话剧、野营、手工，各种活动丰富多彩，尤其是重视体育，老校长张伯苓讲过"强国必须强种，强种必须强身"。这些小册子都是罗明錡自己编印，每年送给新生的，上面记录着南开的老传统，比如说出入学校要照镜子，要求"面必净，发必理"。很多到过罗爷爷家的同学都知道他有一个习惯，每天都要把单元楼梯打扫干净，在他看来，"允公允能"更重要是在一点一滴中承担责任。

罗明锜：你比如说"中国式过马路"，报纸也登过，我就跟学生交流，爱国不是空口号，首先是遵纪守法，我是只要红灯一停，你们都走我也不走，我的学生现在也能做到了。

旁白：在罗爷爷的粉丝团里，有一名叫郭鑫的四川小老乡。刚进校的时候郭鑫就有创业的想法，和罗爷爷的接触对他最大的收获就是不要光有远大的目标，更要重视脚踏实地的细节。

南开大学周恩来政府管理学院政治学系 2011 级本科生郭鑫：他讲他在南开上学的时候很认真，南开有一面镜子，上面放着镜箴，就是出勤戴帽，处理细节一丝不苟，他讲到他写作文要用尺子比着写，一丝不苟地完成任务。我觉得在这个比较浮躁的社会中，这个的影响我觉得是很深刻的。

旁白：沉下心来的郭鑫在去农村一线的实践中发现碳排放交易可以作为农民造林增收的新增长点，由此也找到了社会需求和个人创业的结合点。如今，郭鑫刚刚"大三"就拥有了市值上亿的公司，还带动了几十个大学生创业项目，今年他荣获"五四"青年奖章提名奖。走过百年的南开正是经历过一代又一代的传承和弘扬，使得"允公允能，日新月异"的校训已经不仅仅是写在纸上，更是记在心里，践行一生。

同期声（南开大学校长龚克在 2014 年毕业典礼上寄语同学）：亲爱的同学们，"允公允能，日新月异"，这样的大学又岂是四年就可以修完的，这是毕生之道。同学们！同学们！快拿出力量，担负起天下的兴亡！

旁白：新学期到来，校园又将迎新，在南开大学发出的新生录取通知书上有一个已经坚持 9 年的特殊要求——希望同学们在开学前做一份义工，而这将作为他们走进南开的第一份作业。

（根据 2014 年 8 月 9 日中央电视台《朝闻天下》的专题报道整理。）

"校训是什么"引发社会强烈反响

主播：这几天本台新闻频道、新闻联播以及央视新媒体推出了"校训是什么"系列报道，聚焦了南开大学、中山大学、清华大学等10所大学的校训。这些校训既富有历史文化的内涵，又体现了时代精神，节目播出后引发了在校师生以及社会的强烈反响。

旁白："校训是什么"系列报道先后聚焦10所大学的校训，像南开大学"允公允能，日新月异"，清华大学"自强不息，厚德载物"，等等。这些校训既富有历史文化内涵，又体现出了时代精神，从学校的一砖一瓦、一草一木、校园文化、人才培养、精神传承等方面，通过校园探访、校友寻访，探索校训背后的故事，向社会传递爱国、敬业、求真、务实、自强不息等正能量。

旁白：节目播出后在网络上也引发了很多网友的转发与分享。网友"四川毛宇"留言：校训是什么？校训是校风教风学风的高度凝练，是一所学校的核心价值观，是学德实行升华的精神和气质。网友"海鱼儿66"留言：近期央视的特别策划"校训"非常好，是对学生很好的教育，通过不同的校史、校训回顾，提醒大学期间不仅要学知识，还要学做人、做贡献，对新生是非常好的入学教育，对老生是温故知新，尤其是在开学前，很有必要。这样的新闻有特色，有新意，点赞。网友"海纳百川"留言：近期央视正在播放中国名校校训，将各校的校训展示在大众面前，深感各所大学校训虽各有不同，但体现了学校不同特色，而通过对校史、校训的回顾，能让学生更加深刻地理解本校校训，将学校的精神实践在平常的生活、学习当中，对学生来说也是一种非常好的教育。

旁白：每所学校的校训都根植于传统文化，是一所学校精神血脉的凝练表达。它们所承载的历史文化内涵、传递的价值信念与时代精神高度契合。节目播出时正值毕业生刚刚离校、新生准备入校之际，校训、大学精神与大学个性在社会上特别是在学校师生中引发讨论，形成话题，成为传递核心价值观的生动载体。

受访者：校训体现的是一所大学的精神、大学的理念和大学的本质，这种本质体现为追求真理、探索真理。

受访者：只有老师把学生培养成超越他自己，直到他自己崇拜的时候，我们民族的兴旺、国家的发展才有希望。

受访者（南开大学学生辅导员王修彦）：在"公能"校训的指引下，我们思考问题的时候也会更多地从"大公"的角度去思考，从国家、社会当前的重要需求来思考我们人生的发展，来思考我们专业的选择，来思考我们将来从事的职业。

受访者（中国工程院院士、南开大学教授李正名）：我们教育里面，让每一个学生知道，我自己将来做事也好、工作也好，不能光考虑自己，要考虑整个社会、整个国家。在大学里应该鼓励学生勤奋学习，有一个专业，将来为社会服务有一个基础。

受访者（西南联大校友关英）：我们是在抗战时候上学的，生活非常苦，吃的叫"八宝饭"，里面有沙子、老鼠屎、秕子、小虫等东西，但当时老师很敬业，同学很勤奋，我们就是怀着抗战必胜，想着我们不是为自己而学习，我们要振兴中华、光复大地。

受访者：校训是规范一个学校师生言行的纲领性东西，从一所学校出来的人都一定带着它的烙印……

（根据2014年8月19日中央电视台《朝闻天下》的专题报道整理。）

南开：以天下为己任担当社会责任

主播：这几天高校陆续举行开学典礼，让毕了业的 80 后感慨，青春就是用来怀念的，因为在校园当中 90 后悄然成了主人。在他们身上，个性强、爱玩、叛逆，这些都可以有，但是不能没有的是心中那份为国为民的担当。面对终将成为接班人的 90 后，"担为民之责，做国之栋梁"也成为校长们在开学典礼上的谆谆告诫。

……

旁白：在一百年前的 1914 年 9 月，周恩来写下一篇《爱国必先合群论》，文中说："吾国民果欲占颜色于世界也则当爱国。"在南开大学的开学典礼上，校长龚克则引用校友周恩来学长的这篇文章，勉励学生要以天下为己任，自觉担当起社会的责任。

南开大学校长龚克在南开大学 2014 级新生开学典礼上讲话同期声："为中华崛起而读书"的精神激励着一代又一代的南开人，成为我们代代相承的"南开基因"。作为南开人，我们要培育自己爱国、敬业、诚信、友善的品行，将为公之志付诸行动，履行好自己的社会责任。

（根据 2014 年 9 月 21 日中央电视台《新闻直播间》"开学第一课·校长这么说"专题报道整理。）

用社会主义核心价值观统领高校建设

——访南开大学党委书记薛进文

《人民日报》记者 张 贺

中共中央办公厅近期印发《关于培育和践行社会主义核心价值观的意见》在社会各界引发强烈反响。高等院校作为重要思想文化阵地,在培育和践行社会主义核心价值观方面负有重要职责。近日,记者就相关问题采访了南开大学党委书记薛进文。

记者: 您认为,今天积极培育和践行社会主义核心价值观的意义与价值在哪里?

薛进文: 在改革开放全面深化、市场经济深入发展的背景下,如何有针对性地解决人们思想上的种种问题,如何摒弃社会道德领域的诸多不良风气,是一个有极强现实性又有高度理论性的重大时代课题。我认为,中央发布《意见》号召培育和践行社会主义核心价值观,就是对这一时代课题的铿锵回应和有力解答,具有重要的现实意义和深远的历史意义。《意见》既把握了世界范围思想文化交流交融交锋的新形势,又切中当今时代思想意识多元多样多变的新特点,在全党全国全社会树起了奋发向上的价值标杆,有利于壮大凝魂聚气的正能量,有利于增强崇德向善的主旋律,有利于提高人们的价值判断力和道德责任感。只要我们把《意见》贯彻好、落实好,紧紧围绕"三个倡导"做足文章、做大文章,努力使社会主义核心价值观融入每个中国人的生产生活和精神世界,就一定能使我们的国家、民族、人民在思想和精神上进一步强起来,从而巩固实现中华民族伟大复兴中国梦的思想基础。

记者:《意见》提出"把培育和践行社会主义核心价值观融入国民教育全过程",高校作为重要的思想文化阵地对此负有重要责任。您认为,如何在高校贯彻落实《意见》的要求?

薛进文：高等教育是国民教育体系的关键环节，高校在培育和践行社会主义核心价值观过程中，确实应当发挥特殊重要的作用。从坚持立德树人的角度看，高校必须"育人为本，德育为先"，必须把大学生的世界观人生观价值观问题解决好，用主流核心价值观武装头脑，让青年一代从理想信念上、思想道德上、行为方式上辨得清是非、经得起检验，成长为对国家、对人民、对社会有益的人。正如南开老校长张伯苓先生所言："研究学问，固然要紧，而熏陶人格，尤其是根本。"

从坚守思想阵地的角度看，高校不是远离社会的象牙塔，而是各种思想文化激烈碰撞的场所，是意识形态导向鲜明的阵地堡垒，社会发展的各种阶段性特征都会在高校校园有所体现，都会在高校师生的思想领域有所反映。只有用社会主义核心价值观引领师生员工，把"三个倡导"体现到教学科研和管理服务各环节，才能让有文化、有知识的高校群体坚定理想信念、保持良好情操，让高校思想文化阵地成为先进思想文化的创造者、引领者，进而在全社会发挥影响、示范和带动作用。

从坚定办学方向的角度看，我国高校应当牢牢把握社会主义办学方向，责无旁贷、理直气壮地弘扬国家主流意识形态。只有把社会主义核心价值观培育好、践行好，让国家的主流价值目标、价值取向和价值准则统领办学发展、支撑人才培养，才能充分彰显中国特色社会主义高校的鲜明特色，才能探索凝练出富有时代气息和深刻内涵的中国特色大学精神。

正是基于上述几方面的认识，我们南开大学把贯彻落实《意见》作为一项重要政治任务，多年来结合自身的办学传统与实践，自觉把社会主义核心价值观融入教育教学全过程，贯穿于学校改革发展各方面。一是用核心价值观引领人才培养，通过课堂教学、校园文化和社会实践三位一体的育人模式，从新生入学到毕业生离校每个环节都体现"三个倡导"要求，熏陶、涵养、滋润，加强思想政治教育，提高思想道德素质，全方位、全过程地培养德才兼备、允公允能的优秀人才。二是用核心价值观引领大学文化建设，把社会主义核心价值观与南开教育理念凝练、大学精神培育、校园文化建设有机融合，通过开展丰富多彩的校园文化活动和形式多样的主题宣传教育活动，营造爱国敬业、创新乐群的浓厚氛围，使社会主义核心价值观的培育践行生动具体，富有针对性和实效性。三是用核心价值观引领学校党的建设，通过开展创最佳党日活动、实施固本强基工程、抓实党风廉政建设等系列措施，在党员发展、教育、管理和发挥先锋模范作用，基层党组织学习、服务、创新和发挥战斗堡垒作用等方面充分体现和贯穿社会主义核心价值观的要求，使核心价值观融入党建、促进党建。

记者：您认为，如何才能增强青年学子对社会主义核心价值观的理解与认识？

薛进文：当代青年学生多是"90后"，独生子女占很大比例，他们成长在改革开放和我国经济发展很好的时期，面对的是比过去更加复杂多变的社会环境，需要应对未来各种意想不到的挑战，承担起建设国家、服务社会的重任。这就要求他们必须全方位提高自身素质和能力，特别是应当具有正确的是非观、价值观，培育践行社会主义核心价值观就是要解决这个问题。但是，这一代青年人本身又有许多值得关注和引导之处，比如他们作为一个整体，在思维方式、价值判断、生活习惯、语言表达、个性追求等诸多问题上就颇有新特点。因此，必须创新方式方法，注重实效真效，潜移默化地让他们对社会主义核心价值观多一些亲和与认同。要紧密联系他们的日常学习生活开展"三个倡导"活动，让核心价值观扎根于现实生活、贴近时代特征，这样才能真正被广大青年学生所理解、所信服，逐渐转化为他们的内在信念和自觉行为。比如，南开大学近年来蓬勃开展"立公增能"辅学活动，把第一课堂和第二课堂统筹起来，依托微信、微博、校园BBS等新载体，以新颖亲切、学生爱听爱看、乐于参与的方式，把核心价值观教育渗透到校园生活的方方面面，引导转化为学生的日常价值观和生活实践，进而植根于他们的思想意识深处。

记者：《意见》提出，培育和践行社会主义核心价值观需要建设一支师德高尚、业务精湛的高素质教师队伍。高校在这方面需要做哪些工作？您个人如何看待师德问题？

薛进文：师德是身为教师的根本，根本一坏，纵然你有一些学问和本领，也没有什么用处。高校教师在培育践行社会主义核心价值观上应当示范引领，应当成为道德品行的楷模榜样，对学生而言是这样，对国家、社会而言更是这样。因为老师们的思想政治素质、职业道德水平和践行社会主义核心价值观的状况，直接关系到学校的德育水平，关系到高等教育的整体质量。说到当前高校的师德师风，我认为总体是好的，大多数老师都认同社会主义核心价值观，热爱教书育人，关心关爱学生。当然，也有少数教师政治信仰迷茫、理想信念模糊、职业情感与职业道德淡化、学术行为不端，个别教师言行失范、不能为人师表。因此，高校进一步探索师德建设的长效机制和违反师德行为的有效处理办法，引导老师们不但要坚守品德、政治、法律的底线，而且要担当社会主义核心价值观的践行表率。

以南开大学为例，我们近年来出台了加强和改进师德建设的意见，修订完善了教师职业道德规范、教师职业道德考核细则，制订了教师素质提升和职业发展计划，明确把思想政治素质和道德修养作为教师资格认定、聘用、培训的重要内容，把师德表现作为教师绩效考核、职称评聘和评优奖励的首要依据，实行一票否决。同时，建立专项评优机制，每年组织评选"良师益友""师德标兵"，大力表彰宣传公能兼济、敬业育人的先进教师典型，用鲜活生动的真人真事感召师生员工，在全校形成了践行核心价值观、弘扬高尚师德的浓厚氛围。

（本专访刊载于《人民日报》2014年1月20日第6版。）

校训承载中华民族核心价值观

《光明日报》评论员

今年4月起，本报推出《校训的故事》栏目，寻访一批知名大学和部分历史悠久的中小学校训背后的故事，揭示各校校训的价值内涵和精神气质，探讨校训与社会主义核心价值观之间的密切联系，引起社会各界强烈反响。7月28日，由中宣部、教育部和本报联合主办的"大学校训传播社会主义核心价值观"研讨会在清华大学举行。会议一致认为，校训是中国精神文化和价值取向的一个缩影，要把弘扬校训精神同培育和践行社会主义核心价值观结合起来，使校训所蕴含的中华优秀传统文化、时代精神、价值理念成为涵养社会主义核心价值观的重要源泉。

《说文》中说："训，说教也。"所谓校训，即学校告诫学生应遵守的原则性准则。校训是一所学校办学育人理念的集中表述，是对学校所坚持的核心价值观的凝练和浓缩，也与该学校所属国家民族、所处时代及所在社会紧密相连。

我们的校训与社会主义核心价值观一道，首先根植于深厚的传统文化，承接着中华优秀传统文化的真脉。无论是直接援引古训的清华大学校训"自强不息，厚德载物"，复旦大学校训"博学而笃志，切问而近思"，还是运用语体文加以改造的浙江大学校训"务求实学，存是去非"，南通大学校训"祈通中西，力求精进"，大多数优秀校训都从传统中走来，经历了时间的大浪淘沙，拥有丰富的历史底蕴和文化内涵。其经典性和普遍意义，可以说其来有自。

优秀的校训，不仅仅是传承，它们承接传统，又赋予其新的时代内涵，甚至参与和推动着时代精神的塑造。蔡元培就任北京大学校长后，提出"思想自由、兼容并包"的治校育才原则，成为推动新文化运动和五四运动，掀起中国新一轮思想解放的重要推手。张伯苓总结出南开大学"允公允能，日新月异"的校训，高扬"公能"旗帜，将学校与家国天下紧密联系在一起，推进了传统士大夫精神和现代知识分子精神之间的创造性转化。

既返本，又开新，这是近现代以来的校训，源源不绝地为民族培育人才，又丰富了中华民族价值观的真正原因。

社会主义核心价值观，其目的和根本是立德树人，校训亦是如此。人既是校训的逻辑对象，更是校训的价值主体。任何校训，都必须着眼于人性的培养与人的自由发展。中国古代最著名的校训《白鹿洞书院揭示》，分为"五教之目""为学之序""修身之要""处事之要""接物之要"，无一不着眼于人、围绕人的成长。

以人为本——只有关注做人育人，才能承载起我们中华民族最重要的核心价值观。

（本文刊登于《光明日报》2014年7月29日第2版。）

校训是传播滋养核心价值观好载体

《光明日报》记者　甄　澄　靳晓燕

"校训是中国精神文化和价值取向的一个缩影,是社会主义核心价值观的重要组成部分。"由中宣部、教育部、光明日报联合主办,清华大学承办的"大学校训传播社会主义核心价值观"研讨会28日在清华大学举行。来自中宣部、教育部以及20所高校的有关负责人,围绕以校训为载体传播和滋养社会主义核心价值观进行深入研讨。中宣部副部长王世明,教育部党组副书记、副部长杜玉波,光明日报总编辑何东平出席会议。会议由杜玉波主持。

杜玉波指出,培育和践行社会主义核心价值观是教育系统落实立德树人根本任务的一件大事。各高校要加强研究,紧紧围绕培育和践行社会主义核心价值观,深入挖掘大学校训的精神内涵、价值底蕴,深入探索校训与社会主义核心价值观的契合点,把弘扬校训精神同培育和践行社会主义核心价值观结合起来,使校训所蕴含的中华优秀传统文化、时代精神、价值理念成为涵养社会主义核心价值观的重要源泉。要丰富载体,充分发挥校训、校徽、校歌的思想引领、文化传承功能,不断强化博物馆、校史馆、图书馆、档案馆、展览馆、纪念馆、美术馆等的育人功能,把大学的办学优势转化为先进文化传播的优势,把校内故居旧址、历史遗迹、文化遗产、景观景点和校史、院史、学科史、人物史等丰富的教育资源,转化为传播社会主义核心价值观的强大力量。

何东平在致辞中指出,校训不仅展现了学校精神,也从不同角度阐释着社会主义核心价值观的内涵。当前,在学校这样一个培养和传播公民价值观的重要阵地,校训正通过涵养社会主义核心价值观不断释放着正能量。校训中传递的理想信念,与中华民族的优秀传统文化与时代精神有着高度契合。光明日报将在创新和深化社会主义核心价值观宣传实践中挖掘更多像"校训的故事"这样生动理想的载体,从而取得更好的宣传和教育效果。

研讨会上,清华大学、中国人民大学、北京师范大学、北京理工大学、北京交通大学、天津大学、吉林大学、哈尔滨工业大学、厦门大学、中山大学、上海理工大学、同济大学、复旦大学、上海交通大学、南京大学、浙江大学、山东大学、武汉大学、南开大学、湖南大学(以发言先后为序)等 20 所高校的代表围绕各自学校校训的精神内涵与社会主义核心价值观的内在联系，通过校训传播社会主义核心价值观的经验和成效等方面进行了深入交流和研讨。

光明日报自今年 4 月 25 日起推出了《校训的故事》专栏，寻访报道一批知名学校校训背后的故事，通过讲述校训的由来、传承和发展，从历史与现实两个维度弘扬其所蕴含的精神和文化。截至 7 月 28 日，已刊发 26 所知名学府的"校训故事"，故事中的人和事引起了师生的共鸣。

（本文刊登于《光明日报》2014 年 7 月 29 日第 1 版。）

为"校训的故事"点赞

——"大学校训传播社会主义核心价值观"研讨会综述

《光明日报》记者 靳晓燕 甄 澄

踏进向往已久的大学校园，学子们最先注意到的，往往是刻于石碑之上、悬挂于礼堂中央的训诫——校训。

"知行""实事求是""同舟共济""求是创新""自强、弘毅、求是、拓新""自强不息，厚德载物"……或质朴，或简约，或凝重，看一眼，就再也无法忘记。

光明日报从4月25日起推出了《校训的故事》专栏，寻访报道一批知名大学"校训"背后的故事，通过讲述"校训"的由来、传承和发展，从历史与现实两个维度弘扬其所蕴含的精神和文化。截至7月28日，专栏已刊发25所知名学府的"校训故事"，故事中的人和事引起了高校师生的共鸣，使校训进一步成为引领和激励师生奋进的正能量。

"应当为光明日报推出的《校训的故事》点赞！"在由中宣部、教育部和光明日报28日举行的"大学校训传播社会主义核心价值观"研讨会上，中山大学党委副书记李萍表示。

校训，让校园故事叠加一份厚重

清华大学的自强不息、厚德载物，南开大学的允公允能，浙江大学的求是精神，南京大学的诚朴雄伟……校训传达的是一种大学精神，也正是这种精神成就了中国教育史上最炫目的一页，无形与有形，精神与学术，信仰与遐想，执着与从容完美地重叠在一起。

"校训不应该是几句简单而刻板的文字，而是由许多生动感人的故事组成。"武汉大学党委宣传部部长胡勇华深有感触。

"它主要体现在两方面，一是校训表达的最初典故，二是不同时期的师生在校训引导下的生动实践。"同济大学党委常委、组织部长徐建平直言。

"20世纪50年代初，双眼已经完全失明的陈寅恪先生，仍然坚持为中山大学历史系开课。无法自己书写，便用口述的方式，逐字逐句请助手记录，历经十余年，最终在75岁之际完成了皇皇巨著——《柳如是别传》。以如此坚韧的方式笃行学术理想的诸多学人，正是中山大学的风骨和灵魂。"中山大学党委副书记李萍动情地说。

"爱国荣校，这四个字带给我们的是沉甸甸的分量。交大110多年的历程中，无数校友用他们的一生诠释着这四个字。蔡锷打响了反袁的第一枪，茅以升设计了由中国人造的第一座大桥，钱学森冲破重重阻力回国开辟了'两弹一星'历史新纪元。一生以国家为重，公而忘私；以科学为重，不计得失，研学至深，成就斐然。这就是交大人对'爱国荣校'最高境界的人生诠释。"上海交通大学党委宣传部部长胡昊表示。

校训，正是一所大学的"育人之纲"与"精神之气"，是师生的"价值尺度"与"精神导向"。

历史"基因"：外化于形，内化于心

校训墙、校训石、以校训命名的楼宇、路名，这些与校训精神相互交融，不仅仅是一种追寻与回忆，还是呼唤，是传承，是发扬，更是学子们共同的精神旨归。

在复旦大学，校训固化为学校重要的文化符号。复旦大学党委宣传部部长萧思健告诉人们，学校已将复旦中文版校徽进行了徽标注册；把校训正式写入2014年《复旦大学章程》和《学生手册》《教师手册》，人手一份；新生入学通知书上将校训印在最醒目的地方，让新生能在第一时间了解和感悟校训精神；将校训纳入学校视觉 VI 系统，作为名片、ppt、展板等模板的要素。

南开大学党委宣传部副部长张健表示："老校长张伯苓指出：'允公，是大公，而不是什么小公，小公只不过是本位主义而已'；'允能者，是要做到最能，要建设现代化国家，要有现代化的科学才能'；'日新月异'则是'每个人不但要能接受新事物，而且还要能成为新事物的创造者；不但要赶上新时代，而且还要能走在时代的前列'。这个解读在今天看来也是非常具有现实意义的，如果把'公'理解为在国家层面不断追求富强、民主、文明、和谐，在社会层面不断追求自由、平等、公正、法治，把'能'理解为在个人层面涵养爱国、敬业、诚信、友善的品德，培养报效国家、服务社会的能力，'公能'校训便可谓社会主义核心价值观的'南开表达'。"

庄重的毕业典礼，会让每个中大毕业生都铭记一辈子。从2007年开始，中山大学将诵读孙中山所做的毕业训词加入到仪式中。毕业训词与校训精神一脉相承——"学海汪洋，毓仁作圣。大学毕业，此其发轫。植基既固，建业立名。登峰造极，有志竟成。为社会福，为邦家光。勖哉诸君，努力自强。"

毕业季，邀请杰出校友出席毕业典礼，与毕业生分享他们"笃行"校训，感恩社会，服务国家与人类的实践与体验。正如中大图书馆馆长程焕文教授所言：无论是"校训"，"祖训"还是"家训"，他们都是长辈对于晚辈的深切希望和谆谆教诲。

践行：让校训深入学生灵魂深处

"一所大学的校训不是凭空产生的,是在学校的历史中逐步积淀和凝练的。"中国人民大学校长助理郑水泉娓娓道来，校训是核心价值观在高校日常化、具体化、形象化的直观表现，是核心价值观落小、落细、落实的重要载体。

在上海理工大学党委书记沈炜看来："对大学校训中蕴含精神的解读与丰富，是培育高校青年学子树立社会主义核心价值观的重要抓手。"

在北京师范大学，搭建了志愿服务、心理健康、书香校园、学术科研等交叉纵横的校园文化复合体系，使得广大师生真正以校训精神为鞭策，养成了良好的学风、校风以及优质的校园文化环境。

在南开大学，学校把实施"公能"素质教育确定为办学基本战略，提出要推动实现"三个转变"：在办学观念上，从"学科为本"转变为"学生为本"；在教育内容上，从"传授知识"转变为"发展素质"；在培养模式上，从"以教为主"转变为"以学为主、教学相长"。

在天津大学，每年开展的"校史演绎大赛"，设立以学校历史人物命名的"宣怀班""含英班""天麟班"等高层次人才培养平台，面向社会举办"海棠季"校园文化展示活动；开展"天大故事"的征集活动，支持开展院系史挖掘整理工作，让高校成为社会主义核心价值观的传播者、弘扬者。

在武汉大学，把校训融入《武汉大学校歌》《武汉大学师德铭》、录取通知书、武汉大学主页等文化品牌之中。学校还通过大型校园话剧《西望乐山》的公演，让大学校训精神有效传播到社会，为社会提供有益的精神滋养。

清华大学副校长邱勇表示，要进一步探索大学校训与社会主义核心价值观的契合点，加强校史、校情教育，开展丰富多彩的校园文化活动，不断赋予校训精神新的时代元素，让广大师生对校训精神内涵有更加清晰的认识，进而增强大家对社会主义核心价值观的认同感，自觉做社会主义核心价值观的践行者、传播者。

（本文刊登于《光明日报》2014年7月29日第6版。）

"公能校训"的"济世情怀"

《光明日报》记者　陈建强

"'允公允能，日新月异'，在我眼里这是全国高校最好的校训之一。"2011年初，甫任南开大学校长的龚克在该校举办的"国策论坛"上这样说。

这句话如果从一位"老南开"口中说出来，难免有"敝帚自珍"之嫌。但对于在清华大学工作多年，又曾做过天津大学"掌门人"的他来说，对南开校训如此评价，应是出自对"公能校训"深刻内涵的体认与服膺。

1934年，当张伯苓先生在南开学校创办30周年校庆纪念会上，宣布将"允公允能，日新月异"作为南开校训的时候，心中一定有着无尽的感慨。筚路蓝缕，以启山林，完全靠自筹款项建立起中国第一所私立大学，寄托着创办者多么炽热的"济世情怀"。

身高1.83米的张伯苓，外表更像一介武夫。事实上，他也确实是从北洋水师兵舰上走下来的伟大教育家。1889年，"以身许国"的张伯苓考入北洋水师学堂时，压根儿没想到一场甲午海战竟让声名赫赫的北洋海军损失殆尽。在其后帝国主义瓜分中国的狂潮中，张伯苓又目睹了威海卫"一日三易帜"的丧权辱国之场面，锥心于国之不昌，乃决意创办新教育。

南开初创，被张伯苓称作"校父"的严修即提出了"尚公""尚能"的主张，并在办学过程中一直践行"公能"二义。后来张伯苓化《诗经·鲁颂》中"允文允武"为"允公允能"，自《礼记·大学》中"苟日新，日日新，又日新"提炼出"日新月异"，组合而成南开校训。为士林景仰的张伯苓并非鸿学大儒，翻检《张伯苓教育言论选集》会发现，所辑篇什多为不同场合的讲演词，而每次演讲都不脱"公能"二义。他大概不会想到，他操着一口纯正的天津话所阐述的办学理念，犹如一座灯塔指引着南开大学近百年的发展路途，烛照着一代又一代南开人的成长。

时至今日，见证了南开大学跋涉途中每一个脚印的申泮文院士，虽已年近百岁，仍随时随地向学生讲解"公能校训"的要义——"爱国爱群之公德，与服务社会之能力"。他亲手制作的校史幻灯片，他开设的教育博客，已成为南开大学爱国主义教育的活教材。在他的讲述中，每一位南开新生都能领悟到：一部南开校史，就是一部优秀知识分子赤诚报国、拼搏奋斗的历史。

南开大学创立后本着"文以治国，理以强国，商以富国"的办学理念，设立了文、理、商三科。彼时，南开大学付给教授的薪酬，比起国立高校要寒碜许多。然而"教育救国"旗帜初张，仅数年时间，南开园内即群贤毕至、冠盖云集。全校教师中80%是从美国留学归来的青年才俊，其中获硕士、博士学位的就有28人。凌冰、梅光迪、司徒如坤、姜立夫、余文灿、邱宗岳、饶毓泰、钟心暄、薛桂伦、司徒月兰、徐谟、李济、竺可桢……这些青年学者，雄姿英发，挥斥方遒，学术思想活跃，使南开的学术水平直接与国际接轨。柳无忌先生1932年获耶鲁大学博士学位归国后，曾撰文道出来南开执教的心情："抵沪上父母亲家中时，南开的聘书已在等待着。那里已有好几位得到耶鲁博士学位的教授，如与我同时毕业的杨石先与张纯明，较前的还有何廉与方显庭。我参加他们的阵营，作为一支生力军，试为南开开拓一座新的园地。"

"公能校训"作为一种办学理念，既是对于教育本质的探幽发微，也是对教育方法的领悟与把握。南开办新教育，学洋但不崇洋。1928年春，张伯苓主持制定的《南开大学发展方案》，明确提出以"知中国、服务中国"为目标的"土货化"办学方针。他说："吾人所谓'土货化'，即以中国历史、中国社会为学术背景，以解决中国问题为教育目标。"南开大学经济研究所自创办之日起，即致力于分析探讨中国经济、社会发展中存在的实际问题，该所编制的"南开指数"享誉海内外；东北研究会组织师生实地考察，"搜集日本侵略中国之铁证"，撰写调查报告和专著，唤起国民和海外有识之士对东北问题的关注，成为当时最具影响的学术团体；化学研究所与范旭东、侯德榜的永利制碱厂合作，"以我之学识，易彼之经验"，开"校企合作"之先河……回顾校史，可以说，正是"土货化"改革，才使南开大学初步形成了自己的办学特色，成为与国立北大、清华并称的高等学府。

经过岁月的浸润与磨砺，"公能校训"已成为南开人的价值取向和精神品质。正如喻传鉴先生所言："'公能'二字为全校精神之所寄：先生之所施教，本此二字；学生之所努力，也本此二字。"于是，有了邱宗岳教授"一堂课换来一座楼"的传奇，有了周恩来"为中华之崛起而读书"的呐喊，有了陈省身"我最美好的年华在南开度过"的感慨，有了老舍和曹禺"知中国者必知南开"的那份骄傲……

也正是"公能校训"赋予南开人以巨大的精神力量,才有了南开园被日军炮火夷为平地后,那句铿锵有力的名句:"敌人所能毁者,南开之物质;敌人所不能毁者,南开之精神!"才有了南开与北大、清华辗转南迁,共组"西南联大",弦歌不辍,英才辈出,创造了中国乃至世界教育史上的奇迹,赢得了"学府北辰"的无上荣光。

南开是求实的,也是常新的。南开大学在全国高校中较早开始教育教学改革,以"人所少有,我所专长;人尚未及,我能先登"的胆识与魄力,率先创立了社会急需的金融、旅游等新兴人文社会学科和生物化学等自然科学学科;通过设立创新科研基金和实行"弹性学制"来鼓励学生参与科技创新。

南开人是沉静的,也是进取的。张伟平因在阿蒂亚—辛格指标理论方面的成就,被国际数学界誉为"该领域的领袖";龙以明在哈密顿系统领域的研究成果被誉为"该领域里程碑式的工作";陈瑞阳历经25年攻关,编写出世界上第一部植物基因组染色体图谱,被誉为"传世巨著"。

2011年底南开大学出台的《南开大学素质教育实施纲要》,被师生简称为"公能教育纲要"。它从提高人才培养质量入手,把"公"和"能"细化为对学生工作的具体要求,并形成一个全面、稳定的评价体系。"南开绝不能培养'精致的利己主义者',这也是南开校训在历史发展的新时期给我们的启示。"龚克如是说。

(本文刊登于《光明日报》2014年5月9日第6版。)

南开大学：允公允能 日新月异

《经济日报》记者 牛 瑾

在不大的南开园内，大中路尽头的化学楼的上端、新开湖东南侧校友捐建的石碑上、记录着历史沧桑的校钟面北的一侧，都可以看到相同的八个字——"允公允能，日新月异"。这是南开大学的校训，也是南开大学的"育人之纲"与"精神之气"。

早在南开初创之时，严修便提出了"尚公"、"尚能"的主张，并在办学过程中一直践行"公能"二义。1934年，在总结办学经验的基础上，老校长张伯苓化《诗经·鲁颂》中"允文允武"为"允公允能"作为南开校训。他明确表示，"允公"是大公，要发扬集体主义的爱国思想；"允能"是做到最能，要具备现代化的理论才能和实际工作能力。也就是说，南开的学生要同时具备爱国爱群之公德与服务社会之能力。

1944年，张伯苓在"允公允能"的后面又加上"日新月异"，要求"每个人不但要能接受新事物，而且还要能成为新事物的创造者；不但要赶上新时代，而且还要能走在时代的前列"，由此形成了南开大学的完整校训。

如今，创办于1919年的南开大学即将迎来95华诞。一代又一代南开人对于"允公允能，日新月异"校训的理解，也在传承中日渐深刻。

作为南开大学点滴发展的见证者，年近百岁的申泮文院士仍会向学生讲解"公能校训"的要义。他告诉学生，南开之魅力，在于"爱国主义教育环境出英才"。作为一名"日新月异"的南开人，他80岁开始学电脑，85岁凭借《化学元素周期系》多媒体教科书软件获国家级教学成果一等奖，90岁开设博客。他的博客主谈教育，已成为南开大学爱国主义教育的活教材。

"我还记得入学的第一课，就是听老师们讲解校训的含义。"在南开园取得学士学位、硕士学位和博士学位的刘堃，如今已是南开大学文学院的讲师，她也开始给自己的学生讲解"有'公'在心，有'能'在身"的意义。"我更希望他们从校训中理解到创新的重要性,不断提高创造能力。"刘堃说。

当然,除了传承,"公能校训"其中之味,还在于践行,在于将自身能力付诸改造社会、振兴民族的实践。

今年是研究生支教团对口服务阿勒泰地区二中的第11年,周恩来政府管理学院的聂际慈就曾经在那里与当地学生朝夕相处。"比起资金上的支持,西部地区发展更需要人才的支撑。虽然一年的时间很短,但能用自己的所学所感帮助孩子们开阔眼界,我本身也很有收获。"

南开大学校史研究室主任张健告诉《经济日报》记者,虽然"公能校训"自确立至今已有80年了,但现在看来仍具有现实意义。南开大学也会继续丰富其内涵,让"公能校训"成为社会主义核心价值观的"南开表达"。

(本文刊登于《经济日报》2014年8月11日第16版。)

"公能"基因在南开代代相承

马 超

今年是南开系列学校肇始 110 周年，也是南开大学开办 95 周年。南开的使命是培养"允公允能，日新月异"的人才。允公允能，就是以天下为己任，自觉担当起社会责任，杰出校友周恩来是每个人学习的榜样。

2014 年南开大学新生跨进校园后，一系列别具特色的新生入学教育扑面而来。从"清正端庄地做人、勤勉平和地行事"的"容止格言"，到"以天下为己任，自觉担当起社会责任"的"公能"教育，使新生一入学就从校史、校训及历史传统中汲取养分，注重德智体美全面发展，为日后成为名副其实的"南开人"奠定基础。

"南开基因"代代相承

在周邓纪念馆，周恩来总理的求学经历、如何走上革命道路及建国后为人民鞠躬尽瘁、死而后已的事迹，鲜明地体现在展馆的影像和图片中。在西花厅展区，学生们不仅感受到总理的无私付出，更体会到周总理和邓颖超之间的深情厚谊。这一对革命伴侣在追求崇高理想的道路上互相支持、彼此鼓励的历程，加深了学生们对这对并肩前进、患难与共的伴侣的崇敬。周恩来于 95 年前作为第一届学生进入南开大学，不久离开学校成为职业革命者，但他"为中华之崛起而读书"的精神激励着一代又一代的南开学子，成为代代相承的"南开基因"。

外国语学院 2014 级一位新生说："这是我第一次参观周邓纪念馆，给我很大的震撼，我们新一代南开人也应当把这种精神传承下去。我的专业是西班牙语，我会好好学习专业知识，为中国在国际舞台扮演越来越重要的角色贡献自己的绵薄之力。"

涵养"吾校学生之气质"

"面必净,发必理,衣必整,纽必结。头容正,肩容平,胸容宽,背容直。气象勿傲、勿暴、勿怠。颜色宜和、宜静、宜庄。"日前,在南开大学电子信息与光学工程学院的开学典礼上,200多名新生高声齐诵"容止格言"并行"鞠躬礼"以谢父母养育之恩,现场很多学生和家长感动得落泪。

容止格言作为南开的传统,建校之初由近代教育先驱、南开校父严范孙所立,老校长张伯苓特意将其镌刻在男女宿舍门廊的大镜处,要求南开学子形成"吾校学生之气质"。时至今日,"容止格言镜箴"依然挂在宿舍楼、教学楼以及实验室等多个建筑的大厅处,在每一间宿舍中也悬挂着,时刻提醒学生修身养性,彰显南开独特的文化底蕴和价值追求。

容止格言虽然不是规范学生行为的守则,既没有要求学生好好学习,也没有要求学生尊敬师长,甚至连遵守校规校纪都没提,但它却能引导学生养成向上的精神风貌和平和宽厚的处世态度,这将是学生受益一生的财富。

校史校训激发爱校情怀

在系列宣传教育活动中,南开大学原副校长王文俊应邀为2014级全体新生解读校史。他从南开历史沿革、办学历程与成就、杰出校友等方面向全体新生进行了详细介绍,带领新生一起感悟南开校史,体会南开精神内涵。在讲座中,王文俊为新生讲解了"允公允能,日新月异"校训的由来与内涵。"允公允能",指的是既有爱国爱群之公德,又有服务社会之能力;"日新月异"取意于《易经》"天行健,君子以自强不息"。南开校训言简意赅,历久弥新,具有独特性、唯一性和极强的生命力,经得起历史的检验,与党和国家的教育方针、培养目标相一致,与社会主义核心价值观相契合。

在校史教育方面,学校还开通了新生服务网,开辟校史专栏,新生在入学前就能通过线上浏览、微信互动对南开校史有初步的了解。在迎新现场,学校开展校史知识竞答活动,入学后还会通过校史讲座、校园校史参观等活动,让新生近距离了解南开的过去、现在和未来。举办校史讲座专场,请校史专家系统解读南开的发展历史和"公能"文化。通过"游校园知校史"参观校园活动,让新生领略南开的历史文化积淀,这种体验式教育增强了校史教育的互动性和趣味性,增强了教育的实效性。入学初,对新生进行集中教学、即时教育,提高校史知识传递的完整性。集中式教育结束后,还将开启长效教育模式,给每位新生配备包含校史知识的"口袋书",让学生随时随地翻看温习,巩固记忆,加深理解。

南开大学校长龚克在开学典礼上说:"我之所忧者一,是同学们能否发展成为人格健全、品德无瑕的人;我之所忧者二,是同学们能否摆脱'应试'束缚,真正实现为了人生价值而发展自身的素质,包括品行、心智、体魄、知识、能力、作风等;我之所忧者三,是同学们能否担当起自己的社会责任。每一个人都是社会的一员,每一个人的生命价值归根结底要看其对社会发展的贡献。今年是南开系列学校肇始110周年,也是南开大学开办95周年,南开的使命是培养'允公允能,日新月异'的人才。允公允能,就是以天下为己任,自觉担当起社会责任,杰出校友周恩来是每个人学习的榜样。"

(本文刊载于《中国教育报》2014年10月22日第12版。)

以高校学雷锋志愿服务活动涵养核心价值观

——南开大学党委书记薛进文在第十一届中国公民道德论坛上的发言

《光明日报》记者 靳晓燕 甄 澄

原编者按：2014 年 3 月 2 日，中共中央宣传部在京举办第十一届中国公民道德论坛。我校党委书记薛进文以"以高校学雷锋志愿服务活动涵养核心价值观"为题在论坛上发言。本报特全文转载。

培育和弘扬社会主义核心价值观，是凝魂聚气、强基固本的基础工程，也是高校义不容辞的光荣使命。多年来，南开大学结合自身的文化底蕴和校风特色，引导青年学生深入开展学雷锋志愿服务活动，以此涵养核心价值观，诠释核心价值观，取得了积极成效。

一、抓住高校育人根本，增强对岗位学雷锋和核心价值观的认知认同和自觉践行

南开着力找准雷锋精神、志愿服务精神与核心价值观的"公约数"，把深化学雷锋志愿服务与促进学生认知认同核心价值观紧密联系，努力做到立德树人、德育为先。一是岗位建功、示范带动。学校教职员工坚持在本职岗位上学雷锋，无论是资深教授、青年学者，还是机关干部、后勤职员，都结合自己所从事的工作，教书育人、管理育人、服务育人，用爱岗敬业、竭诚奉献、为人师表的实际行动为学生做出榜样，带动他们传承和弘扬雷锋精神、自觉践行核心价值观。二是主动作为、积极作为。学校各级党团组织发挥政治核心的凝聚引导作用，开通"南开好人网"、"南开觉悟网"，举办雷锋事迹图片展、志愿服务经验谈，加强中华传统美德教育，开展核心价值观引导，以崇德向善的浓厚氛围陶冶学生、感召学生。三是三位一体、环环相扣。坚持在课堂教学中宣讲雷锋精神，在校园文化中讴歌时代楷模，在社会实践中倡导奉献服务，使课堂教学、校园文化、社会实践各环节贯通衔接起来，全方位全过程地融入核心价值观教育。四是创新形式、生动活泼。积极探索富有时代气息的新平台、新载体，依托校园 BBS、微博、微信、社交网络等渠道，用学生熟悉、亲近的语言和方式，深入浅出、情理交融地传播雷锋精神、推崇志愿服务，使"三个倡导"扎根南开校园。

近些年来，从环渤海大地到西部乡村，从街道社区到田间地头，从抗震救灾前线到奥运会舞台，南开学雷锋志愿者的风采到处可见。如单骑深入可可西里、用青春热血保护藏羚羊的张海桥，放弃出国留学、自愿到云南临沧山区支教的张悦，都是南开学生自觉践行核心价值观的优秀代表。

二、打造南开志愿服务品牌，推动核心价值观的特色表达和人人实践

一所大学的历史传统和文化特色，总是承载表达着自身的价值追求。实践证明，社会主义核心价值观与南开近百年来秉持的"爱国爱群之公德与服务社会之能力"的价值追求是高度契合的。学校立足中华优秀传统文化，发扬自身优良传统，努力打造学雷锋志愿服务的活动品牌，探索核心价值观的南开表达。既让学生从南开校园文化中感悟雷锋精神和志愿服务精神、感悟核心价值观的实质，又让他们在学雷锋志愿服务中不断深化对南开传承、对核心价值观的理解。

我们发挥综合性大学的学科优势，通过整合利用南开人文资源，请文史大家宣讲古典、阐发美德，用中华优秀传统文化来怡情雅志、养心育行，为核心价值观教育提供丰厚滋养，增强了学雷锋志愿服务的文化支撑。通过充分挖掘学生的专业才能，倡导学以致用、学用相长，在志愿服务的专业化方面培育特色。作为全国唯一试点高校，承办了联合国"外出务工人员子女培训志愿服务试点项目"，100多名来自心理学、文学、数学等学科专业的志愿者，深入农民工子弟学校开展文化课业辅导，为学雷锋志愿服务注入了新活力。

我们注重完善学雷锋志愿服务体系，实施"注册志愿者制度"，通过"事业化推进、品牌化发展、项目化运作"，不断规范志愿服务行为，健全激励保障机制，建立了宣传动员、招募注册、教育培训、考核评价、激励表彰等一整套工作体系。成立学生志愿服务与社会实践中心，委派干部教师、聘请专家教授，指导学生开展活动，提高了志愿服务的参与度、覆盖面和能力水平。十多年来，累计2万多人次的南开学生向社会提供了超过600万小时的志愿服务，年人均服务时间达到160小时；南开大学青年志愿者协会在社区、街道、乡镇和中小学建立了190个志愿服务站，被评为"全国优秀志愿服务组织"。

三、立足点滴积累和长期坚持，让核心价值观具体鲜活、打动人心

核心价值观是生动、鲜活的实践；学雷锋志愿服务贵在常做、长效。学校坚持小处入手，激励学生从日常学习生活中发掘诚信友善、助人为乐的契机，用一个个学雷锋见行动的小事，点滴汇聚，奏响践行核心价值观的主旋律；同时大处着眼，把志愿服务作为实践育人的关键环节来抓，实现短期活动与长期开展的结合，让学生深切感悟核心价值观的真谛和要义。

一批又一批的南开志愿者，从身边小事做起、从一点一滴做起，以具象化、实效化的方式践行核心价值观。他们不仅仅是国家重要论坛活动、重大体育赛事上的引导员、小助手，更多的是社区中的义工、环保宣传员等普通角色。大家通过"让我和你一起劳动"、"敬老孝亲，爱感南开"、"给脑瘫儿童送祝福"、为"爱心超市"募捐、开展寒暑假"微公益"等一系列细微体贴的活动，在点滴小事、举手之劳中表达友善、传递真情。

从每年3月5日的学雷锋专题活动，到全年持续的志愿服务行动，丰富多彩的理论宣讲、普法教育、爱心襄助等公益活动始终风雨无阻，从未中断。南开学生志愿者为天津市嘉陵北里社区义务家教已坚持了10年，接受辅导的既有农民工子女，又有家庭经济困难的城市学生。这一届同学毕业了，新一届同学就接着干，类似的爱心接力故事在南开不胜枚举。从大学四年坚持照顾素不相识残疾人的邓健，到多次义务献血和捐献造血干细胞救助他人的邓朝晖，从持续11年走进新疆支教、被誉为阿勒泰地区一面旗帜的大学生支教团，到连续12年举办医学公益开放日活动的学生医疗队，一大批经得起时间磨砺的学雷锋志愿服务行动，在长久坚持中产生了感动人心的强大道德力量。

习近平总书记指出，"只要中华民族一代接着一代追求美好崇高的道德境界，我们的民族就永远充满希望"。这是对弘扬社会主义核心价值观的号召。南开大学将深入贯彻中央要求，以创新有效的措施深化学雷锋志愿服务活动，努力把培育和践行社会主义核心价值观的战略任务落实得更好。

（本文刊载于《南开大学报》2014年3月7日第1版。）

育"公能"品格担社会责任

——南开大学校长龚克在 2014 级新生开学典礼上的讲话

亲爱的同学们、老师们、朋友们：

今天，学校在这里为来自全国各地和世界上 44 个国家的 2014 级同学举行隆重的开学典礼，请允许我代表全校的师生员工和广大的校友，向 2014 级全体同学表示热烈的欢迎！

你们中间，有本科生、硕士生和博士生，有着不同的成长经历和环境。然而，今天的你们都汇聚在南开大学开启了人生的新征程。在这一刻，我们不能忘记曾经帮助大家成长的父母家人、老师同学及方方面面你们认识或不认识的人们。仅在你们入学的过程中，就有多少教师员工、学长同学为你们提供各种服务。你们今后的发展仍然离不开方方面面的帮助。让我们用掌声向他们表示由衷的感恩！

在这里，我作为校长，要代表全校的教师员工向同学们作出郑重的承诺：

——我们要尽心为公，恪守师德，把立德树人和学生的健康成长作为一切工作的出发点和落脚点，诚实为人，严谨为学，严格要求，为同学们德智体美全面发展助力；

——我们要努力增能，扎实工作，不断改进教学、科研和管理服务，为同学们开展探究式、实践性、创新型和国际化的学习与研究提供更好的条件，为同学们自主发展搭台；

——我们要同你们建立教学相长、平等合作的师生关系，和同学们一起光大南开的"公能"品格，弘扬南开的青春精神，坚持南开的爱国道路，践行我们南开人的社会责任，为同学们实现人生价值引路。

亲爱的 2014 级同学们，曾经的成就、荣耀或者遗憾都已经过去，今天我们要以从头做起的态度，冷静地思考一下，如何自觉地让今后几年的学习和研究，为实现自己人生的价值奠定坚实的基础，如何让自己真正成为"允公允能，日新月异"的南开人。

这里，我想坦率地谈谈我的忧虑和希望。

我之所忧者，一是同学们能否发展成为人格健全、品德无瑕的人。不久前，学校处分一位考试作弊的学生。我想这位同学之所以作弊是为了得到好的分数，可是做人最重要的是品行。分数不高可以再努力提高，但品行的污点将使人为之付出沉痛而长久的代价！我以为要做一个有人格的人，品德无瑕是"底线"，品德的基础是诚信。我们一定要诚信为人，诚信为学，珍惜自己的品德记录。南开容止格言讲"面必净、发必理、衣必整，纽必结……"共40个字。这是要求我们清正端庄地做人，勤勉平和地行事。

我之所忧者二，是同学们能否摆脱"应试"的束缚。有些同学在心愿墙上写道，"愿门门考试得优"、"愿保送名校研究生"，这使我担心同学们把上大学或读研究生当成了又一个应试的阶段。在大学确实要经历各种考试，但这些考试的主要目的是检验教与学的成效，是促进学习的手段而绝不能异化为学习的目的。我们上大学、读研究生，不应该是应付一次又一次的考试，而是为了实现人生价值而发展自身的素质，包括品行、心智、体德、知识、能力、作风等。对于任何一门课程，我们不仅要学会，而且要在学会的过程中达到会学，这才是自觉的学习者。切不可只盯着考试分数，否则可能拿到高分却虚度光阴。

我之所忧者三，是同学们能否担当起自己的社会责任。为什么要讲社会责任？因为我们是人。人，是一种具有社会性的动物。每一个人都是社会的一员，每一个人的生命价值归根到底要看其对社会发展的贡献。今年是南开系列学校肇始110周年，也是南开大学开办95周年，我们这所学校的使命是培养"允公允能，日新月异"的人才。允公，就是以天下为己任，自觉担当起社会责任，周恩来学长是我们学习的榜样。恰在100年前的1914年9月，周恩来写了一篇《爱国必先合群论》，文中说"吾国民果欲占颜色于世界也，则当爱国。欲爱国则必先合群，无分畛域，勿拘等级，孤寡者怜之，贫病者恤之，优者奖之，劣者教之。合人群而成良社会，聚良社会斯能成强国"。

从这里，我们看到青年周恩来是如何自觉地以爱国强国为使命，又是怎样将爱国家与爱人民联系起来。正是怀着对祖国和人民如此强烈的情感，周恩来在为祖国独立、人民幸福、世界和平的奋斗中成就了自己伟大的人生。周恩来于95年前作为第一届学生进入南开大学，不久离开学校成为职业革命者，但他为"中华之崛起而读书"的精神激励着一代又一代的南开学子，成为代代相承的"南开基因"。

今天，在地球上仍有大约12亿极端贫困人口，有26亿人不能享用改善的卫生设施，有近40亿人缺乏安全可靠的饮水，战争、冲突、恐怖袭击以及污染、疾病威胁着人类的生存，能源、资源和生态制约着人类的可持续发展。作为南开人，我们要有意愿、有勇气去改变这一切，担当起实现国家繁荣民主文明和谐、实现社会自由平等公正法治和实现世界和平稳定、人类持续发展的责任，并为此培育自己爱国敬业诚信友善的品行，这就叫"允公"。而"允能"，就是能将为公之志付之于行动，履行好自己的社会责任。

亲爱的同学们，我之所忧关系到为人的底线，关系到成长的转折，关系到人生价值的实现，而我之所希望者，就是你们将用行动证明，我的这些忧虑完全是多余的。你们将让世人看到，又一代有为公之志向、奉公之操守、大公之襟怀的，能学习、能合作、能吃苦的南开人正在日新月异地成长起来。

借此机会，对同学们讲讲心里话，与大家共勉。谢谢！

（本文系南开大学校长龚克2014年9月20日在2014级新生开学典礼上的讲话，刊载于《南开大学报》2014年10月10日第1版。）

做"公能"南开人

——南开大学举办新生入学教育系列活动

■ 龚克与新生谈"大学"话"学术"

本报讯（记者 辛文忠 实习记者 聂文斐）8月31日，一场专门为新生举办座谈会，让刚刚报到没多久的28名2014级本科生代表感到激动与兴奋。校长龚克，校党委副书记、副校长杨克欣，副校长朱光磊，党委学工部、校团委、教务处有关负责人及高年级学生代表与他们共同展望未来大学生活图景。

"我是体育特长生，希望学校能开展涉及更多人的体育运动"，"我要用4年甚至更长的时间真正学到校训中的精神"，"我的专业是化学，我想学成后为农村、为家乡服务"，……座谈会上，新生纷纷发言，抒发来到南开的第一感受，讲述对"公能"校训的初步理解，提出对学校的首个期待，畅想今后的美好人生。

"你的建议很好，希望你能够带领更多同学，找到适合自己的锻炼方法"，"大学4年，是为今后40年的职业生涯打基础"，"要养成好的生活习惯，要有高一些的情商"。面对同学提出的问题，龚克结合自己的人生体会为大家一一回答。

如何看待学习成长过程中"专"与"全"，是现场很多同学都感到困惑的问题。龚克认为，专业与全面不要断裂，其实所有专业都在帮助人们认识世界，只是角度不同。各专业都有其特定的方法和逻辑。一专多能，如果在一个上面都不"专"，在其他方面说"能"也是不现实的。龚克希望"第二课堂要与第一课堂有机配合"。

龚克告诫同学们，一定不要把分数当成学习的目的。分数好当然重要，但学习最终的目的是学会了、明白了。同样的高分，死记硬背和理解，最后的效果不一样。要学会具体知识，要从学会到会学。龚克对同学们说，可以不同意老师的观点，但要理解其背后的逻辑。

面对伴随中国互联网成长的一代，龚克希望同学们能够善于上网学习、学会明辨是非，利用网络工具了解社会新闻和事件。但同时，龚克也嘱咐同学们面对网络要有自我管理的能力。

很多新生在发言中都提到了南开校训和校园文化，龚克以南开在西南联大8年的历史为例，告诉同学们"南开的'公能'精神，不管在哪里都发扬"。

"我提一个建议，希望你们能读一下《大学》这篇文章。把这个与我们的'公'和'能'，作为我们大学的开始。"在座谈会即将结束时，龚克给新生留下了入学后的第一份"作业"。

又讯 9月20日，校长龚克走上讲台，为近四千名2014级研究生讲授了"真实与责任—学术道德与规范的真谛"。

"能否塌下心来，沉潜学习？能否管好时间，张弛有度？能否选好方向，创造价值？能否坚韧攻难，上下求索？能否守真呈现，实事求是？"讲座伊始，龚克就点明了研究生生活的五大挑战，并逐一提出应对方法。

龚克指出，研究生要扎实系统地掌握基础理论和专门知识，抱着"为公"的目的虚心学习，不急功近利，自私浮躁；要张弛有度，劳逸结合，实现德智体美全面发展；要秉承"为公"的价值观，选择有利于国家发展和人类进步的研究课题，并培养自己抓住有价值课题或是把握住课题有价值研究方向的能力；要坚守"为公"的志向，左右借鉴，交流合作，吃苦耐劳，避免投机取巧，误入歧途；要将"求真守真"的学术公德化为自觉的行事风格和人生态度，不断超越自我、持续创新，不浅尝辄止、一得自矜。

德国前国防部长为什么辞职？匈牙利前总统如何陷入"抄袭门"？STAP细胞事件在日本引起了怎样的风波？龚克用一系列的学术不端案例，告诫研究生要遵守"求真守真"的学术"公"德与科学精神，以及"科研诚信"的学者"公"德。

龚克强调，作研究，既是自由的，又是有规范的。自由是选择对象、方法，探索真理的自由，不是投机取巧甚至剽窃欺骗的自由；规范不是对求真的限制，而是对作伪的限制和对探求真理的保障。

"作科研要以求真为目的，以守真为原则，否则会贻误终身！"龚克说，"学术的创新必须建立在真实性的基础上，而学术真实性的价值要体现在创新上，真实才是学术规范的核心。"

"如何进行有价值的选题？如何区别借鉴与抄袭？如何进行正确的署名？如何科学地处理数据？为什么不能一稿多投？"龚克还列出了研究生新生常遇到的问题，并进行了现场"支招"。

龚克说，要选择前人没有研究过、未能解决或解决得不好的问题作为选题，要了解现实社会中的实际问题，使自己的研究具有社会价值，满足人类社会各方面发展的需求；要正确引用，不论是否发表，都应标明学术贡献的真实出处，亦不可断章取义，歪曲原作者本意，引用或注释的内容更不可取代研究者本人的论述而构成研究成果的主体或核心，综述应该有自己的角度、整理、判断和表述；要真实揭示客观规律，不可为了适应主观愿望肆意捏造数据，并大方接受同行检验；要杜绝"权势"署名和"友情"署名，不可图一时好处而贻误终身；要真实地表达成果呈现的状态，不可自我剽窃以谋私利。

龚克指出，研究者除了求真守真，还要承担社会责任。而真实与责任，关键在于为人。"研究生应该追求学问与学位的统一，为人和为学的统一，科学精神与人文精神的统一。"龚克表示，学校将加大对"尚诚"文化的培养，增强学生自律自省的意识，完善其自身道德修养；研究生要摒弃功利化的学习和浮躁的学风，脚踏实地做学问，承担社会伦理与社会责任，造福人类与社会。龚克勉励南开研究生"千学万学，学做真人"。在真实性的基础上承担起尊重和保护他人、国家、历史、自然和人类的责任。

"要成为一名南开的研究生，就要具有心怀'允公允能，日新月异'的信念，具有为中华之崛起而读书与研究的自觉。"龚克希望，南开学子要像张伯苓所说那样"负责任，肯牺牲，没有名利之思，不作意气之争，什么事都以国家为前提"。

佟家栋谈研究生培养

本报讯（实习记者 聂文斐）9月20日，在新生教育系列活动中，副校长、研究生院院长佟家栋与2014级研究生新生畅谈研究生培养。

佟家栋介绍了我校研究生教育的历史，学科领域，导师与学生的关系，研究生的机会与权益，研究生教育的基本要求，南开研究生教育的未来等相关内容。

佟家栋指出，我校研究生在校可双向选择导师，参加学术交流，申请奖学金及助研、助教、助管岗位，参与学校教育管理，组织社会服务组织等。他说，研究生是以学习知识和创新为主要目标的高等教育接受者，要有创新意识。

佟家栋强调，学校的研究生培养拥有注重标准、考虑共性、保证底线、面向全体的质量保证体系，拥有严谨和动态的培养方案，严格的毕业和学位审查，以及全面的研究生自我评估体系，并搭建各种平台促进师生交流。未来，除了新校区的建设等硬件升级外，南开还将推动研究生导师队伍的多元化、国际化，改革博士生招生制度，全面实施研究生奖助体系，完善研究生培养的成本分担制，开展更多的国际办学与国际合作。

据了解，我校1928年开始招收研究生，1984年成立研究生院，迄今已有155个二级学科博士点，203个硕士点，25个专业硕士点，另有31个自主设置目录外二级学科，4个交叉学科，拥有6个一级国家重点学科，覆盖44个二级学科，占博士点数的28%，另有2个国际重点培育学科。同时27个一级学科为天津市重点学科，共覆盖151个二级学科，另有2个天津市重点建设一级学科。

朱光磊解读"公能"素质教育

本报讯（通讯员 刘学 王丽婕）9月20日，作为南开"公能"讲坛新学期第一讲，2014级新生入学教育之"公能"素质教育专场在学校体育中心举行。副校长朱光磊应邀出席讲座，通过解读《南开大学素质教育实施纲要（2011～2015）》，向全体新生诠释了南开"公能"精神。

朱光磊指出，实施"公能"素质教育是南开办学的基本战略，是帮助同学们健康成长以及学校发展的现实需要，南开的传统、南开现今的学科结构也为南开实施素质教育创造了一定的基础和条件。

他强调，实施"公能"素质教育最核心的目标是促进学生的全面发展，即推动学生在德、智、体、美四个方面均衡进步。要全面实施和落实"公能"素质教育，就要更新传统的教育观念，努力实现"三个转变"。在办学观念上，要从以学科为本转变为学生为本，真正实现一切以学生的成长为出发点和落脚点，把学科建设成综合的育人平台；在教育内容上，要从侧重"传授知识"转变为重在"提升素质"，全面培养学生的学习能力、实践能力以及创新能力；在培养方式上，要从"以教为主"转变为"以学为主、教学相长"，努力形成同学们自觉自主学习的局面。

他说，中国高等教育现已进入大众化时期，实施"公能"素质教育，就是要"培养宽口径的专门人才"。他鼓励同学们要结合自身特点和社会发展状况，自由选择适合自己的发展类型，合理选修更高层次的专业课程，提高自身动手解决实际问题的能力。

最后，朱光磊希望同学们能树立底线意识，严守学习纪律，同时能够正确处理选择与风险的关系。

■ 王文俊解读校史

本报讯（通讯员 刘学 贾淳）9月20日，公能讲坛新学期第二讲——校史专场在学校体育中心举行。原副校长王文俊教授应邀为2014级全体新生解读校史。他从南开历史沿革、办学历程与成就、杰出校友等方面向全体新生进行了详细介绍，带领大家一起品悟南开校史，体会南开精神内涵。

讲座中，王文俊将学校95年的发展历程以时间轴的方式清晰地展现在全体新生面前，并就重大历史节点进行了深入阐述。他提到，从1904年10月创立敬业中学堂，开近代教育之先风，到1919年9月，成立以"文以治国，理以强国，商以富国"为宗旨的南开大学，"南开"已形成了以爱国主义和民族情怀为核心的学校特色。

他提到，走过初创困难时期，经历抗日时期校园被毁，转迁西南，春城弦诵，北返复校，南开愈难愈开，刚毅坚卓。新中国成立，南开进入了一个新的纪元。跨越新时期的发展，南开迎来了全面腾飞，国际声誉日益提升。

讲座中，王文俊特别强调了南开校训的由来与内涵。20世纪30年代，校长张伯苓创立校训并亲自作了阐释。"允公允能"，指的是既有爱国爱群之公德，又有服务社会之能力。王文俊指出，南开校训言简意赅，历久弥新，具有独特性、唯一性和极强的生命力，经得起历史的检验，与党和国家的教育方针、培养目标相一致，与社会主义核心价值观相契合。

最后，王文俊提到，近百年来，南开培养出了一批批杰出人才。校友对南开的怀念与热爱，他们的不朽成就，是属于南开人共同的精神遗产，将激励每一位南开人愈益奋励，实干兴邦。他勉励新生要有与时俱进的创新精神，以"公能"校训为座右铭，从中汲取不竭的精神动力。

据介绍，今年我校积极拓展校史教育的新途径和新方法，将教育时间前移至新生入学前，线上开辟校史专栏，线下开展竞答等各项活动；课上举办校史专场讲座，课下在朋辈校史讲解员的引导下，参观校园亲身体验南开文化，同时为新生配备校史教育"口袋书"，线上线下齐互动，集中和长线教育相结合，切实激发新生对学校的认同感和归属感，保证校史教育的实效。

（本文刊载于《南开大学报》2014年10月10日第4版。）

全国各大媒体聚焦南开

——"公能"校训广受关注

记者 陆阳

1934年,在南开学校校庆纪念会上宣布"公能"校训的张伯苓先生可能未曾想到,"允公允能,日新月异"这8个字会在80年后的今天,受到全社会如此热烈的关注。

8月9日晚,中央电视台"新闻联播"头条以6分钟的时长对我校进行了报道。这是中央电视台推出的"校训是什么"系列节目,南开大学作为该栏目开篇播出。除"新闻联播"外,中央电视台"朝闻天下"栏目和人民日报、新华社、光明日报、经济日报、中国教育报、天津日报等媒体,也纷纷聚焦南开校训,用大篇幅予以报道。

短时间内,一系列的报道汇聚成一股暖流,增强了师生对于学校的自豪与认同,勾起了校友对于母校的热爱与眷恋,引发了全社会对南开的关注与感佩。报道从不同角度,追忆"公能"校训诞生以来南开走过的发展历史,阐明"公能"精神对南开人强大的感召力和指引力。

"新闻联播"在报道中回忆南开校史:"与当时(20世纪30年代)多数大学西式的书本教育不同,南开重视发展社会急需的实用学科,让学生走出洋学堂,开展乡土实践。早在80多年前,南开已经开始'校企合作',帮助民族化工企业自主建厂,打破日货垄断。在民族危亡关头,南开师生也敢于挺身而出。"

《人民日报》刊发了校长龚克署名文章《心怀大公,走在时代前列》。文章指出:"公能"校训体现了教育的本体性,它抓住了"立德树人"这一教育的根本任务,适应了人的发展与社会需求相一致这一教育的本质要求。

《光明日报》刊发文章《"公能"校训的"济世情怀"》,从历史长河中探究南开"公能"缘起:"'公能校训'作为一种办学理念,既是对于教育本质的探幽发微，也是对教育方法的领悟与把握。南开办新教育，学洋但不崇洋。1928年春，张伯苓主持制定的《南开大学发展方案》，明确提出以'知中国、服务中国'为目标的'土货化'办学方针。"

新华社登载的《南开校训：80年不变的"公能"情怀》一文中，记者饱含深情地写道："如果说，80年前的'公能'校训是开一时风气之先，高举'为公'的大旗，成就众多高校校训中最特别的一语，那么80年后的'公能'校训便是南开人共有的烙印，是南开历经岁月磨洗所无法阻断的血脉。"

南开大学官方微博、微信平台第一时间对相关报道进行了转载，阅读量达二十余万次。网友们通过评论、转发的方式，述说自己的观看体会，展开互动讨论。

网友"家在OT的shen"说，百年校训中的"公能"，竟和当今的"中国梦"不谋而合。把个人的命运和国家民族的命运紧密联合在一起，南开永远年青！

网友"有光有希望"表示，南开校训最鲜明的特点是提出了"公"，即学习和成为人才的目的为了什么。为祖国，为民族，为天下兴亡肩负重任的使命感。

网友"说话的木偶呀"说，南开是当时最杰出的私立大学，可在日军的轰炸下，几乎成为废墟。校训是一个学校的一种文化传承，惟有此，不论怎么摧毁，被毁的始终是物质，而学校之精神，会因挫折而愈奋励。

在校园里，师生们对媒体广泛报道南开深感振奋，纷纷从教学科研、人才培养、文化传承等角度，阐发对于"公能"校训的理解与感悟。

中国工程院院士李正名教授表示，南开教育非常能够体现"公能"精神，我们的教育让每一位学生知道，将来的工作、学习，不能只考虑自己，要心里装着整个社会、整个国家。在学校，老师们应该鼓励学生勤奋学习，为将来服务社会打下基础。

校党委宣传部副部长、校史研究室主任张健认为，随着时代发展，南开"公能"校训被不断赋予新的内涵。我们把"公"理解为在国家层面致力富强、民主、文明、和谐，在社会层面追求自由、平等、公正、法治，把"能"理解为在个人层面涵养爱国、敬业、诚信、友善的品德，培养报效祖国、服务社会的能力，使"公能"校训成为社会主义核心价值观的"南开表达"。

化学学院 2014 级本科生郑烁然专门作诗一首，表达学习南开校训后的感动："校为救国立，学为强国兴。先人已救却，吾辈后任承。今我何为作，敢称南开人。当化深渊蛟，潜行待功成。今众何识智，敢承南开魂。搏艰克辛苦，铁血铸公能。"

"公能"志愿承前继后，南开精神入脑入心。

新的历史起点上,校党委书记薛进文指出,南开"公能"校训,既承载着百年前南开先贤教育救国的理想和追求,也体现着新世纪南开师生对民族复兴价值引领的理解和认同。坚信一代又一代南开人对"公能"校训的传承、发展和践行,必将为早日实现中华民族伟大复兴的"中国梦",交出不负前人的合格答卷。

(本文刊载于《南开大学报》2014年10月10日第1版。)

南开校训：80年不变的"公能"情怀

新华网记者　张建新　袁帅

在南开大学一栋老旧的教师公寓里，每天清早，都有一个人将整楼的楼道清扫干净。他不是物业工作人员，而是一位年近九旬的老者。

这个老者叫罗明锜，是一位"老南开"，对他来说，每日清扫楼道是他的一种生活方式，更是对南开"公能"校训的践行。虽已退休多年，罗老仍因经常宣讲南开精神而被师生熟知。他常对学生们说："南开'公能'校训不是口号，是让人在一点一滴中承担责任。"

1934年，在纪念南开学校建校30周年时，老校长张伯苓总结办学经验，宣布南开校训为"允公允能"，意在培养学生"爱国爱群之公德，服务社会之能力"。后来又将南开校歌中的"月异日新"补充进来，从而最终形成了"允公允能，日新月异"的南开校训。

培养学生之"能"，是实现"大公"的方式。用张伯苓的话说就是要"改造学生的道德，改造学生的知识，改造学生的体魄。""日新月异"则是要求每个南开人"不但要能接受新事物，而且还要能成为新事物的创造者"。

确立至今，南开"公能"校训已经走过整整80年。如果说，80年前的"公能"校训是开一时风气之先，高举"为公"的大旗，成就众多高校校训中最特别的一语，那么80年后的"公能"校训便是南开人共有的烙印，是南开历经岁月磨洗所无法阻断的血脉。

南开大学创立于国难深重的1919年，当时学校设立了文、理、商三科，目的就是要实现"文以治国，理以强国，商以富国"，要求学生社会实践，了解国情民情。

直至今日，一大批以解决中国问题为目标的教学科研也在这种理念的指导下展开，其中就包括以探讨中国经济发展实际问题而蜚声海内外的"南开指数"，搜集日本侵华铁证的东北研究会考察报告，为民族工业打破国外垄断而展开的化学领域校企合作……

"想国家所想,急国家所急。想国家未想,急国家未急。"抱着这样的理念,2013年国务院参事室参事夏斌加盟南开,成为国家经济战略研究院首任院长。在研究院的简介中,能够看到20世纪二三十年代鼎鼎大名的南开社会经济研究委员会的影子。当年该委员会由何廉和方显廷二位先生领衔成立,就是本着"实事求是之精神",希望解决国家"目前之急务",着眼于工业化潮流、劳资关系等当时国家最亟待解决的问题。

南开大学周恩来政府管理学院2011级本科生郭鑫,认为自己所学的政治学专业偏理论,于是从入学之初就开始思考能否用社会科学的方法,解决社会问题。经过探索,在服务农民的社会实践中,他起步创业。如今,他成立的公司市值上亿元,还实现了从自我创业到带动他人创业的转型。他坦言,南开"知中国,服务中国"对自己的影响最为深刻。

对今日南开人而言,"公"就是要实现中华民族伟大复兴,把祖国建设成为富强民主文明和谐的社会主义现代化国家,"能"就是要培养在民族复兴大业中实现个人价值的社会责任感,培养脚踏实地将理想付诸行动的实践能力,培养在实践中自强不息锐意进取的创新精神。"公能"精神就是社会主义核心价值观的"南开表达"。

(本文于2014年8月28日登载于新华网
http://news.xinhuanet.com/edu/2014-08/28/c_1112269901.htm。)

以传承校训为载体培育和践行社会主义核心价值观

中国社会科学网讯（记者 马献忠 通讯员 张轶帆）10月17日，南开大学迎来了南开学校创建110周年暨南开大学开办95周年，也是南开"公能"校训颁定80周年。"公能"校训颁定80年来，南开大学在办学实践中始终秉承"公能"校训，把自身发展与社会发展紧密结合在一起，筚路蓝缕，愈挫愈奋，培养了大批杰出人才，为民族振兴和国家富强做出了重要贡献。

早在南开学校初创时期，校父严修便在办学活动中，积极倡导"尚公"、"尚武"、"尚实"的精神以及践行的能力。1934年10月17日，在南开学校建校30周年纪念会上，校长张伯苓正式宣布南开学校以"允公允能"为校训，致力培养学生"爱国爱群之公德"与"服务社会之能力"。后来张伯苓又将1919年确定的校歌中的"月异日新"补充进来，形成了南开系列学校沿用至今的八字校训——"允公允能，日新月异"。

党的十八大提出在"三个倡导"基础上培育和践行社会主义核心价值观的任务要求后，南开大学便开始思考如何找到"公能"校训与社会主义核心价值观的契合点，如何将中央新提出的"三个倡导"融入早已深入南开师生内心的"公能"校训之中。中央《关于培育和践行社会主义核心价值观的意见》将"三个倡导"的24个字确定为社会主义核心价值观的基本内容之后，南开大学师生经过认真学习，提出：如果把"公"理解为致力富强、民主、文明、和谐的家国情怀，追求自由、平等、公正、法治的社会理想，涵养爱国、敬业、诚信、友善的人生操守，把"能"理解为修身报国、服务社会、践行"公"之价值观的能力，把"日新月异"理解为追求和践行"公能"过程中要与时俱进、开拓创新，那么"公能"校训便可谓社会主义核心价值观的"南开表达"。如校党委书记薛进文在接受《人民日报》记者专访时所言，找到了这个契合点，便可把校训的传承、发展与践行作为载体，将社会主义核心价值观融入新时期南开的办学实践和师生的校园生活，使之成为指导学校办学、规范师生品行的圭臬。

为深入探讨如何把校训的传承与社会主义核心价值观的培育践行有机结合起来，2014 年 2 月，南开大学党委宣传部和校史研究室主办了"深入理解和自觉践行'公能'校训"主题征文活动，得到广大在校师生以及南开校友的积极响应和踊跃参与。主办方经过认真评选，包括年届 98 岁高龄的中国科学院院士、南开讲席教授申泮文在内的 9 名专家获得特殊贡献奖，32 名教师、9 名学生和 2 位校友获得优秀论文奖。获奖征文也将于 11 月底结集正式出版。在活动期间，中央电视台、《人民日报》、《光明日报》、《经济日报》、《中国教育报》、新华网等重要媒体，对南开大学以传承"公能"校训为载体、践行社会主义核心价值观的做法，进行了广泛深入的报道。

为更好地交流、总结经验，把传承校训、践行社会主义核心价值观活动引向深入，南开大学在 10 月 17 日校庆 95 周年之际，举办了"公能"校训与社会主义核心价值观研讨会，与会学者和师生代表共同探讨如何更有效地以"公能"校训为载体，培育和践行社会主义核心价值观。会上，南开大学出版社原常务副社长、校史研究室顾问崔国良编审作了题为《南开"公能"校训的形成及其特色》的发言，校党委宣传部陈鑫编辑作了题为《从"尚公、尚武、尚实"到"允公允能"——严修对教育宗旨的探索及其对南开校训的影响》的发言，马克思主义教育学院宋成剑副教授作了题为《张伯苓及其南开精神论析》的发言，校史研究室张鸿副研究员作了题为《"公·能·新"——南开校训与中国优秀传统文化》的发言，马克思主义教育学院副院长寇清杰教授作了题为《校训是高校培育和践行社会主义核心价值观的重要载体》的发言，生命科学学院党委副书记兼副院长李营作了题为《关于南开"公能"校训践行途径的思考》的发言，商学院 2013 级本科生于博文作了题为《由感觉晦涩到为之景仰——我与"公能"校训》的发言。

南开大学校长龚克在会议总结时指出，南开人在 80 年前提出的校训，能与当下国家教育改革发展的要求如此之契合，这决不是巧合，其奥妙就在于"公能"校训体现了教育的本体性，它抓住了"立德树人"这一教育的根本任务，适应了人的发展与社会需求相一致这一教育的本质要求。当前，我们正大力推动"三个转变"，即在办学观念上，从"学科为本"转变为"学生为本"；在教育内容上，从"传授知识"转变为"发展素质"；在培养模式上，从"以教为主"转变为"以学为主、教学相长"，以构建新时期南开特色的公能素质教育体系，努力走在全面深化教育综合改革的前列，这是南开人应有的文化自觉和历史担当。

龚克最后希望老师和同学们把传承"公能"校训、践行社会主义核心价值观贯彻落实到各自的教学、科研、管理及学习之中，立公增能，服务社会，将"允公允能，日新月异"的南开品格发扬光大！

（本文刊载于中国社会科学网 2014 年 10 月 19 日，http://www.cssn.cn/zx/zx_gx/news/201410/t20141019_1368302.shtml。）

校庆日 南开大学研讨"公能"校训与社会主义核心价值观

南开新闻网讯（记者 张轶帆 摄影 任永华）为更好地交流、总结经验，以把传承校训、践行社会主义核心价值观活动引向深入，10月17日，南开大学在校庆95周年之际，在办公楼举行"公能"校训与社会主义核心价值观研讨会，与会学者和师生代表共同探讨如何更有效地以"公能"校训为载体，培育和践行社会主义核心价值观。

校长龚克出席会议并为获奖代表颁奖，研讨会由校党委副书记刘景泉主持。征文获奖代表，宣传部、学工部、研工部、团委、校友办负责人，各学院分管学生工作副书记，辅导员和学生代表参加。

龚克指出，校训是一所学校用独具特色的语言对自身教育理念的凝练表达，南开的校训别具一格，特别之处在于其原创性、社会性、实践性、时新性。对校训的研究视角要宽、层次要深，校训研究要与实施"公能"素质教育的实践更好地结合起来，"公能"不是简单的说教和华丽的词藻，不能仅止于理解，而要内化为每个南开人的行动，要把传承"公能"校训、践行社会主义核心价值观贯彻落实到各自的教学、科研、管理及学习之中，立公增能，服务社会。

会上，南开大学出版社原常务副社长、校史研究室顾问崔国良编审作了题为《南开"公能"校训的形成及其特色》的发言，校党委宣传部陈鑫编辑作了题为《从"尚公、尚武、尚实"到"允公允能"——严修对教育宗旨的探索及其对南开校训的影响》的发言，马克思主义教育学院宋成剑副教授作了题为《张伯苓及其南开精神论析》的发言，校史研究室张鸿副研究员作了题为"公·能·新"——南开校训与中国优秀传统文化》的发言，马克思主义教育学院副院长寇清杰教授作了题为《校训是高校培育和践行社会主义核心价值观的重要载体》的发言，生命科学学院党委副书记兼副院长李营作了题为《关于南开"公能"校训践行途径的思考》的发言，商学院2013级本科生于博文作了题为《由感觉晦涩到为之景仰——我与"公能"校训》的发言。

去年12月，中共中央办公厅印发了《关于培育和践行社会主义核心价值观的意见》，强调要从学校抓起，围绕立德树人的根本任务，把社会主义核心价值观落实到教育教学和管理服务各环节，努力培养德智体美全面发展的社会主义建设者和接班人。在学习贯彻中央上述要求的2014年，南开人迎来了南开学校创建110周年暨南开大学开办95周年。这一年，也是南开"公能"校训颁定80周年。

早在南开学校初创时期，校父严修便在办学活动中，积极倡导"尚公"、"尚武"、"尚实"的精神以及践行的能力。1934年10月17日，在南开学校建校30周年纪念会上，校长张伯苓正式宣布南开学校以"允公允能"为校训，致力培养学生"爱国爱群之公德"与"服务社会之能力"。后来张伯苓又将1919年确定的校歌中的"月异日新"补充进来，形成了南开系列学校沿用至今的八字校训——"允公允能，日新月异"。

建校95年来，南开大学在办学实践中始终秉承"公能"校训，把自身发展与社会发展紧密结合在一起，筚路蓝缕，愈挫愈奋，培养了大批杰出人才，为民族振兴和国家富强做出了重要贡献。

为深入探讨如何把校训的传承与社会主义核心价值观的培育践行有机结合起来，2014年2月，学校党委宣传部和校史研究室主办了"深入理解和自觉践行'公能'校训"主题征文活动,得到广大在校师生以及南开校友的积极响应和踊跃参与。主办方经过认真评选,包括年届 98 岁高龄的中国科学院院士、南开讲席教授申泮文在内的 9 名专家获得特殊贡献奖,32 名教师、9 名学生和 2 位校友获得优秀论文奖,三十余万字的论文集《南开"公能"校训与社会主义核心价值观》也将于 11 月底公开出版发行。在活动期间,中央电视台、《人民日报》、《光明日报》、《经济日报》、《中国教育报》、新华网等重要媒体,对南开大学以传承"公能"校训为载体、践行社会主义核心价值观的做法,进行了广泛深入的报道。

(本文刊载于南开新闻网 2014 年 10 月 17 日,http://news.nankai.edu.cn/nkyw/system/2014/10/17/000205234.shtml。)

后 记

2013年12月,中共中央办公厅印发了《关于培育和践行社会主义核心价值观的意见》,明确指出:"富强、民主、文明、和谐是国家层面的价值目标,自由、平等、公正、法治是社会层面的价值取向,爱国、敬业、诚信、友善是公民个人层面的价值准则,这24个字是社会主义核心价值观的基本内容,为培育和践行社会主义核心价值观提供了基本遵循。"《意见》还强调,培育和践行社会主义核心价值观要从学校抓起,要围绕立德树人的根本任务,把社会主义核心价值观落实到教育教学和管理服务各环节,努力培养德智体美全面发展的社会主义建设者和接班人。

在学习贯彻中央上述要求的2014年,南开人迎来了南开学校创建110周年暨南开大学开办95周年,这一年也是南开"公能"校训颁布80周年。早在南开学校初创时期,校父严修便在办学活动中,积极倡导"尚公"、"尚武"、"尚实"的精神以及践行的能力。1934年10月17日,在南开学校建校30周年纪念会上,校长张伯苓正式宣布南开学校以"允公允能"为校训,致力培养学生"爱国爱群之公德"与"服务社会之能力"。80年来,南开大学在办学实践中始终秉承"公能"校训,把自身发展与社会发展紧密结合在一起,筚路蓝缕,愈挫愈奋,培养了大批杰出人才,为民族振兴和国家富强做出了贡献。

为深入探讨如何把校训的传承与社会主义核心价值观的培育践行有机结合

起来，2014年2月，南开大学党委宣传部和校史研究室举办了"深入理解和自觉践行'公能'校训"主题征文活动，得到广大在校师生以及南开校友的积极响应。在此期间，中央电视台、人民日报、光明日报、经济日报、中国教育报、新华网等媒体，对南开大学以传承"公能"校训为载体践行社会主义核心价值观的做法进行广泛而深入的报道。

为更好地总结和交流经验，将传承"公能"校训、践行社会主义核心价值观活动进一步引向深入，我们精选了在主题征文活动中获奖的优秀论文，以及南开连同上述各大媒体的相关报道，汇集成册，公开出版。南开大学党委书记薛进文教授、校长龚克教授对此给予了大力支持，并将自己发表在《人民日报》的专访和文章送给我们，作为本书的代序。本书在论文征集和编辑整理过程中，还得到了南开大学党委学生工作部、南开大学出版社以及南开校友总会秘书处的许多帮助，在此一并表示感谢！书中疏漏不妥之处，也敬请广大读者批评指正。

南开大学党委宣传部
南开大学校史研究室
2014年10月

南开大学出版社网址：http://www.nkup.com.cn

投稿电话及邮箱： 022-23504636　　QQ：1760493289
　　　　　　　　　　　　　　　　　QQ：2046170045(对外合作)
邮购部：　　　　 022-23507092
发行部：　　　　 022-23508339　　Fax：022-23508542

南开教育云：http://www.nkcloud.org

App：南开书店 app

　　南开教育云由南开大学出版社、国家数字出版基地、天津市多媒体教育技术研究会共同开发，主要包括数字出版、数字书店、数字图书馆、数字课堂及数字虚拟校园等内容平台。数字书店提供图书、电子音像产品的在线销售；虚拟校园提供 360 校园实景；数字课堂提供网络多媒体课程及课件、远程双向互动教室和网络会议系统。在线购书可免费使用学习平台，视频教室等扩展功能。